环渤海地区反走私那些事儿

HUANBOHAI DIQU FANZOUSI NAXIE SHIR

济南市打击走私综合治理办公室
全国反走私综合治理调查研究中心反走私文化研究基地 编
全国打击走私综合治理办公室 指导

济南出版社

图书在版编目（CIP）数据

环渤海地区反走私那些事儿 / 济南市打击走私综合治理办公室，全国反走私综合治理调查研究中心反走私文化研究基地编 . -- 济南：济南出版社，2025. 5.

ISBN 978-7-5488-6888-0

Ⅰ . D631；F752.57

中国国家版本馆 CIP 数据核字第 2025094Z00 号

环渤海地区反走私那些事儿

HUANBOHAI DIQU FANZOUSI NAXIE SHIR

济南市打击走私综合治理办公室
全国反走私综合治理调查研究中心反走私文化研究基地 编

出 版 人 谢金岭
责任编辑 李文展 刘召燕 苗静娴
封面设计 张 倩

出版发行 济南出版社
地 址 山东省济南市二环南路 1 号（250002）
总 编 室 0531-86131715
印 刷 山东联志智能印刷有限公司
版 次 2025 年 5 月第 1 版
印 次 2025 年 5 月第 1 次印刷
开 本 170mm × 240mm 16 开
印 张 32.25
字 数 535 千字
书 号 ISBN 978-7-5488-6888-0
定 价 98.00 元

如有印装质量问题 请与出版社出版部联系调换
电话：0531-86131736

序

疆理虽重海，车书本一家。

盛勋归旧国，佳句在中华。

定界分秋涨，开帆到曙霞。

九门风月好，回首是天涯。

这是晚唐诗人温庭筠的一首五言律诗《送渤海王子归本国》。这里的“渤海”即渤海王国，唐时大祚荣创立的一个以粟末靺鞨族为主体的地方政权。诗中写尽了对友人学成回归故国依依不舍之情，也彰显出唐与渤海王国政权的友好关系。

提起渤海，很多人首先会想到，这是我国的一个内海，三面环陆，一面与黄海相接。一个近封闭的海域，又有多少走私与反走私的故事和历史文化呢？然而走进历史的长河中，重新审视今天的渤海及环渤海地区，可能会有不一样的答案。

我国《环渤海地区合作发展纲要》中指出，环渤海地区不仅包括北京市、天津市、河北省、辽宁省、山东省，还包括山西省和内蒙古自治区，是我国华北、东北、西北三大区域接合部，贯通南北，连接陆海，地理位置重要，区位条件优越，是我国唯一地跨四大区域板块，既沿海又沿边的经济区。

从远古到近古，再到以后各个时代，这里都在政治、经济、文化、商贸交往、民族融合等诸多领域，表现出了超乎寻常的历史主动性和巨大历史活力。

这里山川纵横，一条依势而建的长城分割出了农耕文明与游牧文明，这让长城内外的人们及政权对彼此充满了好奇，商贸交往意愿强烈。任山高水远、困难重重，也要跋山涉水，或拓展新通道，互通有无。

《尚书·禹贡》等先秦典籍中，就记载有环渤海地区的幽州、冀州、兖州、青州、营州等。狭长且平坦的辽西走廊成为东北地区进入广阔华北平原、中原政权统治区的最便捷通道；周武王伐纣灭商后，纣王叔父箕子东去朝鲜半岛，建立箕子朝鲜，与燕国相邻，成为西周的一个诸侯国。

水路交通方面，这里有黄河、海河、滦河、辽河、小清河等数十条河流入渤海，沟通内陆与沿海的货物运输，还有后来修建的京杭大运河北段，沟通南北。最值得一提的当数辽东半岛与山东半岛隔渤海相望，海运交通成为东北与中原经贸交往的大通道。

同时，环渤海地区还是我国历史发展最为活跃、最为激烈，变革也最为显著的地区之一。特殊的地理位置决定了这里多民族聚集，中原政权之间、中原与少数民族政权之间，以及少数民族政权之间，总有着数不清的经贸往来。

另外，环渤海地区还是多个少数民族政权入主中原的“龙兴之地”。在我国历史上，有过大一统王朝的一致对外，也有过分裂时期的政权林立。理论上讲，无论是大一统还是分裂，只要有割据政权存在的地方，就必然在统治边缘地区有海关事权，也就必然有贸易管制。走私与反走私，在环渤海地区集中体现。

先秦时期，华夏族有“夷夏之防”，“古者境上为关”（《仪礼·注疏》），大禹设冀州反走私，因为夏商之际，这里活跃着孤竹、令支、屠何等“东夷”，需要防止外族入侵。春秋战国时期，这里又有山戎、东胡等少数民族，甚至率众攻打燕国，“齐桓公救燕，遂伐山戎，至于孤竹而还”（《史记·齐太公世家》）。

这一时期，古人对大陆周边的海不再统称为“海”，不同的海域有了不同的名字。苏秦曾说：“齐北有勃（渤）海。”《韩非子》记载：“齐景公游于少海。”这里的少海就是渤海。西汉大夫田肯曾说，“（齐）西有浊河之限，北有勃（渤）海之利”（《史记·高祖本纪》）。

管仲便是利用这渤海之利，首创了反走私保障下的盐专卖，后来又通过“衡山之谋”“鲁梁之谋”“买鹿制楚”等反走私贸易战，帮助齐桓公成就春秋首霸。类似这样的反走私故事及历史文化，环渤海地区还有很多。

比如秦汉时期，秦法虽严，终难禁私，西汉“除关”反走私，东汉“关塞不严，禁网多漏，精金良铁，皆为贼有”（《后书·鲜卑传》）。

隋唐时期，隋文帝取消酒类专卖反走私，唐使入新罗拒绝走私被称颂。两宋时期，苏辙出使辽国，发现哥哥苏轼的《眉山集》被走私到异域，回来上书建议加大打击文化产品走私力度，维护统治安全。

元明时期，元朝禁止铜钱出海，现代考古人员却在韩国海域打捞出了28吨铜钱。明朝一方面抗倭反走私，另一方面在与女真的反走私互市贸易战中改变了双方力量对比，最终清军入关，入主中原。

清朝时期，顺治、康熙海禁与郑氏走私关系密切，私商推动了清廷与沙俄的京师互市。近代，海关主权、缉私权丧失，各种走私品充斥市场，民族工商业发展艰难……

当前，世界正经历百年未有之大变局，这期间，局部性擦枪走火、军事斗争不断上演，但绝非主流。更多的是不见硝烟，但远比刀枪战争激烈百倍的反走私经济贸易战。关税壁垒、低价倾销、经济封锁、单边制裁接续出招，报复与反报复、走私与反走私之间的较量与争夺，无时无刻不在你来我往的反复角逐中，悄然改变着力量双方的对比。

学史明理、学史增信、学史崇德、学史力行。为让历史照亮现实，照亮未来，在全国打私办、全国反走私综合治理调查研究中心、山东省打私办的支持下，济南市打私办在前期开展济南和黄河流域反走私历史文化研究的基础上，又联合环渤海地区省区市，开展了环渤海反走私历史文化研究。

本书采用了故事性、通俗化的表达方式，让人们在轻松愉快的阅读中有所感、有所悟、有所得，让更多人意识到，胜败绝非表象那么简单，绝大多数的所谓“不战而屈人之兵”，只是没有兵戎相见的军事战争，却一定少不了反走私保障下的经济博弈战。

挖掘走私与反走私历史文化，并与地方文化相结合，既具有以成功的经验启发人、深刻的教训警示人的作用，又可以帮助反走私系统“守好国门、做好服务、防好风险、带好队伍”，还能以更加贴近生活的事例提升全民反走私意识，为国家安全贡献反走私力量。

目录

概　览

从陆地到海洋：漫话中国古代的走私与反走私及对现代的启示

黄渤海自然分界线

渤海，旧称“勃海”“北海”，是西太平洋的一部分，也是中国的内海，通过渤海海峡与黄海相通。辽东半岛南端老铁山角与山东半岛北岸蓬莱遥相对峙，其连线是渤海与黄海的分界线。渤海由北部辽东湾、西部渤海湾、南部莱州湾、中央浅海盆地和渤海海峡五部分组成，海域面积77000多平方千米，为我国海域总面积的1.63%；大陆海岸线长2668千米，平均水深18米，最大水深85米，20米以下的海域面积占一半以上。渤海海峡口宽59海里，有30多个岛屿，其中较大的有南长山岛、砣矶岛、大钦岛等，总称“庙岛群岛”“庙岛列岛”。

据史料记载，西周时期，中国的海还不存在具体海区的名称，凡是能见到的海，一律都称为“海”。随着商品经济的发展、海上贸易的开拓、居民的增加、渔业的兴起以及沿海一带海洋灾害的不时发生，人们开始把海域加以命名区分。苏秦曾说：“（齐）北有勃海。”田肯曾说：“（齐）西有浊河之限，北有勃海之利。”渤海也被称为“少海”，《韩非子》记载：“齐景公游于少海。”自元朝始，“渤海”这一名称一直沿用至今。

渤海沿岸江河纵横，有大小河流40条，其中莱州湾沿岸19条，渤海湾沿岸16条，辽东湾沿岸15条，形成渤海沿岸三大水系和三大海湾生态系统。入海河流每年携带的大量泥沙堆积于三个海湾，在湾顶处形成宽广的辽河口三角洲湿地、黄河口三角洲湿地、海河口三角洲湿地，年造陆达20平方千米。

古往今来，丰富优质的渔业、海盐、石油、景观和港口资源，使得环渤海地区政治、经济、贸易、社会、文化、军事快速发展。

春秋时，吴人曾遣舟师自渤海入齐。

汉元封年间，杨仆等自齐渡过渤海讨伐朝鲜。

三国时，孙权遣将周贺渡渤海使辽东与公孙渊通好。

隋开皇十七年（597），伐高丽，使周罗睺分道自东莱泛海取平壤。大业七年（611），伐高丽，亦使来护儿自东莱入海取平壤。

唐贞观十八年（644），征高丽，使张亮自莱州泛海取辽东。唐贞观二十一年（647），复遣牛进达等自莱州渡海击高丽。显庆五年（660），苏

黄渤海之间自然形成的分界线

定方伐百济，自成山济海。开元二十年(732)，渤海大武艺遣将帅海贼寇登州，杀刺史韦俊。

宋建隆二年（961），女真泛海，自登州来贡马。重和元年（1118），遣马政从此道使女真，与约攻辽，遂成宋室之乱。

…… ……

如今，环渤海地区由河北、山东、辽宁三省和天津市环抱，向南联系着长江三角洲、珠江三角洲、港澳台地区和东南亚各国；向东沟通韩国、日本、朝鲜；向北联结着蒙古国和俄罗斯远东地区，与世界160多个国家和地区有贸易往来，国外进口的设备、资金、商品要从这里进入中国的北方市场。环渤海地区是我国北方经济发展的引擎，并在全国和区域经济中发挥着集聚、辐射、服务和带动作用。同时，现代海洋资源的开发和海洋工业是环渤海地区经济发展重要的领域之一。据不完全统计，渤海沿海城市人口占全国沿海城市人口的23.8%，渤海沿海城市GDP占全国沿海城市GDP的28.5%，这里也是中国人口素质和密度最高、经济和文化教育最发达、

科技力量和工业基础最雄厚的地区之一。

在区域经济高度发展的同时，因为得天独厚的地理位置，自古以来，从陆地到海洋，环渤海地区也成为走私分子锚定的重要走私路径或通道之一。特别是近年来，环渤海地区涉海走私之事时有发生，严重扰乱了社会治安和经济稳定，威胁国家安全。本书以环渤海地区为切入口，聊一聊从陆地到海洋的中国古代走私与反走私博弈的历史，从中探索、总结反走私历史经验和教训，为中国现代反走私研究提供参考借鉴。

引子

走私是一种违法贸易行为，是一种国际性现象，历史久远。它的产生与贸易限制、关税制度和国家间商品差价相联系。只要国家实施对外贸易管制，存在国内外市场差价，就必然会有走私。

从现代维度看，走私行为是指违反《中华人民共和国海关法》及有关法律、行政法规，逃避海关监管，偷逃应纳税款、逃避国家有关进出境的禁止性或者限制性管理的行为。走私犯罪，即根据刑法的有关规定，单位或者个人违反海关法规，逃避海关监管，非法运输、携带、邮寄国家禁止进出口货物、物品或者依法应当向国家缴纳税款的货物、物品进出境，数额较大、情节严重的犯罪行为。而古代和近代所说的走私指的是不依法令规定纳税或不遵守政府管制物资的规定，私自运送货物到某地的犯罪行为。《现代汉语大词典》中这样解释走私：“指非法运输或携带金、银、外币、货物等进出国境的行为”，“指不依法纳税而在国内私运货物的行为”。

走私一直是被历朝历代政府所深恶痛绝的，因为它与政府争利并危害国家安全，不仅会造成政府财政收入流失，还可能会颠覆政府。中国历史早期并没有今日这样完善的商税体系，那时候，对于人们生活上非常依赖的商品，政府往往实行专卖，比如盐、铁、酒、醋、茶等，历史上很长时间是由历朝历代政府垄断经营，民间不能染指。有时候政府采取通商方式，其实是通过授予特许经营的方式，让少数大商人独家垄断经营，政府收取重税，当然重税都会转嫁给消费者。在专卖制下，政府得到的是垄断经营的利润；在通商制下，政府得到的是高额的税金。而在政府垄断经营或特许商人垄断经营的情况下，民间的经营都是非法的。因此，历朝历代政府总是严厉打击走私盐、茶、酒等商品的生产、加工、运输和销售者。

那么，历朝历代政府是如何严厉打击走私的呢？走私与反走私又是如何博弈的呢？

西周至春秋战国时期

陆地上的走私与反走私

走私与反走私历史悠久。三千年前的西周，古籍中已有许多关于“关”和“关市之征”的记录。《周礼》中已有“司关”及其职责的记载，关卡设置司关、关尹、关吏等官职掌管具体事务。“关市之征”，就是国家规定货物通过边境的“关”和国内的“市”，要进行检查和征收赋税。但同时也重视政治上的“守关”，并且有了执掌关市的专门机构和人员。西周时期在边境及河津和陆路交通要道上设立关津，主要职能是戍边防守，抵御外族入侵，接待中外使者，保护进出关人员正常活动；稽查行旅货物，防止士卒人犯逃亡，禁限重要物资走私出关；管理关市，监督边关贸易，对进出关人员及货物行李实行凭“符传”验核放行。

西周“关”的主要职能是履行军事和政治性质的防卫。因此，其反走私的重点是严防奴隶逃匿与外来奸细。据《礼记·王制》等记载：“关执禁以讥。”意思是关口基于禁令调查通行者，尤其要注意那些说外地语言、穿外地服装、形迹可疑的人，即“讥异服，识异言”，目的是防止奴隶、平民外逃以及外敌入侵，管制重要物资的出入境。

西周初期，关卡对进出境货物实行无税政策，这是由于当时商品经济很不发达。尽管不征税，对逃避海关监管的行为还是要处罚的。《周礼·地官》记载，“凡货不出于关者，举其货，罚其人”。意思是，凡是携带货物不经过关口而逃避监督检查的，即类似今天的绕关走私行为，要没收货物并处罚运送货物的人。

春秋战国时期，随着生产力的提高和商品经济逐渐发展，人们的领土

首都博物馆展出的子方罍，出土于北京市房山区琉璃河西周燕国墓地，“子”代表商代家族首脑，该“子族”之器表明，器主人可能是殷代贵族移民。

观念由点向面展开，各诸侯国间征伐战事频繁。为了获取更多的财政收入，开始在市场上向商人按交易额征收市税，他们在各自管辖区域边界及交通要道设立关津，同时在边境关卡上征收关税，关的设置开始转向财政目的。诸关的缉私重点是查缉逃避管理的商人及其货物走私，缉私的措施是以“节”（通行证）、“传”（节的附件、文字说明）等重要证件为检查依据，“凡通达于天下者必有节，以传辅之，无节，有几则不达”，并担负保护领土安全、稽查商旅和禁物、接待使节、征收税赋、查禁走私等事务。

西周至春秋战国时期是走私与反走私的萌芽阶段，但走私与反走私之间的博弈，已经关系到诸侯国的兴亡。以食盐为例，盐作为五味之首，炎黄时代的祖先已经用烹煮海水的方式来获取粗制盐，并没有谁来管制，各个诸侯国并不区分私盐还是官盐。但春秋之后，食盐生产和贩卖为国家管制，私人走私贩卖食盐便成为违法行为，并且对此行为的惩罚极为苛刻，要么重罪，要么死刑。但由于盐的市场利润可观，加上官盐价格高昂，仍有不少人铤而走险，走私贩卖食盐，甚至公开造反。

春秋时期齐国据海获利，管仲看到了盐里面巨大的利润，为了快速积累财富让齐国称霸，于是制定了将山海的盐铁之利收归国家统一掌握的政策，即“官山海”。随后推行盐课税，实行盐专卖制度，即“正盐筴”。靠着盐的利润，齐国的国库很快得以充实，齐国率先称霸，齐桓公成为春秋第一位霸主。同时，齐国以西的很多诸侯国不靠海，想要吃盐就得靠齐国生产，齐国不仅靠盐赚取大量钱财，还靠盐挟制诸侯国。比如宿国和郭国，就因为惹了齐国，被断了盐路，很快就被其他诸侯国所灭。其他诸侯国看到齐国因卖盐积累财富，也学习齐国，将盐的生产贩卖收归国家，盐的买卖成为官方管制行为。

战国时期的秦国，实施了更加严格的贩盐政策。除了将盐视为秦国官方买卖之外，还将其他川泽之利产生的财富都收为国家，一旦有人走私贩卖食盐，以秦国的法律，最轻也得砍断双脚。虽然秦国制定了严苛的法律明令禁止民间走私贩卖食盐，但走私贩卖食盐在民间不仅没有消失，反而愈演愈烈，最重要的原因就是官盐太贵。虽然食盐生产成本不高，但诸侯掌握后不断收税，到最后卖出去已经是暴利，但人又不能不吃盐，因此总有人铤而走险走私贩卖食盐。等秦始皇统一六国后，宣布食盐和铁由朝廷进行管控，禁止私人售卖，抓到的一律处死。可以说，盐在西周至春秋战国乃至整个古代都是重要的经济命脉。因此，仅仅从食盐这一种商品的管制就可以看到，自古以来，走私与反走私之间的博弈不仅是经济领域、法制领域、社会领域的大事，还是关系国家安全甚至国家兴衰存亡的大事。

海洋上的走私与反走私

海洋贸易在世界各国的历史上都是普遍存在的，哪怕是在重农抑商的中国也是如此。但在十三四世纪以前，多数贸易仅局限在陆地上，海洋贸易潜力其实并没有完全被开发出来。这主要是受当时造船、航海、气象、交通等科学技术和生产条件的限制。如果想要进行海上贸易，运输成本是比较大的，所以很多商人都会倾向于陆地上的贸易。另外，古代政府的管理能力和水平还不高，海上丝绸之路等航线还没有被开辟出来，面对浩瀚的海洋和漫长的海岸线，“没人管”“管不了”和“有海无治”“有海无防”是当时的主要管理形态。再加上海洋对当时的人们来说是一个未知的领域，未知的领域就代表存在着足够的危险，这也是当时很多人没有涉足海洋贸易领域的原因。尽管如此，海洋上的走私与反走私却一直都在，只不过以民间贸易或海贼、海盗等特殊形式存在并逐步演化，至16世纪最终成为比陆地上的走私与反走私规模更大的博弈。

从现有的考古资料看，环渤海区域的辽东半岛南端和胶东半岛之间的

旅顺博物馆展出的4000年前的石网坠

交流活动早在新石器时代就十分频繁。在距今约6500年前的小珠山二期文化时期，辽东半岛南端和胶东半岛就出现了砺石、石球、带沟槽滑石网坠等，这些石器无论是用料还是形制都很相似。这表明，该时期辽东半岛和胶东半岛已经有了一定的接触，有学者认为辽东半岛地区出土的山东系陶器并非仿造，可能是陶器本身的物流所造成的。及至小珠山五期文化时期，辽东半岛南端的陶器开始带有强烈的龙山文化色彩，由此学界一度将此时的辽东半岛文化划归到山东龙山文化中去，说明该时期两地的交流已经非常密切和深入。

稻作农业的半月形传播也表明了海上传播路径的存在，研究表明，胶东半岛地区的稻作农业最早出现于龙山文化早期，而辽东半岛南端的稻作农业遗存也出现于龙山文化早期，这表明两地稻作农业的发展几乎没有时间差，应该是经由海上通道从胶东半岛传至辽东半岛的，其后才传入朝鲜半岛和日本列岛。双砣子一、二期文化时期依旧延续了新石器甚至是青铜器文化时代从山东半岛越渤海海峡至胶东半岛这一海上通道的交流。

据研究，东周时期，齐国与海北的跨海贸易活动可以确定输入了名贵毛皮。进一步结合考古资料可以发现，双方的海上贸易货品还有铜兵器等，人员的相互往来也比较频繁。

此外，也有学者在对韩国完州上林里遗址出土的铜剑进行系统分析后认为，上林里铜剑具有吴越铜剑风格，但其年代有可能晚至公元前4世纪的战国中期，应是掌握陶范铸剑技术的中国大陆的工匠东渡朝鲜半岛后在当地铸造的，并推断了这一东渡之旅的大概路径：从杭州湾或长江口一带入海，沿黄海西海岸北上至蓬莱一带；越渤海海峡至辽东半岛南端；沿黄海北岸的近海东进至黄海的西朝鲜湾；然后由此沿海南下到达朝鲜半岛的西南部沿海一带。

西周乃至春秋战国时期，珍贵毛皮、青铜器皿，特别是兵器等属于禁物，而在少数民族甚至海外地区出现中原青铜器特别是兵器，说明在当时中原各诸侯国陆地上查禁走私非常严格的情况下，这些禁物显然是通过海上通道或航线走私出去的。这算是海上走私的最初萌芽。

秦汉至隋朝时期

陆地上的走私与反走私

秦王一扫六合，为加强对各地交通要道的管制，保证中央对地方军事、政令、管理等往来的通畅，建立了最早的关津制度。由此开始，关津在历朝历代的主要任务就是征缴税务、稽查商旅、保卫京畿、查禁走私等，其目的就是维护统治需要，加强对域民的管控，同时有效地将政令传达到全国各地方，保证经济的发展和统治的稳定。

秦代在各郡县交通紧要处设关卡，保证商品流通、治安安全，也查禁走私，确保国家税收的稳定。秦代查禁走私的主要方式是以“符传”为据，严厉禁止粮食、珠宝非法出入境，以重刑查处逃税和从事禁限物资贸易的相关人员。《史记》中提到：“商君之法，舍人无验者坐之。”《睡虎地秦墓竹简·封墓竹》中有“传及恒书”的记载。“传”即通行证，“恒书”则是公文。《睡虎地秦墓竹简·游士律》中规定：“游士在，亡符，居县赀一甲。”其中介绍了“符”类似于一种居留凭证，相当于身份证明。

秦代通行必须有凭证，因此有许多不法者伪造凭证出行或走私，这种假证被称为“伪书”。秦代规定，如果关隘不能发现不法者伪造通行证件的伪书，那么伪造者和失职的官吏均要被处罚。没有通行证被抓获的人，会被处以“黥为城旦舂”（《睡虎地秦墓竹简·法律答问》）的刑罚。违禁走私者，不但其货品会被没收，走私人也要被处罚。

汉代，疆域较之秦代更为广阔，交通网络也得到了逐步完善。汉承秦制，

并在秦代关津制度基础上进一步发展完善。汉代在境内要冲设有关隘，这些关隘后来都成为历朝历代重要的关卡，诸如函谷关、武关、散关、玉门关、阳关、居庸关等。汉代关的缉私职责固定为三项：一是严防士卒人犯逃亡；二是严查违禁品兵器、铁器、铜钱、壮马、蚕种、农具等物品输出境外；三是禁止私营外贸，查处私人以金银、丝绸与境外交易马匹、毛革、珠宝、香料等案件。

汉代的通行仍采用“符传”制度，但在汉文帝到汉景帝间，曾有一段时间允许无通行证自由通行，后来又为治安和管控稽查走私需要，重新恢复此制度。汉代实行的“符传”制度中，“符”是由兵符发展而来。每一枚符都有编号，分为两半，一半在官府，一半在关口，如需要出行，只需两半相合，即可放行出关。但符主要应用于军事任务，持有者也多为军人。“传”则是一般人及官吏使用的通行证。早期的传是木制的，后来又发展出一种丝帛制的，使用方法和符相近，上面写有文字，分为两半，出关相合即可。传中还有一种官传，专门用于公务，称之为“牒书”。

汉代规定，出入关津的人必须向守卫人员提供身份证明以及登记出入时间和因由，此卷一式两份，一份上报官府，一份留作备案。而此卷还分为两种，一种是针对正常出关者，一种针对因灾的流民。汉代边关严格控制对匈奴以及南越地区的走私违禁品出关，尤其是铁器、军弩等重要物资。

汉武帝时，创设了走私罪的律令名称，并规定了惩处走私罪的量刑原则：凡无“符传”私自出入边关，或私相进行中外交易者，汉律上定为“阑”，将受死刑的严厉惩处，如“阑出函谷关，国除”，“买塞外禁物罪，国除”(《史记·高祖功臣侯者年表》)。

出土于北京的汉代“万岁瓦当”

尽管反走私法规制度比较严格，但是违犯关禁的走私仍然屡禁不止。刘向《列女传》中《珠崖二义》篇就描绘了汉武帝时海南岛某地一对母女因违法携带珍珠，被海关查处判死刑的生动事例。元狩二年（前 121），匈奴浑邪王率众至长安归降，有“贾人与市者，坐当死者五百余人”（《史记·汲郑列传》），其罪名就是向他们出售兵器等物。而当政局不稳或对外交战时期，走私违禁现象就更为普遍了。东汉时，有巴蜀商贾携带货物“窃出”关塞。还有传说于阗王为了得到蚕种，向汉王室求婚，汉王女把蚕种藏在帽子里走私携带出境，于阗由此学会了育蚕、缫丝。

南北朝时期，社会较为混乱，各地征伐不断，税收体系和关津制度虽然受到了一些影响，但仍为社会治安和查禁走私的重要保障。南朝和北朝的关津制度稍有不同，南朝主要在长江流域，对沿江的津要保护和稽查走私十分看重，南朝的国都大多设置在长江沿岸。南朝宋时，专门设立两都部从事，分立于长江两岸，专事稽查走私，查禁违例之物。南朝梁时，在津要渡口设置关卡，军事和民事主官与地方长官共同管控。而北朝的关津制度也非常严格，针对流民和敌对国家民众的防控及稽查走私极其细致。北周武宗灭佛时，各关隘的重要任务就是稽查和尚及走私。

南北朝多数时期实行夜禁，白日出行必须持符，出入关口更须持符，同时不许携带任何武器。对于非法穿越和走私者，管控和处罚严格，对流民均要造籍阅户。《南史》：“都下舛杂，且多奸盗。”“必也持符，于事既烦。”

可以看出，对走私行为和走私行为人处罚的规定，秦汉至南北朝时期已经非常详尽和严厉。秦汉时期，除粮食和珠玉外，兵器、铁器、牛马等也被列为禁止出口的物品，这主要是出于军事上的考虑。如果精铁、兵器不禁止，无疑会增加敌人的实力，于己不利，因此采取了绝对禁止的办法。这些禁令是通过各门关来执行和实施的，对违反这项规定的就要坐法，即关吏查禁不严，同样处罚严重。“关塞不严，禁网多漏。精金良铁，皆为贼有。汉人逋逃，为之谋主。兵利马疾，过于匈奴”（《后汉书·乌桓鲜卑列传》），可见秦汉时期良铁和兵器的走私现象是相当严重的。

海洋上的走私与反走私

秦汉时期是古代海关反走私法规的开创阶段。这一时期，为了打击走私，中国最早的反走私机构开始出现，有据可考的可以追溯到西汉，当时已设置了对外贸易的两个管理机构：一个是负责朝贡的大鸿胪寺，另一个是负责官方海上对外贸易的少府。魏晋南北朝时期设“互市”，隋朝的时候设“交市监”（唐初改称“互市监”）。“讥察有方，行旅无壅”（《旧唐书·职官志》），这些机构都是为了开展贸易监管，兼具官营外贸与海关管理双重职能。

战国中晚期，据《史记·封禅书》“自威、宣、燕昭使人入海求蓬莱、方丈、瀛洲”，山东沿海—辽东半岛—朝鲜半岛西海岸—日本列岛这一海上交通线，已成为常态化的海路交通线。这条连通黄渤海沿岸地区的北方海上丝绸之路，是黄渤海沿岸地区通过经济文化交流逐渐形成的。

秦始皇统一天下后，对海上仙境及不死之药兴趣浓厚。徐市入海求仙人神药，历时8年，数次往返。与他同时因求仙入海的还有卢生、韩众、侯生、石生等人，这是秦代官方组织的大规模航海活动。实际上，徐市入海求仙活动非常可疑，很可能是他精心策划的一场瞒骗走私活动。欺骗始皇，满载人员货物，一去不返。后来徐市在日本被称为“农神”“药神”，可见其带去的人员和物资对日本社会进步帮助之大。

汉武帝对于入海求仙人神药之事也非常热衷。进入西汉中期，汉武帝相继开辟了北起今韩国汉江口南至今越南巴江口的帝国境内航线，及从南海到北印度洋的境外航线。据《史记》《汉书》的相关记载，汉武帝在位54年间，至少8次巡行海岸，甚至亲自“浮海”航行。汉武帝前后40余年，连续派遣方士入海求蓬莱，参与者往往以千万人计，虽然“终无有验”，但这些活动在中国航海史上具有重要的影响，对民间贸易和走私贸易起到了推波助澜的作用。

当时的中国，政局统一，经济繁荣，商品生产和商业活动达到一个新的水平，这些都为海上贸易发展提供了良好的客观条件，从渤海到南海也出现了许多海上新航线。汉朝时期也因为繁荣的海上商品交易，成为中国古代海上对外贸易的开拓时代。

东汉之后至隋唐之前，中国北方长期陷于分裂和战乱，经济停滞、交通阻绝，但中外陆地和海上商业往来依然存在。这时期的海上贸易以南海为主，交换的商品以中国的丝织品和国外的珍宝异物、奢侈品为主，交易量不大，对经济的推动作用并不明显。而政府的海上外贸管理，虽无明文，但从各种记载来看，大多采取支持和鼓励的态度，并不加以限制。从此，中外通商不绝，海上对外贸易特别是民间贸易和走私贸易开始繁盛。如两汉时期辽东"浮海"移民和东汉"海贼"张伯路事件表明，胶东半岛往返辽东半岛的海上航线以及民间贸易和走私贸易已常态化。据《后汉书》，从胶东半岛"浮海"辽东，两汉时期均有记载。如汉初文帝三年（前 177）的王仲，王莽时期的逢萌，东汉末年的太史慈、邴原、管宁、国渊、王烈等，都曾经"浮海"辽东。据《后汉书·法雄传》，对于"海贼"张伯路事件，法雄曾言，"贼若乘船浮海，深入远岛，攻之未易也"。同篇还有"贼复惊恐，遁走辽东，止海岛上。五年春，乏食，复抄东莱间，雄率郡兵击破之，贼逃还辽东"等记载。"海贼"可以往返于辽东和东莱（今山东烟台、威海一带）间，并长年居于海岛之上，

秦皇岛博物馆展出的曹操北征乌桓"东临碣石"图

可见这条海路之畅通，也反映其因生存需要，除了海上抢掠，可能还有走私活动。

日本在绳纹时代尚处于原始文化时期，弥生文化时期在海上贸易和外来文化影响下开始出现青铜器、铁器和纺织品，开始种植禾稻等。《魏志·东夷传》记载汉代的日本“种禾稻、纻麻、蚕桑、缉绩，出细纻、缣绵”，正与考古发现的情况相一致。日本纺织业的兴起，应是周秦汉魏时期在以齐鲁地区为中心的纺织业刺激下，沿着环黄渤海沿岸地区的海路通道传播的。魏晋时期，日本和中国的中原王朝不仅互赠丝织品，还有纺织工匠交流技术的记载。结合考古资料，说明汉魏晋时期这条海路已经成为真正意义上的海上丝绸之路。

三国时期，孙吴面对大土地所有者的利益不能动，片面地去剥削自耕农阶层会造成统治不稳的问题，为筹措战争开支的费用，因此在支持商业贸易，尤其是海上贸易行为上，力度是很大的。据有关资料记载，孙吴与当时东南亚一些国家以及日本、朝鲜都有着直接的贸易往来。也是在孙吴这个时期，海上贸易开始走出了一条较为成熟的路，让人们更多地认识到贸易行为当中还有海上贸易的形式。

南北朝时期，南朝面临着和孙吴同样的问题，所以当时南朝的很多财政收入走的是和三国时期孙吴一个路子，就是从海上贸易当中得利。这种贸易形式虽然由于战争的频频爆发，很多时候都处于一个中断的状态，但总体来说海上贸易还是在不断地发展。

秦汉至隋朝时期规定的各种走私禁物，以及其相关物品的生产制造技术，在当时陆地上查禁走私非常严格的情况下，实际上通过海上民间贸易和走私贸易已经传去更远的地方。而古代政府限于管理能力和水平，面对浩瀚的海洋、遥远的航线和漫长的海岸线有心无力，“没人管”“管不了”和“有海无治”“有海无防”依然是主要状态。

唐朝时期

陆地上的走私与反走私

唐代幅员辽阔，政治外交兼容并蓄，面临的内外部形势也更为复杂，为了保护国家安全和在对外贸易中的经济利益，对反走私任务执行得非常严格。唐朝政府规定，诸关统归尚书省刑部司门管辖，从而使关的缉私有了国家暴力机器作为后盾的刑事执法权。《唐会要》记载：“关梁之设，襟要斯在，义止惩奸，无取苛暴。”

唐朝政府制定了比较完备的、严厉的法规体系《唐律疏义》，并将缉私法规的建设与执行纳入国家的法制体系，以加强对对外贸易的管理，查禁走私，严格控制重点货物出口。《唐律疏义》中设定了包括关津事物条文的《卫禁律》，在《唐令》中设置了针对性的专项边关法令“关市令”，并在《唐律疏义》中加以详细的解释。《卫禁律》篇规定对走私行为进行处罚，“诸赍禁物私度关者，坐赃论；赃轻者，从私造、私有法。若私家之物，禁约不合度关而私度者，减三等”。《唐律疏义》对进出口物品的种类作

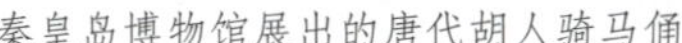
秦皇岛博物馆展出的唐代胡人骑马俑

了更为明确的规定："依关市令：绵、绫、罗、谷、绸、绢、丝布、牦牛尾、珍珠、金、银、铁，并不得度西边、北边诸关及至边缘诸州兴易。"唐代对于违禁品的走私也有细致的处罚规定，甚至细化到关门启闭不及时的处罚，犯错者要挨六十到八十不等的杖脊。此外，《关津律》篇对把关官吏有严格要求，特别做了"关津留难"的处罚规定，要求执法者本身秉公守法、尽职尽责。另外，对协助查获走私物品有功人员给予奖励。

唐代的缉私还有两个特点：一是通过缉私增加财税收入的经济性目的显著加强。二是缉私法规对中外商人一律有效、一视同仁。创设了以贯彻友好外交政策为宗旨的市舶使，对海舶商货进行常规的宽松管理，但若有逃避市舶使稽查的外国舶商，则予以中国法律的制裁，充分体现国家的主权和尊严。

尽管唐朝的反走私机构和法规已初具规模并不断完善，但唐朝的走私现象仍屡有发生，至唐末已经非常严重。以食盐为例，唐朝的食盐走私也非常严重。唐朝在实行食盐专卖以后，盐价一下子提高了十几倍，食盐的质量却大幅下降，官府的食盐往往掺杂使假而且缺斤短两。老百姓吃不起政府的高价盐，廉价的走私食盐就应运而生。为了禁绝走私食盐，唐朝制定了很多禁令，并设立了专门缉拿走私盐贩子的缉私机关，仅在淮北就设置了逮捕走私盐贩的巡查院十三处，巡捕的士兵遍布州县，但是收效甚微。在唐德宗贞元中期，国家规定走私盐超过一石的治死罪。唐宪宗元和年间，把死罪改为流放。但是不久后，统治者又把罪责改为死罪，而且比贞元时期更加严厉。

海洋上的走私与反走私

唐朝时期处于一个开放包容的状态，国力昌盛，声威远播，它的富庶不断吸引着各国商人的到来，也为海上贸易的发展以及营造良好的商业环境起到了巨大的推动作用。

中日贸易交往在唐朝非常频繁，除了带有官方贸易团体性质的贡使以外，来往的还有带有民间贸易性质以及夹杂着走私贸易性质的留学者和商人，这在日本取消遣唐使之后中日贸易的商船也没有明显减少可见一斑。当时中国出口日本的货物主要有丝绸、瓷器、文具、典籍等，日本出口中国的商品则有琥珀、布匹等。

辽宁省博物馆的唐三彩三足罐，出土于韩贞墓。

唐朝帮助新罗统一朝鲜半岛后，两国不仅有着友好而频繁的朝贡贸易，民间贸易和走私贸易的往来更多。新罗商船有的经渤海口到达山东半岛，有的则到达长江口。部分新罗商人在中国沿海城市长期聚居，形成历史上著名的“新罗坊”。新罗的工艺品、人参、牛黄等大量输入中国，中国的精美丝织品、文具、典籍也输入新罗。

公元 7 世纪，伊斯兰国家纷纷成立，幅员辽阔的商业贸易网络形成后，从印度洋出发，横跨中国南海的西亚商人活跃起来，民间贸易和走私贸易亦越来越多。他们将西亚、东南亚的黄金、银、香料运往中国，换取中国的丝织品和陶瓷，并逐渐形成南海贸易的中心地广州。广州也逐步成为当时中国最大的海上贸易港口。

唐代的中国商船不仅在波斯湾有频繁的贸易活动，更远及北非的埃及阿拔斯王朝。这期间，亚非地区许多国家的使节、商贾、学者、艺术家、僧侣等不断来到唐朝访问或经商，唐朝派出的使臣和僧侣、出国经商的商人也同样不绝于途。唐朝政府开放且优厚的对外贸易法律制度，使得众多国家与唐交好，外商常年在华居住。

频繁发达的海上贸易往来无疑推动了唐朝的中外交流，形成了文化交流的一个高潮。中国许多先进技术（如丝织技术、造纸技术、印刷技术等）、儒家思想和佛教思想等传播到世界各地，国外的各种文化也大量传入中国。由此，唐朝社会呈现出一种包罗万象、五彩纷呈的文化气息。

海上贸易的不断发展、经济的繁荣和国内政治的稳定，使得唐朝政府

有能力顾及海上贸易的管理。为规范民间贸易，遏制走私贸易，增加财政收入并获取可观的商税收入，唐朝统治者制定了一系列海上贸易法律规范。主要有以下几个方面：

一是私人海上外贸法律规范。在唐朝，私人出入边境参与贸易活动并不自由。唐朝的法律将百姓未经许可擅自出入边境的行为称为“私度”或“越度”，予以严惩。

二是海上出入境商品检验的法律规定。唐朝政府对禁止出入境物品的种类、数量都有了比较具体的规定。其中，珍珠、丝织品、金银铁等物品都属于禁止贸易的商品。

三是改革市舶制度。唐德宗时改革市舶制度，将收税职能正式纳入市舶司职责。唐后期的海外商人在商船入境时，需要缴纳“舶脚”，在中国境内进行民间交易时则需缴纳“两税”。

四是内陆与沿海双重贸易格局。唐朝继承了隋朝的互市制度，与此同时也开始逐步分离外交事务与贸易管理。在陆地边境地区设置了押蕃落使，在南方沿海地区则设置了押蕃舶使，两者一般都由当地的节度使兼任。于

辽宁省博物馆馆藏的唐代骆驼俑

是唐朝形成了北方陆地互市与南方沿海蕃舶贸易共存的对外贸易格局。

五是中央与地方的双重管理机制。唐初对南海蕃船的管理沿袭旧制，由地方长官负责。玄宗开元年间，始设市舶使，打破了海上对外贸易被轻视的局面，也意味着中央与地方在海上对外贸易管理上权力争夺的开始。中央政权第一次派遣专门官员市舶使，到岭南与海外蕃商进行交易，购买舶货。然而即便中央政府已经开始插手市舶事宜，但直到唐朝灭亡，地方长官都一直掌握着市舶管理的主要权力。

另外，唐朝制定的海上外贸管理法规在其实施过程中体现出以下三个特点：

第一，唐朝海上外贸管理法制在实施过程中出现了许多腐败现象。“检阅”蕃舶、“存问”中的“阅货宴”“纳舶脚”等作为法律规定地方长官管理海上外贸的职权，实际上常被岭南节度使当成敲诈勒索的手段，这导致海上走私贸易盛行。

第二，唐朝中央政府设立海上对外贸易管理机构的目的，更多的是考虑经济利益，无论其最终是否真正做到与地方政府在海上外贸管理上的分权，它都已经为后世树立了榜样，开辟了一个国家财政的重要财源。正是因为中央政府的重视，唐代中后期的市舶贸易日渐兴旺。这种商品经济力量的消长，也成为日后海上外贸管理法制变迁的制约因素。因此，可以说，唐朝海上对外贸易管理法制的基础，相比前朝更为牢固。

第三，唐后期虽然有所发展，但依然与后世市舶贸易繁盛时期的市舶司有着不同的含义。它更多地体现了官方采购的职能，而非真正意义上的市舶贸易管理机构。

宋朝时期

陆地上的走私与反走私

宋朝时期与辽、金、西夏等战争不断，各方自然不愿意让重要的物资流向敌方，但百姓日常生活有需求，商人愿意为追逐利益铤而走险，致使宋与辽、金、西夏等之间的走私贸易屡禁不止，有愈演愈烈之势。彼时，

"北人尤重南货，价增十倍"（《宋史·李全传》），令南宋商人趋之若鹜，纷纷走私，谋取巨额利润。不少南宋商人私渡过淮，令淮河流域成为走私的密集之地。

为查禁走私，宋代关卡由中央的刑部司门郎中统一管理，但只限于政令方面，边防地区的关卡主要由军队管理，承担着重要的军事和查禁走私的任务。宋代对关隘的管理有着极为明确的规定：诸关、门、黄河桥、渡口，重点查办奸诈行人和稽查禁物走私。宋代要求官吏出行需携带枢密院签发的公凭，而商旅等普通人则需要持有地方官府所发的公凭，其上往往都会注明来往州县关隘等信息，以辨别真伪。军人、公人必须验明所携公文、券历，军队必须对每名通行士兵进行核实，官员则要报备职位等重要信息，管理明确而严格。各关隘的开闭时间也有明文规定，以开封府为例，诸城门及汴河岸角门，一律晚间三更一点闭门，五更一点开门。闭关锁门后，行人不得通行。

宋代规定凡私自偷渡关卡者，判处一年徒刑，偷越边境关卡者，判处两年徒刑。携带违禁品走私者，按照违禁品的价值，按罪处罚。翻越沟渠或城墙者，要处以一年徒刑，翻越关卡者处以一年半徒刑，未遂者杖七十。对各关卡的守卫也有相应的处罚规定。宋太祖赵匡胤一向有仁慈之名，但是对于走私惩处极为严厉，如以走私食盐为例，他规定走私食盐三斤就要被处死。对于走私茶叶、酒、醋的，惩处同样不轻，动辄以死刑伺候。

在两宋政权与辽、金、西夏等少数民族政权长期相峙并存的300余年间，陆路边界的"榷场"是特定的边界通道和封闭的贸易"战场"，对峙各方的缉私带有显著的军事防卫特征，重点任务是查缉偷渡人员和违禁品走私，惩治法规严酷。

一是榷场交易非商贸旅客禁止入场，禁绝借此出入境。交易后双方必须立即返回本境，严禁越界。违者捉获即于法或处以刺面流放，金代规定"私度"者罪当死，辽政府则"每擒获鬻马出界人，皆戮之，远配其家"（《辽史》）。

二是通过对特种物资发放贸易许可文书，对军事战略物资及稀贵物品，如金、银、铜钱、生熟铁、珠玉等出入境厉行重点管制。辽主要禁止输入宋的物品是马匹、皮裘、粮食、毡、银等。宋朝违禁品则扩大到硫黄、焰硝、炉甘石、竹牛角、箭、水银、丹漆、黑漆、朱红、九经以外的文集书疏以及盐、米等。

三是严禁榷场官员、押送岁币礼品的官兵、使臣走私。“自今厢军兵士与北客偷递违禁物色并见钱及与勾当买卖捉获者，内禁军从违制定，厢军从违制失断遣，并刺面配广南牢城收管。”（《宋会要辑稿·职官》）

另外，南宋政府面对严峻的海陆走私形势，还出台多个特殊政策，严格查禁走私。

一是告赏。所谓的“告赏”，其实就是鼓励百姓检举揭发，并承诺给予相应的奖励。奖励的形式分为两种，一种是奖励走私物品。如有百姓揭发了某位南宋商人的走私行为，在人赃俱获后，揭发之人就可以获得该商人的走私物品。另外一种是直接奖励钱币，而且高额奖赏。根据揭发的情况不同，还规定了不同的奖赏金额，从“钱五十贯”到“钱三千贯”不等。但无论是哪一种奖赏，对当时的百姓而言，都可以算是一笔不小的数目了。

辽宁省博物馆再现契丹人生活场景

有意思的是，南宋朝廷在告赏制度中，还单独列出一条，是鼓励走私团伙内部人员揭发犯罪的条例。只要是走私团伙内部人员主动告发，告发者不仅可以免罪，走私的货物还奖励给这位告发者，吸引力不可谓不大。

二是边境地带分级管控。南宋将边境地区划分为“极边”和“次边”。“极边”，指的是边疆交界处的沿边州郡；“次边”则指的是关中地区与延边州郡的中间地带。南宋之所以有这样的划分，主要是为了防止金兵入侵，但也借此制定了准则，禁止“极边”向“次边”售卖物品，否则被视为走私行为。千万不要小瞧了南宋朝廷对“极边”和“次边”的管控，因为在这两者之间进行走私的商人，一旦被发现都会受重罚，根据走私货物的价值来分惩罚等级，只要货物价值达到了十贯，就会处以死罪。

三是南宋朝廷除了对走私商人进行处罚外，还对缉私的官吏加大处罚力度。这些缉私官吏，主要容易犯的罪名叫缉私不力，一旦被定罪，将会面对被流放等处罚。如果官吏缉私不力，还参与走私，惩罚更重。

四是官民联防。南宋除了在边境设置巡捕官兵以外，还培养边境居民化身民兵，协助官兵缉私。但同时，南宋朝廷又不信任这些边民，为了防止这些边民参与走私，在边境地区实行联防制，十户为一甲，一户走私，十户连坐。

然而，由于官方查禁的走私贩卖和偷渡有许多纯属民间的正常贸易往来，仅靠严厉的查禁并不奏效。实际上各方商民越界贸易者甚众，再加上缉私将吏的受贿放纵，以致违禁品在榷场中仍有销售。“河北诸路帅司人吏与沿边巡检、捕盗官司兵员、管营等，上下集会，受贿作弊，容纵旅客公然贩运违禁物色，透露盗贩过界，率臣安抚通知其弊，莫肯按劾，弥缝胶固，牢不可破，虽设禁置，仅成空文。”（《宋会要辑稿·刑法》）

海洋上的走私与反走私

陆地上的走私管不住，海洋上的走私也很热闹。宋代的海上贸易，特别是南宋以后，几乎成了王朝的经济支柱。宋神宗对海洋事业的作用看得非常清楚：“东南利国之大，舶商亦居其一焉。昔钱、刘窃据浙广，内足自富，外足抗中国者，亦由笼海商得术也。”绍兴七年（1137），宋高宗鉴于“市舶之利最厚，若措置合宜，所得动以百万计，岂不胜取之于民”，故特别“留意于此，庶几可以少宽民力耳”。（《续资治通鉴长编》）

在国家政策的鼓励和生活环境相对稳定的大趋势下，宋代的造船业较唐更加蓬勃发展。在宋代，很多地方都设立了造船厂、造船坊，特别是东南沿海的广州、泉州、明州、温州以及杭州等地，都形成了制造海船的重要基地。船体巍峨高大，结构更加坚固，行船工具更趋完善，装修更为华美，每只船上都有大小两个锚，行船中也有探水设备，极适合远洋航行。这不仅推动着航海事业和海上贸易的发展，也推动商业环境得到重新塑造，商业对象得到一定的扩张。

当时与之交往的商业对象不仅仅局限在东南亚以及欧洲的个别国家，宋代通过海上贸易夹杂着大量走私贸易，已将商品运输到了北非以及更远的地区。为防止和减少海上贸易中的走私行为，宋朝继续沿用唐朝开元年间设立的市舶司制度。开宝四年（971），在广州设立市舶司，后在杭州也设此机构。广州、杭州二市舶司掌管岭南及两浙路各港对外航海贸易收税等事务。后又在明州设司，广州、杭州、明州合称“三司”。之后又在泉州和密州板桥镇设了两个市舶司。至南宋时，除密州归入金国版图，其他市舶机构仍存在。广州、泉州两市舶司较为稳定，成为发展航海贸易的重要机构。

宋代市舶司类似近代海关，商船出海必须先呈报市舶司领取公凭才能启行。外国商船到达港口必先报告市舶司，由其派人上船检查，征收其货物的1/10作为进口税收，被称作“抽分”。抽取的货物解送京城上解国库叫“抽解”，是政府的重要财政收入。另外，还规定了十种货物为禁榷物（禁止民间私自买卖的货物），即玳瑁、象牙、犀牛角、镔铁、皮、珊瑚、玛瑙、乳香、紫矿、铜矿石等，全部由市舶司机构收购。其他的货物也收买一部分，总称为“博买”。

秦皇岛博物馆藏辽代三彩蕃莲花纹方盘

抽分是一种实物税收，博买则是带有强制性限价收购性质的一种变相市舶税。这些货物一律送交到中央政府充实国库，这对宋朝的财政经济发展起到了极为重要的作用，甚至一度占到宋朝一年财政收入的1/20。

为了进一步加快船舶运输的周转率，增加海运收入，南宋隆兴二年（1164）制定了“饶税”政策，规定：“若在五月内回舶，与优饶抽税之；如满一年，不在饶税之限；满一年以上，许从本司追究。”（《宋史·食货》）南宋还针对市舶司的官员制定了有关的奖惩制度，能招徕外商的升官，影响海外贸易的则降职处理。

宋朝制定的专项海上反走私法《漏舶法》，虽已散佚，但从后世史载零星记录流传的内容来看，宋朝的海上缉私具有职责强化、布局全面、手段与方法颇具创建性和实效性的特色。

一是执行“南宽北紧”的航海路线管制，严禁海舶或人员私自前往临近北方边界的敏感海区及藩属国，力将所有的海上贸易活动纳入政府管辖范围。“商人出海外蕃国贩易者，令诸市舶司请给官券，违者没入其宝货。”（《宋史·食货》）“不请公据而擅乘船自海道入界河，及往高丽、新罗、登、莱州界者，徒二年，五百里编管，往北界者加二等，配一千里。并许人告捕，给船物半价充赏。其余在船人虽非船物主，并杖八十。即不请公据而未行者徒一年，邻州编管，赏减擅行之半，保人并减犯人三等。”（《宋会要辑稿·职官》）

二是通过对舶货的全面实际监管和强化官吏职责，禁绝走私。凡海舶入港，先派地方武装在周围监视，谓之“编栏”，其目的是防止货物未经抽税而私行交易。然后由帅漕与市舶监官检查与登记全部货物，即谓“阅实”，其目的是除检验货物的实际数量以作纳税标准外，更主要的是检验有无许可证及有无违禁物品。海舶离港时，还采用另差监督官员主持例行管理程序的措施，如果“覆视官不候其船放洋而辄回者，徒一年”（《宋会要辑稿·职官》）。尤其值得提出的是，为防止海商于回国途中走私贵重货物，宋朝在沿海地区特设“觉察勾栏”一职，负责“探查往来船舶，苛有未经市舶司之征税而辄行买卖者，则封堵之，押送就近之市舶司，听候处理”（《宋代市舶司及市舶条例》）。

三是对外国货物在境内的流通实施全过程的跟踪监管。若有蕃国及土生蕃客愿往他州或东京贩易物货者，经申请、勘验核实、获许可证等程序，前往其他港口或内地经营贸易，沿途仍需接受查验，防止夹带禁物及奸细之人。此类蕃商的行踪还须呈报尚书省备案。

四是严格控制金、银、货币、马匹、武器、书籍、粮食、妇女、军人和军事战略物资的外流。“贾人由海道往外蕃……毋得参带兵器或可造兵器及违禁之物”，“交换蕃货，禁用金、银、铜钱”。（《宋史·食货》）

五是维护政府对珍稀宝物及利润丰厚商品的全数收购与专卖，禁绝民间私相贸易。“敢与蕃客货易，计其直满一百文以上，量科其罪；十五千以上，黥面配海岛；过此数者押送阙；妇人犯者配充针工”。后又加重量刑处罚，“四贯以上徒一年，稍加到二十贯以上，黥面配本州为役兵”。（《宋会要辑稿·职官》）

六是禁止权贵和市舶官员直接经营外贸和营私舞弊、透漏关税。北宋三令五申，“内外文武官僚敢遣亲信于化外贩鬻者，所在以姓名闻”。“如官吏罔顾宪章，苟徇货财，潜通交易”，皆要撤办，“如或不悛，则以脏论”。凡管理进出口的官员，如果收买蕃商杂货和违禁货物，当置之重法。南宋规定，“诏见任官以钱附纲首商旅过蕃买物者有罚”。（《宋会要辑稿·职官》）宋宁宗嘉定年间，雷州知州郑介明、赵伯东先后因用铜钱博易蕃货而受放罢之处罚。两宋政府还对市舶官吏制定了奖惩条例和处罚规定，允许外商越级申告，惩办欺诈蕃商的官吏及其危害蕃商性命财产的行为。

一系列有利于海上贸易发展和查禁走私的政策，使宋代海上贸易的繁荣程度达到了巅峰。虽说两宋国力远不如汉唐那样雄厚，但这也是仅指陆地而言。宋代统治者重视海洋贸易的程度，在以后的元明清时期都未能企及。据《宋史·食货》记载，“入一亿二千六百二十五万一千九百六十四”，其中30%来自农业税收，70%来自商业税，而在这70%商业税中，海上贸易的税收占了很大的比重，这表明海上贸易其实是宋朝经济发达的重要保障。

然而，宋代海上走私活动并未因一系列反走私禁令收敛。据《东坡先

沈阳博物馆收藏的宋代钱币

生全集》记载，有泉州商人王应升等20多人，冒请往高丽国公凭，却发船入大辽国买卖，结果人犯被抓，货物充公。有不少官僚权贵抵法冒禁，投身于海上贩运。在一些未设市舶司的港口，外贸并未被政府集中控制，自由出海贸易的事件更是时有发生，违法商船恣其所往 。

另外，宋代的铜和铜币走私相当严重，钱荒一直是宋朝财政的巨大困扰。史载，违禁出口不绝，其量甚大。宋朝铜钱外流，有陆上走私和海上走私两个渠道，“边关重车而出，海舶饱载而回”（《宋史·食货》），但以海路走私外流更为严重，这和市舶官员的勾结放私有密切关系。“金银铜铁，海舶飞运，所失良多，而铜钱之泄尤甚。法禁虽严，奸巧愈密。商人贪利而贸迁，黠吏受贿而纵释，其弊卒不可禁。”（《宋史·食货》）海商之所以大量偷运铜钱出口，与海外国家的需求大有关系。“番夷得中国钱，分库藏贮，以为镇国之宝。故入番者，非铜钱不往，而番货亦非铜钱不售。”（《宋会要辑稿·刑法》）由于运载铜钱出口可以获得巨大利益，沿海郡县的官员及寄居官“不论大小，凡有势力者，则皆为之。官司不敢谁何，且为防护出境”（《宋会要辑稿·刑法》）。

综上所述，无论是在陆地还是在江河海洋，两宋时期对重要物资都进行了严格管控，并且加大了对走私的惩罚力度，但显然没能阻止走私，反而铤而走险的商人越来越多，走私与反走私博弈也愈演愈烈。

元朝时期

陆地上的走私与反走私

元承宋制，陆地上边关的缉私任务主要是针对政治奸细和违禁品的私相交易，对陆地上缉私官吏执法纪律的惩处也规定明确，划分有查缉不力（“如所在官司防禁不严，仰究治施行”）；故意刁难（“其关津因而故将行旅刁蹬阻滞，亦仰究治”）；受贿放私（“诸关讥不严，受财故纵者，罪之”）；

元代铜权

等等。（《元史·刑法》）但元朝立国时间短，很多事情刚开始还没有怎么发展、规范就结束了，因此为帮助大家了解元代陆地上走私与反走私历史，我们继续从食盐这一特殊商品入手，聊聊元代走私和反走私是如何博弈的。

“国之所资，其利最广者莫如盐。”元代官方为实现对盐利的垄断，推行食盐官营政策。“元初，以酒醋、盐税、河泊、金、银、铁冶六色，取课于民。”（《元史·食货》）因食盐为民生必需之品，故盐税征收需要掌控好国家与民众之间的利益平衡。如果官府过分追求产量、提高课税，再加上地方官员执行不力，肆意压榨盐民，过分与民争利，则必然会刺激食盐走私，加剧官民之间的冲突。

早在宋元战争中，盐课便成为元朝政府军政开支的重要来源，战乱使元朝政府对盐课的依赖较前代更为严重。地方盐官为求己私，强增产量，导致盐课越来越重。一方面，盐课过重会破坏正常的食盐生产、销售秩序，致使灶丁外窜，盐井荒废；另一方面，官盐价高，亦造成民食贵盐，民间出于与官方争夺盐利的目的，走私食盐屡禁不止，“私开盐井，自相部署，往往劫囚徒，杀巡卒”（《元史·儒学》），形成较大的食盐走私集团。

为遏制食盐走私，元代的治理措施主要有：

一是整顿盐法，加强缉私。元太宗元年（1229），蒙古始行盐法，内

容借鉴宋代，对民间私自煮盐、贩盐予以严厉禁止。同时创立“首告”制度，规定“凡伪造盐引者皆斩，籍其家产，付告人充赏。犯私盐者徒二年，杖七十，止籍其财产之半；有首告者，于所籍之内以其半赏之”（《元史·食货》）。如延祐四年（1317），祝元广携带“犯界盐货”案中，因将多余食盐送与外甥谭应兴，而被谭“首告到官罪犯”。谭之所以能够大义灭亲，获取奖赏是其次，更多是与元代盐法的严厉有关，如知情不报同样予以重罚，“失觉察者，邻佑不首告，杖一百”（《元史·刑法》）。

元代为防止民间私自凿井煮盐，对盐户立有专门的户籍，与民户分开，归盐运司管理，盐户都隶属于固定的盐场，不能随意移动；除重大刑事案件仍由“有司归问”之外，其余都由本管盐司理问；盐户世代在盐场上劳动，不得改业，子女“析居”分家时，分出去的也要充灶户。通过对灶户身份的严格控制，从源头上杜绝私盐流出。

元代陆地上无专置缉私机构，只通过地方官府层层设防，务至禁绝。在强化私盐缉私上，要求极为严厉，规定地方官要随时巡察以观勤惰，如办理不力则加以处分。尤其是元代中后期，盐法愈加严密与严厉，对私盐贩及缉私不力的官员皆用重法。

在食盐缉私中，元朝亦注意据情对私盐贩柔性处置，而非一味用重典，以避免更严重的武装对抗。后至元二年（1336），在原宋绍熙府故地聚居数千户襄、汉流民，以走私食盐为生，朝廷派赡思前往治理。赡思“擒其魁，而释其党”，上言：“绍熙土饶利厚，流户日增，若以其人散还本籍，恐为边患，宜设官府以抚定之。”得到批准，“诏即其地置绍熙宣抚司”，从而将私盐贩转化为编户齐民。（《元史·儒学》）

二是注意削减盐课。元朝政府基于盐利垄断而提高盐课，造成最明显的危害便是盐民负担的不断加重，迫使盐民逃亡、盐产停顿，从而滋生走私盐。为此，中央通过削减课额，对不当行为明令禁止，达到缓解与盐民冲突的目的。至元八年（1271），蒙古刚置陕蜀行中书省于兴元（今陕西汉中），便下诏“以四川民力困弊，免茶盐等课税”，并禁止地方官府争夺盐利，敕令：“有司自今有言茶盐之利者，以违制论。”（《元史·世祖本纪》）

三是注意优恤盐户。元代对食盐生产、买卖实施更加严格的官营政策，在四川茶盐运司所属盐场下分若干团，团下有灶，每灶由若干盐户组成，盐户固定在盐场上劳动，子孙世袭，他们对朝廷缴纳额盐，还要负担科差、税粮和差役。盐户不仅生产条件恶劣，还要受到官方盐课、差役的催征，生活较为困苦，以致时常出现逃亡现象，“利耗民散，亭场空虚”（《元代奏议集录》）。在这种情况下，盐户的产盐效率必然不高，为了生存甚至存在私产、私盗食盐以糊口的情况，故而官方为维护盐场秩序、增加盐课，会不时对其采取优恤措施，对贫困者予以救济，对超负者予以减免，缓解灶户的不满情绪，缓和官民冲突，进而减少食盐走私，以提高食盐生产效率。

海洋上的走私与反走私

元朝建立后，深知水运与国计民生关系密切，在其势力所及的广大地区内，为发展江海航运和海上贸易，建造了大量的江海船舶，进行了大规模的海上漕运和海上军事活动。因此，元代立国时间虽不长，但造船业和航运业的发展水平都超过了前代，在当时世界上处于领先地位。

元朝造船业的发达，集中表现在造船能力十分惊人。以战船为例，据不完全统计，从至元七年（1270）到至元二十九年（1292），共造江船 8000 艘，海船 9800 余艘，合计 17800 余艘。至于民用船只，则数量更多。据《大元海运记》记载，至元二十二年（1285）二月，为济州河运粮，一次就造粮船 3000 艘。又据《元史兵志》记载，元朝廷为了加强国内邮递能力和速度，除陆上开驿道驰马通邮以外，在江海水陆要冲设置水驿站 424 处，共有邮船 5921 艘。据《马可·波罗行纪》记载，至元二十八年（1291），马可·波罗奉元世祖忽必烈的命令，护送阔阔真公主远嫁波斯。忽必烈“命备船十三艘，每艘具四桅，可张十二帆”。

造船业的发达，促进了航运和贸易的兴旺，据马可·波罗留住中国期间所见，在黄河入海口处（指黄河改道以前的，在今江苏省宿迁市以南 70 公里处），就泊有 1.5 万艘船舶。长江的航运更是繁忙，据《马可·波罗行纪》记载，通过新州港，“每年溯江而上之船舶，至少有二十万艘，其循

江而下者尚未论焉”。元代海上漕运的规模，超过以往任何一个朝代，最高年运量350多万石。为此，开辟了从江苏太仓刘家河到河北直沽（今天津）的海上航线。这条航线经过四次变迁，最后的走向是：从刘家河启航驶向崇明岛，往东驶入黑水洋，然后向北，直驶成山。再转向西，到达刘家岛。在此集合补充淡水后，驶向沙门岛，过莱州大洋驶入界河，到达直沽。“当舟行风信有（时），自浙西至京师，不过旬日而已。”（《元史·食货》）这条航线离岸航行，航路直，航期短，奠定了近代北洋航线的基本走向。

元代的远洋航海活动，其范围比宋代有所扩大，但总的格局仍如前代，分作东西两条主要航线。东航线通往日本，走向与宋代大体相同。从浙江庆元横渡东海，多在五、六月，航期在10天左右。从日本来中国多在春夏之交的三、四月份，但也有在秋季的。这一航区，三、四月称“大泛”，九月称“小泛”，因在清明、重阳两节前后，海上风平浪静，最宜航行。西航线所到的地区，元代以前统称为“海外诸国”，或称为“海南诸国”，主要经南海，出马六甲海峡，通向南亚、西亚、北非、东非等国。元代以后随着航海贸易往来地区的增多，形成了新的地理概念，如把航行区域分为西洋和东洋。东洋、西洋大致以马六甲海峡的南巫里（亚齐）为界，在南巫里以东的海域称为“东洋”，以西的海域称为“西洋”。

元代指南针碗

为了发展同西洋各国的海上贸易，至元十六年（1279）元朝已与马八儿（今印度的马拉巴尔）、须门那（今印度卡提阿瓦半岛南部的松纳特）、僧急里（今印度南部西岸克朗诺尔）、南无力（今苏门答腊岛北端班达亚齐）等国建立航海贸易关系。

元承宋制，放宽了对海外贸易的限制与管理，但查缉走私仍是元代市舶司的主要职能之一。元朝政府于1293年和1314

年两次颁布的《市舶则法》二十二条，它是我国现存的古代第一部海关法规，其每条法则除了正面规定以外，均有违反规定的处罚标准以及对检举揭发者的奖励规则，从而使元代的海上缉私具有了法规细密、量刑明确、可操作性强、较前代更为有效的特征。

一、凡进出境海船必须经过申请、登记、具保、领证、验核放行或销号等程序。“验凭随船而行，或有验无凭，及数外夹带，即同私贩，人杖一百七，船物没官，内一半付告人充赏。”（《元史·刑法》）

二、查禁违禁物品走私。元政府规定，“公验内批写物货不实，及转变渗泄作弊，同漏舶法，杖一百七，财物没官，舶司官吏容隐，断罪不叙。诸番国遣使奉贡，仍具贡物，报市舶司称验，若有夹带，不与抽分者，以漏舶论”（《元史·刑法》）。船商下海开船之际，应由市舶官员亲行检视，如无违禁或夹带之物，即可开洋。依照元代《食货律》规定，“金、银、铜、铁货、男子妇女人口，并不许下海私贩诸番”。如有特殊原因，须在公凭内写明，方可酌情放行。违者，船货没收并处杖刑。后来，违禁品范围扩大至弓箭、军器、马匹、棉丝、布帛等。

三、禁绝权贵经商，措施较宋代严厉。《市舶则法》中规定，“不得拘占船舶，捎带钱物，下蕃买卖”，“隐匿者钱物没收，有官者罢职”，“诸使海外国者不得为商”，“如违，并以漏舶治罪，物货没官”。“凡权势之家皆不得用己钱入蕃为贾，犯者罪之，仍籍其家产之半。”

四、以严厉刑罚强化市舶官员廉政，奖励举报。禁止市舶官员用自己的船只进行海上贸易后依仗权势不接受抽分，更不允许舶司官员在查验外商货物时，有意估低货价而自行买卖，谋取私利。若有人举报，即杖犯者一百七十下，没收钱本货物，有官位者处以重罪，开除职务。船主等知情不报者株连同罪，并从罚没的货物中提取 1/3 或 1/2 给举报者充赏。“诸海门镇守军官，辄与番邦回舶头目等人，通情渗泄舶货者，杖一百七，除名不叙。”（《元史·刑法》）

五、采取切实查禁走私的新措施。元朝政府规定，船舶在沿岸非正常停泊，走私货物，或进港后舶商家属接应，顺便拿走贵重货物，逃避抽分，

“即是渗泄，并许诸人告捕，全行断没。犯人杖一百零七下，告捕人于没官物内三分之一给赏”。还指令沿岸巡逻守备“用心关防”，“官吏巡检人等，常切巡捉，催赶船只，随即起离彼处，不许久停”。（《通制条格》）并要求各市舶司“以船舶至岸，隐漏物货者多，命就海中逆而阅之”（《元史·刑法》）。“以待船舶之至，先封其堵，以次抽分，违期及作弊者罪之。”（《元史·食货》）

然而权贵经商与海商违法经营之习积重难返，缉私法令收效甚微。元代太仓有朱、张两个大官僚海商集团，“父子致位宰相，弟侄甥婿皆大官，田园宅馆遍天下，库藏仓庾相望，巨艘大舶交番夷中”（《辍耕录·朱张篇》）。在“逐末利百千”的引诱下，弃农经商铤而走险，从事海上走私者众多。元代的铜钱外流也很严重，大量铜钱外泄到东南亚及非洲沿岸诸国，致使纸币与白银、铜钱的一定比例关系轻重失宜，引起纸币不断贬值。关吏的横征暴敛也未禁绝，甚至导致中外矛盾激化。

明朝时期

陆地上的走私与反走私

明代商贸经济非常发达，海上贸易和陆地贸易是最主要的两大路线贸易，二者之间是相辅相成的。海上贸易体系离不开明朝政府和陆地贸易体系的支持，而陆地贸易也需要依靠海上贸易来补充不断发展的社会经济。明朝时，民间商人彻底打开了东南亚区域商贸体系，使明代建立了庞大的商贸经济。其中朝贡贸易体系、走私贸易体系、互市贸易体系是明代国际贸易体系中最重要的三大体系，三大体系促进了明代商贸经济发展。其中，朝贡体系是明太祖朱元璋所制定的，是贸易体系中最大的主宰，展现了明代强大的军事实力和经济实力，很多地方统治者为了向明朝统治者表示忠心，都会进行朝贡。

明代陆地贸易体系中，对域民的管制非常严苛，管理体系非常完善，对于各阶层的流动迁徙有明确的规定。各地津要关卡都设有巡检司，由驻军和巡检司负责稽查任务，巡检司不但要负责稽查行旅和走私禁物，还要巡查卫所逃兵。明朝政府针对关隘设置了许多严格的规定：一是严禁人员私自潜出陆海边境。二是禁止违禁品私自运出陆海境外，尤其是禁绝军事战略物资的贸易。三是严禁私自进行“茶马贸易”，“私茶出境与关隘失察者，并凌迟处死”（《明史·食货》）。四是严惩泄露缉私动态及不履行边关管理职责导致走私发生的人员。

《大明会典》规定：“凡军民人等往来，但出百里者，概验文引。凡军民无文引，及内官内使来历不明，有藏匿寺观者，必须擒拿送官，仍许诸人首告。得实者赏，纵容同罪。”明代规定出行百里就必须持有路引，路引就是百姓出行时的身份凭证。路引须由外出人向官府申请，说明外出理由和去向，再由官府议定颁发。路引上会注明姓名、籍贯、去向、体貌特征等信息，沿途的关口和旅社都会验看。

《大明律》还规定，凡冒用他人路引者或转让路引者，皆杖八十。对官员处罚更严，私开者杖一百，不立案，倒卖路引的，要处以三年徒刑。对于抓获的走私者、犯私盐者或逃军都有相应处罚，判杖判牢不等。

因为明朝陆地上的贸易最繁盛的要算茶马互市了，所以为帮助大家了解明朝陆地上的走私与反走私历史，我们从茶马互市入手，以点带面，聊聊明代走私和反走私是如何博弈的。

茶马互市在唐宋时期就已经开始出现，到明朝达到巅峰。西北的少数民族地区由于地理位置原因没有办法种植茶叶、稻米等一系列作物，只能用牦牛、马之类的制品作为平时的食物，这就导致少数民族十分渴望得到中原地区的茶叶、稻米等作物。而中原地区虽然可以产出许多的经济作物，可是却因为没有好的牧场产出不了好的马匹，中原王朝一直以来都受到少数民族骑兵的袭扰，急需良好的马匹来弥补骑兵短板，因此双方各取所需开通了贸易。

“番人嗜乳酪，不得茶，则困以病，故唐宋以来，以茶易马，用制羌戎”（《明史·食货》），可以看出少数民族对茶叶的需求是旺盛的，根本离不开茶叶，只要把茶马贸易控制住了，就间接地控制住了少数民族。除了政治因素之外，因为少数民族地区对于茶叶十分渴望，商人们在进行运送

之后可以获得高额的经济利益，如果朝廷不插手的话，利益就被民间所收拢了，看到了这样的经济效益朝廷当然动心了，所以就把茶马互市变为了国营经济。

虽然在宋朝时期朝廷就设立了用来管理茶马贸易的政府机构，但是管理得还不算严格，明朝时期设立的茶马司就不一样了。茶马司不仅对茶叶的储存、检验等方面设有专门的管理人员，还为茶叶的贸易建立了物流体系。朱元璋也设置了茶课司来给茶叶进行征税，而茶叶的价格由政府敲定。通过这两种方式，茶叶的贸易权就基本掌握在朝廷的手上了。

茶马贸易被官府垄断之后，因为经营规模的制度化，再加上没有政府的压榨，给明王朝带来了巨大的经济利益，这一时期的茶马贸易达到了空前繁荣。而在这之外，中原地区和少数民族的摩擦逐渐减少，因为茶马贸易给少数民族地区送去了他们所需要的资源。可以通过和平手段获得想要的东西，就没有人愿意冒生命危险而打打杀杀。双方种植文化与畜牧文化的碰撞给经济发展带来了积极的影响。

虽然官营茶马贸易的好处多多，但是也有着一定的弊端。首先就是茶

明代沈阳中卫城示意模型

叶的价格。因为茶马贸易由政府垄断，所以茶叶的价格由朝廷说了算。而朝廷为了获得更高的利润，往往将茶叶的价格定得非常高，这让少数民族的商人们难以接受。朝廷这样的行为，让许多想获取利益的人们选择了铤而走险，开始了走私，因为走私的茶叶价格比较低，所以很多少数民族的商人们选择了和走私商打交道。虽然朝廷给卖私茶定的罪是死罪，但这依然阻止不了想要挣钱的商人们。

辽宁省博物馆藏明代令牌

明朝认识到走私的破坏性，所以选择用重典来阻止民间进行走私贸易，“私茶出境者斩，关隘不觉察者处以极刑”（《明史·食货》）。明《问刑条例》规定：“凡兴贩私茶，潜往边境，与番夷交易，及在腹里贩卖与进贡回还夷人者，不拘斤数，连知情歇家、牙保，俱发烟瘴地面充军。”但有这样严重的惩罚也没能避免民间商人们进行走私贸易，因为茶马贸易带来的利润实在是太高了，许多人不惜和朝廷对着干也要进行走私活动。而茶马司的工作人员对于茶马贸易的管理也“不专业”，时常有敲诈勒索行为，甚至间接或直接参与走私，这就导致茶马机构内的腐败问题丛生。史书记载，朱元璋的女婿、安庆公主的丈夫欧阳伦就没能抵挡住权力与财富的诱惑，投身“油水”丰厚的茶马走私贸易，结果被朱元璋砍了头。

明朝末期，由于官府管理不够严格，好的茶叶和马匹都存在于走私商手中，官府没有好的茶叶自然就换不到好的马匹，如此恶性循环，茶马贸易至明朝末期衰落到了低点。此外，吏治的腐败再加上明后期茶马贸易的政策阴晴不定，让商人们对朝廷失去了信任。少数民族商人也更愿意和民间的走私商人们进行贸易。没有了货物来源，缺少了贸易伙伴，官营茶马贸易从此一蹶不振，这条古道上就只剩下走私了。

海洋上的走私与反走私

明代永乐时期，统治者积极推动海上贸易发展，利用郑和船队打开更多新远航航线，建立明代海上朝贡贸易体系，很多商贸船队和私人船队就成了远航航线中的常客，其中商贸船队的发展规模最为庞大，甚至超越了郑和船队。

明代海上朝贡贸易主要掌握在朝廷手中，朝廷通过自身的影响力，推动了明代社会经济的发展，在朝贡贸易中，朝廷成了主要的受益人。朝贡贸易打开了明代各海上港口，港口在明代是经济最繁荣却也是最混乱的地方。港口内有来自世界各地的商人，他们都打着朝贡的幌子私自发展贸易，并随着商贸船队的不断扩大，逐渐形成走私商队。走私贸易体系在朝贡贸易体系的掩护下逐渐发展并扩大。

商贸船队的发行都要经过官府的审批，因此在港口对商贸船队的检查就不会特别严格，这也给了很多商人走私的机会。走私船队在商贸船队的掩护下，打破了明代海上国际贸易的平衡。走私船队中所承载的商品和商贸船队中的商品几乎都是一样的，但是利益却相差甚远。走私商品并不计入港口的记录中，这些商品的利润都是纯利润，很多商人都会通过商贸船队进行走私。且随着走私贸易的发展，明代海上国家贸易体系中竟出现了“专业走私商贸经济体系”。走私商队的出现，开始极力打压商贸船队的发展，并通过打压商贸船队，不断扩大自己的势力，遂造成日本“人利互市，留海滨不去”，“而内地诸奸利其交易，多为之囊橐，终不能尽绝”（《明史·外国传》）等局面。

郑和下西洋

为此，明朝政府严厉打击走私行为，保障东南沿海实行朝贡贸易，给市舶关吏的缉私宗旨是“禁通番”，即禁止中外商人私自交易，这集中体现了明代的海禁政策实质，以严禁国内出洋贸易，厉行各项海禁、防寇等方式展开。主要措施有：

一、查禁私自出海，“禁濒海民不得私出海”（《明实录》）。凡豪势之家，尽管没有亲自出海，附船商下海，但坐分利者，亦发边卫充军，货尽入官；凡歇客之家窝藏出口货物，装动下海者，以窃主问罪，枷号 3 个月，邻里知情不报，枷号 1 个月发落。

二、查禁金、银、铜钱、绉绢、丝绵缎匹、兵器和军用物资输出境外。违者杖一百，货物及船只一并没收。“凡私自贩卖硫黄五十斤、焰硝一百斤以上者问罪，硝、硫黄入官。卖于外夷及边海贼寇者，不拘多寡，比照私将军器出境，因而走泄事情律，为首者处斩，为从者俱发边卫充军。”（《问刑条例》）

三、缉私与海防紧密结合，使缉私职责更具军事防卫性质与效用。明成化、嘉靖年间，市舶太监获提督海道职衔，拥有遇警可调动官军的权力。弘治十四年（1501）明朝廷规定，“不许劝借客商银两及夷商私出牙钱。其布政司等衙门，市舶太监等官，俱不许巧取以困夷人。违者罪之，著为令”（《明实录》）。

尽管法规严厉、稽查严格，但随着明朝朝贡贸易政策实施 200 年之久，也间接促成海上走私贸易长期存在，一直以迂回曲折的方式发展。明前期，有冒充朝使到国外贸易者，也有豪门势族无视海禁律法，“为贼腹心，标立旗帜，勾引深入，阴相窝藏，辗转贸易”（《明实录》），更有东南沿海人民无所得食，无以为生，只好冒禁出洋贩鬻或在沿海一带进行走私贸易。由于走私贸易船多不胜数，甚至出现了“片帆不许下海，艨艟巨舰反蔽江而来，寸货不许入番，子女玉帛恒满载而去”（《虔台倭纂·倭原》）的反常现象。还有很多商民与倭寇等勾结进行亦商亦盗的活动。

此外，外国贡使夹带货物的走私时有发生，“海外诸国，并西域番王等，遣使臣朝贡，沿途多索船马，夹带货物，装载私盐，收买人口，酗酒逞凶，骚扰驿递，非礼违法，事非一端”《（明宪宗宝训）》，其中很多是贡使勾结市舶官员直接进行违禁走私活动，市舶制度受到严重的破坏。

明中期以后，海上走私贸易的潮流越发不可遏制，崇祯《海澄县志》载，沿海商民“往往就海波为阡陌，倚帆樯为耒耜，凡捕鱼纬箫之徒，咸奔走焉。盖富家以赀，贫人以佣，输中华之产，骋彼远国，易其方物以归，博利十倍，故民乐之。虽有司密网，间成竭泽之……”。只因冲破海禁，触犯律法，为了生存，有些走私商人不得不武装起来，组织走私集团，以对抗官方的拘捕和镇压，甚至乘风揭竿，扬帆海外，勾连入寇，出现了明中期的海寇现象以及与此有关长达15年的“嘉靖倭患”。西方殖民者也乘机走私，葡萄牙经常“抗丈”（拒交舶税），并设小艇以护走私船只进入澳门。荷兰“狡夷犯顺，占据澎湖，名为求市，大肆焚劫”（《彭湖平夷功次残稿》）。

隆庆元年（1567），明政府面临“番舶不至，则公私皆窘”（《明史·外国传》）之境，遂在福建漳州海澄月港开放海禁，准许私人由此处出海贸易，设置了督饷馆作为私人海上贸易的征税与管理机构，从而结束了朝贡贸易近两百年的历史，市舶司的缉私职责转由督饷馆执行，缉私重心亦随之发生变化，集中为对私商海外贸易因势利导。在实行“开放”的前提下，加强管理和控制船舶与货税。

一、检验和监督经商海船的合法进出，但不得往日本倭国，禁止对日贸易。商船出海由里邻作保向督饷馆申请文引，每十艘商船立一甲长，实行连坐互保管理。商船启行，由督饷馆官员赴港检验核对船只文引，经所在县盖印，巡海官盘询后方允出海。出了月港，在厦门候风时，还得再次接受盘验，始可开驾。对商船来回程限也有规定，西洋十一、十二月发行，次年六月内回销；东洋春初发航，五月内回销，在外压冬未回者，严拘家属监禁，即使没有通倭情弊，亦必罪以违限。

二、厉行查禁漏税走私。出海商船经过盘验，确无夹带违禁货物，方许封识开驾。商船回航，未经完纳饷税不准擅自抵港卸货，由各巡司及督饷馆提前在海境“登时往验”，采用先委官封钉，再逐程派巡缉船水师护送监视，名曰“以防寇掠”，实际是“稽查隐匿”，防止地方小艇先出海接载蕃货。

海禁的开放并未消除海上走私现象。明后期中国商人的海上走私活动主要是把货物走私运出海外，以逃避各种饷税的征收。沿海村民以接济走私海商为利，“有造一船送贼得银三四百两者，制一篷与贼得银三十两者，一刀价至五两，火药诸物价亦称是。利厚，故人冒死以往，不能禁也”（《崇相集选录》）。有的走私海商还在海外建立港口和久居基地，以进行长期而固定的转口贸易，也有的乘受招抚之机，垄断海外贸易。沿海商民还采取各种对策避开明政府的检查，“私装铅硝等货，潜去倭国”（《疏通海禁疏》）。

清朝时期

陆地上的走私与反走私

清代陆地关的缉私职能以查禁偷渡、管制重要物资进出境走私为重。为帮助大家了解清代陆地上走私与反走私的历史，我们继续从食盐入手，聊聊清代走私和反走私是如何博弈的。

清朝走私盐范围十分广泛，而且种类众多，规模也很大。清代的走私盐主要包括两种情况：一种是逃避苛捐杂税和稽查的走私盐，一种是超越界限的走私盐。对于这两种情况，清政府采用了保甲制和火伏制等，在走私盐的源头进行拦截，同时在运销时加以防范和追捕。清政府颁布了很多有关走私盐的法律命令，强化了缉拿私盐的制度，赏罚分明，以促进官府执行力。清政府还加强了食盐口岸的巡逻。

首先，根据团体不同制定缉私制度。

针对灶丁私盐，清政府制定了《获私求源律》《灶丁私盐律》等，针对兵丁私盐，政府制定了《巡盐兵捕贩私律》，法律规定犯法就会被杖责，俸禄减半，并且复职后把过失记录在案。如果纵容私盐就会同罪论处。

针对船私，清政府颁布了《夹带私盐律》，规定拒捕还伤人、杀人的斩立决，没伤人、杀人的发配边疆充军。掌舵等人，虽然没有夹带私盐，但是闯关的，枷号两个月后发配边关充军。随同的船员枷号1个月，杖责100，有期徒刑3年。针对盐商私盐，清政府也制定了相关法律，规定商人经营官盐，不可以盐引分离，否则以私盐论处，10年之内不缴纳退引的，杖责40。如果不缴纳旧引的，以贩卖私盐论处。

清代兑换银钱图

清政府还直接对枭私进行打击，据《中国盐业史》记载，清政府制定了《武装贩私律》和《豪强贩私律》等，规定枭私一旦被捕，就会被绑甚至被斩首。如《豪强贩私律》规定，豪强盐私集团超过 10 人，驾驶大型船只，有旗号，还有武器的，伤人和杀人超 3 人的，都要处斩，为首的会被斩首示众。虽然极力拒捕，但没有伤人的，头目斩首，其余的发配边疆充军。如果集团在 10 人以下的，没有武器，但抗拒抓捕伤及 2 人以上的，头目处斩。如果是贫穷苦难的军民，肩背盐来换米勉强度日的，不用禁止和抓捕。

其次，设置关卡并加强管理。

除了制定相关制度堵截和打击私盐，清政府还在运输和销售等多方面加强戒备、设置关卡，加强打击力度。以江西为例，据《盐政词典》记载，清朝时期，江西有 17 个缉私关卡，这些缉私卡除了设置在省交接处来打击粤私、浙私和闽私外，其他都是在江西省内部打击粤私和浙私等入侵吉安府所设置，这部分缉私卡把吉安府四周围得水泄不通。

但是，清政府的措施并没有遏制走私盐的发展，走私反而比之前更加严重。一方面在于官盐高价劣质，走私盐物美价廉；另一方面是盐业制度和官员俸禄制度的缺陷，导致了官员腐败和官商勾结现象此起彼伏，屡禁不止。另外，主观上缉私官员结构复杂，官吏能力不足；客观上装备落后，激励机制缺乏，都是造成走私盐泛滥的原因。

据史料记载，走私盐缉捕官员如果遇到枭私就逃得无影无踪，生怕政府过问得多又不能拔草除根，所以会把街上肩背私盐、违令较轻的走私犯滥竽充数称枭私，抓到官府问罪，以此来躲避被谴责。而真正的枭私则逍遥法外，谁也奈何不得。从中可见，清代缉私官员不仅对真正的枭私无可奈何，还会为邀功把无辜百姓牵扯进去。这样不仅无法从根本上解决走私盐的问题，反而会造成民怨四起。

海洋上的走私与反走私

清朝前期的海上缉私职能是厉行海禁。清政府五次颁行海禁令，严禁商民下海交易，否则官民一律处斩。1661 年起又先后发布三次迁海令，并再三申禁船只私自出海，规定寸板不许下水，片帆不准入口，违者处死，船货没收，违禁发放贸易印票的地方官革职治罪。

但是走私贸易仍以不同形式进行着，“向虽严海禁，其私自贸易者，何尝断绝”（《清圣祖仁（康熙）皇帝实录》）。在郑成功占据的东南沿海海区内，郑氏集团的海上走私贸易十分兴隆，“成功以海外弹丸之地，养兵十余万，甲胄戈矢，罔不尖利，战舰以数千计，又交通内地，遍买人心，而财用不匮者，以有通洋之利也”（《海上纪略》）。清朝的海禁还使郑成功乘机垄断了海外走私贸易，很多走私海商“厚赂守口官兵，潜通郑氏，以达厦门，然后通赂各国”（《裨海纪游·伪郑逸事》）。还有藩王控制的走私贸易，“向者海禁甚严。人民不得通澳，而藩王左右，阴与为市，利尽归之，小民无分毫滋润”（《新语·澳门》）。此外，还有很多私人海外贸易商，在迁海期间冒死犯禁，非法从事走私贸易。他们有的通过贿

外销“缉捕巡船”工艺品

赂海防官装扮成兵船偷偷出海，有的是征得本地长官的同意，借口到辽东贸易而转向日本。这种犯禁通番的行为一旦被擒获，全部遭受处死的酷刑。

清朝海关的缉私有专门的稽查口，其工作内容主要为：

一是稽查中外商船往返贸易的合法性。严加管理外国商船、护货兵船的停泊、入港、武器装备、禁鬻货物等。外船被中国引水员导入后，海关官员及守口营弁在虎门登船查验，起卸炮位，检查禁物。外船出口必须先向海关申报，经查验无违禁货物及违法行为，允准离港。外国护货兵船一律不准进内港，由广东水师履行查堵之责。对中国籍的船舶主要在合法执照、船只规模（载运量不超 50 吨）、随行人数（不得超过 28 人）、禁携武器、随带粮食按人按行期逐日计算等方面，实施严厉的管理与限制。

二是核实中外商舶进出口货物征税的真实性。主要是查核船货实际与“青单”（由海关经征口岸丈量船舶大小和计算船货价值后，发给的应税单）所载已纳税额是否相符。

三是实施某些地域性、时间性外贸活动的绝对查禁。如乾隆二十二年（1757），江、闽、浙三海关奉命关闭对外口岸，仅留粤海关主持中外贸易。

四是禁止船只出口，禁限若干商品的进出。清朝海关在不同时期各有禁限物品严格禁止或限量的管制侧重。如康熙、雍正年间，严禁输出粮食（米、谷、麦、豆、杂粮等）、五金（金、银、铜、铁器、生熟铁等）、军火（武器、硫黄等）、书（史书、地图等），“私贩各洋货卖者分别治罪，货物船只入官”（《厦门志》）。清乾隆、嘉庆年间，主要禁止输出的物品是纹银、头等丝织品和某些省份产的优质茶叶，主要查禁的外来货物是鸦片。行商与外商交易，不准付中国官银，否则照数加倍处罚充公，并予治罪。

五是严厉处置纵容走私的官员。“其关汛员弁不行搜拿，知情故纵者革职，如系卖放，照例治罪，若止失察，降一级调用”（《厦门志》），并视违禁货物的量分别给予不同的罚俸、降级等处分。

清朝在中国封建社会趋向没落之时重建传统的政治经济体制，其缉私职能及其措施仍然是前朝传统做法的继承与重复，不可能有新的开创。清朝时的四口（粤、浙、闽、江）开放已与海外贸易急剧发展的国内外大趋势不相适应，尤其无法满足西方资本主义国家对东方的殖民贸易需求，中外走私贸易遂以前朝未有的规模发展。西班牙、葡萄牙、荷兰、英国等西方殖民者一直试图冲破四口岸贸易国别的限制，在中国其他沿海城市寻求开辟新的贸易市场。1755 至 1757 年发生了英国殖民者洪仁辉违反中国禁令，携持军火，擅自驾船闯入宁波、天津等地寻衅闹事的严重事件，更有英、法、美等国直接以罪恶的鸦片、白银走私来侵害、掠夺中国。没落腐朽的清王朝无力遏止中外走私活动的蔓延，只能采取更趋严厉的单口外贸方针。1757 年开始，限令广州一地对外通商，致使中外走私贸易以更为隐蔽、更为广泛、更无法控制的态势发展。其中将大量鸦片走私到中国销售，是来华外商弥补贸易逆差的主要手段，其次是白银走私。而茶叶、瓷器、生丝、棉花、谷物、布匹、黄麻、硝石、金属、糖、朱砂、香料、木材等货物的走私也很活跃。沿海各省的商民积极参与走私，亦商亦盗，加剧了走私贸易对东南沿海社会经济的不良影响，预示清王朝已经不能按照旧有的缉私方法继续控制对外贸易现实局势的可悲命运。

启示

中国古代的走私和反走私聊到这里，该告一段落了。至 19 世纪，人们耳熟能详的应该是鸦片走私。清朝后期中英贸易中，鸦片走私非常猖獗，以至于围绕鸦片，政府高层曾有严禁鸦片和合法化鸦片两种意见的交锋。严禁论者认为鸦片走私造成大量白银外流，应该严厉禁止，而弛禁论者则认为应该让鸦片合法贸易，政府收取高额税金。辩论的结果是禁烟派获胜，先是环渤海区域的华北大销烟，然后是珠江口虎门大销烟，再后来就是鸦片战争。中国的近代史在一种植物加工品的走私与反走私的对抗、较量、博弈中拉开序幕。

此后，随着两次鸦片战争的失败，清朝政府被迫签订一系列不平等条约，割地赔款、开放通商口岸，实行片面协定关税和领事报关制度等，丧失关税自主权、海关行政管理权和税款收支保管权，致使洋人把持中国近代海关，中国近代海关的关税自主权和海关行政管理权旁落 90 余年之久，形成“新关”（俗称“洋关”）与“常关”并存的局面。近代，特别是在鸦片战争至新中国成立以前，我国主权的独立性和完整性受到了极大的削弱。关税主权的丧失，致使反走私及其立法沦为一纸空文。当时的中国海关已经形同虚设，走私活动异常猖獗，而鸦片走私几近合法化，在英美政府的包庇下，以更大规模发展起来。当时在中国的外国商人，几乎全部从事走私活动，走私方法多样，走私范围也扩大到尚未开放的口岸，极大影响了中国社会经济的发展。

毫不夸张地说，世界上没有哪个国家遭受走私影响的时间之长、范围之广、危害之大，能与中国相比。近代中国的历史，就是在英国为维护其对华鸦片走私而发动的鸦片战争的隆隆炮声中开始的，又是在“无货不美、有美皆备”的美货走私倾销中结束的，其间，更有气势汹汹的日货走私肆虐其中。认真总结中国历史反走私经验教训，对今天的反走私斗争无疑有着重大的启示作用。

一、独立完整的国家主权是反走私斗争的权力基础。只有拥有独立完整的国家主权，才能有效控制领土、领海、领空内的走私。

二、廉洁高效的国家机器是反走私斗争的组织基础。千年沧桑的走私和反走私历史启示我们，再严密的制度、再完备的法规，在腐败的侵蚀下，其威力都将荡然无存。只有建立一套行之有效的、清廉高效的国家机器，才是缉私工作乃至其他一切政府行为取得成效的关键所在。

三、健康向上的国民精神是反走私斗争的思想基础。只有对走私“沉默的大多数”变为反走私“呐喊的大多数”，中国人民积蓄的潜能才能迸发出来，广大人民群众才能真正成为反走私的主人、国家的主人。

四、健全富足的国民经济是反走私斗争的经济基础。只有国家强大了，经济繁荣了，人民富裕了，反走私斗争才有经济上的坚强保障。

五、健全完善的法律法规是反走私斗争的法制基础。无论是古代还是现代，反走私工作都是对国家安全和社会正义的捍卫，只有不断完善法律法规，明确走私行为的定义和处罚依据，才能为打击走私提供法律支持。

六、创新智慧的缉私手段是反走私斗争的科技基础。随着科技的进步，警方的反走私技术和策略也要同步进化，不断提高科技监控与数据分析，以及协同作战能力，让每一次成功的缉私行动都成为对走私者精心布局的破解。

七、忠诚专业的缉私队伍是反走私斗争的主力军。反走私工作不仅有维护经济秩序的责任，还有扭转社会风气、维护国家安全、捍卫国家主权和尊严的重要责任。建设一支忠诚、勇敢、智慧、坚强的专业缉私队伍，对遏制走私泛滥势头、维护经济秩序、捍卫国家安全，具有重大的现实意义和深远的历史意义。

总之，海水不干，打私不断。只要国家实施对外贸易管制，只要存在国内外市场差价，就必然会有走私现象的发生。因此，必须全面、充分、深刻认识走私与反走私斗争的长期性、艰巨性、复杂性、反复性，始终保持打击走私高压态势，坚持专业打私、智慧缉私、综合治理、国际协作和全民反走私不动摇，走私就一定会得到有效控制，反走私也一定会取得最终的胜利。

（张中涛　济南海关缉私局）

参考文献

[1] 姚梅琳：《中国古代的走私与反走私》，《上海海关学院学报》2000 年第 4 期。

[2] 裴一璞：《元代四川食盐的市场、交通与走私治理》，《中国经济史评论》2023 年第 1 辑。

[3] 李庆新：《海洋贸易、货币流通与经济社会变迁——东亚海域沉船发现古代货币及相关问题思考》，蔡洁华等主编：《四海之间：普塔克教授荣休纪念文集》（Zwischen den Meeren / Between the Seas），Harrassowitz Verlag，2021 年 9 月，第 255—308 页。

[4] 于逢春：《中国海洋文明的隆盛与衰落》，《学术月刊》2016 年第 1 期。

[5] 徐昭峰：《我国北方海上丝绸之路的产生》，《光明日报》2017 年 4 年 24 日第 14 版。

[6] 鲁西奇：《中国汉唐时期的“滨海地域”》，《南国学术》2016 年第 4 期。

[7] 齐春风、张民：《失守的国门——近代以来中国反走私的经验教训》，《社会科学战线》2001 年第 6 期。

[8] 吴海波：《清代私盐立法问题探析》，《盐文化研究论丛（第五辑）》2010 年。

第一章
先秦“境上为关”

凡货不出于关者，举其货，罚其人。

位于辽宁省丹东市的虎山长城，紧邻鸭绿江，可遥望朝鲜，为明万里长城东端起点。

古者“合和万国，境上为关”反走私

如今一提起“走私”，人们首先会想到在边境、沿海、沿边地区，逃避海关监管的交易行为。也就是说，走私一般发生在沿海、沿边，反走私也大多是边境口岸海关的事情。

那么，最早的走私是什么时候产生的？走私与反走私是什么关系？边境监管又是什么时候产生的呢？《仪礼》中说：“古者境上为关”。《周礼》注：“关，界上之门。”《辞海》释义：“关，关口，关门。古设关于界上。”《说文解字》中释义：“关，以木横持门户也。”“关”可引申为“把守门户”，为门户启闭之关键。

周公旦说“古者境上为关”，指西周或以前就设“关”了。这里的“古者”究竟“古”到什么时候，专家意见不一，有的说是西周时期，有的说是殷商时期，还有的认为是更早的夏朝甚至上古时期。

首都博物馆展出的山顶洞人复原像

上古时期，我国就是一个海洋大国。在北京周口店的山顶洞人遗址中，人们发现了山顶洞人使用的青鱼骨和海贝壳，这说明在旧时器时代晚期，我国先民就已经开始和海洋打交道了。

上古三大奇书之一的《山海经》中记载了古人对大海的认知，比如它记载了一种薄鱼，“其状如鳣鱼而一目，其音如欧，见则天下大旱”。

我国古人活动的海洋区域主要在海滨和

近海，看不到尽头的远海和剧烈的海洋风暴，让他们满是畏惧，也充满了无尽的遐想，神灵鬼怪便出现了。比如《大荒东经》记载：“东海之渚中有神，人面鸟身，珥两黄蛇，践两黄蛇，名曰禺虢。黄帝生禺虢……禺虢处东海，是惟海神。”

《史记·五帝本纪》记载，“人伦初祖”黄帝曾“抚万民，度四方”，“天下有不顺者，黄帝从而征之，平者去之，披山通道，未尝宁居”。黄帝征伐天下不顺者，活动范围“东至于海，登丸山，及岱宗……北逐荤粥，合符釜山，而邑于涿鹿之阿”。也就是说，黄渤海地区，黄帝大都去过。

《国语·晋语》记载：“昔少典氏娶于有蟜氏，生黄帝、炎帝。黄帝以姬水成，炎帝以姜水成，成而异德，故黄帝为姬，炎帝为姜。”黄帝生长在姬水附近，即今陕西北部地区，其控制中原地区后，一部分力量进入山东境内，与夷族杂居；一部分东渡黄河，逐步进入到涿鹿地区（今河北北部），开始从事农耕。

黄帝死后，其继位者也是一个接着一个到达过环渤海地区。比如黄帝

辽宁省博物馆再现后洼遗址和小珠山遗址生活场景，考古发现证实了辽东半岛、山东半岛居民密切交流。

的孙子颛顼继位，“北至于幽陵，南至于交阯，西至于流沙，东至于蟠木”（《史记·五帝本纪》）。幽陵亦名“幽州”，相当今北京市、河北北部及辽宁一带。

后来帝喾，也就是黄帝曾孙继位，他“仁而威，惠而信，修身而天下服”，“溉执中而遍天下，日月所照，风雨所至，莫不从服”（《史记·五帝本纪》）。

尧继位，“百姓昭明，合和万国”（《史记·五帝本纪》），这里的“万国”一般认为是众多部落或国家。

上古五帝（黄帝、颛顼、帝喾、尧、舜）是西周时期所推崇的“古者”，如果说周公旦所记载的“古者境上为关”真实，那么这些部落与部落、国与国之间就设关了，也就有了走私与反走私。

同时，《墨子·节用》记载：“古者尧治天下，南抚交阯，北降幽都，东、西至日所出、入，莫不宾服。”幽都即现在的北京地区，是尧治理时的北方边境，按照“古者境上为关”的记载，幽都应该设有关开展反走私。

此外，尧还“申命和叔，宅朔方，曰幽都”（《尚书·尧典》）。也就是说，尧命令和叔住在北方的幽都，观察太阳向北运行的规律。

旅顺博物馆再现当地远古人类生活场景

《史记·五帝本纪》记载："帝尧老，命舜摄行天子之政，以观天命……（舜）遂类于上帝，禋于六宗，望于山川……岁二月，东巡狩，至于岱宗……十一月，北巡狩，皆如初。"

也就是说，舜还没继位的时候，已经到处巡视了，"舜归而言于帝，请流共工于幽陵，以变北狄；放驩兜于崇山，以变南蛮；迁三苗于三危，以变西戎；殛鲧于羽山，以变东夷。四罪而天下咸服"（《史记·五帝本纪》）。

等到舜继位，他更像是实现了一统的帝王，巡狩天下，《史记·五帝本纪》记载："南抚交阯、北发，西戎、析枝、渠廋、氐、羌，北山戎、发、息慎，东长、鸟夷，四海之内咸戴帝舜之功。"

上古时期由分裂走向一统，离不开上古五帝的创新性付出，也离不开"古者境上为关"开展反走私行动对一统的维护。

其实，根据《易经》等古文献记载，上古时期，自神农氏开始就有了商品交换和商业活动，这被视为民生的重要内容，其价值得到统治者的肯定。

《汉书·食货》记载："神农氏始日中为市，而食足货通。"清朝李光地在《御纂周易折中》解释说："有菽粟者，或不足于禽鱼；有禽鱼者，或不足于菽粟。罄者无所取，积者无所散，则利市不布，养不均矣。于是日中为市焉。日中者，万物相见之时也。当万物相见之时，而致天下之民，聚天下之货，使贸迁其有无，则得其所矣。"《易·系辞下》记载："日中为市，致天下之民，聚天下之货，交易而退，各得其所，盖取诸噬嗑。"

到了有虞氏时，继续肯定并鼓励商贸，《古今图书集成》记载："帝舜重民食，命官播百谷修和，贸迁有无"，"利用者，工作什器，商通货财之类，所以利民之用也"，"有无相通，货食兼足始也"。

有了商品交换和商业活动，也就有了统治者看重的利益，就有可能实施监管，出现走私与反走私。

（祝京成）

“夷夏之防”：征伐不断中的反走私

司马牛忧曰：“人皆有兄弟，我独亡。”

子夏曰：“……君子敬而无失，与人恭而有礼，四海之内，皆兄弟也。君子何患乎无兄弟也？”

这是《论语·颜渊》中的一段对话。司马牛和子夏论道，忧愁地说：“别人都有兄弟，只有我孤独一人，愁啊！”子夏说：“君子以恭敬之心为本源而无过失，待人恭谦而有礼，那么四海之内，都可以是你的兄弟，君子还怕没有兄弟吗？”

“四海之内，皆兄弟也”，那么何谓“四海”？这就牵扯到古人的海洋观了。

众所周知，大禹因治水有功，接受了舜的禅让，成为部落联盟首领。《尚书·禹贡》中记载了他的功绩：“禹别九州，随山浚川，任土作贡。”

九州之首冀州，包括现在的北京市、天津市、河北省、山西省、河南省北部及辽宁省与内蒙古部分地区，主要是今天的环渤海地区。排在第二的兖州位于济水与黄河之间，排在第三的青州位于渤海和泰山之间，都属环渤海地区，包括以上三州在内的九州都要向大禹进贡。

此时，私有制日益发展，阶级分化日益明显，大禹既有经济实力，又有政治势力，这一点从传世典籍中记载的两个故事中可窥一斑。

大禹为了提升自己的权威，曾多次举行部落盟会。《国语·鲁语》记载：“昔禹致群臣于会稽之山。”《左传·哀公七年》记载：“禹合诸侯于涂山，执玉帛者万国。”

显然，大禹在借着盟会接受朝贡，《尚书·禹贡》记载：“岛夷卉服，厥篚织贝，厥包橘柚，锡贡。”沿海小岛上的居民穿着草编的衣服，朝贡海贝，说明大禹的统治影响力已经延伸到海洋小岛上。

至于万国“执玉帛”朝贡过程中有没有私自交易，也就是走私行为，由于夏朝没有文献资料记载，我们不得而知。而从后世的朝贡贸易来看，历来不乏走私者。

除了接受财物，大禹还十分专横，成为掌握生杀大权的统治者，如《韩非子·饰邪》记载：“禹朝诸侯之君会稽之上，防风之君后至而禹斩之。”来晚了就被斩了，如此残暴，怪不得大禹进不了上古“五帝”之列。

大禹死后，他暗中培养起来的儿子启，取代了他指定的合法继承人东夷族的伯益，建立我国历史上首个王朝夏朝，王位世袭制取代了禅让制，公天下变成了家天下。

此时，人们产生了四海观念，认为大陆在世界的中央，而大陆的东西南北都是茫茫大海，四海之内是九州，也就是天子所能统治的地方。

《尚书·大禹谟》说：“文命，敷于四海。”《周礼·夏官》记载：“海之为物也，方千里而一水也。”《尚书·立政》称：“其克诘尔戎兵，以陟禹之迹，方行天下，至于海表，罔有不服。”《尚书·商书》说：“四海之内，咸仰朕德。”

《庄子·秋水》中说：“天下之水，莫大于海。万川归之，不知何时

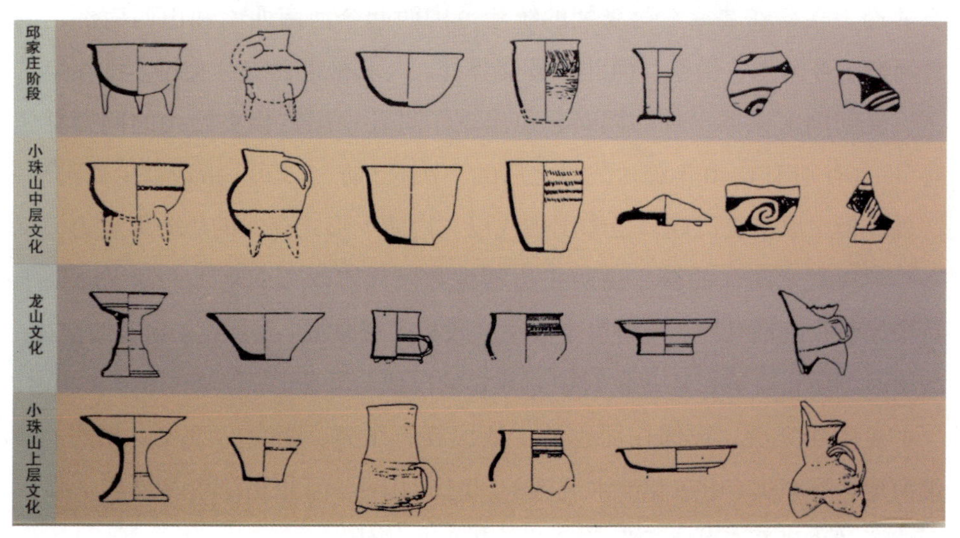

旅顺博物馆展出的大连地区与山东半岛史前文化器形对比图

止而不盈；尾闾泄之，不知何时已而不虚；春秋不变，水旱不知。”

《诗经·商颂》记载：“相土烈烈，海外有截。”此时，人们已经把海洋作为重要屏障，濒临海洋的政权便有了海防，便于反走私，朦胧的海防意识源于人们对海洋自然特点的认知。

“四海”究竟指哪四海呢？《庄子·天下》中说：“海之北为北海，其南为南海，其东为黄海，其西为大海水。大海之外复有小海焉，其外又有小海焉。是故四海之广，不能尽述也。”显然庄子也说不清楚。

《汉书·地理志》中有这样一段记载：“渤海、黄海、东海、南海，皆东入海也，而水出焉。”可以看出，先秦时期人们对于海洋的认识是比较广泛的，当时人们普遍认为，大海的尽头就是渤海。

可以确定的是，在汉代的历史文献中，北海一般是指贝加尔湖（先秦文献中北海一般也指渤海），西海一般是指青海湖。王莽篡汉时，曾特意在今天青海湖东岸设置西海郡。

一般认为，设关反走私的前提条件是国家机器的出现，海关的本质在于其监管职能。夏朝建立后，国家机器雏形初现，设立了官吏、军队，兴建了监狱、城市，具备了国家基本特征。

《史记·孙子吴起列传》记载：“夏桀之居，左河济，右泰华，伊阙在其南，羊肠在其北。”夏朝的统治范围西起今河南西南和山西南部，沿黄河东至今河南、山东、河北三省交界处，与其他部落犬牙交错。

夏朝国家机器出现的同时，也出现了贯穿中国古代史始终的“夷夏之防”，这有别于1840年鸦片战争之后的“中外之防”，“夷”指边疆少数民族，“夏”指中原华夏民族，是中国古代以“内防”形式存在的边防形式。

“夷夏之防”的核心是防止边疆少数民族“以夷变夏”，和平时期维持中原政权统治安定，与周边少数民族政权开展政治、经济、文化上的交往；战争时期防止少数民族政权对中原政权的攻伐与颠覆。

夏朝建立后，环伺在周边的少数民族有东夷、南蛮、西戎、北狄，环渤海地区有东夷（山东和淮水流域）、北狄（山西、河北北部和内蒙古一带），形成了“内诸夏而外夷狄”（《公羊传》）的认知。

《禹贡》直接将天下划分为甸、侯、宾、要、荒“五服”，其中“邦内甸服，邦外侯服，侯卫宾服，夷蛮要服，戎狄荒服”。“服”即服侍天子，“五服”指以王畿为中心，按相等距离划分出五个区域，每一服为五百里，服的区域通常为正方形或圆形。

由于大禹的儿子启篡位建立夏朝，名不正言不顺，被篡位的东夷首领伯益奋起反抗打败，并被囚禁起来。后来启逃跑了，重新组织力量打败了东夷军队，杀死了伯益。

夏启死后，其子太康继位，奢侈淫乐，东夷首领后羿出兵赶走太康，夺取政权。太康遗腹子少康又积蓄力量打败东夷族，夺回夏朝的统治权。

少康死后，他的儿子杼继位，对东夷族发动战争，兴师“征于东海”（《竹书纪年》），一直打到东海海边，此时的东海一般指渤海或黄海，迫使东夷各部落陆续归属夏王朝。

由此可见，夏朝400多年的历史，战争不断、统治者易主不断，《古本竹书纪年》记载，夏朝曾8次迁都，因此对外族防范意识比较强，西周时期出现的“关执禁以讥，禁异服，识异言”（《礼记·王制》）反走私，在夏朝也极有可能出现过，只是没有文字记载而已。

（夏学海）

走私之源："关市之征"起于殷商

海关"守国门、促发展"，在对外开放中起到非常重要的作用。而简单来说，走私也就是欺骗或绕过海关监管的行为。

那么，最早什么时候我国国门之上有了监管呢？

《周礼·掌节》记载："司门掌授管键，以启闭国门。几出入不物者，正其货贿，凡财物犯禁者举之。以其财养死政之老与其孤。"

可见，门和关有相似之处，周朝为了增加财政收入，他们设置司门，征收赋税，维护统治。

很多专家学者认为，商朝边境之上没有监管，也就没有走私。反对者表示，其实后世在记载或追述商朝历史时，有了少量"关梁""关石""关市"的记载。

我国海关史研究专家毛乾标在《我国古代"关市之征"的起源应在殷商时期》中，表达了自己的观点：商朝出现了边关征税现象，一些人为了逃税便会走私。

这一观点是有事实依据的，《诗经·商颂》记载："相土烈烈，海外有截。"意思是，商人的先祖相土威风凛凛，在海外都有了领地。

新石器时代的白玉猪龙，藏于辽宁省博物馆。

商族是兴起于黄河下游的古老部落，传说其始祖契是东夷商辛氏的后裔，到了相土时期，商族的势力已经到达渤海沿岸。

《山海经·大荒东经》记载："王亥托于有易、河伯仆牛。有易杀王亥，取仆牛。"意思是说，商族部落的王亥曾赶着牛群到河北北部的有易氏进行贸易，结果有易氏首领绵臣杀死王亥，抢走牛群。

王亥的儿子上甲微借助河伯的力量打败了有易氏，杀死绵臣，夺回了牛群，至此，商族的势力进入河北北部。这说明当时有了跨政权间的商品交换，只不过有时候诚信不足，交换变成了掠夺。

商品交换和监管是产生走私的重要前提，殷墟中出土了大量的贝币，说明当时商品交换活动已经非常活跃。

《史记·孙子吴起列传》记载："昔殷纣之国，左孟门，右太行，常山在其北，大河经其南。"商朝的疆域最西边到了孟门，即今环渤海地区山西省吕梁市柳林县孟门镇。相传大禹治水首战，便在这里凿开了蛟龙壁，疏通了黄河河道上第一个洪水出口。孟门在商朝应该也有边关的意思。

商朝统治之下，有内服、外服之分，内服即商王直接统治区域，名曰"王畿"，王畿之外为外服，商王没有直接统治权力，而由诸侯负责。

与周朝不同，商朝的诸侯与商王大多没有血缘关系，它是一个以商为中心，不同邦族的，既有隶属关系又有联盟关系的国家联盟体，其广袤的外服地区有3000余个方国。

《淮南子·泰族训》记载，商朝鼎盛时期，疆域"左东海，右流沙，前交阯，后幽都"，号称"邦畿千里，维民所止，肇域彼四海"（《诗经·商颂》）。

商汤灭夏之后，在商朝的北方，燕山南麓，今河北东北部和辽宁西部地区，分封同姓宗亲于北境建立孤竹国，让其作为抵御戎狄保护商朝边境的诸侯国。

商朝中期，孤竹国发展到了鼎盛时期，北方和东北地区的物资转运贸易，多在其间进行。这个时期的孤竹国，无论文化经济都较发达，声名四海。

殷墟甲骨亦有多件甲骨记载孤竹之事，如"妇竹""妻竹""竹妾"和"母竹"等字样，可以看出孤竹国的女子和商朝王室具有姻亲关系，并且孕育了后代。

商代饕餮纹大圆鼎，辽宁省喀左小波汰沟青铜器窖藏出土。

著名的夷齐让国、叩马而谏、耻食周粟、甘饿首阳等典故，就发生在孤竹国，广为后世称道，久传不衰，孤竹国也因此名闻天下。

据《孟子·梁惠王下》记载，孟子对梁惠王说："昔者文王之治岐也，耕者九一，仕者世禄，关市讥而不征。"

毛乾标认为，周文王生活在商朝末年，当时他治理岐山，设关却不征税，是为仁政，这说明商朝时期的周领地已经设关了，只不过目的主要不是征税，而是军事防卫而已。

《礼记·王制》记载："市廛而不税，关讥而不征。"即对坐商，只征其邸舍占地费，而不征其货物；关卡只稽查往来行旅，而不课征其货物。既然周文王"关市讥而不征"是美德，那么反衬商王朝征关税就不是仁政了。

（杜高峰）

西周设燕戍守边地反走私

“关执禁以讥，禁异服，识异言。”这是《礼记·王制》中记载的关查缉走私的方法，是注意那些异服、异言之人。

“司关掌国货之节，以联门市。司货贿之出入者，掌其治禁，与其征廛。”《周礼·地官》中这样记载司关的职能。

“凡货不出于关者，举其货，罚其人。凡所达货贿者，则以节、传出之。”《周礼·地官》中还这样记载绕关走私的处罚规定。

《周礼·天官》中记载：“以九赋敛财贿：一曰邦中之赋，二曰四郊之赋，三曰邦甸之赋……七曰关市之赋，八曰山泽之赋，九曰币余之赋。”西周时期有九种税赋，第七种便是“关市之赋”。

《周礼·地官》记载：“国凶札，则无关门之征，犹几。”饥荒之年、有自然灾害的时候，就免去了“关门之征”，但仍然稽查。

首都博物馆展出的克罍，出土于北京市房山区琉璃河遗址，内刻铭文详细记载了周王分封燕国的仪式和程序，印证了《史记·燕召公世家》中关于“周武王之灭纣，封召公于燕”的记载，也是北京“城之源”的文物文字证据。

基于以上史料，多数学者认为，西周时期，我国出现了管理出入境事务的海关机构——关。与之相伴而生的，就是走私与反走私活动。

与商朝人思维灵活跳跃、敬鬼神、直率冲动不同，西周人“敬鬼神而远之”，他们谨慎、谦恭、重集体、富于忧患意识，制定法律法规较为详细，并严格遵照执行。

西周在环渤海地区设关反走私有诸多

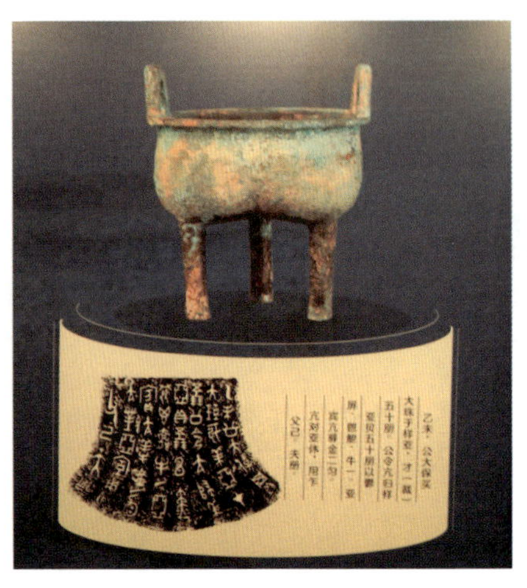

中国钱币博物馆的青铜器亢鼎，上面的铭文记录了一次交易行为。

体现。崛起于岐山的周人在牧野之战中打败商纣王之后，建立了西周王朝，他们以井田制为基础，以宗法制、分封制为主要内容，建立了以军事防御为主要目的的反走私体制，即边关防御制度。

西周土地归属周王，他凭借政治权力分封给诸侯，诸侯进驻封国后，再层层分封给卿大夫、士等。正如《孟子·滕文公上》中记载："方里而井，井九百亩，其中为公田。八家皆私百亩，同养公田。公事毕，然后敢治私事。"

这段话的意思是，一里见方的土地定为一方井田，每一井田九百亩地，中间一块是公田，八家都有一百亩私田，首先共同耕作公田。公田农事完毕，才敢忙私田上的农活。

井田制打下了政治上从属或藩属关系的基础，就开始分封了。西周王朝以分封子弟戍守边地，作为周王室的屏障，其分封思想就是《左传·僖公二十四年》中解释的："其怀柔天下也，犹惧有外侮。捍御侮者，莫如亲亲，故以亲屏周。"

这是可以理解的，牧野之战商王朝灭亡后，殷商遗族尚有360个，东部的广大地区，尤其是环渤海地区仍处于商朝残余势力的控制之下。

怎么办？今天的人们可以从分封中找到答案：周公旦封于鲁，周召公封于燕，忠臣吕尚封于齐，这些地方都属于今环渤海地区，当时都处于殷商残余势力的范围，而且也处于西周的边疆。

周公旦、周召公都是周武王的亲兄弟，是周武王最值得信任的人，尽管他俩都需要辅佐周武王，根本不可能去封地，但周武王依然要把这两个地方分封给他们，让他们的儿子去封地，可见对这两个地方边关反走私防御外侮的重视。

以燕地为例，这里有与商王朝关系密切、负代商守土之责，且有通婚历史的孤竹国，它曾在中原与北方和东北地区的物资转运贸易中起到重要作用。西周王朝在其西部设燕国，正是要分化压缩其生存空间。这里还有商王朝的蓟国，也不容小觑。

更为重要的是，燕地再往北的肃慎（满族的祖先），也曾与商王朝交好，西周王朝设燕国守边疆，无疑也是防着肃慎。

后来发生的事实证明，周武王的策略是正确的。孤竹国势力逐步衰落，不得不从属山戎，在公元前660年齐灭山戎之战中被当作山戎与国一并消灭。蓟国也并入了燕国。

至于肃慎，《史记·孔子世家》记载："仲尼曰：'隼来远矣，此肃慎之矢也。昔武王克商，通道九夷百蛮，使各以其方贿来贡，使无忘职业。于是肃慎贡楛矢、石砮，长尺有咫……'"

这段话记载了周王朝初期，肃慎来朝贡，献楛矢、石砮的故事。到周成王、周康王时，肃慎又多次遣使来朝，与周王朝建立了政治上的臣属关系。

贡使带着礼物进出境朝贡，《周礼》制定了严格的反走私程序和措施，实现"关执禁以讥"。《周礼·地官》记载："凡四方之宾客叩关，则为之告。有外内之送令，则以节、传出内之。掌节掌守邦节而辨其用，以辅王命。"

拍摄于民国时期的伯夷、叔齐庙

不同的使节使用的通关证明不一样，《周礼·地官》中记载："守邦国者用玉节，守都鄙者用角节。凡邦国之使节，山国用虎节，土国用人节，泽国用龙节，皆金也。"

不同的地方、不同的情况用的通关证明也不一样，《周礼·地官》中记载："门关用符节，货贿用玺节，道路用旌节，皆有期以反节。"

《周礼·地官》中这样总结："凡通达于天下者必有节，以传辅之。无节者，有几则不达。"西周王朝反走私规定之细，可窥一斑。

（马传淑）

反走私贸易战成就齐国霸业

“夷狄也，而亟病中国，南夷与北狄交，中国不绝若线。桓公救中国而攘夷狄，卒怗荆，以此为王者之事也。”

这是《公羊传·僖公四年》中的一段，记录了周平王迁都洛阳、春秋初期危机四伏、齐桓公小白“攘夷狄，卒怗荆”的功绩。

春秋时期，周王室日渐衰微，渐渐失去了“天下共主”的地位，“礼乐征伐自天子出”被“礼乐征伐自诸侯出”所取代。（《论语·季历篇》）诸侯们纷纷打着周王室旗号，挟天子以令诸侯，争夺“九合诸侯，一匡天下”（《史记·管晏列传》）的霸主地位。

正所谓“内忧必然引起外患”，商周时期的鬼方、严允后裔戎狄，趁着中原大战、诸侯争霸无暇顾及偏远少数民族，日渐发展壮大，如河北北部的山戎，征服了相邻的令支国和孤竹国。

在南方，长期活跃于荆楚之地的楚国日渐强大，楚王熊通不满足于中原文化视其为夷狄的现实（《公羊传》甚至认为其性情犹如“楚有王者则后服，无王者则先叛”），在公元前706年伐随国成功后的第三年自称为楚武王。

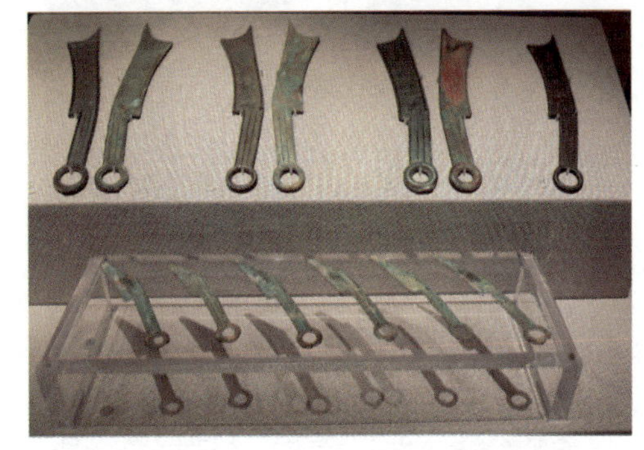

中国钱币博物馆展出的齐国刀币，其中截首刀仅见于山东出土。

楚文王继位后，迁都于郢（今湖北江陵西北），相继兼并诸多小国，成为南方大国，自称为“蛮夷之国”（《史记·楚世家》），并向北扩张，逐鹿中原。南蛮北狄纷纷北上南下，严重威胁中原

诸国安全，传统的“夷夏之防”迎来前所未有的挑战。

最为关键的是，周王室衰微，无力组织起有效的抵抗。时代呼唤能力挽狂澜的担当者，管仲辅佐齐桓公小白登上了历史舞台，他们勇担“春秋大义”，依靠反走私保障下的武力“攘山戎”、贸易战“不战而屈人之兵”（《孙子兵法·谋攻》），削弱了不可一世的楚国实力。

《史记·齐太公世家》记载：“（齐桓公）二十三年，山戎伐燕，燕告急于齐。齐桓公救燕，遂伐山戎，至于孤竹而还。”《国语·齐语》记载：“（齐桓公）遂北伐山戎，刜令支、斩孤竹而南归。海滨诸侯莫敢不来服。”也就是说，公元前663年，山戎侵略燕国，燕国向齐国求援。齐桓公为救燕国而出兵北伐，一直打到孤竹国才回军。要知道，此时的令支国、孤竹国已经归山戎了。大凡战争，必然辅之以经济手段，实施贸易禁运是必须的。

至于南方的楚国，毕竟是大国，贸然动兵，鹿死谁手，尚未可知，风险极大。商人出身的管仲给齐桓公的计策是反走私支持下的贸易战。此前，管仲已通过“衡山之谋”“鲁梁之谋”，灭了衡山国，让鲁梁之君请服，屡试不爽。

春秋时期，各诸侯国经济结构相对单一，管仲首先通过哄抬物价，破坏敌国经济平衡，形成单边经济依赖，把握住经济主动权，然后突然实施单边贸易禁运，尤其是对粮食、食盐、布匹等生活必需品禁运，辅之以严格的反走私政策，导致敌国缺衣少粮，使其屈服。

中国钱币博物馆展出的燕国刀币，刀面铸一“明”字。齐国境内也有出土，可能是燕国占领齐地时所铸，也可能是齐国受燕国影响所铸，也证实了两诸侯国之间的交往贸易活动。

然而楚国历史悠久，实力雄厚，楚王又不似衡山国王那么短视，直接购买民生物资。怎么办？聪明的管仲给出的计谋是“买鹿制楚”。

梅花鹿虽然是楚国的特产，但在楚国并不是什么稀罕动物，随处可见，两三个铜币就能买一只。齐桓公放出风去，说自己要营建狩猎场，需要大量梅花鹿，还派出上百人的采购团，专程去楚国采购，且出手阔绰，先是五个铜币一只，后来涨到十个、十五个甚至上百个铜币一只。

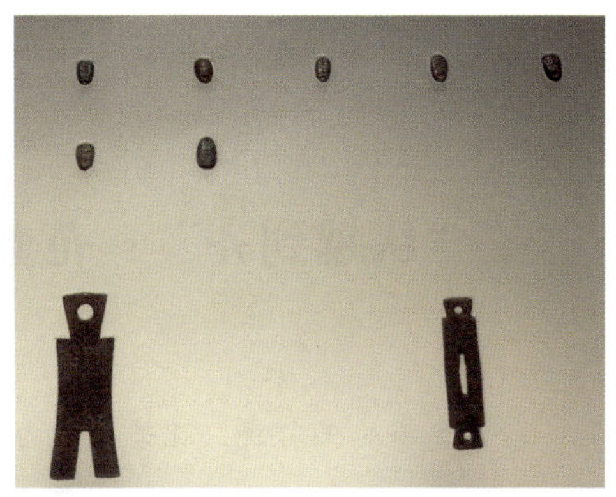

辽宁省博物馆中国古代货币展展出的楚国货币

农夫们看到梅花鹿这么值钱，纷纷舍弃农田，跑到深山里猎鹿去了。这种怪异的事情，当然也会传到楚王的耳朵里，但经调查得知，齐国兴建狩猎场只是为了供齐桓公享乐之后，便放宽了心，还暗自窃喜，齐国有这样的国君早晚衰落下去。

眼看楚国就要出现危机了，管仲又加了一把火，继续提高梅花鹿收购价，二十只值百金。重金之下，楚国勇夫越来越多，大片良田荒芜，铜钱却越来越多。

眼看粮仓就要见底了，楚王赶紧派人持币到齐国购买粮食，结果齐国关闭了边境口岸，禁止卖粮食给楚国，违令者处以极刑，打击走私措施非常严厉。大批楚国人为避免饥饿，纷纷逃往齐国。

正所谓"兄弟阋于墙，外御其侮"（《诗经·小雅》），齐桓公见时机已到，公元前656年，亲率齐、鲁、宁、陈、卫、郑、曹、许组成的"八国联军"南下伐楚。楚国被迫签下召陵之盟，同意听从齐国的号令，把齐桓公捧上了春秋首霸的宝座。

在齐桓公"尊王攘夷"称霸过程中，军事讨伐是显性的，而反走私保障下的经济战是隐性的，起着至关重要的作用。

（张玉珍）

“从越到齐”：范蠡急流勇退中的走私

“范蠡事越王勾践，既苦身戮力，与勾践深谋二十余年，竟灭吴，报会稽之耻，北渡兵于淮以临齐、晋，号令中国，以尊周室，勾践以霸，而范蠡称上将军。

“还反国，范蠡以为大名之下，难以久居，且勾践为人可与同患，难与处安，为书辞勾践曰：‘臣闻主忧臣劳，主辱臣死。昔者君王辱于会稽，所以不死，为此事也。今既以雪耻，臣请从会稽之诛。’

“勾践曰：‘孤将与子分国而有之。不然，将加诛于子。’范蠡曰：‘君行令，臣行意。’乃装其轻宝珠玉，自与其私徒属乘舟浮海以行，终不反。于是勾践表会稽山以为范蠡奉邑。

“范蠡浮海出齐，变姓名，自谓鸱夷子皮，耕于海畔，苦身戮力，父子治产，居无几何，致产数千万。”

这是《史记·越王勾践世家》中的一段，讲述了陶朱公范蠡在帮助勾践灭掉吴国、一雪前耻之后，又帮助越国称霸，疆域北扩，甚至与齐国、晋国接壤。

范蠡像

范蠡位极人臣，头脑清醒，明白兔死狗烹的道理，也深知勾践只可共患难，不能同享福，于是请辞。勾践极力挽留，甚至准备与范蠡“分国而有之”。

范蠡何等聪明，当然明白勾践绝不会“分国而有之”，只是想稳住自己，不为别国所用。如果一意孤行执意要走，勾践还会杀了他。

古邗沟遗址

无奈之下，范蠡实施了筹划已久的走私逃亡行动，即所谓“装其轻宝珠玉，自与其私徒属乘舟浮海以行，终不反”（《史记·越王勾践世家》）。到了齐国，他变更姓名，耕于海畔，治产数千万。

范蠡携带着珠宝，领着妻子、儿女和随从，为什么走风险巨大的海路逃亡，而不走陆路、水路呢？况且走当时的陆路、水路到齐国，非常方便。

这还得从勾践的死对头吴王夫差称霸说起。众所周知，秦汉之前，中国南方是越人居住的地区，南方因雨水较多，善于水上活动。

吴国要称霸，就得北上逐鹿中原，而陆路不仅沼泽遍地，还崎岖不平，不利于行军。夫差反复考量之后，决定开凿一条运河，将长江北岸和淮河之间的多个湖泊连接起来。

如此一来，便会形成一条水道，就可以发挥出吴国军队善于水上作战的长处了。公元前486年，夫差征集数万民夫，开凿了全长400余里的邗沟，这是我国历史上第一条以军事为目的的运河。

《左传·哀公九年》记载：“秋，吴城邗，沟通江淮。”《水经注·淮水》也记载：“昔吴将伐齐，北霸中国，自广陵城东南筑邗城，城下掘深沟，谓之韩江，亦曰邗溟沟，自江东北通射阳湖。”

邗沟开通之后，鲁哀公十年（前485），夫差将吴军分成两路北上伐齐，一路由自己亲率主力，由邗沟入淮水北上，直抵齐国南部边界，并会合鲁、邾、郯三国军队攻打齐国。

另一路由大夫徐承“帅舟师自海入齐”（《左传·哀公十年》），也就是走海路进攻，在黄海与齐国舟师进行了一场海战。这是我国史书记载

的第一次海战，也是第一次海陆协同作战。

这从侧面反映出，当时走陆路、水路北去齐国，还是非常方便的，聪明绝顶的范蠡弃而不用，只能说明一点，当时这条路水陆关卡重重，不易携带家眷、财物走私通行。

反观海路，《吴越春秋》中记载了一段孔子与越王勾践的对话：

“越王曰：‘唯唯。夫子何以教之？’孔子对曰：‘丘能述五帝三王之道，故奏雅琴，以献之大王。’

“越王喟然叹曰：‘越性脆而愚，水行山处，以船为车，以楫为马，往若飘然，去则难从，悦兵敢死，越之常也。夫子何说而欲教之？’孔子不答，因辞而去。”

这段对话发生的背景在《吴越春秋》中也有交代：“越王既已诛忠臣，霸于关东，徙都琅琊，起观台，周七里，以望东海。死士八千人，戈船三百艘。居无几，射求贤士。孔子闻之，从弟子奉先王雅琴礼乐奏于越。”

当时，越国已经灭掉吴国称霸，并把都城从南方的会稽迁到了山东的琅琊，与齐国为邻。孔子前来劝谏，表示可以教授越人“五帝三王之道”，然而勾践并不接受，表示“以船为车，以楫为马，往若飘然，去则难从，悦兵敢死，越之常也”，没法改变。（《吴越春秋·勾践伐吴外传》）

孔子与勾践这场鸡同鸭讲、不欢而散的会面向当今世人展现了这样一个事实：越人在乘舟驾船方面相当在行，范蠡从关卡较少的海路走私逃亡，也在情理之中了。

北京大学城市与环境学院历史地理研究中心教授、博士生导师唐晓峰在《给孩子的历史地理》一书中写道：“限于当时航海技术条件，古人尽可能沿着海岸走，在没有必要的情况下，尽量不去穿越那个望不到大陆的海洋深处。”

辽宁省博物馆收藏的一枚春秋战国时期的官私玺印，“左关”二字清晰可见。

也就是说，范蠡的海上逃亡至少应该经过了东海、黄海，又或者是渤海，因为从吴齐海战来看，吴国从海路北上进犯，恰好遇到了齐国的海上力量，显然，当时齐国至少在黄海一带是有海防的。

范蠡从黄海到不了齐国，那只能继续北上，从渤海进入齐国了。学者包遵彭曾指出："公元前5世纪，沿海岸的越、吴、齐三国，平时懋迁，战时军运。"

"懋迁"即贸易，这一词源自《周礼·天官》中的"而治其货贿，均其稍赏，令其土宜。而达其居者，莫不懋迁焉"。有贸易，有海防，有管控，走私与反走私之间的较量就不可避免了。

（陈宇军）

百家争鸣中的关政反走私

春秋战国时期，各种思想，各种学派，百家争鸣，丰富而多元，体现在海关反走私领域，亦是如此。诸子百家不仅提出理论，还付诸实践，多个学派结合，表现出极强的互补性，其思想精华对今天仍有借鉴、参考价值。

环渤海地区，尤其是当时的齐国，稷下学宫，学者云集；商品经济发展，跨诸侯国之间的贸易频繁；新兴阶级酝酿产生，新旧体制逐步更替，在这个历史过渡或转折中，各方为保障自身政治经济利益，广设关卡，一为军事防御，二为增加政府财力。

在关卡应不应该收税，如果要收税，收税标准高好还是低好这些问题上，思想家们和掌握决策权的诸侯王们是涸泽而渔迅速增加财力便于争霸，还是从长计议、搞活经济、徐徐图之，不同的人在不同的情况下做出了不

山东省临淄市齐国故城的管仲塑像

同的抉择，结果也大相径庭。

同时，关卡收不收税、收税高低也直接影响到为经济利益而走私的有无和多寡，也影响到反走私政策执行得是否有力。

先来说辅佐齐桓公称霸的管仲，这位中国历史上著名的经济学家，被誉为“中华第一相”，是把社会物质条件作为政治基础的唯物主义者，也是中国古代最早从纯经济角度出发鼓励对外贸易的思想家，他的治国思想和见解主要在稷下学者和汉代刘向先后编定的《管子》中。

《管子·治国》中称：“凡治国之道，必先富民。民富则易治，民贫则难治也。”《管子·小问》中说：“富上而足下，此圣王之至事也。”《管子·七法》中说：“为兵之数，存乎聚财而财无敌，存乎论工而工无敌，存乎制器而器无敌。”

可见，由“富民”而“富国”“强国”是管仲的基本治国思想，他认为，管理国家必须先从经济入手，必须使人民富足，进而达到国家富足，国家实力决定战争胜败。在这一“求富”基本思想指导下，管仲的关政思想相当前卫，他高度评价边境关的经济价值，把涉外自由贸易与轻税政策视为重要国策之一。

《管子·问》中说：“关者，诸侯之陬隧也，而外财之门户也。万人之道行也。明道以重告之。征于关者，勿征于市；征于市者，勿征于关。虚车勿索，徒负勿入，以来远人……厚和构四国，以顺貌德，后乡四极。”

《管子·大匡》记载：“桓公践位十九年，弛关市之征，五十而取一。”此外，管仲还“发伏利，输墆积，修道途，便关市，慎将宿，此谓输之以财”（《管子·五辅》）。

管仲在齐国实施 2% 的低关税以发展对外贸易，他还给外国商人特殊优待：特别设立招待外商的客舍，拉一车货物到齐国的，免费供给膳食；拉三车货物的，免费供给马的饲料；拉五车货物到齐国的，免费配备五个服务人员，并命令齐国关卡、市场，只为外商登记而不征税，让外商贮存货物而不收税。

管仲在齐国主动降低关税开展对外贸易的同时，还积极推动其他诸侯

国减少藩篱，开展贸易。比如他在齐桓公三会诸侯时，建议各国“田租百取五，市赋百取二，关赋百取一”（《管子·幼官》），以推进自由外贸与轻税政策在华夏各国的实施。受管仲及其成功实践的影响，晋文公即位后，也实施了“轻关易道，通商宽农”（《国语·晋语》）的政策。

一件商品如果实施专卖制度，一般是统治者想要获取更大利益，这样就容易导致走私产生。管仲恰恰是专卖制度的创造者，他将其轻重理论运用于齐国与各诸侯国之间的经济贸易，吸收天下重要物资归齐，乘天下之重（鱼盐的垄断之势）以控天下，实行鱼盐出口免税。

《管子·小匡》记载：“通齐国之鱼盐东莱，使关市几而不征，廛而不税，以为诸侯之利，诸侯称宽焉。”此外，管仲还主张通过国家买卖谷物、盐专卖、铁器垄断等，尽一切可能增加国家经济收入。这些政策让齐国迅速强大：“使税者百一钟，孤幼不刑，泽梁时纵，关讥而不征，市书而不赋……行此数年，而民归之如流水。”（《管子·霸形》）这些政策让齐国迅速强大。

尽管齐国通过轻关税发展对外贸易、制定盐铁专卖等制度成为春秋首霸，但其成功经验并没有被普遍接受和学习，一些诸侯国认为齐国之所以

墨子塑像

能这么做是基于其强大的经济实力，是学不来的，他们为了迅速增加财政收入应对争霸或者被灭国的风险，纷纷增设关卡、提高税率，同时也有一些思想家支持这种做法。

比如墨家学派创始人墨翟，他是战国前期代表小生产者的思想家，以“节用”为财政思想基础，公开赞成征课“关市”，主张将其纳入正常税收，并一再宣扬封建国家应该“外敛关市、山林、泽梁之利，以实官府，是以官府实而财不散”（《墨子·非乐上》）。

墨翟强调要通过征税来充实国库，增强国家的财力和行政能力，进而达到“官府实而万民富”（《墨子·尚贤中》）的目的。不过他也强调，“以其常正，收其租税，则民费而不病”（《墨子·辞过》），意思是说，正常的赋税，人民是能够接受且愿意交纳的，关键在于不能“厚敛”，因为“民所苦者非此也，苦于厚作敛于百姓”（《墨子·辞过》）。

再比如商鞅，他从重农抑商的角度，在地广人稀的秦国贯彻实施了“关市重征”政策和政府管制粮食贸易的措施，获得了很大的成功。秦国迅速实现民富国强，一跃而为七国之雄，一统天下。此后，这一思想在中国漫长的封建社会里被长期作为历朝的基本国策而相袭沿用，从而大大延缓了中国封建商品经济和社会形态的正常发展。

不过从总体来看，更多思想家还是主张重商与轻税。比如春秋末期齐国的执政大臣晏婴，针对当时“关市之征”过于苛重指出，“税敛重，故民心离；市买悖，故商旅绝”（《晏子春秋》），主张降低或取消关税，“毁关去禁，薄敛已责”（《十三经注疏》），劝说齐景公“俭于藉敛，节于货财，作工不历时，使民不尽力，百官节适，关市省征”（《晏子春秋》）。

孔子从未反对商业活动，而是提出“易关市”的概念，主张“薄赋敛”，降关税，方便商业经营，反对任何增加税赋的方法，反对竭泽而渔，强调重视培养税源。

孔子强调关的监督检查职能，责备鲁国大夫臧文仲设置六个税关是阻碍商人自由贸易，是不仁的行为。据《说苑》载，鲁哀公曾接受孔子的建议，“废泽梁之禁，弛关市之征，以为民惠也”。

荀子塑像

荀况先后在齐、楚等国游学，他从“性恶论”出发，认为“人生而好利”，主张以礼来调节社会经济生活：为了达到富国的目标，必须以“开源节流”为理财原则，通过“轻徭薄赋”“强本”“开源”，并达到“仁政”的效果。

荀况猛烈抨击当时“厚刀布之敛，以夺之财；重田野之赋，以夺之食；苛关市之征，以难其事”（《荀子·富国》）的财政措施，主张“轻田野之税，平关市之征，省商贾之数，罕兴力役，无夺农时，如是，则国富矣”（《荀子·富国》）。

荀况说：“王者之法：等赋，政事，财万物，所以养万民也。田野什一，关市几而不征，山林泽梁，以时禁发而不税。相地而衰政，理道之远近而致贡。通流财物粟米，无有滞留，使相归移也，四海之内若一家。故近者不隐其能，远者不疾其劳，无幽闲隐僻之国，莫不趋使而安乐之。”（《荀子·王制》）

（刘峰）

第二章

榆关犹是秦时月

律，胡市，吏民不得持兵器及铁出关。

深入渤海的山海关老龙头

秦代无证出入关者脸上要被刻字

榆关犹是秦时月，西照长河澈底清。
皓魄悬来风淅淅，寒溪潄处水盈盈。
滩声北接雄山远，桥影南连宝塔横。
十里黄沙明此夕，征人惆怅到三更。

这是清代诗人王瑞峰的《西河漱月》，写尽了边关的苍凉壮美，征人的思乡惆怅。由于王瑞峰是陕西榆林人，这首诗一般被认为是写的榆林景色，但“榆关犹是秦时月”中的“榆关”，却并不见得就是榆林的边关，也有可能是环渤海地区的山海关。

秦始皇二十六年（前221），嬴政“奋六世之余烈，振长策而御宇内，吞二周而亡诸侯，履至尊而制六合，执敲扑而鞭笞天下，威震四海”（《过

远眺山海关

秦论》），建立了统一的多民族封建国家，疆域“东至海暨朝鲜，西至临洮、羌中，南至北向户，北据河为塞，并阴山至辽东”（《史记·秦始皇本纪》）。

由此可见，那时的秦皇岛山海关一带，已经纳入秦帝国版图。为了加强统治，秦始皇“车同轨，书同文，行同伦”，修建了从都城通往全国各地的驰道，并在各处通道及边界地带设置关津33处，其中就包括位于今河北省秦皇岛市的山海关。（《中国海关通志》）

关于榆关的记载，历代诗词众多，如唐代高适的“榆关夜不扃，塞口长萧萧”，宋代陆游的“黄旗驰捷奏，雪夜夺榆关”，清代史胜书的“犹有龙城飞将否？自吟秋色过榆关”，清代方炳奎的“辽西山向榆关尽，冀北春从黍谷来”，榆关也因此有了第三层含义——泛指北方边塞。

既然是边塞、古海关，自然就会有反走私的监管。《中国海关通志》认为，秦灭六国统一天下，废除分封制，实行郡县制，调整关防，设置保卫关防、稽查禁物违品、检查行旅人员的津关，并派关都尉掌管津关事务，负责守护关口和稽查行人。关都尉带兵镇守关楼，亦负有征收货物税的职责。

众所周知，汉承秦制，在边关管理上也设置了关都尉主管关务，且执法严格，汉代很多著名的酷吏都曾担任过此职。比如宁成，汉景帝时曾任济南都尉，汉武帝时，“上欲以为郡守，御史大夫弘曰：‘臣居山东为小吏时，宁成为济南都尉，其治如狼牧羊。成不可使治民。’”。于是，汉武帝“拜（宁）成为关都尉。岁余，关东吏隶郡国出入关者，号曰：‘宁见乳虎，无值宁成之怒。’”。（《史记·酷吏列传》）也就是说，人们宁愿见到哺乳期的老虎，也不愿意见到宁成发怒，关都尉执法严明可窥一斑。

由于秦代只存在了15年，因此与其他朝代相比，秦代留存的史料较少，尤其是边关反走私措施，记载得更少，有些只是零星记载，且语焉不详。好在考古发掘可以弥补这一缺憾，尤其是云梦秦简的发现，为现代人研究秦代边关管理提供了丰富的客观史料。

秦一统天下，仍要设立边关，这是要防谁呢？《墨子·号令》记载：“王数使人行劳，赐守边城关塞、备蛮夷之劳苦者，举其守率之财用有余、不足，地形之当守边者，其器备常多者。”显然，边关不再是为了防关东六国，

秦皇岛博物馆展出的秦始皇出巡图

而是防边境少数民族。

秦简记载："客未布吏而与贾，赀一甲。"这里的"客"即"邦客"，指秦帝国境外之人。邦客要进边关入秦经商，必须持有符传。在他们把符传交给官吏验看以前，任何人不许和他们贸易。邦客的符传是边地行政机关或者边关发给的。

同样，秦人出关也要有符传，此符传则由内地行政机关发给。进关、出关均须符传这一规定在《墨子·号令》也有明确记载："诸城门若亭，谨候视往来行者符；符传疑若无符，皆诣县廷言。"

《汉书·汲黯传》记载："无符传出入为亡。"没有符传而偷偷出关被称作"亡"。

以上为汉代法律，秦代则更为严酷。根据秦律，亡者要判"黥城旦"罪。意思是，一旦偷偷出关被抓住者，就要在脸上刺字，同时还要被罚去修城。

秦律规定，运输货物出入关时，要将通关凭证符传一剖为二，一半留在关门，另一半交由商人。还规定，不得把珠宝偷运出境，查获的珠宝要没收并送交内史。

秦代为什么对走私打击力度如此之大？我国杰出的教育家、历史学家翦伯赞在《秦汉史》一书中认为，根源在于秦王朝是一个商人地主性质的政权，贸易是其立国之根本，城市手工业和商业是这一政权的基本支撑。

辽宁省葫芦岛市绥中县姜女石秦汉行宫遗址出土的夔纹大瓦当，证实秦始皇曾在此建行宫。

这一观点虽然有别于商鞅变法之后秦国“重农抑商”的传统认知，但也有史实支撑，比如与秦始皇关系密切的吕不韦就是一个大商人，官居丞相，一人之下，万人之上，不可能不对秦始皇的政治经济思想产生影响。

而且从秦统一后实施的政策看，大多都非常有利于城市手工业、商业发展，比如统一币制、统一度量衡，修驰道、运河，形成全国统一的水陆交通网，并在这张网的关键位置设卡征税，进行反走私。

（苏冉）

秦始皇四巡渤海湾助走私

“置少府海丞、果丞各一人；大司农部丞十三人，人部一州，劝农桑。”这是《汉书·平帝纪》中的一段话。汉元始元年，即公元1年，政府开始设置征收海税的官员，这是史无前例的。

唐代训诂学者颜师古在《汉书注》中注解说：“海丞，主海税也，果丞，掌诸果实也。”

少府负责收山海之利，山海之利最主要的是盐铁，汉武帝时，此职已转归大司农。汉平帝为增加少府收入，设海丞收海税，设果丞主山林所出的

俯瞰姜女石与石碑地遗址

果实，分主山海之利。不过，这仅是西汉末年一时之制，至东汉，少府海丞、果丞皆废。

西汉末年财政紧张，不得已征收海税，以增加财政收入，这是中国历史上第一次出现征收海税的记载。既然征收海税，也就有了为逃税获利而产生的走私行为，进而出现反走私举措。从海疆、海防角度来讲，这是一个巨大的进步。

上古时代，中国就是一个海洋大国，《史记·黄帝本纪》记载，轩辕黄帝“披山通道，未尝宁居。东至于海，登丸山，及岱宗”。此外，《尚书·禹贡》中的“东渐于海，西被于流沙”，《诗经》中的“于疆于理，至于南海”，都反映出当时以海岸线为自然疆界。

到了春秋战国时期，《左传·僖公四年》中记载齐国海疆时说：“赐我先君履：东至于海，西至于河，南至于穆陵，北至于无棣。”这里的海一般认为是渤海。《越绝书》中记载吴国海疆时说：“西则迫江，东则薄海，水属苍天，下不知所止。”越国海疆“东垂滨海”或“东绝大海”。

到了公元前221年秦始皇统一六国，在形容其疆城的统一性、完整性时，有这样的说法：“六合之内，皇帝之土。西涉流沙，南尽北户。东有大海，北过大夏。人迹所至，无不臣者。”（《史记·秦始皇本纪》）

这种认知同样在秦始皇出巡中得到印证，他在统一全国后至去世前的12年间，先后5次巡游，其中4次巡视海疆。第一次是在公元前219年，他先上邹峰山，再登泰山封禅立碑，然后到了渤海湾的“黄”“腄”两处海港，又东行至“之罘”“成山”。

据说当年秦始皇行至成山时，称这里为“天之尽头”，丞相李斯手书的“秦东门，天尽头” 被镌刻立于成山顶峰。后来秦始皇又到了琅琊，下令从内地移民3万户，免征赋税12年，使其安居乐业。也是在这里，他首次派徐市出海寻找“三神山”。

公元前218年，秦始皇第二次巡海，途中遇刺未遂，而后再次来到“之罘”，刻石立碑，后又去琅琊。公元前215年，第三次巡海，巡视了渤海北岸的碣石港，刻石立碑。公元前210年，第四次巡海，先去了南方，后又来到琅琊，

辽宁省博物馆再现秦始皇碣石望海情景

派徐市第二次出海远航，寻找“三神山”。

秦始皇何以四巡渤海湾？后人的解释是，这里有他的长生不老梦。徐市携数千童男童女、五谷百工到了日本，成为日本的神农氏，一去不复返，而秦始皇则在第四次巡海返回途中经过今山东平原县时，染病不起，病逝于沙丘（今河北省广宗县西北）。

后来人们仔细分析才发现，徐市这是在秦始皇眼皮子底下瞒天过海公然走私，他把中国先进的技术、农作物物种带到日本，帮助日本实现了从原始社会到弥生时代的快速转变。

《山海经·海内北经》记载：“盖国在钜燕南，倭北。倭属燕。”我国汉代学者王充所著《论衡》一书，记述了周成王时“越裳献雉，倭人贡畅”，“越裳”为古南海国名，“倭人”即指古代日本人，这反映了周成王时，中国与海外各国，尤其是日本，海上通航已是常事，只是成长于西部的秦始皇可能不知道而已。

《史记·秦始皇本纪》记载，当秦始皇东游至琅琊时，“齐人徐市等上书，言海中有三神山，名曰蓬莱、方丈、瀛洲，仙人居之。请得斋戒，与童男女求之。于是遣徐市发童男女数千人，入海求仙人”。

有史学家认为，这个故事中的徐市等人，可能都是山东滨海一带的商人。山东沿海一带的商人在战国时就开始了海洋商业活动，在徐市等人以前，也许有人曾到达过三岛，所以徐市之辈才知道海外有三神山，因而引起他们寻求圣地的热望。

所谓徐市入海寻求三神山，可以视为当时滨海一带的商人，企图进一步打通与日本诸岛的商路。但这却不在秦始皇的考虑范围之内，在内陆成长起来的他可能更多地相信，海就是天的尽头，海之外就是神仙居住的地方。

这一点从秦始皇第三次巡海回来之后的举动中可以得到印证，公元前214年，他发兵30万北击匈奴，收复黄河以南的河套地区，并命令太子扶苏、大将蒙恬修筑长城，防备西北、北方、东北等地的少数民族入侵。

也就是说，在现代人眼里同等重要的边防、海防，边关、海关，在秦始皇眼里却截然不同，边防、边关更重要，海防、海关甚至想都不会去想，因为大海就是最天然最安全的屏障，这一点从其政策行动中也能印证。

秦帝国建立之初，秦始皇不辞劳苦多次巡海，一是因为环渤海地区的齐燕之地是最后征服的，需要进行安抚，移民屯戍，以加强对山东半岛、辽东半岛的控制；二是这里自古富庶，经营好了可以作为大秦帝国稳定的军事后方，方便他腾出手来解决匈奴等边患问题。

后来发生的事实也的确如此，秦始皇在环渤海地区开创了我国历史上最

秦皇岛博物馆展出的秦代铁权和铜量

早的海上漕运。《史记·平津侯主父列传》记载："使天下蜚刍挽粟，起于黄、腄、琅邪负海之郡，转输北河，率三十钟而致一石。"

这条海上运输线，基本上以今青岛为起点，循岸北上，过成山角，向西拐入渤海，再沿半岛北岸西进，进入当时位于今天津附近入海的古黄河，而溯至北河（今乌加河）地带，使山东半岛成为北方驻军的粮饷基地。

（夏勤龙）

环渤海地区管制下的繁忙商贸

“东至海暨朝鲜，西至临洮、羌中，南至北向户，北据河为塞，并阴山至辽东。”这是《史记·秦始皇本纪》中记载的秦统一天下时的疆域。

之后秦始皇又北逐匈奴，南降南越，在西南夷派官设治，“令太子扶苏与蒙恬筑长城，起自临洮，至于碣石”（《水经注·河水注》）。

《通典·州郡典》记载：“碣石山在汉乐浪郡遂城县，长城起于此山。长城东截辽水而入高丽，遗址犹存。”载明碣石山在今朝鲜平壤市西南。20 世纪 30 年代的考古发掘也证明了这一点：大同江一带发现了刻有秦始皇二十五年（前 222）制的铭文铜戈。

战国时期，赵筑长城，以御北狄；燕筑长城，以御东胡。秦始皇连接秦、赵、燕三国长城，形成西起今甘肃岷县，向东经狄道、固原、隆德等地，走山西、河北至渤海沿岸的山海关，又向东北至朝鲜平壤南的万里长城。

秦长城是古代华夷观念在北方的再一次确认，这里上演了无数管制与开放、走私与反走私的故事。

尤其是环渤海地区在秦汉时期与中原的联系明显优于西北、西南、东南地区。当时，西北远离海洋，西南封闭，南疆隔于险山恶水之中，东南偏居一隅。

沈阳博物馆展出的秦始皇“廿六年”陶量残片，这个不起眼的小陶片见证了秦王朝大一统，证明沈阳当时处于秦帝国统治之下，属辽东郡管辖。

东北地区北有黑龙江与乌苏里江之饶，南拥渤海、辽河之利，东连长白山与茫茫林海之珍，西领千里草原之财，经济形态的多样性使其体现出

巨大的历史主动精神与活力。

秦统一天下的过程中，对新占领的土地从不封赐显贵，而是设置郡县，由朝廷统一派官吏去统治。秦初设36个郡，后期增至40余个，其中沿海16个，环渤海地区有11个。

正如《史记·秦始皇本纪》所说："古之帝者，地不过千里，诸侯各守其封域，或朝或否，相侵暴乱，残伐不止……今皇帝并一海内，以为郡县，天下和平。"

和平统一的直接红利便是商贸业繁荣。秦始皇多次巡视过的环渤海地区北方四个港口（碣石、之罘、成山、琅琊），均分布在环渤海地区经济发达的燕、齐旧地，是富庶的沿海都会。

综合传世典籍记载，秦始皇曾三次到达琅琊、之罘，两次去成山，一次到了黄、腄、碣石，这些地方均是环渤海地区重要港口，且相互之间有往来航线。这里既有鱼盐之利，又有舟楫之便，更有强烈的跨区域贸易需求。环渤海地区因而有士、农、工、商、贾五民之众，并多有经营航海贸易的商人。

据《史记·货殖列传》记载，有一个活动于秦汉之际的大海商刀间，收拢了一大批航海贸易商人，"使之逐鱼盐商贾之利，或连车骑，交守相，然愈益任之，终得其力，起富数千万"。司马迁称其是"当世千里之中，贤人所以富者"。

而当时的小商小户，更是不计其数。比如山东的程郑，经营"冶铁"，乃"贾椎髻之民"，即与西南边民进行铁器的交易。而乌氏倮以丝绸与匈奴交易牛马牲畜，有十倍之利。

当时这些商人"贾郡国，无所不至"，可与万乘诸侯分庭抗礼。他们"大者倾郡，中者倾县，下者倾乡里"（《史记·货殖列传》），大有左右国家大政国策的势力。

跨区域间的贸易繁荣，背后是秦汉统治者的有序放开与监管。秦统一六国后，"堕毁城郭，决通川防"，撤销了大量原设于诸侯国之间的关隘，使贸易更加畅通。正如贾谊在《过秦论》中所说："修津关……无藩篱之难。"

《中国海关通志》记载，汉承秦制，"开关梁，驰山泽之禁"，放宽路卡和渡口的管制，并增设津关，开设关市，管理边境贸易。

秦代铁权，上面的铭文记载：“廿六年，皇帝尽并兼天下诸侯，黔首大安，立号为皇帝，乃诏丞相状、绾，法度量则不壹，歉疑者皆明壹之。”秦统一度量衡促进了商贸业发展。

比如在环渤海地区，西汉时期在并州代郡（今河北蔚县）设五阮关、常山关，在上谷郡（今河北怀来县）设居庸关，在九原郡（今内蒙古包头西北）设界关。在设关的同时，还加强管理，在重要津关配有专职关都尉或备塞都尉，比如在函谷关，霍去病同父异母的弟弟霍光曾提议，“函谷京师之固”，“故以丞相弟为关都尉”。

不是很重要的津关，则由地方官员代管，主要职责是监管胡汉关市以及出入津关的人员、货物等，检查符传，稽查行旅及禁物，严禁个人私自出境，并不得持兵器及金钱出关。

汉律规定，粮食、弓弩、铁器、铜钱、壮马、蚕种禁止出境，若商人以金银、丝绸与蕃商私下交易马匹、珠宝，或私自携带珠宝出入境，则处以死刑。

西汉时期的主要出口商品为丝绢、漆器、铜镜、“黄白金”等，主要进口商品为良马、玉石、蒲陶（葡萄）、目宿（苜蓿）、石榴、胡桃（核桃）、黄兰、胡麻、胡豆（蚕豆）、大蒜、乐器等。

东汉时期，民间的“互市贸易”“绢马贸易”“茶马贸易”开始兴起，统治者在各地所设的津关除负责稽查往来商货外，同时兼管关市贸易，稽征税费，并严格控制金银、丝绸、马匹、珠宝等交易。

《中国海关通志》记载，秦汉时期，从辽东经承德等地进出境的域外商民主要来自乌桓（今内蒙古中南部、河北省北部、辽宁省北部一带）、濊貊（今朝鲜半岛北部）、三韩（今朝鲜半岛南部）。

严格而有章法的管控反走私，也为秦始皇把渤海打造成为漕运航道、北击匈奴创造了良好条件。

（马晓蕾）

“除关”反走私带来“七国之乱”

“关者，诸侯之陬隧也，而外财之门户也，万人之道行也。”这是《管子·问》中对“关”的解读。齐国采用管仲的“官山海”政策，推行盐铁专卖制度，加之反走私政策辅助，让齐桓公成为春秋首霸。

战国时期，各诸侯国以陆上为关，水上为梁，关卡林立，税负沉重，孟子抨击说：“古之为关也，将以御暴；今之为关也，将以为暴。”（《孟子·尽心下》）

到了大一统的秦代，海内归一，车同轨、书同文，在建好铜墙铁壁般的边关、做好边疆防御之后，秦始皇决定“堕毁城郭，决通川防”，试行

位于河北省保定市易县的紫荆关，始建于战国时期，秦、汉称上谷关，东汉名五阮关，宋、金称金坡关，元代以后称紫荆关，与居庸关、倒马关合称为内三关，自古便是进出太行山的交通要冲，位于“太行八陉”的第七陉“蒲阴陉”，天下九塞之第四塞。

减少内地关的政策。

西汉初期，推行休养生息的黄老之术，无为而治。先是“开关梁，驰山泽之禁”（《史记·货殖列传》），再到汉文帝十二年（前168），直接下令：“除关，无用传。”

也就是说，进出内地关、津关、关隘，不需要通行证，也不稽查反走私，直接进出即可。西汉出现了“富商大贾周流天下，交易之物莫不通，得其所欲”（《史记·货殖列传》）的局面。

文景之治的效果逐渐显现，《汉书·食货》记载：“京师之钱累巨万，贯朽而不可校。太仓之粟，陈陈相因，充溢露积于外，至腐败不可食。”不过繁荣背后也暗藏着危机，尤其是在中国封建社会一贯专营打私的盐铁领域。

《盐铁论·错币》记载，“文帝之时，纵民得铸钱、冶铁、煮盐”，一时间“豪强大家，得管山海之利，采铁石鼓铸、煮盐，一家聚众或至千余人，大抵尽收放流人民也”（《盐铁论·复古》）。

这段话生动地描绘了当时“豪强大家”占有矿山和海滩，或采矿冶铁，或煮海制盐，一家矿场、冶铁场或煮盐场使用无业人民做工，多至千余名的情景。

《盐铁论·复古》对这种现象也给予了倾向性的评价：“（放流人民）远去乡里，弃坟墓，依倚大家，聚深山穷泽之中，成奸伪之业。”

汉文帝像

的确，盐铁业直接关乎国计民生，是人民生活和生产的必需品，且没有特别复杂的生产环节。特别是盐业，只要临海即具备基本的生产条件，成本低而利润高。因此，从事盐铁的手工业者，无不暴富。

西汉初期，最大的冶铁大王是环渤海地区的鲁国人曹邴氏，而兼营盐铁之业并

有山海之利的首富则是吴王刘濞。《盐铁论》中记载巨富之人："布衣有朐邴，人君有吴王。"

后来发生"七国之乱"，领头的便是吴王刘濞，参与者有在环渤海地区尽得盐铁之利的济南王刘辟光、淄川王刘贤、胶西王刘印、胶东王刘雄渠等。

无奈之下，汉景帝初元四年（前153），"复置诸关，用传出入"（《资治通鉴》），从而恢复了对津关的管理，并逐步削藩，效仿古人，实行盐铁专营。

再来看纺织行业，丝绸一直是我国封建政权外贸顺差的独门秘籍之一，环渤海地区的齐鲁之地自古以来就是桑织之地。如《禹贡》中"桑土既蚕……厥贡漆丝，厥篚织文"描述的是兖州；"厥贡盐絺"和"厥篚檿丝"描述的是青州，这些地方都以生产丝绸著称。

到了汉代，工商业放开，传统养蚕、丝织业快速发展，如临淄的三服官属于官营作坊，"作工各数千人，一岁费数巨万"（《汉书·贡禹》），而民营的如张安世作坊，"家童七百人，皆有手技作事"（《汉书》）。

丝织品自由流通，商人们尽得贸易之利。于是汉景帝在"复置诸关，用传出入"的同时，稽查进出人员及物品。

汉律规定，粮食、弓弩、铁器、铜钱、壮马、蚕种禁止出境，若商人以金银、丝绸与蕃商私下交易马匹、珠宝，或私自携带珠宝出入境的，被处以死刑。

为了管理津关，尤其是内陆关，汉初颁布《津关令》以防范、削弱诸侯，强干弱枝，也就是贾谊所提到的"建关梁以制诸侯，所以绝臣下之觊觎"（《汉书·匈奴传》）。

比如《津关令》中规定："武关、函谷关以及诸其塞之河津，禁毋出黄金、诸奠黄金器及铜；其令诸关，禁毋出私金器、铁。其以金器入者，关谨籍书。出，复以阅，出之。"

1930年出土于山东省枣庄市的汉代冶铁画像石，第四层为冶铁图。

对金、铜严加管控，可以理解，毕竟这些东西可以铸造货币，若管控不好，容易造成假币泛滥，通货膨胀，不利于长期统治。至于对铁器的限制，主要是因为铁器容易制造武器，随意流出不利于军事安全。

另外，《汉书·汲黯传》颜师古注引应劭曰：“律：胡市，吏民不得持兵器及铁出关。”这一规定在汉景帝、汉武帝时期一直在执行。

（谭庆国）

走私商人鼓动下的汉初北方边境叛乱

“汉使马邑下人聂翁壹，奸兰出物与匈奴交，详为卖马邑城以诱单于。单于信之，而贪马邑财物，乃以十万骑入武州塞。”

这是《史记·匈奴列传》中的一段，写的是汉武帝刘彻继位后，针对匈奴的一次诱敌出动、准备打伏击的行动，最初的诱饵则是一次走私行为。

我国现存最早的《史记》注本、南朝著名史学家裴骃的著作《史记集解》中对这段的解释是：“奸音干，兰通栏，详通佯，干兰，犯禁私出物也。”

这段话的意思是说，马邑豪绅聂壹向汉武帝献计，诱使匈奴单于出动，被武帝采纳。于是聂壹以走私商人为名私入匈奴，并佯称杀马邑之官以献城。单于因贪恋马邑的财物，出兵了。在往马邑进军的途中，单于发现周边野地里有很多牲畜，却没有放牧人，觉得不对劲，就抓了个汉朝尉史询问，得知这是刘彻的一次诱敌深入打伏击行动。于是，匈奴单于便率领10万骑兵回去了。马邑之谋虽未成功，却揭开了汉匈大战的序幕。从此，西汉与匈奴的和亲关系宣告结束，西汉进入了对匈奴百余年的反击与进攻阶段。

汉代画像石中的“胡汉交战图”

而在汉匈边界对阵的地方，有许多走私商人游走于两地之间，互通有无。

而在汉初，这些走私商人却是环渤海地区边境武装叛乱的直接策动者、参与者，比如著名的白登之围，韩王信、陈豨等先后叛乱，就与走私商人有着直接关系。

要注意，这里的韩王信可不是我们所熟知的“背水一战”中的“战神”韩信，而是战国时期韩国韩襄王韩仓的庶孙。在刘邦攻取韩国旧地时，他随张良投奔刘邦，领兵随同入关。

楚汉争霸时，韩王信跟随刘邦击败项羽，平定天下，进而封王，汉高祖六年（前 201）移封太原。也是在这一年，已经灭掉环渤海地区少数民族政权东胡的匈奴冒顿单于围攻太原。

然而，就是这样一位跟随刘邦南征北战的王，基本没怎么抵抗就背叛了汉王朝。汉高祖刘邦很生气，率兵攻打，韩王信败走匈奴。

此时，韩王信的部将曼丘臣、王黄等人收拾残兵，联合匈奴将刘邦围困于平城东北的白登山七天七夜，史称“白登之围”。

好在陈平用计帮助刘邦成功脱险，并派樊哙领兵成功平叛，命开国大将陈豨镇守。哪曾想到，不久之后，陈豨又与韩王信的残余势力及匈奴人勾结，发动了叛乱。

刘邦再次亲征，《史记·韩信卢绾列传》记载的一段对话耐人寻味：“上曰：‘陈豨将谁？’曰：‘王黄、曼丘臣，皆故贾人。’上曰：‘吾知之矣。’乃各以千金购黄、臣等。十一年冬，汉兵击斩陈豨将侯敞、王黄于曲逆下，破豨将张春于聊城，斩首万余。太尉勃入定太原、代地。”

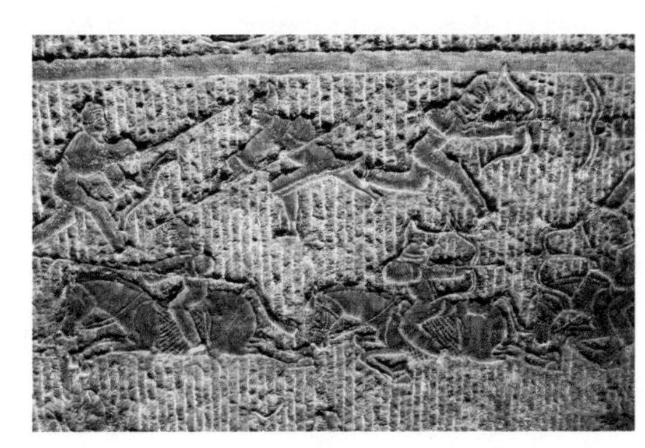

山东博物馆的汉代画像石中的胡汉交战场景

司马迁何以在《史记》中重点介绍“王黄、曼丘臣，皆故贾人”，后又介绍“王黄之死”？一些史学家分析，这是因为汉初北方边境地区历次叛乱，均与这些走私商

人关系密切。

《史记·货殖列传》记载："中山地薄人众……仰机利而食。"邯郸地区之民，"设智巧，仰机利"。《史记·张释之冯唐列传》记载："李牧为赵将居边，军市之租皆自用飨士，赏赐决于外，不从中扰也。"

也就是说，从战国时期起，环渤海地区的北方边关防御就设立"军市"，与周边少数民族政权交易，实现自给自足，因此活跃着大量边地商人群体。

秦始皇统一六国，"使蒙恬将三十万众北逐戎狄，收河南。筑长城，因地形，用制险塞，起临洮，至辽东，延袤万余里"（《史记·蒙恬列传》）。

围绕30万秦军的"军市"，边地商人继续从事他们的经营活动，但万里长城的修建，在一定程度上限制了这些商人的境外贸易行为。

秦末大乱，"蒙恬死，诸侯畔秦，中国扰乱，诸秦所徙适戍边者皆复去，于是匈奴得宽，稍复渡河南与中国界于故塞"（《史记·匈奴列传》）。

汉朝建立，为了防范匈奴，不但继续修筑长城，还在经济上颁布了大量法令，以限制边地商人的边境贸易行为，以此来削弱匈奴的经济实力，使其无力南下侵扰。

比如《津关令》记载："越塞阑关，论未有□，请阑出入塞之津关，黥为城旦舂；越塞，斩左止为城旦……令、丞、令史罚金四两。智其请而出入之，及假予人符传，令以阑出入者，与同罪。"

《津关令》还规定，出入关塞必须持有"符传"，汉匈边境地区的津关重在限制人员、武器、马匹、金属等战略物资流入匈奴。

汉朝封锁边境和《津关令》等政策实施的结果是，汉匈之间的贸易往来受到限制，依赖汉匈贸易获取利益的边地商人受到打击，于是人们在历史典籍中看到，王黄等边地商人成为西汉初期北方叛乱的重要人物。

比如在韩王信叛乱时，王黄曾率军接应匈奴。《史记·韩信卢绾列传》记载："匈奴仗左右贤王将万余骑，与王黄等屯广武，以南至晋阳，与汉兵战。"

王黄甚至准备与冒顿单于合围汉高祖于平城。《资治通鉴》记载："冒顿与王黄、赵利期，而黄、利兵久不来，疑其与汉有谋。"不仅如此，王黄在韩王信叛乱被镇压后，再次策动了陈豨叛乱。

《史记·韩信卢绾列传》记载："汉十年，信令王黄等说误陈豨……豨恐，阴令客通使王黄、曼丘臣所。及高祖十年七月，太上皇崩，使人召豨，豨称病甚。九月，遂与王黄等反，自立为代王，劫略赵、代。"

西汉马踏匈奴石雕

显然，王黄等边地商人不仅是韩王信、陈豨等叛乱势力与匈奴之间建立联系的使者，还是叛乱的策动者，亲自率领叛军与汉军作战。这些情况，汉高祖刘邦是知道的。

于是人们看到，尽管汉初国贫民弱，边疆动乱不断，匈奴时常南下侵扰，但对其中的不稳定因素，尤其是走私商人勾结外部势力，是严厉打击的。

汉初不仅颁布了《津关令》《关市律》，还有《商贾律》，其中第一条便是对商人服装的限制："毋得衣锦绣绮縠纻罽。"

"锦绣绮縠纻"均是细的丝织品或葛织品，是中原地区出产而匈奴所需者。"罽"属于胡人的毛织物，是一种织有花纹的毛布。

西汉时期，不仅中原丝织品受到匈奴人欢迎，匈奴出产的精美毛织品也很受中原人青睐，《史记·货殖列传》中有"狐貂裘千皮，羔羊裘千石，旃席千具"者，可比千乘之家的说法。

这些奢侈品自然会成为商人经销盈利的对象。《商贾律》禁止商人穿用这些东西，其实是为了限制商人以自家消费为名买入各类织品，然后与匈奴人秘密交易。

《商贾律》第二条是禁止商人乘车、乘马，第三条是禁止商人使用武器，这些都是在限制走私商人与地方势力勾结叛乱。

从经济基础决定上层建筑的角度来讲，汉初的叛乱不能简单理解为刘

邦排斥异姓诸侯王带来的反抗，实际上更是汉王朝在边境地区实施经济封锁反走私、防御匈奴的政策与当地商人势力冲突的结果，叛乱是这一冲突的具体化。

（王富明）

汉代"亡人"走私带来边患危机

西汉时期，边境关市因战争经常关闭，但匈奴、鲜卑、乌桓等周边政权对西汉经济极度依赖，鼓励、纵容边境走私，致使走私始终"禁而不止"。

当时走私物资主要有铁器、铜及其制品，弓箭等兵器，马等牲畜，黄金、玉石等奢侈品，走私区域主要集中在北部边界（今辽宁、内蒙古、新疆一带）。

两汉时期实行郡国并行制，会在疆域边境和内地陆路通道设置关口，开设关市，并派关都尉对行旅及禁物实施稽查。

对无"符传"等通行凭证，私自出入边关者，或者私相进行跨境交易者，汉律称之为"阑"，视为非法，按犯有"阑出"边关之罪论处，情节严重者可判处死刑。

以上是《中国海关通志》中记载的西汉时期陆路查私情况，彼时，环渤海地区北部是西汉的北部边疆，少数民族政权聚集，利益犬牙交错，战争不断，封锁与反封锁、走私与反走私较量不断上演。

秦末，"天下共起反秦"，农民起义反抗暴政，原六国旧贵族想要恢复祖宗基业，具体到环渤海地区北部，情况更为复杂。

比如陈胜率领起义大军推进至陈地（旧楚都，今河南淮阳）时，派手下一个名叫武臣的将领去赵地（今河北中部）谋求更大发展。

武臣在赵旧都邯郸自立为赵王，并效仿陈胜，派"韩广将兵北徇燕地"（《史记·陈涉世家》）。韩广到达原燕都蓟后，也自立为燕王，摆脱了武臣控制。

"汉并天下"瓦当

后来项羽入关，自立为西楚霸主，大封诸

出土于辽宁省葫芦岛市绥中县姜女石遗址的秦汉瓦当

侯，遂将燕将臧荼立为燕王，以蓟为首都。韩广被封为辽东王，韩广不听，双方打了起来，臧荼灭了韩广。后藏荼归顺刘邦，被立为燕王。

边境之地，多事之秋。因刘邦猜忌、周边少数民族拉拢、走私商人挑拨，汉高祖五年（前202），臧荼率先反叛，攻下代地，刘邦亲自出征，平定叛乱，立少年好友卢绾为燕王。

虽为刘邦的发小，但在诛异姓王的大背景下，卢绾如坐针毡，“遂将其众亡入匈奴，匈奴以为东胡卢王”（《史记·韩信卢绾列传》）。

此时，环渤海地区另外一个重要人物——卫满登场了，他是战国时期燕国人，曾是卢绾的属下，卢绾“亡入匈奴”之后，他也“亡命，聚党千余人”（《史记·朝鲜列传》）东走出塞，到了朝鲜，并灭掉西周时期建立的箕氏朝鲜，建立卫氏朝鲜。

要注意，无论是卢绾叛逃还是卫满出走，史书中都用了个“亡”字，其实就是未经允许，私自带着物品跨境走私的意思。

“亡人越塞”现象可追溯到战国时期，当时战争不断，一些人为了躲避战争，便要越过边关逃亡。比如秦末，“陈胜等起，天下叛秦，燕、齐、赵民避地朝鲜数万口”（《三国志·乌丸鲜卑东夷传》）。

人口是综合国力的重要组成部分，为了防止逃亡，统治者也制定了很多惩罚措施。比如《史记·秦始皇本纪》记载：“三十三年，发诸尝逋亡人、赘婿、贾人略取陆梁地，为桂林、象郡、南海，以适遣戍。”把亡人发去戍边，就是惩罚措施之一。

西汉时期，“亡人”在北边表现活跃，“亡人越塞”现象，因事关人口控制、物资控制、军事情报控制而受到边地军政长官重视。“逐捕搜索”

非法越境的“亡人”曾经是汉代长城体系戍守部队的防务内容之一。

《汉书 · 匈奴传下》记载：“自中国尚建关梁以制诸侯，所以绝臣下之觊欲也。设塞徼，置屯戍，非独为匈奴而已，亦为诸属国降民，本故匈奴之人，恐其思旧逃亡。”由此可见，反走私也是修建长城的重要目的之一。

据《汉书 · 匈奴传下》记载，西汉时期“亡出”“亡出塞”“亡走北出”者主要有三种身份，一是“往者从军没不还者贫困子孙”，二是“边人奴婢愁苦者”，三是“盗贼群辈犯法者”。走私者显然属于第三类。

《中国海关通志》记载，两汉时期，随着陆上丝绸之路的开通，通过陆路边境进出的商民逐渐增多，其中从辽东经承德等地进出境的商民主要来自乌桓（今内蒙古中南部、河北省北部、辽宁省北部一带）、濊貊（今朝鲜半岛北部）、三韩（今朝鲜半岛南部）。

提起朝鲜半岛，卫满建立卫氏朝鲜后，西汉统治者因民力极度疲敝，迫切需要休养生息，恢复生产，发展经济，因此对卫氏朝鲜采取了比较现实的态度，承认它的存在，与之“约法二章”——“满为外臣，保塞外蛮夷，无使盗边”，“诸蛮夷君长欲入见天子，勿得禁止”（《史记·朝鲜列传》），

辽宁省博物馆的辽阳三道壕西汉村落遗址复原模型

卫氏朝鲜接受汉辽东郡东部都尉监督，而汉则以“兵威财物”作为回报。

后来，卫氏朝鲜凭借汉之“兵威财物”，以武力“侵降其旁小邑，真番、临屯皆来服属”，并招“诱汉亡人滋多，又未尝入见，真番旁众国欲上书见天子，又拥阏不通”（《史记·朝鲜列传》）。

显然，卫氏朝鲜利用其地理位置，采取了经济封锁等反走私措施，使得旁边诸国无法与西汉取得联系，这激怒了汉武帝。

在和谈无果并击退匈奴进攻后，汉武帝遂全力以赴解决卫氏朝鲜问题。元封三年（前108），汉武帝派济南太守公孙遂“往正之”，并派兵进攻，卫氏朝鲜亡，汉在其旧地设乐浪、临屯、玄菟、真番四郡。

到了东汉末期，北部边界防卫松弛，铁器、兵器等重要物资大量走私出境，加速了周边少数民族政权入侵，东汉灭亡。

以环渤海地区为例，原东胡的一支鲜卑日渐强大，《后汉书·乌桓鲜卑列传》记载，中郎蔡邕上议曰：“自匈奴遁逃，鲜卑强盛，据其故地，称兵十万，才力劲健，意智益生。加以关塞不严，禁网多漏，精金良铁，皆为贼有；汉人逋逃，为之谋主，兵利马疾，过于匈奴。夫边陲之患，手足之蚧搔；中国之困，胸背之瘭疽。”

显然，在蔡邕看来，关塞不严、禁网多漏、精金良铁常走私境外，是导致鲜卑强大、东汉之困的原因之一。

（师磊）

第三章

魏晋“陆上设关，水上为梁”

汉魏以降，缘边郡国皆有互市，与夷狄交易，致其物产也，并郡县主之，而不别置官吏。

北齐遗址——百草口长城

曹魏时严禁借用过所过关

“广平赵礼诣洛治病，博士弟子张策、门人李臧赍过所诣洛。还，责礼冒名渡津，（廷尉）平裴谅议礼一岁半刑，策半岁刑。”这是《太平御览》中记载的三国时期的赵礼借用通关凭证通关后被查扣治罪的故事。

当时，国家分裂，割据政权林立，各政权在边境地区设了很多关津，“派驻官吏检查过往行旅人员及货物”（《中国海关通志》），即使在割据政权内部，也沿用了春秋战国以来的惯例，“陆上设关，水上为梁”，在水、陆交通要地设置关津。关津又被称为内地关，集治安、征税、防御等政治、经济、军事多功能于一体。内关和边关长期并存是我国封建社会统治者借助山川地势在政治地理方面的创造。

因此，当时赵礼要从位于今环渤海地区的河北广平到河南洛阳治病，必须经过多个关津，需要申请通关凭证——过所。西周以来，为了管理吏民外出，统治者发明了“传”，用于证明人员身份；而要进出关津，还需要“符”，以证明这一行为得到了政府许可。

到了秦代，“符”用于军事和官府下行文书，“传”用于吏民进出关津。汉武帝时期发明了过所，即普通老百姓通过关津使用的证明。三国两晋南北朝时期，关防仍承袭汉制，因为军事需要，关禁更加严厉。

关禁严厉，申请过所需要时间，然而病不等人，于是赵礼投机取巧，借用博士弟子张策、门人李臧的过所，通过层层关津到洛阳治病。显然，他去的时候蒙混过关了，回来的时候却没那么幸运，被查了出来，犯了冒名渡津罪。

掌管刑法的廷尉（平裴谅）建议，判处赵礼一年半的徒刑、张策半年徒刑，刑罚可谓不轻。从这段史料中我们不难看出，在魏晋时期，持过所渡关津

洛阳新安汉函谷关遗址，始建于汉武帝元鼎三年（前 114），由汉楼船将军杨仆所建，对我国经济、文化、军事以及贸易等方面的发展都起到重要作用。

已成为定制，过所既是身份证，又是通行证，把“符”“传”合二为一了。

按照当时的法律，过所只能是本人申请，本人使用，不得借给他人使用；对冒用者和借用者，都要处罚，只不过冒用者罪过更大，出借方责任相对小一些。

东汉末年，黄巾起义爆发，各路军阀拥兵自重，中央政府在失去对地方控制力的同时，也失去了对周边少数民族政权的有效节制。

以东北地区的乌桓为例，它原是东胡部落的一支，趁机发展壮大，势力到了环渤海地区。《三国志·魏书·武帝纪》记载：“三郡乌丸（乌桓）承天下乱，破幽州，略有汉民合十余万户。”乌桓渐渐发展成为拥有辽东、辽西、右北平三郡的强大势力。官渡之战，曹操以少胜多击败袁绍之后，遂占领青、冀、幽、并州，袁绍残余势力逃亡东北。

为实施南征统一全国，曹操必须解除后顾之忧，消灭袁氏残余势力、北征乌桓势在必行。建安十二年（207），曹操亲自北征乌桓，途中粮草运输遇到难题，陆路运输难以满足需求，于是开凿平虏渠、泉州渠和新河三

《使持节护乌桓校尉出行图》壁画摹本，壁画出土于内蒙古和林格尔汉墓。

条人工水道运输粮草，并在沿线设置津关监管。

这些水渠、津关的确是为军事目的而建的，而割据势力被消灭之后，依旧在经济、军事方面发挥着重要作用。《中国海疆通史》指出，这三条人工渠为曹魏北征乌桓提供了有利的后勤保障，使地处幽、冀二州的主要河流可以通航，大大便利了曹魏军队的集结与调动。

最终，曹操大将张辽击败乌桓，不仅重新夺回了被乌桓掠去的十万余户汉人，也俘获了乌桓人十余万口，并将乌桓士兵编入骑兵，《三国志·魏书·乌丸鲜卑东夷传》记载："由是三郡乌丸（乌桓）为天下名骑。"

此后，幽、冀二州几条大河流域相连，对沿岸百姓生活和当地农业生产发展意义重大，对幽州之辽西、右北平、渔阳、燕、范阳，冀州之渤海、河间、安平、中山等沿海州郡，及其延伸腹地诸郡开发与治理，都产生了有利且深远的影响。

（王曦）

割据辽东的公孙氏走私与覆灭

在赤壁之战中，因北方士兵不习水战，曹军将舟船用铁环连起来，结果被周瑜用火攻，一败涂地。这从侧面表现了曹魏政权不重视水军的结果，而这种不重视水军的行为决策，不止一次在环渤海地区发生过。

正所谓“摁下葫芦浮起瓢”，曹操击败乌桓之后，世居辽东襄平（今辽宁辽阳）的公孙度“东伐高句丽，西击乌丸，威行海外”（《三国志·魏书·公孙度传》），逐渐发展成为割据辽东的重要势力，他们甚至跨越渤海，攻取位于今山东渤海沿岸的东莱诸县，自置营州刺史，对此地实施统治。

《三国志·魏书》记载：“（度）分辽东郡为辽西中辽郡，置太守。越海收东莱诸县，置营州刺史。自立为辽东侯、平州牧，追封父延为建义侯。”面对这种挑衅，曹魏政权无动于衷，因为他们的管理重心依旧在陆疆，而不在海疆。

此后，公孙氏集团的势力又向朝鲜半岛拓展，并在乐浪郡以南自设带方郡。赤壁之战后，三国鼎立之势逐渐形成，辽东政权也日益巩固，他们不再满足于从属曹魏政权，企图自立为王，但又顾虑实力不足，难以与曹

辽宁省博物馆展出的出土于辽阳的东汉末—三国时期文物

魏政权抗衡，便想南联东吴孙权，形成南北牵制之势，共同对抗曹魏。

这一想法正中孙权的下怀，他也想拉拢公孙氏集团，在曹魏政权的北部造成牵制魏军的战略形势。这两个政权恰好又非常重视水军和海上活动能力建设，遇到忽视海疆防卫的曹魏政权，便要极力发挥自身优势，跨越曹魏海疆进行以军事目的为主的走私活动了。

《三国志·魏书》记载："明帝即位，拜（公孙）渊扬烈将军、辽东太守。渊遣使南通孙权，往来赂遗。"公元226年，魏明帝即位，封公孙渊为扬烈将军、辽东太守。然而，一心想着割据称霸的公孙渊并没有把这些虚名放在眼里，他派遣使者带着礼物、物品南去，与东吴孙权联络沟通。

辽东与东吴这种跨曹魏政权间的军事、政治、经济上的沟通，终于引起了曹魏的重视。曹魏开始设关反走私，目的是在统治边缘地区削弱对立的割据势力，实现政局的稳定。

吴嘉禾元年（232）三月，作为对公孙政权主动联系东吴的回应，孙权组建了"浮舟百艘"的舰队，派遣"将军周贺、校尉裴潜乘海之辽东"（《三国志·吴书》），与辽东结为联盟，共同抗曹。

曹魏政权意识到这已经严重影响其战略后方的安全稳定，便马上做出决策，派熟悉海事的田豫出兵辽东、环渤海海域。《三国志·吴书》记载："（吴嘉禾元年）秋九月，魏将田豫要击，斩贺于成山。"

周贺在从辽东返回东吴的过程中，在山东成山角被曹魏将领田豫击败并杀害。《三国志·魏书》对这一战役详细记载："太和末，公孙渊以辽东叛，帝欲征之而难其人，中领军杨暨举（田）豫应选，乃使豫以本官督青州诸军，假节，往讨之。"

田豫在讨伐过程中，"会吴贼遣使与渊相结，帝以贼众多，又以渡海，诏豫使罢军"。不过田豫并没有放弃，他"度贼船垂还，岁晚风急，必畏漂浪，东随无岸，当赴成山。成山无藏船之处，辄便循海，案行地势，及诸山岛，徼截险要，列兵屯守"。

田豫守株待兔，"贼（周贺）还，果遇恶风，船皆触山沉没，波荡著岸，无所蒙窜，尽虏其众"。当时走私与反走私之间的激烈斗争可见一斑。不过，这一反走私的军事措施并没有切断辽东、东吴政权的走私活动。

《三国志·吴书》记载：“（吴嘉禾元年）冬十月，魏辽东太守公孙渊遣校尉宿舒、阆中令孙综称藩于权，并献貂马。权大悦，加渊爵位。”作为魏国的辽东太守，公孙渊派人带着貂、马等礼品，越过曹魏政权的统治辖区，到了东吴献给孙权，并向孙权称臣。这对曹魏而言，显然是一种走私，一仆侍二主，大逆不道。

山东荣成成山角“天尽头”

《三国志·魏书》记载，吴嘉禾二年（233），“权遣使张弥、许晏等，赍金玉珍宝，立渊为燕王”。作为回应，孙权也派遣使者带着金玉珍宝等礼物到了辽东，并封公孙渊为燕王，这一称谓显然要比此前曹魏政权封的“扬烈将军、辽东太守”级别高得多。

然而，此时“（公孙）渊亦恐权远不可恃，且贪货物，诱致其使，悉斩送弥、晏等首”（《三国志·魏书》）于曹魏，孙权所派水军尽数被歼于辽东半岛。走私如此频繁，严重威胁曹魏政权的统治，这也是曹魏政权关卡管理严格的重要原因。

从《三国志·魏书》这段记载中不难看出，公孙渊与东吴交往的主要原因之一是贪恋其财货，他也知道孙权距离自己太远，不可依靠，等曹魏政权加大反走私力度施压时，他就毅然杀了来使，交给曹魏。

不过，公孙渊已经在曹魏那里埋下了怀疑的种子，魏景初元年（237），当魏明帝派人征召公孙渊入朝时，公孙渊“发兵，逆于辽隧”，公开与曹

魏决裂，并“自立为燕王，置百官有司”（《三国志·魏书》）。

同时，公孙渊还“遣使谢吴，自称燕王，求为与国”（《三国志·魏书》），希望共同抗曹。魏景初二年（238），孙权“遣使者羊衜、郑胄，将军孙怡之辽东，击魏守将张持、高虑等，虏得男女”（《三国志·吴书》）。然而，这次行动于事无补，没有达到预期目标。

魏景初二年（238）六月，魏明帝派太尉司马懿率兵4万讨伐，八月攻陷襄平，杀死了公孙渊父子，至此，割据辽东50年的公孙氏政权消亡。

（马明菊）

战乱割据并未禁绝走私贸易

《唐六典》注文记载，“汉魏以降，缘边郡国皆有互市，与夷狄交易，致其物产也，并郡县主之，而不别置官吏”。魏晋南北朝时期，国家分裂，各政权在边境地区开展互市，与少数民族进行交换。但各政权并没有专门设立管理互市的机构，只是由“郡县主之”，即地方政府说了算，与我国中央垂直管理海关的体制不同。这说明当时的地方互市还不成熟。

魏晋南北朝时期的互市脱胎于两汉时期的关市。《史记·南越列传》记载：“高后时，有司请禁南越关市铁器。”《宋史·食货》明确提到：“自汉初与南越通关市，而互市之制行焉。”

公元前 198 年，汉高祖刘邦派娄敬与北方匈奴建立兄弟之约，互市便成为两汉王朝最重要、最长久，也最敏感的政治外贸。汉朝统治者意识到，“匈奴贪，尚乐关市，嗜汉财物”（《汉书·匈奴传》），于是通过调整反走私措施的宽严度来管控关市，以达到在经济上制约匈奴的目的。

在环渤海区域，自从乐浪商道（从中原经环渤海地区到朝鲜半岛，再到日本的商道）开通，上谷宁城（今河北、辽宁交界处）便成为西汉与乌桓固定开放的“胡市”之地，每次前来交易的商贾牛车达千余辆。

东汉时期，鲜卑据匈奴故地而强大，多次入寇杀掠，与汉和战不定。但鲜卑非常需要汉朝的精金良铁、纤帛等物，东汉政府遂在宁城（今河北万全）筑南北两部质馆，以通胡市，并置乌桓校尉于上谷宁城，掌赏赐、质子、关市诸事。

汉代的关市一般设在边境关门之下，周围有堑沟，四周有门，为规范管理的市集。关市交易活动一般由边关官吏组织进行，以官营垄断为主要形式，这是因为当时的外贸必须服从于统治者的政治、经济、外交政策。

《护乌桓校尉幕府图》壁画摹本

每个关市开放的时间、地点、交易物品种类等，均按各边关规定而实行。每值开市，官府特许商人凭通行证“符”“传”到边境关门与外族客商会合交易。关市主管关吏为关都尉，职责除率兵巡边、受领外来降者外，还有守护关卡，掌收出入关门之税并稽查行人。

关都尉官秩为“比二千石”，下设候官、候长、燧长等属官，分别负责候、燧分支关卡的管理，一直延续到魏晋南北朝时期。著名海关史专家蔡渭洲在《中国海关简史》一书中说，这一时期，“政治动荡，战乱频仍，各方割据（仅西晋时短暂统一），关卡封锁，在很大程度上人为地阻碍了商品的交换和经济的发展。但实际上各政权之间的官私贸易一直在进行，走私活动更是持续不断”。

著名史学家李剑农在《中国古代经济史稿》一书中总结魏晋南北朝商业活动时说，这一时期“商业活动的区域，遂亦长期在割据之中，商品之交换，因之大受限制；有时或不可能，有时或迫于需要之故，容许互市，而互市之场所，亦不能不大受限制。昔日之所谓互市，大都皆在国境之边缘；国土割裂，国境内之水、陆要冲，多化为割据势力之边境……昔日对外受限制之互市场制，亦随之移入国境以内，开放停闭，至不一定”。

据《中国海关通志》记载，魏晋南北朝时期，由于战乱纷起，各割据势力均在重要水、陆交通设置关津，稽查往来商货及征收税费。同时，由于战乱频繁，边境互市受限，铜、铁、丝绸、兵器等物资不断走私出境。

据《三国志·魏书·文帝纪》记载，魏黄初元年（220），魏文帝下诏，“关津所以通商旅，池苑所以御灾荒，设禁重税，非所以便民。其除池籞之禁，轻关津之税，皆复什一”。对过往关卡货物，一律从价计征，十分取一。

显然，魏文帝曹丕也想在其统一的北方尽量减少关税，减少逐利走私，形成统一大市场，以促进商贸业发展。因为经过长期战乱，北方人口锐减。据《三国志》记载，至魏明帝时，北方在籍户口“不如往昔一州之民”，“人民至少，比文、景不过一大郡”。

此外，人口北迁还促进了环渤海地区的海疆开发。据《中国海疆通史》记载，北方沿海疆域社会发展受阻于战乱的现象，一般都出现在原开发程度相对较高的沿海州郡，以今河北南部和山东半岛一带最为典型；而在一些原有经济较为落后、开发程度较低的沿海地区，如东北及河北北部的沿

辽宁省辽阳汉魏壁画墓群中的《车列出行图》

海州郡，却因受战乱侵扰相对较小而成为迁徙人口流动的主要目的地，成为流民的避难乐土。

于是，环渤海地区的东北部成为三国时期最具活力的区域，这里先是崛起了乌桓、公孙氏集团割据势力，后又崛起了高句丽，它们成为曹魏政权与东吴政权争相拉拢的重要势力。

朝鲜古籍《三国史记》记载，魏明帝青龙二年（234），魏派使臣到达高句丽，与之建立了和亲关系；青龙四年（236），孙权派使臣到达高句丽，欲联合夹击曹魏政权。

（张延华）

“倭女王朝贡”沿边官吏陪同反走私

蔡渭洲在《中国海关简史》中概括了魏晋南北朝时期跨政权间的贸易往来、监管和反走私的情况：“由于国家分裂，政权之间的出入境管理主要服从于军事、政治斗争需要，对敌对之一方，关津必严格管理；关系好的，允许互市，设置市令（或互市令、津主），征收关税；至于中外使节的所谓‘聘使贸易’和达官富豪、边境将吏的大宗买卖或公开走私，则互市官员及边境关卡是很难进行管理或征收关税的。”

《诗经·大雅·文王》中说：“文王在上，於昭于天。周虽旧邦，其命维新。”西周分封奠定了我国古代藩属体制的雏形，并始终在革新，经历了两汉的确立，盛唐、明朝的强化，至清朝完备。

一些学者认为，这一宗藩体制从西周到清末，一直具有多重性，如同洋葱般层层向外延伸而又紧密相连，其核心层是中央与地方的朝贡关系，主要通过地方向中央缴纳朝贡来体现；中间层是中央王朝与周边少数民族之间的朝贡关系；最外层是中外朝贡关系，明清时期又分为中国与属国的朝贡关系及中国与其他国家的贸易互市关系。

由于自然禀赋的差异、发展水平的不同，以及王朝中央地区和内藩及外藩之间经济的互补性，商贸与人员交流往来频繁。为了管理不同圈层地区间的交往，中国古代中央王朝地区在内部水路关津要地、中原与边疆交往要道、中国与周边国家之间的关隘处，会设置多种类型的“海关”监管。

至于魏晋南北朝时期的环渤海地区，传世典籍对这种贸易往来及监管多有记载。比如《魏书·氐传》中记载：“玄上表请比内藩，许之。”这是历史典籍中第一次出现“内藩”二字；“外藩”二字第一次出现在《晋书·礼志上》中的“哀帝以外藩援立”。

辽宁省博物馆展出的“甲骑具装”，文物出土于朝阳市十二台营子和北票喇嘛洞，代表了鲜卑骑射文化的发展水平，这种甲骑具装经高句丽很快东传到朝鲜半岛及日本列岛。

史书中还记载了与外藩倭国的朝贡贸易交往。《三国志·魏书·乌丸鲜卑东夷传》中说：“（魏明帝）景初二年（238）六月，倭女王遣大夫难升米等诣郡，求诣天子朝献，太守刘夏遣吏将送诣京都。”这是我国传世文献中最早记述与日本交流的片段。

宋代著名类书，由李昉、李穆、徐铉等学者奉敕编纂的《太平御览》中也记载了这一事件：“景初三年（239），公孙渊死，倭女王遣大夫难升米等旨带方郡，求诣天子朝见，太守刘夏送诣京师。”这里交代了倭国前来朝贡的背景——公孙渊死，并修正了来朝贡的时间——景初三年。

学者们一般认为，《太平御览》中的时间和背景更加符合历史事实，因为《三国志》记载，三国时期魏明帝在位期间的景初元年（237），公孙渊“自立为燕王，置百官有司”，占据辽东、带方、乐浪、玄菟四郡，切断了曹魏政权与倭国交往的海上通道。

当时，曹魏对日海上航线起于山东，渡过渤海，沿岸航行至今朝鲜半岛南端的带方郡，再航行至对马岛，然后直取日本壹岐岛而达九州福冈。

辽宁省博物馆展出的花树状“金步摇”，为晋代文物，体现了慕容鲜卑文化。

这条航线的开通，基本依靠带方郡的中途补给支撑。带方郡被公孙渊控制后，曹魏与倭国也就断了联系，要交往，就得越过公孙政权的监管进行走私。

景初二年（238）春，魏明帝派太尉司马懿率兵4万征讨公孙渊，六月到达辽东，八月攻陷公孙氏政权的首府襄平，公孙渊父子率领数百骑逃跑，被魏军追上，悉数斩首。至此，辽东、带方、乐浪、玄菟四郡重归曹魏政权管辖，对日海上航线重新打通。

从时间上来看，倭国女王一刻也不想多等，第二年，即景初三年（239）就派使者来了。此时的日本正处于弥生时代后期，还没进入奴隶社会阶段，社会发展落后，迫切需要与发达的曹魏政权进行贸易，以换取先进的生产技术和稀缺物品，这一点从倭女王的这次朝贡贸易中可见一斑。

《三国志》记载，这次倭女王“献男生口四人、女生口六人、班布二匹二丈”，《太平御览》中也记载“献男生口四人、女生口六人、班布二匹”。也就是说，当时倭国把人口、班布当作好东西来朝贡，也说明确实拿不出什么再好的东西了。

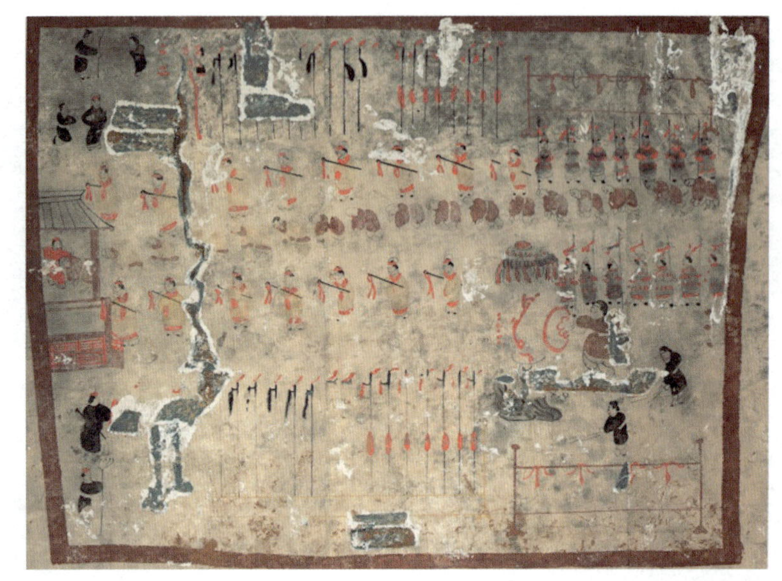

《宁城图》壁画摹本

曹魏政权回的礼是什么呢？《三国志·魏书·乌丸鲜卑东夷传》记载："今以绛地交龙锦五匹、绛地绉粟罽十张、蒨绛五十匹、绀青五十匹，答汝所献贡直。又特赐汝绀地句文锦三匹，细班华罽五张，白绢五十匹，金八两，五尺刀二口，铜镜百枚，真珠、铅丹各五十斤……悉可以示汝国中人，使知国家哀汝，故郑重赐汝好物也。"

《太平御览》记载："诏书赐以杂锦采七种五尺，刀二口，铜镜百枚，真珠、铅丹之属，付使还；又封下倭王印绶。"显然，曹魏回赠的都是有技术含量的成品。

蔡渭洲认为："至于中外使节的所谓'聘使贸易'和达官富豪、边境将吏的大宗买卖或公开走私，则互市官员及边境关卡是很难进行管理或征收关税的。"（《中国海关简史》）不过从历史文献记载来看，倭国前来朝贡人员入境后不能随意走动，须由地方官员陪同，这样能在一定程度上起到监管作用。

（刘晓东）

禁止私造大船与魏晋跨海走私

“吴越之人，往承弊俗，所在之处，私造大船，因相聚结，致有侵害。其江南诸州，人（民）间有船长三丈已（以）上，悉括入官。”这段话出自《隋书·帝纪第二》，是隋文帝杨坚在开皇十八年（598）下的一道诏书，指禁止私造大船，船长三丈以上者，官府予以没收。

这一诏令虽然出自大一统后的隋朝，根源却来自隋灭陈之战（588—589）后，隋文帝对魏晋南北朝时期私造大船航海进行军事往来、经济走私影响政治稳定的深刻反思。

魏晋南北朝是我国历史上政权更迭最频繁、疆域变化最显著的时期。这一时期，相继统一北方的政权，无论是曹魏还是西晋，抑或北魏，都仍然以中原地区为经济政治中心，对中原地区的关注远远超过沿海地区。

也正因如此，北方沿海尤其是环渤海地区，相继出现了乌桓、公孙氏、高句丽、鲜卑慕容部等割据政权，他们无力角逐中原，便把目光投向了广阔的沿海地区及海疆。

于是人们看到，当中原地区“白骨露于野，千里无鸡鸣”（曹操《蒿里行》）的时候；户籍人口“不如往昔一州之民”（《三国志·魏书·杜恕传》），“人口至少，比文、景不过一大郡”（《三国志·魏书·陈群传》）的时候，沿海地区却得到了开发。

中原战乱，人口不仅往南移，还有往北移的。其实，割据政权争霸，除了争夺土地，更重要的是争夺人口，因为人口是兵源之本。曹丕当政后，曾计划迁移冀州 10 万人口到河南，但因遭到各种抵制，只完成了一半。

有土地、有人口，环渤海地区东北部不断涌现割据政权，成为当时最有活力的地区之一。比如公孙氏政权形成初期，公孙度任辽东太守时，可

魏晋时期的陶罐和陶尊，出土于大连市旅顺口区，现藏于旅顺博物馆。

以“东伐高句丽、西击乌丸，威行海外”（《三国志·魏书·公孙度传》）；公孙渊可以南联孙权，“往来赂遗”（《三国志·吴书·吴主传》）。

这种跨政权间的往来，对曹魏政权而言，当然是走私，是要严格禁止的，此认知早在西汉时期的匈奴人就有。《史记·张骞传》中记载了一段张骞出使西域被匈奴擒获后，匈奴单于说的一段话：“月氏在吾北，汉何以得往使？吾欲使越，汉肯听我乎？”这段反问的意思很明确：汉朝都不会放任这种走私行为，我们怎么可能会允许呢？

言归正传，公孙氏政权与东吴政权的这种勾连并非通过陆地，而是通过海上，长距离的海上航行当时已经能够实现，航海技术可见一斑。据三国时期吴国丹阳太守万震所著《南州异物志》记载：“（船）大者长二十余丈，高去水者三二丈，望之如阁道。载六七百人，物出万斛。”

这种海船长达46米，船有两桅，载重可达270吨。制造这样的大型海船，必须具备很高的技术，而且更为重要的是，这种海船已经具备了远洋航行的基本条件。

据《水经注·卷三十五》载：“谷里袁口，江津南入，历樊山上下三百里，通新兴、马兴二治，樊口之北有湾。昔孙权装大船，名之曰长安，亦曰大舶，载坐直之士三千人，与群臣泛舟江津，属值风起，权欲西取芦州，谷利不从，乃拔刀急上，令取樊口薄舶船，至岸而败。”

当时人们还掌握了利用季风进行航行的技术。《南州异物志》中有这样一段话："其四帆不正前向，皆驶邪移，相聚已取风吹……邪张相取风气。"这说明当时的海航行者已拥有增减随宜的四帆帆船，掌握了"邪张相取风气"的打偏驶风技术。

春秋时期，在朝鲜半岛南端可以借助左旋环流漂渡到达日本。战国时期，从山东半岛启航可以渡过渤海，沿岸航行至朝鲜半岛南端，然后再从釜山经对马、冲之岛抵达日本宗像。然而魏晋南北朝时期，北方政权割据混战，控制了通往日本的航线，南方政权想与日本联系怎么办呢？

他们开始了大胆的探索，想直接从长江口跨东海到日本，但当时还不具备这样的软硬件条件。公元 230 年，东吴孙权便派卫温、诸葛直率甲士万人出海。卫温和诸葛直率队到达夷州（今中国台湾岛）后随即返航，这被孙权斥为"违诏无功"，二人被下狱并诛死，可见孙吴对开辟日本航线的决心。

经过一代代努力，东晋、南朝时期，终于开辟了可以绕开北方政权反走私监管的对日海上航线。

出土于辽宁省朝阳市北票市南八家乡喇嘛洞墓地的铁兜鍪，是三燕（十六国时期前燕、后燕、北燕三个割据政权的统称）文化的典型代表。

辽宁省朝阳北塔出土的武士像，当时北魏据有辽西。

这条航线具体线路是：以建康为出发点，顺江出长江口，然后沿海岸线向北航行，到达山东成山头后，横渡黄海抵至朝鲜半岛南部，之后过济州海峡经对马岛到达日本的福冈。这条航线因位于曹魏时期开辟的第三条航线以南，故又称为“南道”。

西晋初年，鲜卑崛起于辽西，隔断了中原与朝鲜半岛的联系，中日交通也因此被阻隔。而高句丽、百济、新罗三国鼎立于朝鲜半岛，使原来由山东渡海沿朝鲜西岸向南行驶至对马岛的对日航线也被阻断。

东晋以后，百济“与倭和通”，使航行船舶有了“道经百济”的条件，所以通日“南道”被开通。据传世文献记载，南朝刘宋时期，日本使者循此航线先后 8 次到达建康；在齐、梁、陈时，中日之间也通过这条海上航线保持着往来。

由此可见，再多的阻碍，也挡不住人们交往的愿望。而隋文帝灭陈之后禁止私造大船出海，可能更多的是出于稳定统治的考虑。

（李松）

北魏饥馑不忘反走私与海上农民起义

“高祖、文明太后引见公卿于皇信堂，太后曰：‘今京师旱俭，欲听饥贫之人出关逐食。如欲给过所，恐稽延时日，不救灾窘；若任其外出，复虑奸良难辨。卿等可议其所宜。’丕议：‘诸曹下大夫以上，人各将二吏，别掌给过所，州郡亦然，不过三日，给之便讫，有何难也？’高祖从之，四日而讫。”

这是《魏书·列传》中记载的一段故事，这里的高祖即魏孝文帝拓跋宏，文明太后即拓跋宏的父亲北魏文成帝拓跋濬的皇后——冯氏。当时旱灾严重，很多人要出关讨饭吃，而统治者考虑更多的还是发不发过所、如何利用关津来控制过往行人，生怕对政权安全产生影响。

不过最终，北魏统治者接受了东阳王元丕的建议，“诸曹下大夫以上，人各将二吏，别掌给过所，州郡亦然”，官吏们加班加点办理过所，四天就都办完了。

北魏尽管已经统一了北方，但对边关、关津管理依然严格。这是因为战乱使北方人口大量减少，而军事征伐的一个重要目的是掠夺人口，故而各政权加大了关津反走私管理，防止人口和财富外流。

北魏在郓州设置济州关，在齐州长清设置四口关；东魏在孟州设置河阳关，在潞州设置井谷关；西魏在安州设置平靖关；北周在同州韩城设置龙门关，在青泥城侧设置青泥关，在河州金城郡境内设置金城津，在陇州设置大震关；北齐在太原府榆次设置石济关。这些都主要由地方官员负责管理。

这一时期，对本政权内商民进出边界依然实行过所管理，关津验核属实后商民方可通行。《太平御览·文部·过所》记载：“《晋令》曰：诸渡关及乘舡筏上下经津者，皆有过所，写一通，付关吏。”

北魏胡人骆驼俑，现藏于山西博物院。

这一做法是为了最大限度维持统治者的财政收入，比如海盐专卖制度。魏晋南北朝时期，我国沿海疆域持续获得开发的一个显著标志是由封建官府直接控制下的沿海盐业快速发展。早在先秦时期，盐业专卖就已经成为封建官府财赋的主要来源，在北方地区尤为如此。

东汉末年割据混战，虽然各个沿海地区的盐业发展受到冲击，但也成为有些割据政权的主要财税收入。在曹魏以及西晋政权经营下，到了北魏早期，北方各沿海地区盐业生产不仅已经恢复，而且多数还获得了发展。

据《魏书·食货》记载，拓跋氏政权“自迁邺后，于沧、瀛、幽、青四州之境，傍海煮盐。沧州置灶一千四百八十四，瀛州置灶四百五十二，幽州置灶一百八十，青州置灶五百四十六，又于邯郸置灶四，计终岁合收盐二十万九千七百二斛四升”。这样大规模的盐业生产使北魏政权大获收益，《魏书·食货》还记载：“军国所资，得以周赡矣。”

北魏之后的各个封建政权继续开发经营沿海盐业生产，并都在上述四个沿海州郡“傍海置盐官以煮盐，每岁收钱”（《隋书·食货》），这些都得益于严密的反走私政策及其严格执行。

不过在困难时期，统治者也会减税。三国时期，魏文帝曹丕曾诏令对过往关津货物以“十分取一”的税率征收过境税。东晋时期，都城建康周围设有石头津和方山津两大关卡，除稽查过往人员、制止亡叛者外逃及查处违禁物品外，还按照“十分之一”税率对出入关卡货物计征过境税。南北朝时期，北魏孝文帝于太和七年（483）下诏开放关口，任由商民自由往来贸易，商货无须缴纳过关税费，天灾饥荒年份，“以冀、定二州民饥，诏郡县为粥于路以食之，又驰关津之禁，任其去来”（《魏书·帝纪》）。

魏晋南北朝时期，内陆关津有监管，沿海地区也进行了一些反走私经济封锁，主要是针对一些农民起义。中国历史上的农民起义不仅发生在陆地上，还发生在海上，且从秦汉到魏晋南北朝时期都没断过。

秦末农民起义后，原齐国贵族田横割据海岛之上，西汉刘邦称帝后，遣使诏田横降，田横不从，称“死不下鞍”，于赴洛阳途中自刎。东汉立国前，山东吕母起义以海岛为根据地，利用船只在近岸海域及内河江湖作战。

据《后汉书·刘玄刘盆子列传》记载：“琅琊海曲有吕母者，子为县吏，犯小罪，宰论杀之。吕母怨宰，密聚客，规以报仇。母家素丰，资产数百万……遂相聚得数十百人，因与吕母入海中，招合亡命，众至数千……引兵还攻，破海曲，执县宰……遂斩之，以其首祭子冢，复还海中。”

东汉初年，张伯路占据海岛发动起义，南攻山东，北进辽宁，转战在渤海湾濒海九郡达三年之久。据《后汉书·张法滕冯度杨列传》记载：“海贼张伯路等三千余人……寇滨海九郡……乃遣御史中丞王宗持节发幽、冀诸郡兵，合数万人，乃征雄为青州刺史，与王宗并力讨之。”之后，“贼（张伯路）若乘船浮海，深入远岛，攻之未易也。及有赦令，可且罢兵，以慰诱其心，势必解散，然后图之。……（永初）五年春，乏食，复抄东莱间，雄率郡兵击破之，贼逃还辽东，辽东人李久等共斩平之，于是州界清静”。

发现于吉林省集安县西北板石岭的毌丘俭纪功刻石，碑文系阴刻汉隶，记载了正始五年至正始六年（244—245）曹魏大将毌丘俭统军征讨高句丽的史实，可与《三国志》记载的“束马悬车，以登丸都”相印证。

张伯路是我国史书记载的最早

的海盗，起义失败后割据海上，官府拿他也没什么办法，只能用反走私经济封锁围困之术，使其“乏食”，逼其“复抄东莱间”，再到沿海地区抢夺，结果被消灭。

以上海岛起义，规模都不是很大，持续时间都相对较短。东晋时期，琅琊人孙恩及其妹夫卢循海上起义，在黄海、东海、南海广大海域内坚持了 12 年，其时间之久、影响之大。

估计这给隋文帝杨坚留下了深刻印象，于是他在灭陈之后实施了“禁止私造大船出海”之策。

（曹淑青）

第四章

隋唐“水陆关津，四方多请率税”

诸私共诸蕃交易为人纠获者，二分其物，一分赏纠人，一分没官。

出土于辽宁省朝阳市鲁善都墓的唐代彩绘骑骆驼俑，唐代营州（今朝阳）“境连边奥，地接戎藩”，汉、高丽、契丹、奚、靺鞨、室韦、突厥、新罗、粟特等民族在此定居，这里是民族交易之地，繁荣的商业吸引了大量中亚商人到来。

隋文帝设榆关反走私

汉家烟尘在东北，汉将辞家破残贼。
男儿本自重横行，天子非常赐颜色。
摐金伐鼓下榆关，旌旆逶迤碣石间。
校尉羽书飞瀚海，单于猎火照狼山。
山川萧条极边土，胡骑凭陵杂风雨。

这首诗出自唐代诗人高适笔下的《燕歌行》，描绘了渤海西北岸一带发生的一场激烈壮观的战斗。当时唐朝军队驻扎在碣石山前的边塞重镇榆关一带，在抗击外来军队进犯时，先头部队敲锣击鼓冲出榆关，大部队在碣石山上列阵为盾，筑成固若金汤的防线。

在唐代，“榆关”是边关、边塞的代名词，一如此前的阳关、玉门关。“榆关”在哪里，目前有两说，一说在秦皇岛市抚宁区榆关镇，一说指今山海关，都在河北省秦皇岛市辖区范围内；至于什么时候建的，1979、1989、1999

山海关，古称“榆关”。

年版《辞海》均标注为："隋开皇三年（583）筑。"

《隋书·高祖纪》记载，开皇三年二月，"突厥寇边"，三月癸亥，"城榆关"。这是历史典籍中关于"榆关"的最早记录，学者一般据此认为榆关修建于这一年。

《隋书·高祖纪》又记载："突厥苏尼部男女万余人来降。……丁未，宴突厥、高丽、吐谷浑使者于大兴殿。丁巳，以上大将军贺娄子干为榆关总管。……癸亥，以榆关总管贺娄子干为云州总管。"由此可见，隋朝不仅在今秦皇岛建了榆关，还设置了总管驻守监管。

《资治通鉴》记载："军士或思乡里逃去，关津辄执之送所属，无不死者，其乡里亦不敢容。"白居易在《论行营状》中说："茶盐估价，有司并已增加，水陆关津，四方多请率税。"

可见在隋唐时期，边关、关津不仅具有军事防御功能，还有管理人员来往、商贸收税等功能。如果有人非法携带物品出入关津，或者偷税漏税，就会受到严厉惩罚。

据《中国海关通志》考证，隋朝统一全国后，社会逐步稳定，经济发展，边境贸易交往频繁，统治者遂调整关防，先后在边界和水陆交汇要道设立关津 49 处。诸关隶属于朝廷专管外交及外贸的机构——四方馆，诸津则隶属于都水台，由朝廷派津尉、丞、典作和津长等官吏进行管理。

这里要着重介绍一下"四方馆"，它是隋朝统治者为保障对外贸易顺利进行而设立的中央外事机构，设在大兴（今西安）建国门外，外交、外贸一肩挑，《资治通鉴》记载其任务是"以待四方使客，各掌其方国及互市事"。

据《隋书·百官志下》记载，在四方馆内，"东方曰东夷使者，南方曰南蛮使者，西方曰西戎使者，北方曰北狄使者，各一人，掌其方国及互市事。每使者署，典护录事、叙职、叙仪、监府、监置、互市监及副、参军各一人"。

这些职位各有分工，据《隋书·百官志下》记载："录事主纲纪。叙职掌其贵贱立功合叙者，叙仪掌小大次序，监府掌其贡献财货，监置掌安置其驼马船车，并纠察非违，互市监及副掌互市，参军事出入交易。"显然，这里的"监置"有一定的查禁走私的职责。

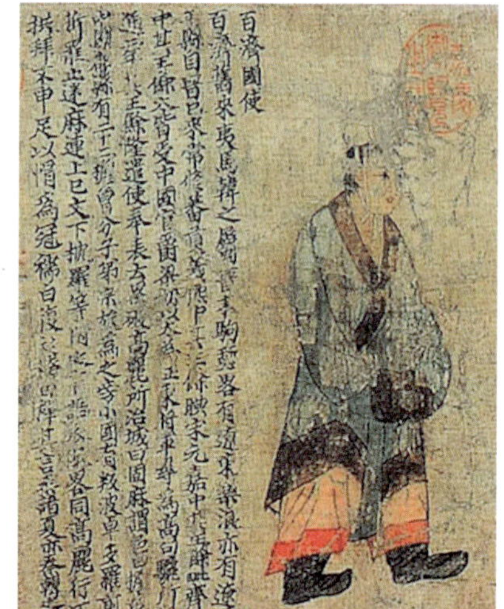

南朝梁元帝萧绎的《职贡图》中的百济使臣形象。其身披长袍，足蹬长靴，头戴冠帽，与我国中原服饰几乎无异。经考证，此图是宋代熙宁年间摹本。

具体到各个关津，隋朝初期，由津主、关尉、津尉负责检查进出津关的货物，管理边境地区的互市贸易和夷商贸易；隋朝中后期，随着疆土拓展，遂统一设置关津，统一管理互市，进出境货物及运输工具由关令、津令管理，凭过所通行。查验过所是反走私的重要手段。

公元 581 年，杨坚接受北周宇文氏禅让建立隋朝后，尚未完成全国统一，当时北有突厥、南有陈国，因此，他对环渤海东北地区的政权实施了册封怀柔政策，比如分别册封前来朝贡的高丽王、百济王、新罗王为辽东郡公、带方郡公、乐浪郡公等。《隋书·高丽传》记载，隋文帝即位后，高句丽政权曾“遣使诣阙”，因而被封为“高丽王”，此后，高句丽“岁遣使朝贡不绝”。

名义上来讲，东北地区及朝鲜半岛的高句丽、百济、新罗均是隋王朝的属国、封国，相互之间存在朝贡贸易、边境互市贸易关系，比如《隋书·高祖纪》记载，高丽王刚被册封的几年，年年派使者前来朝贡，甚至一年多达三次。

隋大业五年（609）在甘肃张掖举办的“万国博览会”，大业六年（610）在洛阳举办的集娱乐、贸易于一体的国际性盛会，高句丽均曾派贡使参加。

（张之树）

隋征高句丽与跨渤海作战反走私封锁

“龙舟四重，高四十五尺，长二百丈。上重有正殿、内殿、东西朝堂，中二重有百二十房，皆饰以金玉，下重内侍处之。皇后乘翔螭舟，制度差小，而装饰无异。别有浮景九艘，三重，皆水殿也……”

这段话出自《资治通鉴·隋纪》，记载了隋炀帝杨广下江南时乘坐的龙舟和皇后乘坐的翔螭舟的大小，龙舟高15米，长约70米，在当时可谓“航空母舰”，这一点在《隋书·炀帝纪》中也有所记载。

这么大的船，在运河中航行，靠什么动力前进呢？预修《隋书》的唐朝杜宝在《大业杂记》中记载：“长秋、内侍及乘舟水手以青丝大条绳六条，两岸引进。……每绳一条八十人，分为三番，每一番引舟有三百六十人，其人并取江淮以市少壮者为之。”

很难想象，这么大的船是在隋初发布禁私造大船令后建造的。《隋书·炀帝纪》中记载：“遣黄门侍郎王弘、上仪同于士澄往江南采木，造龙舟……”而隋开皇十八年（598），隋文帝杨坚在《禁江南造大船诏》中说：“吴越之人，往承敝俗，所在之处，私造大船，因相聚结，致有侵害。其江南诸州，人间有船长三丈已上，悉括入官。”

民间私造大船三丈以上就要入官，而以当时的建造能力，两百丈的大船都能建造，巨大的造船能量如何释放？走私就在所难免。根据《宋书·武帝纪》记载，南朝时期的刘宋政权曾设置专门主管造船的机构，限制地方官府垄断造船业，对民间造船业采取了一定的保护与鼓励措施。

隋朝统一全国后禁止私造大船，此举不可能完全割断历史，让积存已久的造船能力化为乌有，水上、海上商贸往来，还需要用到大船，且每有战事，尤其是涉及水路作战，统治者总会征调民船参与战斗。

沈阳博物馆再现的高句丽石台子山城。公元前 37 年，高句丽立国，后定都纥升骨城（今辽宁省桓仁县五女山城），后又迁都“国内城”（今吉林省集安市）。

《中国海疆通史》认为，尽管禁造大船令短时间内打击和限制了民间造船业发展，但终隋一代，造船业并没有因此全面衰落，以官府造船为主的造船业仍然发挥了巨大作用，为隋巩固统一、对沿海疆域进行军事经济管理提供了保障。

这一点体现在隋朝四次征伐高句丽的战争中。经过长期发展，东北地区的高句丽成为强大政权，《隋书·东夷·高丽传》中记载：“其国东西二千里，南北千余里。都于平壤城，亦曰长安城……复有国内城、汉城。”甚至历来为中原政权直接管辖的辽东地区，都成为高句丽的一部分。

隋开皇十八年（598），隋文帝册封高丽王、赐给车服的同一年，高句丽又联合同为东北地区的靺鞨政权，组成万余骑兵进犯辽西。《隋书》记载：“明年，元率靺鞨之众万余骑寇辽西，营州总管韦冲击走之，高祖闻而大怒，命汉王谅为元帅，总水陆讨之。”陆军浩浩荡荡开出榆关，水军从东莱郡海口出发，准备跨过渤海，直奔平壤城，只是中途遇大风，“船多漂没”（《隋书·周罗睺传》）。

隋炀帝继位后，隋朝处于全盛时期，高昌王、突厥启民可汗都亲自入朝进贡，高句丽的首领高元却不来。隋大业三年（607），隋炀帝西巡高昌、突厥，到了启民可汗的帐中。此时，高句丽的使者也在突厥，启民可汗不敢隐瞒，遂要求使者觐见隋炀帝。隋炀帝要求高元前来觐见，使者表达了不想对隋称臣的想法。

吉林省集安市丸都山城遗址，是高句丽早中期的著名城址之一。

此时，黄门侍郎裴矩告知隋炀帝：“高丽之地，本孤竹国也，周代以之封于箕子，汉世分为三郡，晋氏亦统辽东。今乃不臣，别为外域，故先帝疾焉，欲征之久矣。但杨谅不肖，师出无功。当陛下之时，安得不事，使此冠带之境，仍为蛮貊之乡乎？”（《隋书·裴矩传》）

一心想效仿秦始皇建立不朽功业的隋炀帝全力备战，攻打高句丽。比如在与朝鲜半岛隔海相望的东莱郡开场造船，一次竟达 300 余艘。隋大业八年（612），隋炀帝诏命水陆两军共计 113.38 万，“各路军队总趋平壤”，其中隋水军以“舳舻数百里”之势，渡海进军高句丽。隋大业九年（613），隋炀帝再次发兵攻打高句丽，此时隋内部开始分裂，无功而返。第二年又进行第三次发兵攻打，隋朝水军再次从山东半岛的东莱郡启航，横渡渤海，在辽东半岛南端登陆，攻打高句丽所属卑奢城，击败守军，后双方议和。（《隋书·炀帝纪》）

显然，最后一次攻打高句丽，隋炀帝吸取了第一次的教训，不再直接跨过黄海，而是跨过渤海先到辽东半岛，然后再到朝鲜半岛。这也从一个侧面显示出，以当时的造船技术，并不具备长距离跨海作战的能力。

不过，隋朝对朝鲜半岛、辽东半岛用兵，尤其是水上作战，促进了海上活动能力的提升和环渤海地区港口的繁荣，比如碣石港及周边地区，因

转运军事物资，连接永济渠、黄河口、辽河口，正所谓“帆樯如云，舳舻相接”，“相次千余里，往返在道，常数十万人，填咽于道，昼夜不绝”（《通鉴纪事本末》）。

隋朝虽然四次对高句丽用兵，但与朝鲜半岛上的其他政权，如百济、新罗，则一直保持良好关系。这些政权经常遣使者来隋朝朝贡、通商，由于路上通道被高句丽阻断，多从海上而来，对隋朝沿海关津长官来讲，哪个是友好通商的，哪个是走私的，需要仔细鉴别。

（薛俊庆）

“饮至解戎衣”，取消酒酤专卖

辽东海北翦长鲸，风云万里清。
方当销锋散马牛，旋师宴镐京。
前歌后舞振军威，饮至解戎衣。
判不徒行万里去，空道五原归。

这是极具诗才的隋炀帝杨广写下的《纪辽东·其一》，“海北”即渤海北面，“长鲸”指与隋王朝对立的高句丽。隋大业八年（612），辽宁大部被高句丽占领，隋炀帝亲率大军讨伐，渡过辽水，与高句丽大战于东岸，大败高句丽，进而乘胜攻进辽东城（今辽宁辽阳市），同时又派出水陆两路大军奔袭平壤。

此时杨广喜不自禁，又写下《纪辽东·其二》：

秉旄仗节定辽东，俘馘变夷风。
清歌凯捷九（丸）都水，归宴洛阳宫。
策功行赏不淹留，全军借智谋。
讵似南宫复道上，先封雍齿侯。

这两首诗都提到了胜利之后要摆庆功宴，犒赏三军，大有李白“烹羊宰牛且为乐，会须一饮三百杯”，不醉不归的气势。环渤海地区的人，无论是山东人还是河北人、辽宁人，大都豪放、讲义气，好饮酒，隋炀帝用酒犒赏三军，无疑是不二之选。其实还有一层原因，当时的酒因为解除了专卖制度，也不收税了，想喝便宜酒，不用再偷偷摸摸走私了。

《隋书·食货》记载：“开皇三年（583年）正月，帝入新宫……先是尚依周末之弊，官置酒坊收利……皆禁百姓采用。至是罢酒坊……与百姓共之，远近大悦。”隋文帝杨坚上任伊始，便颁布了轻徭薄赋的法令，北周末年官府专营酒坊、盐池、盐井的禁令也逐步被全部废除。

废除专卖制度，这无疑是隋初经济改革、反走私的重要措施。酒文化在我国源远流长，人们对河南舞阳贾湖遗址发现的陶器残片中提取的残留物进行分析，发现其中有酒石酸成分，这意味着9000年前的贾湖人就已开始酿酒；在辽宁阜新查海遗址中，人们发现了8000年前先民用来喝酒的陶杯。

适量饮酒有益身体健康，不过贪杯误事。隋文帝废除专卖制度、取消酒税，让天下人喝酒方便了，想喝便宜酒不用再走私了。但智者千虑必有一失，他没有料到的是，他的儿子隋炀帝酒禁大开，酗酒荒淫，沉迷酒色，最终导致隋朝重蹈秦朝覆辙，二世而亡。

其实，我国古代先人对酒早有清醒认识，比如大禹“绝旨酒疏仪狄”的典故。据《战国策·魏策》记载：“昔者，帝女令仪狄作酒而美，进于禹。禹饮而甘之，曰‘后世必有以酒而亡国者’，遂疏仪狄而绝旨酒。”

大禹因为治水操劳，仪狄将酿好的美酒进献给他。大禹品尝后顿时感到一股暖流漫延全身，整个人筋骨都活络了起来，并认为这确实是人间佳酿。后来，在一次庆功宴会上，大禹吩咐仪狄将酒拿出来款待大家，没想到大家越喝越多，有人甚至手舞足蹈、百般失态。大禹认为酒味虽香甜，但意志薄弱之人必陶醉其中不能自拔，于是下令“绝旨酒”，并逐渐疏远了仪狄，同时告诫世人：“后世必有以酒而亡国者。”

商代职官中有“酒正”一职，专门管理酒的相关事宜，只是管不了纣王“以酒为池，悬肉为林”，最终商朝灭亡。周公旦辅政时期发布《酒诰》，规定王公诸侯不准非礼饮酒，对民众饮酒也有严酷的法令规定：“群饮，汝勿佚。尽执拘以归于周，予其杀！”（《尚书·周书》）

《诗经》收录诗歌305篇，“酒”字出现逾60次。《孟子》中说：“博弈好饮酒，不顾父母之养，二不孝也。”

先秦典籍多记载不要喝酒，少喝酒，却很少记载酒类专卖事宜。秦国商鞅变法，重农抑商，对酿酒业征收重税，导致酒价极高，十倍于成本；秦汉时期，《秦律·田律》中有“禁川余粮酿酒，沽卖取利”的记载，却没有朝廷专卖取利的记录。秦始皇搞特殊，徐市渡海求仙，帝心大悦，御准“以酒为媒”，设坛祭海以壮其行。

汉高祖刘邦酒后曾写下“大风起兮云飞扬，安得猛士兮守四方”的诗句。公元前179年，汉文帝继位，大赦天下，允许全国上下聚饮五日，来庆祝登基之喜。《史记·文帝本纪》中记载：“朕初即位，其赦天下……酺五日。”

汉武帝时期，经过“文景之治”，“国家无事，非遇水旱之灾，民则人给家足，都鄙廪庾皆满，而府库余货财，京师之钱累巨万，贯朽不可校。太仓之粟陈陈相因，充溢露积于外，至腐败不可食”（《史记·平准书》）。

这么多粮食，与其腐烂了，还不如拿来酿酒赚钱。而且《史记·货殖列传》记载：“通邑大都，酤一岁千酿，醯酱千瓨，浆千甔……此亦比千乘之家，其大率也。”私人酿酒经商可以和千乘之家相比，可见利润之大。

当时恰逢征伐匈奴，需要大量的钱，于是汉武帝不再满足于只是征收酒税，因为这样来钱太慢，于是直接采纳了商人出身的大臣桑弘羊的建议，设置“酒榷”官，实行酒类专卖制度，由政府供给私人酿酒者谷物和酒曲等原料，然后按国家收购价格收购，再由国家经营买卖，私人不得出售。

河北省保定市易县易水旁的荆轲塔

《汉书·霍光传》记载：“御史大夫桑弘羊建造酒榷盐铁，为国兴利。”又《盐铁论·忧边第十二》记载：“故少府令丞请建酒榷，以赡边，给战士，拯救民于难也。”如此一来，汉武帝就可以垄断酒类的全部销售和超额利润，就有源源不断的财富滚滚涌向战场，来支持打赢这场对匈奴的战争了。

司马迁在《史记》中统计，汉代经营工商业可以致富的共有30多种行业，而把酿酒业列

唐代孙位的《高逸图》，又名《竹林七贤图》，描绘了魏晋时期竹林七贤的故事，从右数第三个捧杯纵酒者应为唯酒是务的刘伶，他蹙额回首，作欲吐状，小童则手持唾壶在身旁跪侍，该画作现藏于上海博物馆。

为国家主要财政来源的“三业”之一，酒类专营利润之高可窥一斑。汉武帝死后，榷酒酤在汉昭帝始元六年（前81）的盐铁会议上遭到反对，遂被取消，改征酒税。

王莽时恢复“官自酿酒卖之”。东汉再行税酒政策，曹操甚至下令禁酒，当时以“座上客常满，樽中酒不空”扬名的孔融，还曾为此写了一篇《与曹相论酒禁书》，与之论辩。刘备建立蜀汉之初，也曾下令禁酒，不许百姓私酿，后被简雍劝止。孙吴政权统治后期，因为连年用兵导致财政入不敷出，开始实行榷酒制度。

两晋时期，封建统治者对豪强妥协，取消酒类专卖，容许私人经营，官府只向其征税。南北朝时期，南朝对酒类一般实行征税政策，酒的产销都可以私人经营，只有宋、陈在一段较短时期内，为了弥补财政不足才实行过酒类专卖。北朝对酒的政策是允许私酿私销，但禁酒的次数很多。如文成帝太安四年（458）“始设酒禁”，“酿、酤、饮皆斩之”（《魏书·刑罚志》），这是北魏酒禁之始；东魏孝静帝天平四年（537）禁京城酤酒；北齐后主天统五年（569），诏禁造酒，可见在禁酒期间，正常酒的买卖都被禁止，私人自酿自饮也要依令判罪。

北齐文宣帝天保八年（557）曾“制榷酤”，是这一时期唯一的榷酤之制。北周末年实行“官置酒坊收利”（《隋书·食货》），即官府酿酒、卖酒，遭百姓强烈反对，走私横行，最终持续时间不长，便被隋文帝废除，政府的酒利也被取消。于是酒业第一次走上了无税之路。

（焦雅楠）

日本遣唐使团不畏艰险的私下交易

积水不可极，安知沧海东。
九州何处远，万里若乘空。
向国唯看日，归帆但信风。
鳌身映天黑，鱼眼射波红。
乡树扶桑外，主人孤岛中。
别离方异域，音信若为通。

王维的这首诗作《送秘书晁监还日本国》，写在日本遣唐使晁衡，也就是中日文化交流的杰出使者——阿倍仲麻吕即将回国之际，诗中极尽描写大海的辽阔无垠和日本的邈远难即。想象友人渡海归国的情景：沧海茫茫，风劲潮涌，巨鳌出没，安危未卜。

隋唐时期，经济社会文化繁荣，日本统治者派出遣隋使、遣唐使前来学习。研究中国史的著名日本学者藤家礼之助在《日中交流二千年》中考证，日本遣隋使一般先乘船到达朝鲜半岛的百济，然后从瓮津半岛直接横渡黄海到达山东半岛；或者沿朝鲜半岛高句丽所属海岸西岸北上，从辽东半岛尖端，经渤海、黄海交汇处的庙岛列岛到达山东半岛的登州。

遣隋使回国，一般先到百济，然后经对马、壹岐抵达北九州的福冈一带，再航行至大阪的难波津。遣唐使的路线除了上面两条之外，又增加了一条南路，日本学者木宫泰彦在《日中文化交流史》中考证，从日本筑紫（今九州）出发，经过南岛，直接横渡中国东海到达扬子江口。隋唐时期，日本造船技术落后，航船往往经不起大风大浪，极易从中间断裂，且航海者不善于利用季风航行，因此经常遭难。

比如前面提到的晁衡，在辞别李白、王维、包佶等故友后乘船回国，海

上遇险，漂流至安南，上岸后又遭遇强盗，同船一百七十余人，仅剩十余人。他与大使幸免于难，几经周折才返回长安。唐玄宗李隆基深感遣唐使来回万分危险，九死一生，在藤原清河等回国之际写下《送日本使》赠给他们："日下非殊俗，天中嘉会朝。念余怀义远，矜尔畏途遥。涨海宽秋月，归帆驶夕飙。因惊彼君子，王化远昭昭。"

木宫泰彦考证，为了学习唐朝先进文化，从 630 年到 894 年，日本共 19 次派出遣唐使团，其中三次只任命未成行：一次是送唐使回国，仅至百济而返；一次是迎接唐使，称"迎入唐使"；还有一次是送还唐客，称"送唐客使"。因此，日本实际派出 16 次遣唐使。日本高度重视这项外交工作，每次都严格选拔那些通晓经史、擅长书墨或精通唐朝情况的人才做遣唐使。

日本遣唐使团中除了官员，还有随从、乘知船事、造舶都匠、译语、主神、工程师、阴阳师、画师、史生、射手、船师、音乐长、新罗译语、奄美译语、卜部、杂使、音声生、玉生、锻生、铸生、功工生、船匠、挟抄、水手长、

阿倍仲麻吕明州望月浮世绘　葛饰北斋绘

水手等，第一期二百四五十人，第三期以后人员成倍增加，一般五六百人。（木宫泰彦《日中文化交流史》）

正所谓“风浪越大，鱼越贵”，日本遣唐使当然是冲着学习唐朝先进文化、促进中日友好而来，因此即使海上风浪再大，冒着生命危险也要来。但遣唐使团人员众多，也不排除个别人为了私利而来，冒险参与走私，况且日本频繁派遣大规模的遣唐使团到唐朝，也有开展朝贡贸易赚取利益的成分。

唐朝时期的日本人圆仁在其《入唐求法巡礼行记》就记载了这样一件遣唐使走私被捉事件：“八日……长官慊从白鸟、清岑、长岑、留学等四人，为买香药等，下船到市，为所由勘追，舍二百余贯钱逃走，但三人来。……廿一日……大使慊从粟田家继，先日为买物，下船往市，所由捉缚，州里留着，今日被免来。”

这件事发生在公元837年4月，遣唐使将要回国之前，个别官员及随从、留学生私自到市场上做买卖，买香药，触犯了唐朝的法律，结果被缉私官员发现，一行人逃跑了，还丢了二百余贯钱。过了几天，此前因参与走私被抓住的人，被放了回来。这样的事情经常发生，《入唐求法巡礼行记》又记载：“廿二日……射手身人部贞净于市买物，先日被捉，闭缚州里，今日被放来。……史越智贞原先日往市买物，所由报州请处分，今日趁来。”

类似事件频繁发生，也是当时中日间朝贡贸易的实际情况使然。日本遣隋使、遣唐使出使，虽然也向隋唐政府朝贡土特产，但更期待从隋唐那里获取回赠，因而隐含着以朝贡为名行官方贸易之实的初衷。政权之间可以这么干，出使人员自然也看在眼里，于是效仿，夹带点私货在唐朝民间市场交易，谋取私利，而当时的朝贡操作流程也为其走私提供了方便之门。

木宫泰彦在《日中文化交流史》中考证，日本遣唐使漂洋过海到达唐朝管理区域后，一般先到所在州的都督府报到，都督府依据规制安排妥当后，报京师管理外交、外贸事务的鸿胪寺。鸿胪寺会选定一小部分人到京师，其他人留在原地，等着进京人员回来，这期间留守人员闲极无事，便想生财之道，拿出从日本带来的物品到市场上交换，然后再带回国内。

这在隋唐是被禁止的，《隋书·百官志》记载，当时管理外交、外贸

日本《东征传绘卷》描绘的遣唐使船只到达唐港口的景象

事务的四方馆内设东夷使者，“掌管其方国及互市事……监府掌其贡献财货，监置掌安置其驼马船车，并纠察非违。互市监及副掌互市。参军事出入交易”。唐朝鸿胪寺下设典客署，其中置有令、掌客等官员，掌管蕃客朝贡、宴享、送迎之事，监管蕃客住宿的四方馆朝廷互市。

《唐律疏议》规定：“若共化外蕃人私相交易，谓市买博易，或取蕃人之物及将物与蕃人，计赃一尺徒二年半，三匹加一等，十五匹加役流。”这里所指的蕃人就是外国人，如果普通百姓私下同外国人进行交易被发现，那就先来两年零六个月的有期徒刑再说。尽管处罚严厉，但在巨大的利益面前，总有人铤而走险，参与走私。

其实，不仅遣唐使的随从参与走私，就是遣唐使本人有时候也抵抗不住诱惑，参与走私。他们进京进贡礼品和其他方物后，唐朝不仅回赠礼品，还会对使节给予赏赐。一般而言，使节可以拿着这些赏赐在典客署设置的市头进行交易，但选择面毕竟有限，于是他们就私自拿着赏赐到普通市场上交换自己喜欢的商品。《旧唐书·日本传》记载：“开元初，又遣使来朝，所得赐赉，尽市文籍，泛海而还。”

遣唐使带回物品，日本还会设立宫市，向臣下标卖。为了垄断这种朝

《吉备大臣入唐绘卷》，吉备真备当年与阿倍仲麻吕共同入长安留学，在唐生活 17 年后回国，从副校长一路升迁至右大臣，楼阁中穿黑衣者便是吉备真备。

贡贸易带来的利益，日本大宝元年（701）编成的第一部法典——《大宝律令》规定：从唐朝带回的物品，在官司未交易以前，不许私自和诸蕃交易，如有人告发私自交易，其货物一半给予告发者，一半没收归官；如由官司发现，全部没收归官。

但实际上这并不容易办到，因为每当船舶一靠岸，公卿、大臣、富豪等便争先派人来到码头，抢购珍贵的舶来品。于是《大宝律令》又规定，如在官司未交易前有和诸蕃私自交易的，可依盗论罪，处三年以下有期徒刑。

（郭兴燕）

魏征酿酒与唐榷酒演变

醉骑白花马，西走邯郸城。
扬鞭动柳色，写鞚春风生。
入郭登高楼，山川与云平。
深宫翳绿草，万事伤人情。
相如章华巅，猛气折秦嬴。
两虎不可斗，廉公终负荆。
提携袴中儿，杵白及程婴。
立孤就白刃，必死耀丹诚。
平原三千客，谈笑尽豪英。
毛君能颖脱，二国且同盟。
皆为黄泉土，使我涕纵横。
磊磊石子冈，萧萧白杨声。
诸贤没此地，碑版有残铭。
太古共今时，由来互哀荣。
伤哉何足道，感激仰空名。
赵俗爱长剑，文儒少逢迎。
闲从博陵游，畅饮雪朝酲。
歌酣易水动，鼓震丛台倾。
日落把烛归，凌晨向燕京。
方陈五饵策，一使胡尘清。

这是唐代大诗人李白的《自广平乘醉走马六十里至邯郸，登城楼览古书怀》。醉酒之下还能骑白花马，还能登楼怀古，把河北邯郸历史上叱咤风云的蔺相如、廉颇、公孙杵臼、程婴、平原君及门客毛遂等赵国将相名士尽收笔下——今天的我们还能感受到李白的海量与才情。

北方人喜饮酒，尤其是环渤海地区，唐代即如此，有诗为证，比如唐代著名边塞诗人高适的《营州歌》："营州少年厌原野，狐裘蒙茸猎城下。虏酒千钟不醉人，胡儿十岁能骑马。"营州是唐代东北边塞，治所在今辽宁朝阳，当时人们善于狩猎，酒至千杯不醉人。

唐中期著名政治家张说在被贬出京师到河北任职时，写下了流传后世的名篇《幽州夜饮》："凉风吹夜雨，萧瑟动寒林。正有高堂宴，能忘迟暮心？军中宜剑舞，塞上重笳音。不作边城将，谁知恩遇深！"遭贬谪愤懑，何以解忧，唯有杜康。

传说我国历史上最负盛名的谏臣魏征就是酿造美酒的高手，唐代传奇小说《龙城录》记载："魏左相能治酒，有名，曰醽醁、翠涛，常以大金罂内贮盛十年，饮不败，其味即世所未有，太宗文皇帝尝有诗赐公称：'醽醁胜兰生，翠涛过玉薤，千日醉不醒，十年味不败。'"

兰生，即汉武帝宫中的百味旨酒；玉薤，即隋炀帝时期的名酒。魏征酿的酒竟能跟皇帝的御酒相比，其酿造水平可谓登峰造极。《龙城录》推测："公此酒本学酿于西胡人，岂非得大宛之法。司马迁所谓富人藏万石葡萄酒数十岁不坏者乎。"

古之谏臣重在遵纪守法，绝不走私，身正才能勇于直谏，魏征敢于公开自己酿酒，说明当时唐朝统治者对酒的管制并不严格，个人私自酿酒是被允许的。不过这也不是唐朝对酒一贯不变的政策，中间有多次政策调整，直至出台榷酒令，实行酒类专卖政策，严厉打击走私行为。这在一定程度上影响了环渤海地区的酒风变化。

《隋书·食货》记载："开皇三年（583）……罢酒坊……与百姓共之，远近大悦。"这一年，隋文帝杨坚废除了北周末期推行的酒类专卖制度，罢黜官营酒坊，普通百姓可以自己酿酒、自由买卖，相当于把酒当普通商品对待，回到了汉武帝"天汉三年（前98），初榷酒酤"（《汉书·武帝纪》，韦昭注曰："以木渡水曰榷，谓禁民酤酿，独官开置，如道路设木为榷，

元代画家任仁发创作的《五王醉归图》。唐玄宗五兄弟感情和睦，经常相从宴饮、斗鸡击球、外出打猎，此图刻画了他们醉后骑马回家的情景，最右侧穿深红色衣服，由两个侍从搀扶者为李隆基，此画现藏于苏宁艺术馆。

独取利也。”）以前的政策，只是需要交一定的税。

隋炀帝好酒，据说临死之前还要以毒酒结束自己的性命。他继续“罢榷酒，准民间自酿自饮，自酿自销，不问其多少，惟市场征税”。唐承隋制，初期继续推行隋代酒制，不过也稍有波动。

酿酒需要粮食，隋末大乱，粮食紧缺，人口从4600万锐减至1600万。唐高祖李渊建立唐朝后，为防止酒与民争粮，直接效仿北魏时期的文成帝（凡是未经朝廷许可，私自酿酒、贩酒、饮酒，尤其是酗酒闹事者，一经抓获，严惩不贷，甚至杀头，并设置内外侯官进行监管打私），发布比榷酒令更严厉的禁酒令。

李渊的《禁屠酤诏》这样说：“酒醪之用，表节制于欢娱；刍豢之滋，致甘旨于丰衍。然而沉湎之辈，绝业忘资；惰窳之民，骋嗜奔欲。方今烽燧尚警，兵革未宁，年谷不登，市肆腾踊。趋末者众，浮冗尚多。肴羞曲蘖，重增其费。救弊之术，要在权宜。关内诸州官民，宜断屠酤。”

李渊的诏令可谓苦口婆心，晓之以理、动之以情，考虑到粮食民生，考虑到社会风气，最后得出结论“关内诸州官民，宜断屠酤”。然而，隋朝以来完全放开民间酿酒卖酒而形成的酒文化，已经渗透到社会的方方面面，再加上没有强有力的政策推行和打击走私行动，随着唐朝社会稳定，粮食产量增加，禁酒令逐步名存实亡。

率先公然突破禁酒令的是李渊的儿孙们，《新唐书》中关于皇帝赐酺（“酺”即聚饮，依秦汉之法，三人以上不得聚饮，朝廷有庆典之事，特许臣民聚会欢饮，就叫“赐酺”）的记载屡见不鲜。唐太宗李世民共赐酺8次，平均三年1次；唐高宗李治赐酺13次，平均两年半1次；武则天赐酺20次，平均约一年1次；唐玄宗14次，平均三年1次；唐中宗3次，平均一年多1次。

从每次赐酺的时间长度来看，少则三天，多则十日。唐太宗诗中酒兴盎然："欢乐难再逢，芳辰良可惜。玉酒泛云罍，兰殽陈绮席。千钟合尧禹，百兽谐金石。得志重寸阴，忘怀轻尺璧。"（《帝京篇十首·其八》）武则天亦有饮酒诗云："九春开上节，千门敞夜扉。兰灯吐新焰，桂魄朗圆辉。送酒惟须满，流杯不用稀。务使霞浆兴，方乘泛洛归。"（《早春夜宴》）天宝十年（751）正月十七日，唐玄宗下敕："自今后，非惟旬休及节假，百官等曹务无事之后，任追游宴乐。"（《全唐文》）

皇帝带头饮酒带来了酒文化的兴盛，诗酒相合，相辅相成。有学者统计，在近5万首传世唐诗中，与酒相关的多达6000余首。"诗仙""酒仙"李白自不必说，他的《将进酒》名垂千古。"诗圣"杜甫在他的自传性叙事诗《壮游》里写道："往昔十四五，出游翰墨场……性豪业嗜酒，嫉恶怀刚肠……饮酣视八极，俗物都茫茫。"王维送朋友时这样抒怀"劝君更尽一杯酒，西出阳关无故人"。王翰在《凉州词》中说："葡萄美酒夜光杯，欲饮琵琶马上催。醉卧沙场君莫笑，古来征战几人回。"还有白居易的"绿蚁新醅酒，红泥小火炉。晚来天欲雪，能饮一杯无"等诗句，早已经成为中华文学殿堂中的瑰宝奇珍。

唐诗与美酒，相得益彰，再加上唐初低征酒税的宽松政策环境（只征收市税，《旧唐书·食货》记载，税率大约是"酒一斗，税二升"），导致二者两相得宜，同生共荣。然而美好的时光总是短暂的，一切都因安史之乱开始改变。广德二年（764），安史之乱结束次年，因政府财政收入紧张，加之酒业繁荣利润丰厚，唐代宗下敕："天下州各量定酤酒户，随月纳税。除此外，不问官私，一切禁断。"（《通典·食货》）自此之后，酒税正式成为政府稳定的财源之一。

然而，只是简单的收税并不能满足唐政府高额的军费开支，榷酒的复古政策便出现了。《旧唐书》记载，唐德宗建中三年（782），"初榷酒，天下悉令官酿。斛收直三千，米虽贱，不得减二千。委州县综领。醨薄私酿，罪有差。以京师王者都，特免其榷"。将酿酒权完全收归中央，禁止私酿，

这是唐代榷酒制度的开端。后来的贞元二年（786），唐政府进一步规定：于京城及畿县行榷酒之法，“每斗榷酒钱百五十文，其酒户与免杂差役”。（《唐会要》）

有关史料统计，有力的反走私政策配合榷酒制度，给唐德宗开创“元和中兴”局面提供了有力支撑。公元792—795年，唐朝榷酒收入达到560万贯。唐宪宗李纯即位后，开始推行普遍的酒税制，将酒税与青苗税一样分摊到各家各户。百姓不管是否饮酒都要缴税，榷酒钱随“两税”一并征收，榷酒钱事实上成为地税的附加税，征收手续进一步简化。

至此，官酤、榷酒从开始增加政府财政收入而设的“产业政策”，正式发展成为稳定的“基本税制”。到唐宣宗大中七年（853），全国税赋收入为925万余缗，其中酒类榷酤收入82万余缗，占到全国税赋收入的近9%，酒税收入在唐中后期成为政府财政收入的重要来源。

（张春晓）

唐禁向新罗卖绫锦反走私

四维分景纬，万象含中枢。
玉帛遍天下，梯杭归上都。
缅怀阻青陆，岁月勤黄图。
漫漫穷地际，苍苍连海隅。
兴言名义国，岂谓山河殊。
使去传风教，人来习典谟。
衣冠知奉礼，忠信识尊儒。
诚矣天其鉴，贤哉德不孤。
拥旄同作牧，厚贶比生刍。
益重青青志，风霜恒不渝。

这是唐明皇李隆基创作的一首五言排律《赐新罗王》，向新罗王表达了自己不满足于只做一个名义国的君主，而是企盼着打通天下交通，把文化传到每个角落，让更多人受益的伟大宏图；他表示自己不会因为山河殊异而泯灭了志向，他相信自己的善良和正确的道路会得到上天的赞赏，也相信自己的德行可以影响和感染别人。

提起新罗，很多人并不陌生，它是隋唐时期朝鲜半岛上的一个政权，形成于4世纪后期，长期与北面的高句丽、西面的百济对峙；它与唐朝的关系可不一般，7世纪中期曾在唐朝帮助下灭掉了高句丽、百济，统一了朝鲜半岛，并向唐朝称臣，成为其藩属国，两国经济文化交流频繁。

据《新唐书·新罗传》记载，从668年到907年，新罗共派遣了191次使节到唐朝，而唐朝也多次派遣使节到新罗，如李道宗、李嗣源、李绍荣等；这期间，新罗还有2000多名留学生到唐朝，其中有58人考中了进士，如金

唐章怀太子墓壁画《客使图》，现藏于陕西历史博物馆，右一被推测为朝鲜半岛使节。

大问、崔致远、金生等；还有1000多名商人到唐朝贸易，其中有朴韩味、朴仁、朴璟等著名商人。

唐朝贞元年间的宰相、著名制图学家贾耽在《皇华四达记》中记载："入四夷之路与关戍走集最要者七：一曰营州入安东道，二曰登州海行入高丽、渤海道，三曰夏州塞外通大同、云中道，四曰中受降城入回鹘，五曰安西入西域道，六曰安南通天竺道，七曰广州通海夷道。"这段文字在《新唐书·地理志》中也有所记载。

这里的"营州"位于今辽宁省朝阳市，是唐朝控制东北地区的前沿重镇。后来安史之乱的始作俑者安禄山就曾在这里做过都督，这里的"安东"即安东都护府，是唐朝六个主要都护府之一，唐朝与新罗联军在灭掉高句丽之后建立的管理高句丽故地的机构，在今朝鲜平壤一带。

唐朝宰相把与朝鲜半岛的陆海两条通道（陆路为营州入安东道，海路为登州海行入高丽、渤海道）列为最重要的七条入四夷之路中的前两条，可见对新罗之重视。

隋唐时期，“诗圣”杜甫在《忆昔》中说：“忆昔开元全盛日，小邑犹藏万家室。稻米流脂粟米白，公私仓廪俱丰实。”农业发展带来了手工业繁荣。比如纺织业，戴叔伦在《郊园即事寄萧侍郎》中论及抚州情况时称：“邻里桑麻接，儿童笑语喧。”李白在流放夜郎归来后，从吴中至当涂途中作诗云：“石门流水遍桃花，我也曾到秦人家。不知何处得鸡豕，就中仍见繁桑麻。”《资治通鉴》记载天宝间，“是时中国强盛，自安远门西尽唐境凡万二千里，闾阎相望，桑麻翳野”。

手工业发展客观上需要更广阔的市场，朝鲜半岛离大唐比较近，就近销售也在情理之中，销售量大了，陆路交通不方便，运量有限，海运便繁荣起来。到新罗的海上通道一般从登州（今山东蓬莱）出发，穿过渤海海峡，到达辽东半岛的都里海口（今辽宁旅顺铁山口），再沿辽东半岛南岸以及朝鲜半岛西岸，到达唐恩浦口（今朝鲜仁川口西南马山浦）。

尽管唐朝与新罗关系非同一般，且新罗还控制着大唐通往日本的海上贸易通道，但唐统治者依然颁布了严厉的反走私法令，来保障这种对外贸易的顺利开展符合统治者的利益。唐德宗建中元年（780），颁布《关市令》，规定：“不得与新罗等国从事绫锦、棉绢、金、银、铜、铁等交易。”

也就是说，这些东西只能被统治者垄断，不允许民间交易。若有人不听，私自交易，会受到严厉惩罚。《唐律疏议》规定：“若共化外蕃人私相交易，

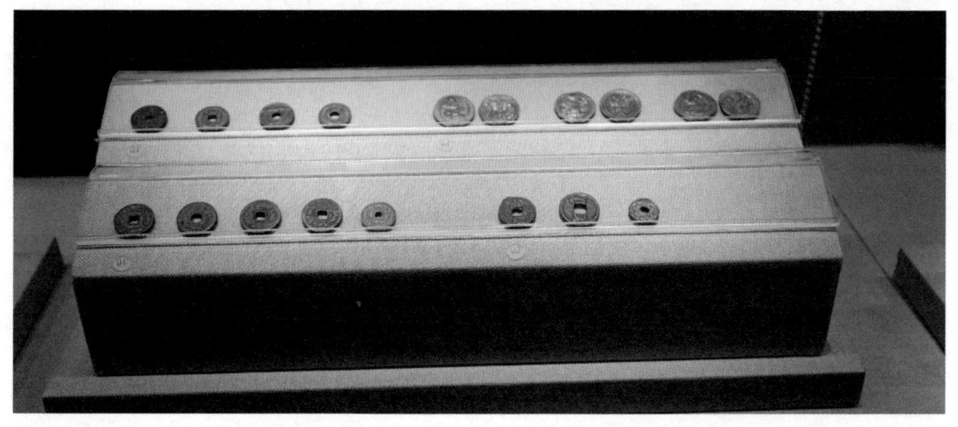

中国钱币博物馆收藏的在唐代流通的外国货币。唐朝奉行开放包容政策，前期重视陆上丝绸之路，后期重心转向海洋，钱币亦流向沿线贸易国家，这些国家的货币也在唐朝流通。

谓市买博易，或取蕃人之物及将物与蕃人，计赃一尺徒二年半，三匹加一等，十五匹加役流。”这里所指的蕃人自然包括新罗人。

《唐律疏议》还规定：“其化外人越度入境，与化内交易，得罪并与化内人越度、交易同，仍奏听敕……因使者，谓因公使入蕃，蕃人因使入国。私有交易者，谓市买博易，各计赃，准盗论，罪止流三千里。”

从这则史料中可以看出，唐王朝对边境双方人员私相交易物品的处罚是相当严厉的。

若化外人越度关塞入境与化内人交易物品，其处罚与化内人越度交易相同，但须向朝廷奏明，依照皇帝的敕令判决，地方官不得擅自处理。这反映出唐王朝对处理涉外关系问题的重视，也很有利于发展与外国的友好关系和促进各国人民之间的正常交往。

尽管唐朝官府对本国国民与新罗贸易设置了诸多限制，但反过来却鼓励新罗方面与唐朝贸易，客观上体现出了限制与鼓励并重的初衷。比如提供了许多优惠政策，允许新罗商人、农民入唐，长期在唐境内从事活动，并在登州、青州、海州、泗州、扬州、楚州、 密州等地设有新罗馆和勾当新罗所，大量聚集新罗人的地方逐渐形成了新罗村或者新罗坊。

在经营方面，采取减免税收政策，外籍商人所负担的税赋要比唐朝手工业者、商人轻。《唐六典》记载，唐高祖武德七年（624）规定，“凡诸国蕃胡内附者……上户丁税银钱十文，次户五文，下户免之”。也就是说，入唐经商者每年仅须向唐政府缴纳5—10文丁税，有些甚至能享受免交丁税的待遇。

唐朝采用这种内外有别的政策、非对称性的管理办法，目的无非是将对外贸易垄断在统治者手中，但客观上造成了利益差的存在，为唐朝商人走私谋利提供了动力。

（毕京珍）

唐使者入新罗拒绝走私被称颂

“大历初，以新罗王卒，授崇敬仓部郎中，兼御史中丞，赐紫金鱼袋，充吊祭，册立新罗使。至海中流，波涛迅急，舟船坏漏，众咸惊骇。舟人请以小艇载崇敬避祸，崇敬曰：‘舟中凡数十百人，我何独济？’

“逡巡，波涛稍息，竟免为害。故事，使新罗者，至海东多有所求，或携资帛而往，贸易货物，规以为利。崇敬一皆绝之，东夷称重其德。使还，授国子司业，兼集贤学士。”

这是《旧唐书·归崇敬传》中的一段，讲述了唐朝中期学者、儒臣归崇敬的一段为官清廉、拒腐反走私的故事。

唐代宗永秦元年（765），朝鲜半岛上的新罗国景德王去世，惠恭王继位。于是唐代宗便在大历初年（766），授予归崇敬仓部郎中的官职，并册立其为新罗使臣，代表唐朝前去吊唁。

从唐朝到新罗，需要渡渤海前往，船到海中时，突然大风刮起，海浪翻滚，船舶出现了漏水现象，万分危急，随时都有船毁人亡的风险。

船长急中生智，准备用小舟单独载着归崇敬避祸，结果归崇敬说，大船上有上百人，为什么单独用小船载着我一个人逃生？

归崇敬拒不单独逃生，好在过了一会儿，风小了，波涛也平息了，大家安然无恙。

盛唐时期，国力强盛，与周边众多少数民族政权都有政治经济上的联系，也经常互派使者，沟通有无，一般去新罗或海东（唐朝时对“日本”的称谓）的唐朝使者，除了完成朝廷交代的使命外，还都有些个人方面的诉求。

比如他们会随身携带一些金银、锦帛前往，名义上是出行的盘缠，实际上是为了与新罗、海东当地人贸易，以获取私利。

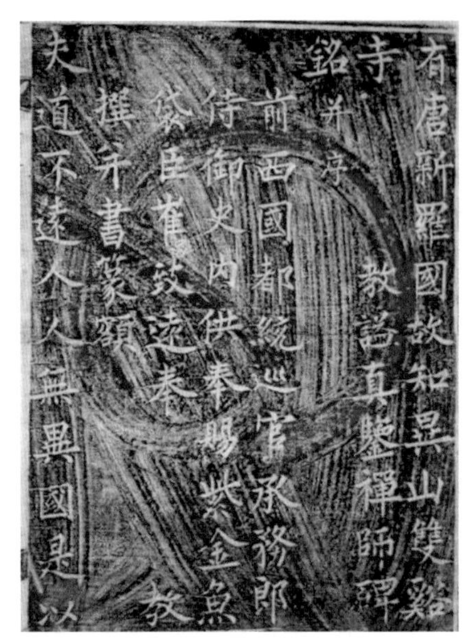

韩国实相寺中的秀澈和尚楞伽宝月塔碑中的“有唐新罗国”字样

这在当时，原则上是不允许的。《唐律疏议》记载：“依《关市令》，锦、绫、罗、縠、紬、绵、绢、丝、布、牦牛尾、真珠、金、银、铁，并不得度西边、北边诸关，及至缘边诸州兴易。”

如果违反了这一法令，《关市令》中还有处罚办法：“从锦、绫以下，并是私家应有，若将度西边、北边诸关，计赃减坐赃罪三等。其私家不应有，虽未度关，亦没官。私家应有之物，禁约不合度关，已下过所，关司捉获者，其物没官。若已度关及越度被人纠获，三分其物，二分赏捉人，一分没官。”

显然，这些法令是针对普通走私者的，而对朝廷派出的使者随身携带东西去交易，赚取利益，管理就没那么严格了。

然而，一向清廉的归崇敬严格要求自己，坚决不夹带私货走私获取利益，甚至连新罗、海东的人都称赞其品德。

这种拒腐反走私的行为，朝廷当然看在眼里。归崇敬出使回来后，马上升职，被授国子司业，兼集贤学士。

中唐诗人吉中孚还写了一篇别具风格的送别佳作——《送归中丞使新罗册立吊祭》，记录归崇敬出使这件事：

官称汉独坐，身是鲁诸生。绝域通王制，穷天向水程。

岛中分万象，日处转双旌。气积鱼龙窟，涛翻水浪声。

路长经岁去，海尽向山行。复道殊方礼，人瞻汉使荣。

诗中开言“汉独坐”“鲁诸生”道出其好友归崇敬出身荣显，御命使臣之骄贵，既而摹写归中丞将受到隆重的接待，诗中充满奇幻色彩。“绝域通王制”“人瞻汉使荣”，说明当时新罗王室得到唐朝的吊祭、册立是一件重大的国事，新罗人民也以一睹汉使的风采为荣。

如此重要的事情、如此重要的场合，如果使节为了一己私利参与走私，实在是有损大唐国体，归崇敬的行为显然维护了大唐的威严。

唐朝使者去外蕃，不准随便私自带东西售卖，同样的道理，外蕃使臣到了唐朝，也不准随便交易。

《册府元龟·外臣部·褒异》记载："乙酉，鸿胪寺奏：日本国使请谒孔子庙堂，礼拜寺观。从之。仍令州县金吾相知，检校搦捉，示之以整。应须作市买，非违禁入蕃者，亦容之。"

这件事发生在唐开元五年（717）十月，唐玄宗因日本国远在海外，朝贡不易，专门设宴款待。依律，蕃人因使入国是禁止私有交易的，这里允许日本国使者市买，也是唐玄宗特别允许的。

《唐律疏议》记载："因使者，谓因公使入蕃，蕃人因使入国。私有交易者，谓市买博易，各计赃，准盗论，罪止流三千里。"

这里的"蕃"有明确指代，白居易在《白氏六帖事类集》引唐代《杂令》解释说："东至高丽，南至真腊，西至波斯、吐蕃及坚昆都督，北至突厥、契丹、靺鞨，并为入蕃，余为绝域。"

蕃使进入唐朝，禁止私自交易；外蕃商人进入唐朝之后，买了东西，如果再想回去，在战争或与外蕃关系比较紧张的时候，也是不允许的。

《唐开元户部格残卷》记载："诸蕃商胡，若有驰逐，任于内地兴易，不得入蕃，仍令边州关津镇戍，严加捉搦。其贯属西、庭、伊等州府者，验有公文，听于本贯已东来往。"

也就是说，外蕃商人在内地交易是可以的，但如果再想"入蕃"，一般是不允许的，必须获得许可才行。

（毛振华）

唐“蕃商以欺诈入狱”反走私

“南海舶，外国船也。每岁至安南、广州。狮子国舶最大，梯而上下数丈，皆积宝货。至则本道奏报，郡邑为之喧阗。有蕃长为主，领市舶使籍其名物，纳舶脚，禁珍异。蕃商有以欺诈入牢狱者。”

这是唐代李肇《国史补》中的一段话，记录了唐王朝对海上贸易的监管情况。狮子国即现在的斯里兰卡，他们的大船可达数丈高，满载着奇异珍宝到达唐朝沿海港口后，当地官员会迅速往上奏报。

由于船上装满了宝货，周边郡邑的人都垂涎三尺，但是唐朝有规定，需要先由外商长官领着唐朝的市舶使登船，记录下这些宝货的名称与数量，缴纳税赋，真正好的宝货要留给朝廷皇帝使用。

皇帝不愿意用的次一点的物品，也不允许随意交易。唐王朝规定，凡外来珍异物品到港后，必须先由市舶司“收市”，不允许私人买卖。收市是给钱的，与抽解不同，这实际上是封建王朝为利益最大化而对重要商品采取的专买专卖制度。

然而在巨大的利益面前，总有人守不住底线，知法犯法，突破“收市”制度规范，参与走私。即“蕃商有以欺诈入牢狱者”，也就是说，外国商

唐朝画家阎立本的《职贡图》，描绘的是唐太宗时，婆利国和罗刹国千里迢迢前来朝贡的情景。

人有因为欺诈、隐瞒或参与走私，最终被捕入狱的。

隋唐时期鼓励外蕃商人入境贸易，并出台了很多鼓励措施，如税收减免等。《唐六典》卷三记载："凡诸国蕃胡内附者……上户丁税银钱十文，次户五文，下户免之。"但蕃商触犯了法律，一样严格治罪。

李肇记载的这种现象可能发生在东南沿海港口，也可能发生在环渤海地区，因为这里政权众多，海上贸易同样繁荣、利益同样巨大。

隋朝与新罗、百济、日本等国来往密切，日本曾先后两次派遣小野妹子入隋，小野妹子回国时，隋派遣文林郎裴世清为使，陪送回国。裴世清一行在日本受到极为隆重的欢迎和接待。

唐太宗李世民提出："自古皆贵中华，贱夷狄，朕独爱之如一，故其种落皆依朕如父母……朕所以成今日之功也。"（《资治通鉴》）唐朝与日本、新罗、百济、渤海国等政权都有着良好的交往。

尤其是随着手工业及商业发展，客观上需要更广阔的市场，隋唐时期治理理念逐步从"抑商"向"重商"转变。比如隋文帝开皇十六年（596）颁布诏令，"初制工商不得仕进"（《资治通鉴》）。唐玄宗天宝四年（745）诏曰："今欲审其户等，拯贫乏之人。赋彼商贾。抑浮惰之业。"（《唐要会》）

而到了唐文宗大和八年（834）下诏曰："南海蕃舶本以慕华而来，固在接以恩仁，使其感悦……其岭南、福建及扬州蕃客，宜委节度观察使常加存问，除舶脚、收市、进奉外，任其往来流通，自为贸易，不得重加税率。"（《全唐文》）

显然，这是在鼓励对外贸易，尤其是海上贸易，为此还设置了"结好使""押蕃舶使""监舶使""市舶使"等官职。这么做的背景是，唐天宝十年（751），唐朝军队与阿拉伯军队怛罗斯之战，唐朝失利，传统陆路丝绸之路受阻，海上丝绸之路因而崛起，并渐渐超过陆道交往。

唐高宗时期规定，海外商人在遵守唐朝法律的基础上可自由往来贸易，海外船舶到达唐境十日内，依法纳税后，可自主销售货物，船舶所携带的物品要在十日内交易完毕。这在一定程度上放宽了市场准入的原则。

为了保障海上贸易顺利开展，唐朝统治者还设置机构、派驻官员、颁

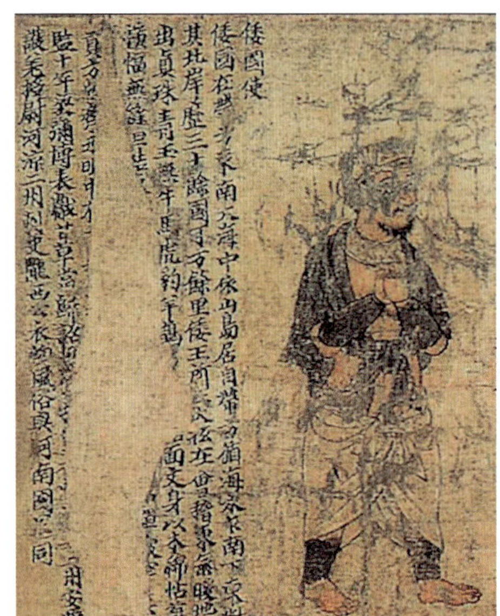

南朝梁元帝萧绎《职贡图》中的倭国使臣形象。在题记中，这个国家在“东南大海中，依山岛居”，当地“气暖地温，出真珠青玉”，这里的人“黥面文身，以木绵帖首”。经考证，此图是宋代熙宁年间摹本。

布了很多反走私法律法规。《中国海关通志》认为，唐朝在沿海港口设置市舶司，派驻市舶使管理海上对外贸易，兼具查缉海上走私职能。

我国著名海关史研究专家蔡渭洲在其编著的《中国海关简史》写道：“唐玄宗继位（712）以后，开始设立管理海运进出境的专责海关机构——市舶司。”这说明，早在唐玄宗继位初期，就已经存在市舶司这个机构了。

位于东北地区的渤海国崛起以后，一定程度上阻断了朝鲜半岛与唐朝的陆上交往，双方转向海路交往，山东半岛的登州便是商船来往的重要港口。

唐朝时期日本人圆仁在用汉文写的日记《入唐求法巡礼行记》中记载：“廿一日，到登州界泊船，勾当新罗使同军将张咏来船上相看。”圆仁在乘坐商船回国时，就有勾当新罗使张咏上船检查，有没有夹藏走私。

外国人来唐经商或朝贡，必须有通关许可证——过所，防止走私。《唐六典》卷六“司门郎中员外郎”条记载：“凡度关者，先经本部本司请过所。在京则省给之，在外州给之。虽非所部，有来文者，所在给之。”

《唐六典》卷三十同时记载：“关令，掌禁末游，伺奸匿。凡行人车马出入往来，必据过所以勘之。”成书于唐朝中期的《中国印度见闻录》（阿拉伯人苏莱曼著）记载，过所上不仅有行者及陪同人员姓名、年龄，还有携带的白银及物品数量。

没有过所而私自越关称“私度”，对此，唐朝规定了严厉的处罚。《唐律疏议》记载：“诸赍禁物私度关者，坐赃论……疏议曰：禁物者，谓禁

唐代石染典过所（1959 年出土于新疆吐鲁番），为通过各种关卡的通行证。

兵器及诸禁物，并私家不应有者……若私家之物，禁约不合度关而私度者，减三等。”

在《入唐求法巡礼行记》中，圆仁详细记录了入唐申请过所公验的过程，他从扬州入境后，想要前往五台巡礼，便申请公验，未获得批准。于是前往山东半岛，并滞留在登州赤山法华院，后在新罗人处得知了前往五台的路线。

圆仁继续申请，于是赤山法华院派使者到勾当新罗押衙所申请公验，押衙差使与申请者一同报文登县县衙，携带身份证明向登州都督府申请，再由登州都督府上报给押新罗渤海两蕃使，并由押两蕃使上报朝廷，最后由节度使赐给公验，由此才可获得合法留居唐境的身份。

申请公验过程十分烦琐，这也体现出唐朝在维护边境安全与社会秩序方面的制度之严格。通过这种对边境出入严格控制的手段，唐朝有效抑制了走私、买卖人口、逃避税收等行为，在保障跨境贸易商人安全的同时，对唐朝边境稳定也起到了重要作用。

唐朝实行“蕃客往来，阅其装重，入一关者，余关不讥”（《新唐书·百官志一》）的政策，即通过一关的检查后，在其余的关卡，不用再对其进行查验，官员也不得对他们进行刁难。

《唐律》规定：“诸关津渡人，无故留难者，一日主司笞四十，一日加一等，罪止杖一百。”故意为难外商蕃客的官吏，依据唐律，要受到笞刑的惩罚。

（李刚）

唐朝与渤海国的反走私

寂寂朱明夜，团团白月轮。
几山明影彻，万象水天新。
弃妾看生怅，羁情对动神。
谁云千里隔，能照两乡人。

这首五言律诗《对月思乡》，又叫《和坂领客对月思乡之作》，写于唐朝时期的日本，是当时渤海国使者王孝廉到日本后，因身在异邦，思乡心切所作，其意境佳美、韵味醇美，寄托了诗人思乡、思亲之情。

除了思乡，渤海国诗人也有咏雪佳作，比如归德将军、使日副使杨泰师的《奉和纪朝臣公咏雪诗》："昨夜龙云上，今朝鹤雪新。只看花发树，不听鸟惊春。回影疑神女，高歌似郢人。幽兰难可继，更欲效而颦。"对仗工整，平仄妥帖，声调铿锵，朗朗上口。

渤海国在哪里，诗词何以如此兴盛？《旧唐书·渤海传》记载："渤海靺鞨大祚荣者，本高丽别种也。"《新唐书·渤海传》记载，其统治区域"南比新罗，以泥河为境，东穷海，西契丹……地方五千里"。

唐朝初期，朝鲜半岛战乱再起，高句丽联合百济进攻新罗，切断了新罗向唐朝贡的道路，同时占据渤海沿岸的辽东，"于是帝（唐太宗）欲自将讨之，召长安耆老劳曰：'辽东故中国地，而莫离支贼杀其主，朕将自行经略之……'"（《新唐书·东夷传·高丽》）。

朝鲜古籍《三国史记》记载："帝（唐太宗）谓侍臣曰：'辽东本中国之地，隋氏四出师而不能得；朕今东征，欲为中国报子弟之仇，高丽雪君父之耻耳。'"在经历了唐太宗三次征高句丽失败后，终于在唐高宗李治时期，唐灭掉了高句丽。

为了防止高句丽复辟，并有效控制其遗民和邻近的靺鞨、契丹等少数民族，唐高宗又强行将“粟末靺鞨附高丽者”徙居辽西营州(今辽宁朝阳)，而渤海国的创立者大祚荣的父亲乞乞仲象，便在这部分粟末靺鞨人当中。

开元元年(713)，唐王朝遣郎将崔忻出使靺鞨，册封其首领为左骁卫员外大将军、渤海郡王。翌年，崔忻由水路返回长安，途经都里镇（今旅顺），于黄金山麓凿井刻石，后世称其为鸿胪井刻石，此刻石是东北地区著名刻石之一，也是唐代东北与中原紧密联系的重要见证。

武则天统治时期的圣历元年（698），大祚荣率部众重新迁回“粟末故地”（今吉林东牟山一带），私自建国，自称“震国王”。开元元年（713），唐玄宗为加强东北地区管理，派遣使者拜大祚荣为“渤海郡王”；唐代宗宝应元年（762），唐朝诏令将渤海升格为国，称“渤海国”。

史学家认为，渤海国虽然叫作“国”，但决不是独立主权国家，也不是附属国，而是唐朝中央政权管辖之下的高度自治的地方民族政权，经常向唐纳贡、纳质，被称为“海东盛国”，到大钦茂时代，其管辖区域一度到达辽东。

一个典型的例证是，渤海国作为一个高度自治的地方民族政权，拥有一定的外交权，常与日本交往，日本曾一度要求其称臣，行属国礼，来书称表、启，修朝聘，渤海国不答应，始终坚持自己是唐朝的一个封国、羁縻府。据《新唐书·渤海传》不完全统计，终其有国200余年，渤海国向唐朝贡达99次之多。

渤海国文化繁荣，人才辈出，晚唐大诗人温庭筠的《送渤海王子归本国》中写道：“疆理虽重海，车书本一家。盛勋归故国，佳句在中华。定界分秋涨，开帆到曙霞。九门风月好，回首是天涯。”而文化繁荣的背后是其反走私保障下与唐朝经济贸易交流的繁荣。

渤海国与唐朝内地的商业贸易通道有两条，一条是陆路，《新唐书·渤

海传》记载："长岭，营州道也。"即从长岭府（今吉林省桦甸县城东北8里处之苏密城）出发，到达营州（今辽宁朝阳），再从营州进入今山海关，再到长安、洛阳。另一条是水路，《新唐书·渤海传》记载："鸭绿，朝贡道也。"这是一条跋涉千里，水路、河海并用的朝贡之道，先走陆路到达鸭绿府（今吉林临江），之后顺河而下到达辽东地区，然后渡海到达山东半岛的登州（今蓬莱）。

登州是渤海国与唐朝商品交换的主要集散地之一，常年停泊着"交关船"（商业贸易船）。尽管双方关系不错，但从唐高祖武德元年（618）起，唐政府便在沿边诸州配置通市监（又称"互市监"），管理与突厥、契丹、渤海等部族间的互市及夷商贸易，开展反走私。

唐《关市令》记载："诸蕃客初入朝，本发遣州给过所。……若船筏经关过者，亦请过所。"也就是说，外族商人进入唐境，当地政府就要发给他通行证——过所。

发给过所是唐朝管理外来商人的重要方式，如果没有过所，想通关或者从事互市交易，那就很难了。《唐六典》记载："关令，掌禁末游，伺奸匿。凡行人车马出入往来，必据过所以勘之。"

如果没有过所而私自通过，当时称为"私度"；绕关走私，当时称为"越度"，唐朝处罚很严厉。《唐律疏议·卫禁》规定："诸私度关者，徒一年。越度者，加一等。……若冒名请过所而度者，各徒一年。"

在互市交易过程中，唐朝管理也很严格。《关市令》记载："诸外蕃与缘边互市，皆令互市官司检校。其市四面穿堑，及立篱院，遣人守门。市易之日卯后，各将货物畜产俱赴市所，官司先于蕃人对定物价，然后交易。"由此可见，互市必须在官府监督下进行，防止走私，同时官府定价。

如果有人参与走私，就要查办、处罚。唐《关市令》记载："诸私共诸蕃交易为人纠获者，二分其物，一分赏纠人，一分没官。若官司于共所部捉获者，皆没官。诸官有所市买，皆就市交易，不得坐召物主，乖违时价。市讫，交付其价，不得悬违。"

《唐律疏议》记载："依《关市令》，锦、绫、罗、縠、紬、绵、绢、丝、布、牦牛尾、真珠、金、银、铁，并不得度西边、北边诸关，及至缘边诸州兴易。”然而，环渤海地区的登州自古以来就是中原王朝的丝麻纺织品中心，加之交通便利，这些物品又是渤海国等周边部族政权所喜欢的，因此反走私压力巨大。

据《东北通史》考证：“唐朝时期，渤海国从唐内地输入的主要商品就是绢、绵等丝织品，粟等粮食，以及金银等器皿；而唐主要从渤海国购进名马、羊、貂皮、海豹皮、人参、牛黄等。”

自古以来，中原政权就缺良马，而马又是军事战略物资，因此历朝历代都通过“绢马贸易”来换取良马。由于事关军事、长治久安，这种贸易基本被中央政权所掌控，地方势力想参与都被禁止。

到了唐朝时期，“绢马贸易”逐步被“茶马贸易”所取代，因为中唐以后，“（饮茶之风）流于塞外”（《封氏见闻录》），茶成为少数民族的生活必需品。中原王朝统治力强的时候，尚能开展反走私，垄断这种绢马、

出土于辽宁省朝阳市孙则墓的釉陶胡人俑和釉陶昆仑俑，隋唐时期的营州是丝绸之路东端的重要中转站，是突厥、高句丽、契丹等少数民族的交易之地，这里繁荣的商业吸引了大量中亚商人的到来。

茶马贸易，弱的时候就不行了。

比如唐朝“安史之乱”后，藩镇割据势力逐步崛起，以环渤海地区的山东、辽东为例，当时被平卢淄青节度使李正已家族所掌控，他们在治所青州设置渤海馆，专门管理与渤海国的贸易。而隋唐以来，中央朝廷是分别设立四方馆、鸿胪寺，专管外交、外贸的。

《旧唐书》记载：“正己复得曹、濮、徐、兖、郓，共十有五州，内视同列，货市渤海名马，岁岁不绝。”从唐朝中央政府的角度来讲，李正已“货市渤海名马，岁岁不绝”，显然是在走私。

然而唐朝统治者当时已无可奈何，因为个别强大的藩镇军队数量甚至已经超过禁军数量，而且他们还在不断通过走私购进良马，进一步扩充实力。禁军由于得不到足够的马匹，实力下降。

从这个角度来讲，只有强大的中央政府政令统一，才能保障反走私禁令得到很好落实；而反过来讲，反走私禁令落实得好，还会促进国家的统一。

（郑森）

唐朝起于颜真卿的榷盐制及反走私

提起颜真卿，很多人的第一印象是唐代大书法家，殊不知，他还是唐代食盐专卖制度反走私的先行者。这是怎么回事儿呢？不妨看一看《新唐书·颜真卿传》中的这段文字：

“宰相杨国忠恶之……终欲去之，乃出为平原太守。安禄山逆状牙孽，真卿度必反，阳托霖雨，增陴浚隍，料才壮，储廥廪。日与宾客泛舟饮酒，以纾禄山之疑。果以为书生，不虞也。”

唐玄宗时期的奸臣宰相杨国忠非常厌恶颜真卿，把他贬出朝廷，出任平原太守。平原郡属平卢、范阳、河东三镇节度使安禄山的辖区，当时安禄山的谋反迹象已显露出来。颜真卿便假托阴雨不断，暗中加高城墙，疏通护城河，招募壮丁，储备粮草。但从表面上来看，他还是每天与宾客驾船饮酒，以此麻痹安禄山。安禄山果然认为他是个书生，不足为虑。

《新唐书·颜真卿传》记载：“禄山反，河朔尽陷，独平原城守具备。……（唐）肃宗即位灵武（756）……（颜真卿）复为河北招讨使，时军费困竭，李峿劝真卿收景城盐，使诸郡相输，用度遂不乏。……禄山乘虚遣思明、尹子奇急攻河北，诸郡复陷，独平原、博平、清河固守。”

等到安禄山谋反，河朔多地全部陷落，被叛军占领，唯独平原城坚守。等到唐肃宗继位，颜真卿任环渤海地区的河北招讨使，当时军费非常紧张，于是他便听取建议，把食盐收为官营，从而解决了军费问题，安禄山派遣史思明急攻河北时，很多地方都陷落了，唯独平原、博平、清河固守。

《全唐文·颜鲁公行状》中也记载，为抗击安史叛军，唐肃宗乾元元年（758），颜真卿“以钱收景城郡盐，沿河置场，令诸郡略定一价，节级相输，而军用遂赡”，即所谓“因军用匮乏而行官销”。

沧州市博物馆再现隋唐时期沧州运河码头运盐等场景

景城郡，即现在的河北沧州。由此可见，颜真卿的做法是由官府收购沧州所产食盐，沿黄河设置盐场，并负责运输，再按照统一的官定价格，将盐出售给百姓，这样就会获得很大一笔收入，从而顺利地解决了军费问题。

颜真卿的这一创新举措得到了时任北海郡录事参军第五琦的注意，《全唐文·颜鲁公行状》记载，“（第五琦）随刺史贺兰进明招讨于河北，睹其事，遂窃其法，乃奏肃宗于凤翔”。

当时唐肃宗正急于筹集军费平定叛乱，当即就同意了。《旧唐书·第五琦传》记载：“于是创立盐法，就山海井灶收榷其盐，官置吏出粜。其旧业户并浮人愿为业者，免其杂徭，隶盐铁使，盗煮私市罪有差。百姓除租庸外，无得横赋，人不益税而上用以饶。”

颜真卿在河北的创新很快推行到全国，创立榷盐制，盐户生产的盐由官府全部低价收购起来，再高价卖给老百姓。同时颁布了反走私政策，即所谓“盗煮私市罪有差”，以保障食盐官营专卖制度的实施。

这是唐朝食盐销售政策的巨大改变。隋开皇三年（583），隋文帝“通盐池盐井与百姓共之，远近大悦”（《隋书·食货》）。唐承隋制，初期财源充足，足以支撑朝廷运转，对食盐管制相当宽松，甚至少收税或者不收税，也就较少有走私行为。

到了唐朝中期，财政趋于紧张，周朝时的“官山海”、春秋时的管子盐法、汉武帝时桑弘羊的盐铁专卖等，便开始在朝堂之上议论。最为典型的是，开元年间，左拾遗刘彤上表建议效仿古人，由朝廷全方位垄断经营盐铁及山林资源，以达到增加财政收入的目的。

“夫煮海为盐，采山铸金，伐木为室者，丰余之辈也。寒而无衣，饥而无食，佣赁自资者，穷苦之流也。若能收山海厚利，夺丰余之人，蠲调敛重徭，免穷苦之子，所谓损有余而益不足，帝王之道，可不谓然乎！”（《旧唐书·食货》）

刘彤说得很婉转，“损有余而益不足”，实质还是与民争利，以充国库。唐玄宗从长远考虑，没有采纳。但到了安史之乱，维持唐统治地位是第一要务，也顾不得那么多了，朝廷就采纳了第五琦的建议，实行榷盐制。

较之桑弘羊，第五琦的盐法更为严格、严密。桑弘羊只是控制了收购销售，正如《盐铁论》所记载的：“愿募民自给费，因县官器，煮盐予用，以杜浮伪之路。”而第五琦的食盐官营则更进一步，不仅垄断了流通环节，

河北省沧州市黄骅港发现唐代煮盐遗址，这里是“长芦盐”主产地之一。

还垄断了生产环节。

食盐是生活必需品，当被委以财政重任时，再加上矫枉过正很容易出问题。《新唐书·食货》记载，天宝、至德年间，盐价每斗十钱。第五琦任盐铁使后，“尽榷天下盐，斗加时价百钱而出之，为钱一百一十”。

从生产端到销售端，食盐价格因为官营而涨了十倍。为了防止走私，最大限度留财于朝廷，中央设有度支使和盐铁使，地方设有盐监、盐场、巡院。然而，庞大的盐政反走私管理机构让官府行政成本居高不下，民有怨言的同时，朝廷收入也未达到理想状态。

唐代宗广德元年（763），刘晏出任盐铁使，开始大刀阔斧改革榷盐制，《资治通鉴》记载：“晏以为官多则民扰，故但于出盐之乡置盐官，收盐户所煮之盐转鬻于商人，任其所之，自余州县不复置官。其江岭间去盐乡远者，转官盐于彼贮之。或商绝盐贵，则减价鬻之，谓之常平盐，官获其利而民不乏盐。其始江、淮盐利不过四十万缗，季年乃六百余万缗，由是国用充足而民不困弊。”

也就是说，刘晏将食盐产销体制由民产、官收、官运、官销，改成民产、官收、商运、商销，既简化了手续，精简了机构，又方便了老百姓，还给商人找到了一条发财的门路。

《新唐书》记载：“晏又以盐生霖潦则卤薄，暵旱则土溜坟，乃随时为令，遣吏晓导，倍于劝农。”

可见，刘晏十分重视发展生产，他没有提高盐价，而是通过发展生产、精简机构、减少开支、疏通流通渠道来增加收入。刘晏长期担任盐铁使，主管榷盐事务，直到建中元年（780）正月才离职。

考古人员在黄骅港唐代煮盐遗址盐坨遗迹内提取出的原盐

刘晏主持盐政近20年，把朝廷盐利收入从40万缗提高到了600万缗，盐利收入占到唐朝财税收入的一半。司马光在《资治通鉴》中说：“天下之赋，盐利居半，宫闱、服御、军饷、百官俸禄皆仰给焉。”

然而，有管制利差就会有走私，更何况唐朝时管制利差还那么大。同时，刘晏的“民制官收、商运商销”模式离不开盐商参与，他们出于逐利需要，肆意加价，甚至逃避监管参与走私，民众苦不堪言，出现了大量“淡食者”，直接不吃盐了。刘禹锡在《贾客词》中慨然叹道：“五方之贾，以财相雄，而盐贾尤炽。”

在唐代垄断食盐经营体制下，隶属于朝廷管制的合法食盐生产者称“亭户”，非法私自制盐的百姓被称为“盗煮者”“私盐犯”“刮碱煎贼”等。体制内的亭户会在巨额利润的驱使下生产计划外的私盐。

《新唐书·食货》记载，到了唐德宗贞元年间，“亭户冒法，私鬻不绝”，即便是官府高压打击，“巡捕之卒，遍于州县”，然而“私籴犯法，未尝少息”。朝廷控制的亭户没有人身自由，他们贩运私盐的方式就是与私盐贩内外联手。亭户将计划外私制食盐卖给私盐贩去运输和销售，原因就在于私盐贩的收购价格远高于朝廷定价，亭户有利润可图。

在销售环节，食盐走私也是大行其道，甚至朝廷认可的体制内盐商也会在利润驱使下贩卖私盐，这一点，最高统治者也有清醒认识。《全唐文》记载，唐文宗曾说，“江淮富家大户，纳利殊少，影庇至多，私贩茶盐，颇扰文法，州县之弊，莫甚于斯”。

这些富家大户虽然已经很富有了，但在巨大利益面前，还是贪得无厌，利用自己的特权走私，当然也会招致朝廷的严厉打击。《唐律疏议》记载：“贞元中，盗鬻两池盐一石者死；至元和中，减死流天德五城，镈奏论死如初。一斗以上杖背，没其车驴，能捕斗盐者赏千钱……鬻两池盐者，坊市居邸主人、市侩皆论坐……”

在唐朝后期这场食盐走私与反走私的较量中，一部分实力雄厚的私盐经营者逐步抱团，形成一股强大的社会力量，甚至发展到武装走私。唐武宗在《会昌五年正月三日南郊赦文》中曾说：“江淮诸道，私盐贼盗，多结群党，兼持兵仗劫盗，及贩卖私盐，因缘便为大劫。”

这些食盐走私者被称为“盐枭”，他们通过走私壮大经济实力，为了保护既得利益，发展军事力量，直接威胁到唐王朝政治安全。唐朝末期，中央政权衰微，群雄并起，一些地方割据政权的首领原本就是“盐枭”。

譬如，险些覆灭唐祚的黄巢与王仙芝，《资治通鉴》记载，“（二人）皆以贩私盐为事，巢善骑射，喜任侠，粗涉书传，屡举进士不第”。五代十国时期的风云人物，如钱镠、王建、徐温，也曾是贩卖私盐之人，分别建立了吴越国、前蜀国和南唐。

（李婷）

第五章

两宋“涨海声中万国商”

榷场者，与敌国互市之所也，皆设场官，严厉禁，广屋宇，以通二国之货，岁之所获，亦大有助于经用焉。

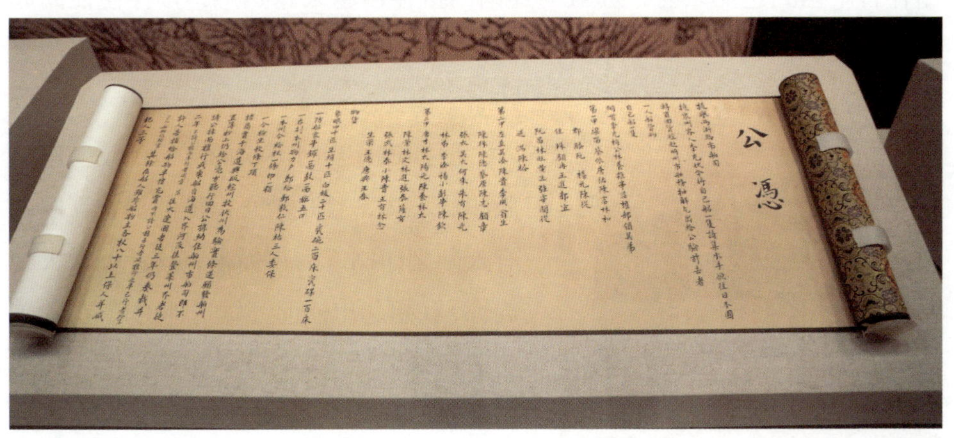

公凭是宋代市舶司发给经营海外贸易商人的证明文件，也称公验、公据。该公凭为李充公凭，见证了宋代商人李充到日本经营贸易的历史，是现存较为完备的宋代贸易凭证。

宋辽书禁的“说一套做一套”

谁将家集过幽都，逢见胡人问大苏。

莫把文章动蛮貊，恐妨谈笑卧江湖。

苏辙的这首《奉使契丹二十八首其十三神水馆寄子瞻兄四绝之三》，是其出使辽国时所作。北宋元祐四年（1089）十月，苏辙奉旨离开京师出使辽国，代表大宋庆贺辽主耶律洪基的生辰。自从北宋景德二年（1005）十二月宋辽签订“澶渊之盟”以后，两国即成为兄弟之国，遇国丧、新主继位、国王生辰等，都会互派使者。

为了表示重视，北宋使者来了，辽国照例也要派出接伴使迎接，并一路伴行。当到达燕京时，苏辙与辽国的接伴使越来越熟悉，接伴使便问起他哥哥苏轼的新作《眉山集》，认为仅出新作集不过瘾，建议苏轼出版全集才好。

苏辙画像

要知道，当时苏轼的《眉山集》刚出版印刷不久，且是禁止出境的书，辽国就有人翻刻印刷广为传播了，这让苏辙大为震惊，联想起出使前苏轼送他的诗句，“单于若问君家世，莫道中朝第一人”（《送子由使契丹》），不禁感慨万千。

出使前，苏轼一再叮嘱苏辙，“不辞驿骑凌风雪，要使天骄识凤麟”（《送子由使契丹》），作为使者，顶风冒雪不惧旅途劳苦，为的就是让辽国知道，大宋朝有杰出的精英人物。

但苏轼也提醒苏辙，展示才华要有度，辽国君主若是问起家世，千万不要说朝廷第一等人物只在苏家门庭。苏轼是在担心，苏辙展示才华过度，会被辽国扣留，被迫为辽国服务，兄弟不能再相见。

苏轼这种复杂的心情一如宋辽之间的书禁——走私与反走私之间的较量。北宋王朝经济文化繁荣，军事上积弱，打不过北方少数民族政权，便在反走私保障下，在经济文化上与之对抗。

《宋会要辑稿》记载，景德三年（1006）九月，宋真宗下《非九经书疏禁沿边榷场博易诏》："民以书籍赴沿边榷场博易者，自非九经书疏，悉禁之。违者案罪，其书没官。"也就是说，九经以外的书，禁止通过榷场交易到境外，违者治罪，书没收。

宋代九经一般指《周易》《尚书》《诗经》《左传》《礼记》《周礼》《孝经》《论语》《孟子》。统治者认为，这九经具有教化作用，传出去可让周边少数民族政权少进攻中原，起到"柔远人，则四方归之"（《中庸》）的作用。

而九经以外的书就不好讲了，有的会妖言惑众，不利于内部统治；有的讲"朝廷得失，军国利害"，传出去之后，不仅会泄露国家机密，还会使得周边政权统治者更有智谋。

然而，文化传播有其自身的规律，通常是由高到低，由强到弱，一纸诏令怎么能严格禁止？加之"立法不严""边帅未尽得人""贩入虏中，其利十倍""雕印之人不知事体"，导致"流布渐广，传入虏中"（欧阳修《论雕印文字札子》）。

苏轼画像

于是，宋仁宗于康定元年（1040）发布禁止镂板鬻卖"边机文字"的诏书："访闻在京无图之辈及书肆之家，多将诸色人所进边机文字镂板鬻卖，流布于外，委开封府密切根捉，许人陈告，勘鞫闻奏。"

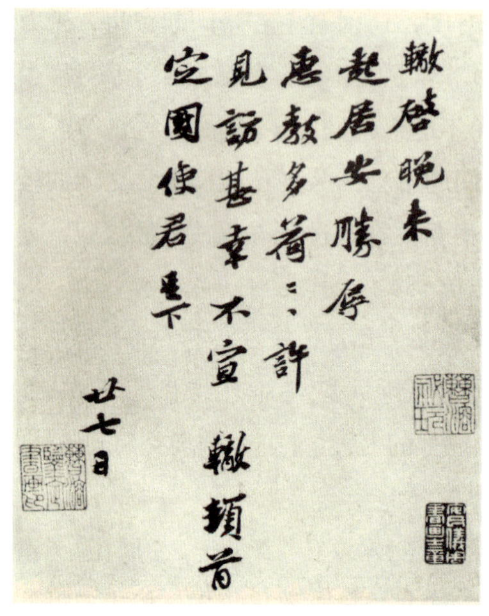

苏辙行书《晚来贴》，现藏于台北故宫博物院，写于元祐四年（1089）。

然而，简单的书禁和禁止印刷“边机文字”政策并未取得明显成效，甚至一些外来使节也参与到禁书走私之中。苏轼在《论高丽进奉状》中称：“使者所至，图画山川，购买书籍。”北宋史学家范镇的《东斋记事》记载：“天圣中，新罗人来朝贡，因往国子监市书。”

到了宋神宗在位时期，为将“书禁”进行到底，开始加大惩罚力度。在元丰元年（1078），宋朝再次颁布了禁令：“诸榷场除九经疏外，若卖余书与北客，及诸人私卖与化外人书者，并徒三年，引致者减一等，皆配邻州本城，情重者配千里。许人告捕，给赏。”

也就是说，之前惩罚只是没收书籍，现在改为判处三年徒刑，加大了惩罚力度。然而，北宋书禁的禁令似乎只是限制普通人，皇帝却是例外。他们为了宣扬文德教化，常常向周边各国“赏赐”九经以外的各类典籍。

苏轼在《论高丽买书利害札子（三）》中提到：“淳化四年、大中祥符九年、天禧五年曾赐高丽《九经书》、《史记》、《两汉书》、《三国志》、《晋书》、诸子、历日、圣惠方、阴阳、地理书等。”同时期的黄庆基在《劾苏轼状（一）》中提到：“近者高丽人使乞赐书籍，此乃祖宗朝故事，且屡尝赐书与之矣。”

北宋最高统治者在书禁反走私问题上摇摆不定，说一套做一套，禁别人而宽自己，导致终宋一朝，效果并不显著。这一点，北宋一些有识之士也看出来了。

比如宋哲宗在位时期，高丽使臣曾向宋朝提出购买《册府元龟》等重要书籍，宋朝内部因此还进行了论辩，苏轼时任礼部尚书，他持反对态度，理由是：“臣闻河北榷场禁出文书，其法甚严，徒以契丹故也，今高丽与

再现苏辙出使辽国情景

契丹何异？”

宋朝为了自身利益禁书，辽、金也是如此，且更为严厉。宋人沈括在《梦溪笔谈》中记载：“契丹书禁甚严，传入中国（即宋朝境内）者法皆死。”诸如孟庾在宋高宗绍兴十年（1140）留守于开封，在宗弼率领金军来攻时，他举城降金，后于绍兴十二年（1142）被遣返南宋，因为带了违禁书籍，差点没能回到南宋。

宋辽书禁、反走私没做好，虽然不利于其自身统治，但客观上却促进了民族文化交流，推动了以北宋为中心的“东亚文化圈”的巩固和繁荣。

（牛聪）

宋辽在河北设榷场反走私

行祠寂寞寄关门，野草犹知避血痕。
一败可怜非战罪，太刚嗟独畏人言。
驰驱本为中原用，尝享能令异域尊。
我欲比君周子隐，诛彤聊足慰忠魂。

这是北宋元祐四年（1089），苏辙奉宋哲宗之命出使辽国，在古北口（今北京密云）写下的《过杨无敌庙》一诗。这里的杨无敌即杨业，北宋名将，《宋史》评价他道："业不知书，忠烈武勇，有智谋，练习攻战，与士卒同甘苦。"

苏辙写这首诗时，杨业已经战败，以身殉宋，离世 103 年。而此时的古北口已经在辽国境内，杨无敌庙是契丹人修建起来的祭祀之处。看着寂寞的古北口，秋风吹拂野草，萧瑟荒凉，萧萧沉寂，苏辙想到大宋朝在辽和西夏的夹击之下狼狈的情形，感慨万端，不由得写出这首诗。

北宋打不过强大的辽国，也打不过相对弱小的西夏。元丰四年（1081），宋神宗以西夏国主李秉常被母亲梁太后幽囚为借口，兴师问罪，发五路大军讨伐西夏。然而谁又能料到，宋神宗眼中的软柿子竟是铁疙瘩，宋军大败而归。诗人张舜民随军西征，目睹了灵州之战的惨烈，以悲愤的心情写下了这样的诗句："青铜峡里韦州路，十去从军九不回。白骨似沙沙似雪，将军休上望乡台。"

北宋在中国历史上是一个奇特的存在，它经济繁荣，人口首次破亿（《中国宋辽金夏经济史》），常备军保持在百万之众，却屡战屡败。军事上打不过，统治者便在经济上打起了贸易战，他们设立榷场，在环渤海的边境地区与辽国开展互市贸易，制定了严密的反走私法规并严格执行，在与辽的贸易战中频频胜利，开创了利用经济手段解决民族问题的先河。

什么叫“榷场”？《金史·食货》中给出了解释：“榷场者，与敌国互市之所也，皆设场官，严厉禁，广屋宇，以通二国之货，岁之所获，亦大有助于经用焉。”也就是说，榷场是两个政权在边境上由官方设立的互市贸易场所，交易双方有官有民，被许可后才可入市交易。

最早的榷场不是诞生在宋辽边境，而是在北宋初年与李后主南唐的对峙中，设于今湖北一带的汉阳、蕲口等地。当时的宋辽之间贸易，并没有太多管制，也没有设置专门的管理机构。《续资治通鉴长编》记载：“契丹在太祖（赵匡胤）朝，虽听沿边互市，而未有官司。”

到了宋太宗时期，“太平兴国二年（977），始令镇、易、雄、霸、沧州，各置榷务，命常参官与内侍同掌，辇香药、犀象及茶与交易”（《宋史·食货》），这里的镇州指石家庄一带，易州在长城以南，雄州、霸州、沧州，现在均属河北省。

宋太宗为什么设榷场，还专门委派官员管理？《续资治通鉴长编》中给出了解释：“香药库使高唐张逊建议，请置榷场局，大出官库香药、宝货，

辽宁省博物馆展出的灰陶契丹人俑

稍增其价，许商人入金帛买之，岁可得钱三十万贯，以济国用，使外国物有所泄。帝从之，一岁中果得钱三十万贯。”

也就是说，宋太宗是接受了高唐人张逊的建议，才设置榷场的。张逊为什么有此建议呢？《宋史·张逊传》给出了解释：“太平兴国初……（张逊）从征太原还，迁文思副使，再迁香药库使。岭南平后，交趾岁入贡，通关市。并海商人遂浮船贩易外国物，阇婆、三佛齐、渤泥、占城诸国亦岁至朝贡，由是犀象、香药、珍异充溢府库。逊请于京置榷易署，稍增其价，听商入金帛市之，恣其贩鬻，岁可获钱五十万缗，以济经费。太宗允之，一岁中果得三十万缗，自是岁有增羡，至五十万。”

原因似乎很简单，宋太宗统治初期，大量外族贡品充斥于朝廷的府库，不当吃不当穿，变不成钱。张逊在“从征太原”过程中发现，宋辽边境地区互市贸易频繁，于是建议拿着这些贡品去交易，为朝廷赚点钱，以增加财政收入，效果果然不错，岁入 50 万缗。缗，原指古代穿铜钱用的绳子，后变成古代计量单位，钱 10 缗相当于 10 串铜钱，一般每串 1 千文。

北宋初期，内有叛乱，外有强敌，宋太祖、宋太宗先后多次御驾亲征，指挥宋军平定荆南、南楚、后蜀、南汉、南唐等五代十国残余势力，形成局部统一。然而，无论是战争还是战后重建，都需要花费大量的钱，于是统治者便开始千方百计“化缘”了。

当时，北宋财政收入主要来源是田赋、徭役，突然从府库贡品边境贸易中年入 50 万缗，统治者自然高兴，便加强了反走私管理。比如，设置了专门的管理机构——榷署，隶属于户部，管理官员统称为“监临场务使臣”。

与北宋相对应的，在其设立榷场的同一年，辽景宗保宁九年（977），辽国也在其控制的涿州设立了榷场，与北宋开展贸易。不过，这种相安无事、互利互惠的边境榷场贸易并没有持续太长时间。

当时北宋并没有与辽国进行过大规模的战争，也不知道其军事实力究竟几何，宋太宗一心想统一全国，夺回五代时后晋石敬瑭割给契丹的燕云十六州，于太平兴国四年（979）乘灭北汉之威，分兵两路向燕、蓟方向推进，开启了长达 25 年之久的宋辽战争的序幕。

宋太宗企图乘其不备，一举夺取幽州。辽景宗耶律贤得知幽州被困，急令精骑增援。辽军反击，宋军三面受敌，顿时大乱，在高梁河全线溃退，死者万余人，宋太宗乘驴车逃走，辽军追至涿州为止，这就是“高梁河之战”。

内蒙古库伦旗墓地出土的辽代壁画——牵驼贸易图，现藏于通辽市博物馆。

此后，宋辽双方又发生了满城之战、雁门之战、瓦桥关之战、岐沟关之战、君子馆之战等，对边境贸易影响极大，其间榷场关闭，战争结束之后才开启。《宋史》记载：“后有范阳之师，罢不与通。雍熙三年（986），禁河北商民与之贸易。时累年兴师，千里馈粮，居民疲乏，太宗亦颇有厌兵之意。”

《宋史》接着记载：“端拱元年（988），诏曰：‘朕受命上穹，居尊中土，惟思禁暴，岂欲穷兵？至于幽蓟之民，皆吾赤子，宜许边疆互相市易。自今缘边戍兵，不得辄恣侵略。’未几复禁，违者抵死，北界商旅辄入内地贩易，所在捕斩之。淳化二年（991），令雄、霸州、静戎军、代州雁门砦置榷署如旧制，所鬻物增苏木，寻复罢。”

《文献通考》也记载：“后有范阳之师，乃罢不与通。端拱元年，复诏许互市。二年，复禁之。淳化二年，置榷如旧制，寻复罢。”

（朱艳丽）

反走私保障下的宋辽互市贸易暗战

力辞骠骑安祠廪，因忤弘羊失使华。

互市贾胡共香火，专城战地再桑麻。

这是南宋诗人刘克庄《挽叶寺丞二首·其一》中的两联四句。

迄今井邑犹荒凉，居民生资惟榷场。

马军步军自来往，南客北客相经商。

这是金代诗人刘迎《淮安行》中的诗句。

这两首诗分别提到了两宋时期，宋辽、宋金边境贸易的互市与榷场，字里行间都透露着这种贸易形式的重要性。

说它重要，不仅因为“互市贾胡共香火”“居民生资惟榷场”，还因为这种在反走私保障下的治边政策，可以让对阵双方的实力此消彼长，改变王朝的历史走向。

这就得从澶渊之盟说起了。景德元年（1004）秋，辽圣宗与萧太后亲率大军南下攻宋，生死存亡之际，宋真宗在寇准力劝下亲征。

双方僵持不下，最终签下了澶渊之盟：宋辽约为兄弟之国，以白沟河为界，双方撤兵；宋每年向辽提供“助军旅之费”银 10 万两，绢 20 万匹，至雄州交割；双方于边境设置榷场，开展互市贸易。

沈阳博物馆的榷场贸易复原想象图

这是双方互相攻伐25年后的结果，军事上势均力敌，实在打不动了，约为兄弟之国，实际上还是敌对之国，在反走私保障下打起了贸易战。

双方都想在贸易中占据优势，让对方财富流入自己国中，并削弱对方，以图日后实现大一统。于是，激烈的暗战无时无刻不在上演。

在这场不见硝烟的贸易战中，辽圣宗率先出招，按照约定在涿州新城设置榷场；翌年，宋真宗“令雄霸州、安肃军置三榷场……又于广信军置场”（《宋史·食货》）。

这就是历史上有名的“河北四榷场”：雄州即现在的雄县，归雄安新区代管；霸州归现在的廊坊市；安肃军即今河北徐水；广信军即今河北徐水西。

后来，辽又“开奇峰路以通易州贸易……振武军及保州并置榷场”（《辽史·食货》）。振武军在今内蒙古和林格尔西北，保州即现在的河北保定。

《中国通史参考资料》记载：“自此，沿边州军，各守疆界，两地人户，互不交侵。辽人多以羸老之羊及皮毛，易宋之绢，彼此利之，人人安居，不乐战斗。”

辽宁省博物馆再现契丹人生活场景

《辽史·食货》中还记载了这样一位受益者："时北院大王耶律室鲁以俸羊多阙，部人贫乏，请以羸老之羊及皮毛易南中之绢，上下为便。"

通过榷场，北宋的农产品、手工业品和海外香料源源不断地销往辽国，而辽国的牲畜、皮货、草药、井盐等也陆续进入北宋老百姓家中。

北宋后来在朔州南恢复了榷场，还设置了临时榷场，如定州军城寨榷场、飞狐茭牙榷场、火山军榷场、欠良津榷场、朔州东偏头村榷场等。

北宋之所以这么支持榷场，是因为在严格执行反走私政策的前提下开展互市贸易，可以获取巨额利益，以支付澶渊之盟约定向辽国支付的"助军旅之费"。

北宋是怎么做到的呢？他们设置榷署，在疆界上履行边关进出境事务和外贸管理职能，兼具政治军事防卫职能。

榷署隶属于户部，管理官员统称为"监临场务使臣"，内设"税务提领"两名，又称"总领钱粮官""提领监司"。

为了防止走私、产生贸易混乱，宋辽要求榷场贸易必须在榷署官员的严格控制和军事监视下进行。榷场是一个封闭的贸易场所，非商贸旅客禁止入场。

贸易商们要想进入榷场交易，首先得承诺不越界、不寄附书信，然后领取榷署发放的牌子、关子、引子、标子等合法证件，才能进入。

双方交易必须在官吏监督下完成，每次只准先带一半货物赴对方榷场，带回所易物品后，再持另一半进行交易。交易完成后必须立即返回本境，由榷场官收回牌子、引子等证件。

宋辽各榷场均严禁商人、榷场官员、押送岁币礼品的官兵使臣等各类人员走私，对违禁走私和偷渡者的处分十分严厉。

北宋一般处以刺面流放。辽国更为严厉，《续资治通鉴长编》记载："每擒获鬻马出界人，皆戮之，远配其家。"

之所以有如此严厉的处罚措施，是因为宋辽统治者要开展贸易战并占据优势，必须防止走私，否则功亏一篑。

举例来讲，马匹是冷兵器时代的重要军事物资，一般不许私相交易。

五代胡瓌创作的《卓歇图》，一般被认为是契丹人打猎归来歇息的场景，但也有学者认为是贸易途中歇息的场景。

如宋仁宗在皇祐元年（1049）颁布诏令：“河北两地供输民毋得市马出城，犯者以违制论。”（《续资治通鉴长编》）北宋这么做的一个原因是，一些走私分子以马匹运输货物的名义，把马匹带出境，马匹留在境外，不回来了。宋辽关系紧张时，辽会特别禁止向宋输出马匹。北宋缺马，有时候还想尽办法甚至暗中支持商人走私马匹入境，如今马匹走私出境，当然不会被禁止。

再比如宋神宗熙宁年间，“禁私市硫磺、焰硝，以及芦甘石入他界”（《宋史》），即不许火药原料出境。辽希望进口粮食，宋则有“旧米出塞下，不得过三升”（《续通志》）的规定。

步步为营、锱铢必较的反走私榷场贸易战让军事上处于劣势的北宋，在互市贸易中占据优势地位，通过不断向辽国输送关乎国计民生的商品，使其经济上越来越依靠北宋。

反观辽国，由于出口商品相对单一，大多是牲畜、矿物等特产，导致北宋对辽国的贸易顺差越来越大，甚至超过了其每年向辽国支付的“助军旅之费”。

根据典籍记载，河北诸榷场每年贸易总额达150万缗，北宋统治者可获益40万缗。辽国贸易逆差越来越大，财富货币不断流入北宋，导致本币逐年减少，造成通货紧缩，从而对北宋货币体系产生了严重依赖，后来甚至丧失了部分货币铸造权。

（周丽）

宋朝打击高丽朝贡贸易走私

圣节祥烟蔼御炉，殿庭严肃响山呼。
赭袍日照来天上，玉佩风清侍座隅。
古字数行仙药诀，鲛绡十幅寿星图。
远方拜表来朝贡，兼贺虹流电绕枢。

这是北宋诗人田锡的《乾明节祝圣寿（其六）》，是为皇帝寿辰而作，表达对皇帝的祝福与崇敬之情。其中“远方拜表来朝贡”一句，还有同名诗其八中的“万国人臣皆悦乐”一句，表明当时来贺寿的还有很多外国人。

高丽太祖王建像，出土于朝鲜平壤开城显陵附近，现收藏于朝鲜国立中央历史博物馆。

为什么有这么多外国人来朝贡？宋元之际著名的历史学家马端临在《文献通考》中说：“岛夷朝贡，不过利于互市赐予，岂真慕义而来？”海外诸国不远万里来奉表朝贡称藩，无非是希冀大宋的物产，难道真的是为仰慕大宋而来？

的确，自秦汉以来，以朝贡名义开展的朝贡贸易长期占据中国古代对外贸易的主导地位，历代王朝以“天朝上国”自居，长期秉承“不与外人争利”的传统理念，对朝贡贸易不讲求经济效益，以“厚往薄来”为交换原则，以换取一个“万国来朝，四夷咸服”的政治效果。

这种理念在国力强盛的时候还可以维持，但国力衰弱的时候就难以为继了。一如唐代安史之乱后，来自边地的乱军和西北的突厥、沙陀军队，轮番洗劫长安，诗人笔下的诗句也渐渐从“百官趋前呼万岁，万邦争先贡奇珍”，变成“胡儿胡骑呼胡语，忍将汉妇马后牵”。

再如北宋，初期国力强盛的时候，还能维持这种得不偿失的朝贡贸易，而到了中期，随着与周边少数民族政权在军事斗争上的屡战屡败、节节失利，统治者们渐渐意识到，自己已经没有唐朝那般“万国来朝”的号召力了，索性就撕下虚伪的装扮，来点实惠的。

于是，北宋的朝贡贸易政策也渐渐从鼓励转向限制。然而，积重难返的朝贡贸易习惯以及由此产生的走私利益，难以在短时间内改变，于是，一场围绕朝贡贸易的走私与反走私较量在环渤海地区的宋朝与高丽之间上演。

自唐昭宗乾宁二年（895）日本派出第 11 次遣唐使之后，历宋之世，目前可查的典籍中，再没有中日之间官方往来的记录，东邻之国中唯有高丽与宋朝保持朝贡关系，但鉴于辽、金的先后强大和牵制，也是断断续续。

《宋史》记载，宋太祖建隆三年（962），高丽大成王王昭遣广评侍郎李兴、副使李励希、判官李彬来宋朝贡。次年，宋太祖降制高丽国王，赐命王昭为开府议同三司、检校太师、玄菟州都督、充大义军使、高丽国王。淳化四年（993）始，受制于辽的高丽，在受辽之册封、奉其正朔的同时，仍不时向宋朝贡。

大中祥符八年（1015），宋真宗“诏登州置馆于海次”，以待高丽使者。天圣八年（1030），高丽王派遣 293 人的庞大使团奉表来朝，“贡金器、银罽刀剑、鞍勒马、香油、人参、细布、铜器、硫黄、青鼠皮等物。明年二月辞归，赐予有差，遣使护送至登州。其后绝不通中国者四十三年”（《宋

敦煌壁画中的北宋《朝贡图》

史》）。

到了神宗年间（1068—1085），北宋与高丽间的朝贡关系再度活跃。然而，经历了这么多年的时断时续，人们已经看出了高丽谋利的真实目的，马端临在《文献通考》中说："高丽之臣事中朝也，盖欲慕华风而利岁赐耳。"

苏轼也认识到这一点，他在上疏中指出："熙宁以来，高丽人屡入贡，至元丰之末，十六七年间，馆待赐予之费，不可胜数，两浙、淮南、京东（北宋时的山东一带）三路筑城造船，建立亭馆，调发农工，侵渔商贾，所在骚然，公私告病。"（《东坡全集》）

也就是说，宋神宗熙宁年间以来，朝鲜半岛上的高丽多次遣使入贡，到了北宋的管辖区域以后，需要各种接待，劳民伤财。用苏轼的话说，朝贡贸易，蕃国入贡，于"朝廷无丝毫之益，而远夷获不赀之利"（《东坡全集》），得不偿失。

据《宋史》《宋会要辑稿》不完全统计，高丽向北宋共派遣使者 57 次，宋向高丽派遣使者 30 次（孙玉琴编著《中国对外贸易史》）。高丽向宋朝进献的贡物主要是金银、铜器、丝绸织品、良马、人参、药物之类，有的货物输入量极大，如宋太宗淳化四年（993）一次就向宋廷进献了三万匹布，再获得超额回赠，宋朝花费极大。

最关键的是，这些贡使还利用职务之便从事走私贸易，于大宋经济安全不利。《东坡全集》记载："（高丽）使者所至，图画山川，购买书籍。议者以为所得赐予，大半归之契丹，虽虚实不可明，而契丹之强足以祸福高丽，若不阴相计构，则高丽岂敢公然入朝中国？有识之士，以为深忧。"

这些高丽使者在大宋统治辖区内四处游荡，画下了大宋的山川形势，还购买大量违禁书籍，带出境外，这些书籍大半流向了契丹人建立的辽国，而辽国是北宋的劲敌，于安全不利。这些高丽使者是不是与契丹人勾结走私，也不知道。

即使高丽使者不与辽国勾结，也有参与走私获利的巨大动力，他们利用出使机会，携带大量私货与民间开展私相交易活动，谓之"私觌"或"私市"，回国之后高价销售牟利。《高丽图经》记载："高丽故事，每入使至，则聚为大市。罗列百货，丹漆缯帛，皆务华好。而金银器用，悉王府之物，及时铺陈。”

北宋著名画家李公麟的《朝贡图》局部

由此可见，高丽使者回国后，便会大开市场，“罗列百货”，兜售自己带回的商品。既然高丽人这么喜欢北宋的货物，走私使者可以从中获利，为什么不采取一定手段，将这种利益归于财政上经常捉襟见肘的大宋朝廷呢？

北宋统治者是这么想的，也是这么干的，他们首先对赔本赚吆喝的朝贡贸易逐步采取了限制措施。

北宋初期，财政压力没那么大，统治者还是鼓励朝贡贸易以建立“四夷来朝”威信的。根据《宋会要辑稿》记载，与宋朝建立朝贡贸易关系的海外国家总共有26个，北起朝鲜、日本，南至马来半岛，西迄东非海岸，共入贡302次，其中以高丽、交趾、大食最为频繁。（廖大珂《中国传统海外贸易》）

为了保持友好关系，不使双方利益受损，尽量做到等价交换，北宋对朝贡贸易实行“估价回赐”制度，“诏：诸蕃贡物，咸令估价酬之”（《续资治通鉴长编》），“不得两方亏损”（《宋会要辑稿》），同时，所有贡物一律免于征税。

优厚的政策加之北宋货品太受欢迎，导致朝贡贸易兴盛。《宋会要辑稿》记载：“二圣（宋太祖、宋太宗）以来，四夷朝贡曾无虚岁。”

北宋著名画家李公麟的《朝贡图》局部

但北宋中期以后，随着经济形势变化，朝廷财力不支，力有不逮，政策开始变化。

《宋会要辑稿·蕃夷》中记载

了宋真宗时期修改的朝贡法令："海外蕃国贡方物至广州者，自今犀象、珠贝、拣香、异宝听赍赴阙。其余辇载重物，望令悉纳州帑，估值闻奏。非贡奉物，悉收其税算。"

也就是说，贡品到北宋统治辖区后，先要进行甄别，只有真正的奇珍异宝才有资格入朝进贡，其他的贡品不能入贡，必须交税才能销售。显然，此举区分了贡品与非贡品，其实是在打击部分进贡商船以进贡之名偷逃关税进行走私等行为。

除了对进贡物品进行限制，北宋对朝贡使团的规模和人数也加以限制，"每国使、副、判官各一人，其防援官大食、注辇、三佛齐、阇婆等国勿过二十人；占城、丹流眉、勃泥、古逻、摩迦等国勿过十人，并来往给券料。广州蕃客有冒代者，罪之。缘赐予所得、贸市杂物则免税算，自余私物不在此例"。（《宋会要辑稿·蕃夷》）

由此可见，宋朝根据交往国度的重要性不同，规定的朝贡使团规模大小也不同，通过削减朝贡人数来削减朝贡贸易规模，以减小财政负担，同时严厉打击走私分子假冒贡使参与朝贡贸易。

然而，法令归法令，为了利益，很多外国人还是积极来朝贡，《庆元条法事类》记载，建炎三年（1129），大食国"遣使奉宝玉珠贝入贡"，高宗谓侍臣曰："大观、宣和间，茶马之政废，故武备不修，致金人乱华，危亡不绝如线。今复捐数十万缗以易无用之珠玉，曷若惜财以养战士？"遂令官员拒其贡物不纳。

同年十一月，鉴于四夷朝贡者日众，而"祖宗以来别无止绝之文"的实情，宋高宗制订了更为严厉的限贡措施，"敕海舶擅载外国入贡者，徒二年，财物没官"（《庆元条法事类》）。

宋朝统治者这么做也是无奈之举，朝贡贸易繁盛，加上贡使走私，朝廷损失太大了。苏轼在《因擒鬼章论西羌夏人事宜札子》中说："每一使至，赐予、贸易无虑得绢五万余匹，归鬻之，其直匹五六千，民大悦。一使所获，率不下二十万缗，使五六至，而累年所罢岁赐，可以坐复。"

（宋娜）

北宋财政拮据与反走私

黄田港北水如天，万里风樯看贾船。

海外珠犀常入市，人间鱼蟹不论钱。

高亭笑语如昨日，末路尘沙非少年。

强乞一官终未得，只君同病肯相怜。

王安石的这首《予求守江阴未得酬昌叔忆阴见寄之作》，描写了当时海外贸易的繁盛场景。

一提起大唐王朝朝贡贸易的繁盛，人们总习惯用王维的那句“九天阊阖开宫殿，万国衣冠拜冕旒”；而提起北宋的海外贸易，人们总能想起翰林学士李邴的那句“苍官影里三洲路，涨海声中万国商”。

宋朝是一个积贫积弱的王朝，冗兵、冗费、冗官“三冗”严重，财政支出巨大；加上长期与北方少数民族政权辽、金、西夏对峙，战争不已，敌不过便被迫岁输厚币，以换取苟安，更加重了这种财政短绌。

没法节流，只能开源，他们把目光投向了获利丰厚的海外贸易，即所谓“讲求市舶之利，颇助国用”（《宋会要辑稿》），于是在自古经济发达、商贸繁荣的环渤海地区上演了一幕幕走私与反走私的争利大戏。

宋神宗曾说：“东南利国之大，舶商亦居其一焉。昔钱、刘窃据浙、广，内足自富，外足抗中国者，亦由笼海商得术也。”他要求臣下“创法讲求”，以期“不惟岁获厚利，兼使外藩辐辏中国，亦壮观一事也”。（《续资治通鉴长编拾补》）

由此，宋朝成为中国历史上为数不多的高度重视对外贸易、海外贸易的朝代之一，被誉为中国历史上第一次“商业革命”。宋太宗时期（976—997）便积极推动市舶贸易。《宋史》记载：“雍熙中，遣内侍八人赍敕书

郭忠恕的《雪霁江行图》，体现了当时高超的造船技术，为大规模海外贸易提供了前提条件。上方有宋徽宗赵佶题“雪霁江行图，郭忠恕真迹”。

金帛，分四路招致海南诸蕃。”

唐末及五代时期，战火硝烟不断，到中亚地区的陆上丝绸之路被阻断；取而代之的海上丝绸之路，又被阿拉伯商人所控制，因此要想发展海外贸易，必须先得招商，借用外力。与此同时，宋朝还双管齐下，积极鼓励中国商人出海贸易。

《宋史·食货》记载，诏令：“诸市舶纲首（民船船主）能招诱舶舟（外来商船）、抽解物货，累价及五万贯、十万贯者，补官有差。大食蕃客啰辛贩乳香直三十万缗，纲首蔡景芳招诱舶货，收息钱九十八万缗，各补承信郎。”

由此可见，宋朝对贩易外国货物卓有成效者，会大加奖赏，甚至可以授予官职。如果商人不愿意出海贸易，统治者甚至在财政窘迫之时采取断然措施，强制富商出海。《宋会要辑稿·刑法》记载，市舶司“拘于岁课，每冬律谴富商，请验以往，其有不愿者，照籍点发”。

宋朝发展海外贸易的意图很明确，就是要致富，增加财政收入，因此采取了很多反走私措施，以保障自身利益。《宋史》记载，雍熙年间（984—987），朝廷下令“商人出海外蕃国贩易者，令并诣两浙市舶司，请给官券，违者没入其宝”。

这里的“市舶司”是管理海外贸易的专门机构，始于唐朝，完善于宋朝。当时，凡是海上贸易货船出港，均要向市舶司申请、接受检验，进港要验证，货物要纳税。元祐三年（1088），宋朝在环渤海地区的密州（板桥镇）设置市舶司，管理海外贸易。

此后，“太平兴国初，私与蕃国人贸易者，计直满百钱以上论罪，十五贯以下黥面，流海岛，过此送阙下”；“淳化五年(994)申其禁，至四贯以上徒一年，稍加至二十贯以上，黥面配本州为役兵”（《宋史》）。

宋苏汉臣创作的绢本设色画《货郎图》，体现了当时的商品贸易。

宋朝对违反禁令从事走私贸易的处罚可谓严厉，但依然有走私存在。北宋初期，宋辽对峙，军事战争不断，孰强孰弱亦未可知，高丽为了自保，试图两头交好，从中渔利。北宋为了保障边境安全，禁止民间与高丽通商，仅留朝贡贸易一条通道。

然而，禁令归禁令，北宋与高丽之间的海上民间贸易并不能完全禁绝，仍然往来不断。据朝鲜郑麟趾的《高丽史》记载，北宋时期，宋商前往高丽贸易者几乎无年无之，有时一年到达的宋商竟达数百人。

比如天禧三年（1019），就有泉州商人陈文轨等100余人、福州商人虞瑄等100余人、浙江商人志难等60余人抵达高丽贸易。自元丰二年（1079）宋朝取消赴高丽通商禁令之后，民间贸易更是与日俱增。

高丽政府热情接待宋商到来，徐兢在《宣和奉使高丽图经》卷六中写道“（宋朝）贾人之至境，遣官迎劳”，安置于专门的宾馆，对他们带来的货物，常“计其所值以方物数倍偿之”。

据《宋史·高丽传》记载，宋商数十人、数百人地成群漂洋过海，赴高丽贸易，当时常住在开城的宋朝商人多达数百人。作为对高丽贸易的主要港口，位于今山东的登州港濒临渤海，扼渤海海峡之咽喉，海上贸易发达。

北宋时期，登州辖区是全国丝麻纺织品中心产地之一，还盛产黄金，物产充裕，海上对外交往和航线较多。经登州港通往海外和沿海各地的航

欽定四庫全書

宣和奉使高麗圖經卷一

宋 徐兢 撰

建國

臣聞夷狄君長類以詐力自尊殊名詭號單于可汗無足稱者獨高麗自箕子之封以德取使後世稍衰他姓亦用漢爵代居其位上有常尊下有等殺故襲國傳世頗可紀録今謹稽諸史叙其歷代之王作建國記云

欽定四庫全書　宣和奉使高麗圖經 卷一　二

始封

高麗之先蓋周武王封箕子胥餘于朝鮮寔子姓也歷周秦至漢高祖十二年燕人衛滿亡命聚黨椎結服役蠻夷寖有朝鮮之地而王之自子姓有國八百餘年而為衛氏衛氏有國八十餘年先是夫餘王得河神之女為日所炤感孕而卵生既長善射俗稱善射為朱蒙因以名之夫餘人以其生異謂之不祥請除之朱蒙懼逃焉遇大水無梁勢不能渡因持弓擊水而黿之魚鼈並

《宣和奉使高丽图经》书影

线至少有四条：一是渡渤海北通高丽；二是渡渤海经高丽通日本；三是横渡黄海经济州岛通日本；四是沿海南下通达扬州、明州各港。

由此可见，前三条航线为当时去高丽、日本的海上必由之路，曾有过丝竹笙歌、商贾云集、帆樯林立、笙歌达旦和“日出千杆旗、日落万盏灯”之鼎盛。只是到了北宋后期，因与辽、金交兵，登州因地近北虏、常屯重兵、旦暮传烽、以通警急，成为北宋边界海防要地。

熙宁七年（1074），宋廷实行海禁，封闭登州港，位于今青岛的密州板桥镇取而代之，开港后久为海舶通道，成为南北方重要的中转港口。内外商贾所聚，各方络绎往来，都以板桥镇为吞吐集散港，内陆货物由此运销江南或海外，东南沿海各地国外货物由此进港转运内陆。这也是元祐三年（1088）宋廷在此设置市舶司加强管理、开展反走私的重要原因。

终宋一朝，史书中虽然没有与日本开展朝贡贸易的记载，但民间贸易从未中断。北宋时，日本统治者藤原对海外贸易采取消极的闭关政策，禁止臣民私自渡海贸易，有犯强行摊派同官，人处罪，故日本船很少入宋，多是宋船前往日本。

据中日史籍记载的不完全统计，北宋160多年间，宋船往来于中日之间70多次。有的中国商人专门经营对日贸易，多次泛海到日本。其中姓名可考的有陈仁爽、余满德、郑仁德、朱仁聪、周文德、周文裔、孙忠、李充等20余人。（日本木宫泰彦《日中文化交流史》）

（张艳华）

宋辽对抗下的高丽反走私贸易

“商贾于海道兴贩，并具人船物货名数所诣处，经州投状往高丽者，财本必及三千万贯，船不许过两只，仍限次年回，召本土有物力户三人委保物货，内毋得夹带兵器。”

《宋会要辑稿·食货》中记载，宋朝对去高丽贸易者有着严格的规定，比如“财本必及三千万贯”“船不许过两只”“限次年回”。如果违反了，就要罚没、入刑。

而如果“不请公据而擅乘船自海道入界河及往高丽，新罗，登、莱州界者，徒二年，五百里编管，往北界者，加二等，配一千里。并许人告捕，给船物半价充赏”（《续资治通鉴长编》）。

《宝庆四明志》记载：“凡中国之贾高丽与日本，诸蕃之至中国者，惟庆元得受而遣焉。”这里的庆元即北宋时的明州，现在的浙江宁波，南宋绍熙五年（1194）改称“庆元”。

宋朝时期，对海外贸易放得相当开，唯独对高丽贸易有着特殊的管理政策，这当然与其特殊的地理位置，临近敌国——辽、金有关，宋廷对其总是放心不下，处处提防。

然而为了经济利益，宋廷还是在做好反走私的前提下，与其开展民间贸易往来，这从侧面反映了宋廷对开展海外贸易以增加财政收入的重视。

宋廷既希望通过贸易管制、反走私措施来保障统治安全，获得高额收入，以满足庞大的财政开支，又忌惮过于严厉的措施会打击私营海商的积极性，反而削减税收，减少收入，因此政策频繁变化。

宋朝对外贸易政策包含三个方面：一是逐步限制得不偿失的朝贡贸易，以降低财政损失，基本是一以贯之的；二是加强对获利丰厚的奢侈品的贸

沈阳博物馆展出的法库叶茂台辽墓群 16 号墓出行图壁画

易垄断，也就是实施禁榷专卖制度，以获取超额利润；三是鼓励中外商人出海贸易，以扩大贸易规模，增加税收。

实际上，禁榷专卖制度是逐步放松的。北宋初期，政府试图禁止民间经营进口奢侈品以获得垄断利润，开宝四年（971）甚至颁布“禁海贾”诏令，严禁民间海商出洋或与海外商人私相交易。

《宋会要辑稿》记载，太平兴国初年（976）诏令：“敢与蕃客贸易……量科其罪……妇人犯者配充针工。”结果到了太平兴国七年（982），进口商品就被分为禁榷物与放通行物两种，前者仅珠贝、牙犀、乳香等 8 种由政府专营，其他民间均可自由贸易，只不过需要经过官府允许，“请官给券以行”。

事实上，即使是禁止民间经营的奢侈品，宋廷禁令执行得也不严格。天圣三年（1025）以前，地方官吏与百姓有用“钱物、金银转买珍珠、犀象、香药等”违禁物品，朝廷接报后只是“申明条贯下本州”，并没有任何惩罚性措施。

《宋史》也记载：“太宗时，置榷署于京师，诏诸蕃香药宝货至广州、交趾、两浙、泉州，非出官库者，无得私相贸易。其后乃诏：‘自今惟珠贝、玳瑁、犀象、镔铁、龟皮、珊瑚、玛瑙、乳香禁榷外，他药官市之余，听市于民。”

其实，即使是一直有限令的与高丽的贸易，也是逐步放松的。宋辽对

北宋铜钱

峙紧张时，宋廷严禁海商前往与契丹交界的国家和地区贸易，且禁止铜钱输往海外。

比如《庆历编敕》中规定：“客旅于海路商贩者，不得往高丽、新罗及登、莱州界。若往余州并须于发地州、军，先经官司投状，开坐所载行货名件，欲往某州、军出卖，许召本土有物力居民三名结罪保明，委不夹带违禁及堪造军器物色，不至过越所禁地分，官司即为出给公凭，如有违条约及海船无公凭，许诸色人告，捉船物并没官，仍估物价钱，支一半与告人充赏，犯人科违制之罪。”

也就是说，宋朝明文规定，不许前往高丽及与其临界地贸易，并且要结保证明。如违反条约，不但没收船物，还要按律论罪。然而到了元丰八年（1085），这一针对海商往高丽贸易的禁令便被解除，规定：“诸商贾由海道贩诸蕃，惟不得至大辽国及登、莱州。即诸蕃愿附船入贡或商贩者，听。”（《元祐编敕》）

宋廷对货币走私也采取了新方法给予化解。宋朝，中国货币经济发达，随着中外贸易发展，铜钱逐渐外流，海外许多国家冶铸技术落后，信用工具缺乏，因而宋朝铜钱被普遍接受为交易媒介，成为世界货币。

同时，由于宋币价值稳定，外国人把它当作财富珍藏。《宋会要辑稿》记载：“蕃夷得中国钱，分库藏贮，以为镇国之宝。故入蕃者非铜钱不往，而蕃货亦非铜钱不售。利源孔厚，趋者日众。”

然而，中国本就缺乏铜资源，铜钱外流导致货币短缺，造成“钱荒”，通货紧缩，威胁宋朝的货币基础，初期宋廷应对方式简单粗暴，即禁止铜钱出口。宋太祖时即颁布诏令：“铜钱阑出江南、塞外及南蕃诸国，差定其法，至二贯者徙一年，五贯以上弃市，募告者赏之。”（《宋史》）

到了宋仁宗庆历元年（1041），铜钱外流走私依然不止，宋廷又下达禁令：

“以铜钱出外界，一贯以上，为首者处死；其为从，若不及一贯，河东、河北、京西、陕西人决配广南远恶州军本城，广南、两浙、福建人配陕西。”（《续资治通鉴长编》）

然而，由于辽的盐价比宋低，燕京地区百姓越界到河北走私贩盐获利情况很多，沿边走私导致宋币继续大量流入燕京地区，引起宋廷上下不安。

北宋铜钱

时间	年数	岁铸额（万贯）	各时期铸额（万贯）	累计（万贯）
开宝九年——太平兴国七年（公元976-982）	7	7	49	49
太平兴国八年——至道二年（公元983-996）	14	30	420	469
至道三年——咸平二年（公元997-999）	3	80	240	709
咸平三年——大中祥符八年（公元1000-1015）	15	125	1875	2584
大中祥符九年——庆历八年（公元1016-1048）	33	100	3300	5884
皇祐元年——熙宁六年（公元1049-1073）	25	160	4000	9884
熙宁七年——元丰八年（公元1074-1085）	12	450	5400	15284
元祐元年——宣和七年（公元1086-1125）	39	280	10920	26204

【各个时期及北宋一代的铜钱铸造额】

中国钱币展览馆的北宋铸币数量统计表

宋仁宗嘉祐年间，制定了更为严厉的规定：“一将铜钱出中国界者，河北、陕西、河东不满一百文杖一百，一百文徒一年，每一百文加一等，至徒三年，决讫刺配远恶州军牢城；一贯以上为首者处死，从者决讫刺配远恶州军牢城。”（《嘉祐编敕》）

显然，与庆历元年的禁令相比，嘉祐年间的法律更为严厉，金额在一百文以上就要处罚了。然而，严酷的法律虽然提高了走私成本，却并没有起到遏止的作用，反而由于“风浪越大鱼越贵”，加重了宋币的外流。

《宋会要辑稿》记载：“今则沿海郡县寄居，不论大小，凡有势力者则皆为之。官司不敢谁何，且为防护出境。铜钱日寡，弊或由此。傥不严行禁戢，痛加惩治，中国之钱将尽流入化外矣！”

事实上，严惩并不能从根本上解决问题，到了宋神宗时期，王安石变法，采取了新方法，大量发行纸币，一定程度上缓解了宋朝的“钱荒”。为通过海外贸易增加财政收入，宋神宗甚至打破前朝严格禁止铜钱外流的惯例，于熙宁七年（1074）开禁，允许铜钱输出。

宋代金银货币

《续资治通鉴长编》记载，这一年，“颁行新敕，删去旧条，削除钱禁，以此边关重车而出，海船饱载而回。闻缘边州军钱出外界，但每贯量收税钱而已。……钱本中国宝货，今乃与四夷共用”。

废除铜钱出口禁令的直接意图是促进外贸繁荣，以增加市舶收入，又间接造成了一个客观效果，即铜钱大量流入辽，导致其辖区内本币流通量逐年减少，从而严重依赖宋朝货币体系，逐渐丧失铸币权。

大量宋朝铜钱流入，使辽国出现了泡沫式经济繁荣。王安石下台后，宋朝又禁止了铜币外流，辽国一下子没有了充足的铜钱供应，通货紧缩立刻严重干扰了辽国经济，使其遭受重创。

在王安石看来，“聚天下之众者莫如财，理天下之财者莫如法，守天下之法者莫如吏”（《王文公文集》），经多方筹划，宋神宗终于在元丰三年（1080）颁布《市舶法》，规范海外贸易，这是我国历史上第一部关于海外贸易的法律。

宋《市舶法》规定，只有广州、明州、杭州可放行外贸船只；一切到日本、高丽的船只只能由明州市舶司放行；市舶司“颁发公凭引目，查处漏舶”（《宋会要辑稿》），也就是防范、打击走私。

金代“圣旨回易交钞”铜钞版，现存世界上最早的钞版。

《市舶法》在法律上承认了民间对外贸易的合法性，具有进步性，但进一步加强了中央集权，限制海商贸易，给其带来不便，激起他们的反抗。

举例来讲，只有广州、明州、杭州可放行外贸船只，别的港口就不发展对外贸易了吗？只有明州市舶司可放行到日本、高丽的船只，距离这两个国家更近的密州港怎么办，这不是舍近求远吗？

于是在元祐二年（1087）、三年（1088），宋廷先后在泉州、密州复置市舶司管理对外贸易。事实上，这也是形势所逼，因为广州、明州、杭州并不能完全管理朝廷沿海外贸。

举例来讲，宋朝时，我国航海技术有了较大进步，活动能力和范围空前扩大。北宋以前，航海基本靠“夜间看星星，白天看太阳”。到了北宋，航海有了指南针，宋代朱彧在《萍洲可谈》中写道：“舟师识地理，夜则观星，昼则观日，阴晦则观指南针。”

在造船方面，北宋时，海船“长十余丈，深三丈，阔二丈五尺，可载二千斛粟”。宋徽宗时，出使高丽的船舶被称为“万斛船”，抵达高丽时引起了“倾国耸观，欢呼嘉叹”的轰动场面。（徐兢《宣和奉使高丽图经》）

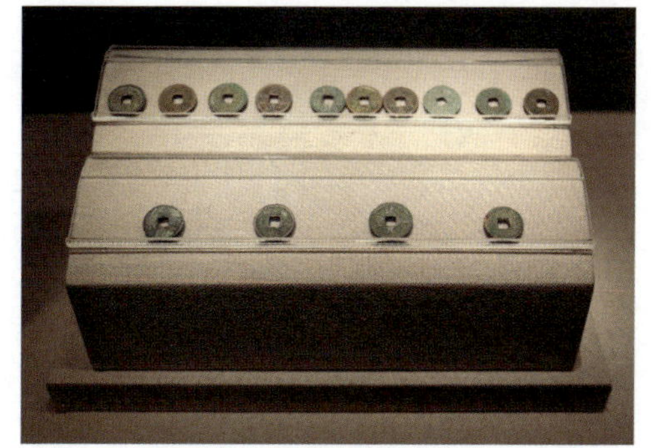
辽代铜钱

同时，宋人已经能熟练掌握海洋季风规律，去高丽乘夏至后南风，乘北风返回；去日本则一

般利用初夏的西南季风，返航则利用春季的东北季风；前往南亚、东南亚及西亚各地，“每遇冬汛北风发舶”“夏汛南风回帆”。风帆也被改良，可充分利用风力，航行时“风有八面，唯当头不可行”（《马可·波罗行纪》）。

如此高超的航海技艺蕴藏于民间，为其走私逐利提供了条件。商务部国际贸易经济合作研究院编著的《中国对外贸易史》认为，宋时除了来往高丽和日本的商船，东海航线还有一部分海上走私贸易。

当时，宋辽时战时和，榷易反复无常，因此榷场贸易无法满足人民的日常生活所需，民间经济往来多采取走私贸易形式。宋辽间的海路走私主要通过东海航线，商人借前往高丽的机会，进入辽国走私。

北宋初年，朝廷经常发布敕令，禁止登州与辽的海上贸易。可见，当时宋辽的海上走私贸易一直很兴盛。后来在密州设立港口，并设置市舶司，应该也有打击借海外贸易之名行走私之实行为的意图。

（王娟）

从辽宁两壶千年美酒看宋辽榷酒反走私

1974年，在辽宁省沈阳市法库县“叶茂台辽墓”的考古发掘现场，考古学者冯永谦注意到两个白瓷注壶，当他小心翼翼地捧起时发现，这两个注壶虽然大小差不多，重量却迥然不同。

通过仔细对比发现，原来一个壶的封口已经被完全打开，里面空空如也；另一个壶口则完全封闭，短流口也不曾开启，轻轻一晃，里面明显有液体，冯永谦凭借经验判断，这里面可能是酒。

打开之后，冯永谦品尝了一口，说道：“没有什么味道，就是有一点儿土腥味。”后来这些液体被带到实验室化验，发现里面含有微量的乙醇和一些其他微量元素，确认这是千年古酒无疑了。

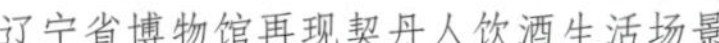

辽宁省博物馆再现契丹人饮酒生活场景

河北宣化辽墓壁画之备宴图

发现古酒的7号墓是“叶茂台辽墓群”中最豪华的一座，大量的字画文物、瓷器、金银器甚至玛瑙杯等，让专家叹为观止；还有更让人惊叹的，墓主人竟然是一位60岁的女性，专家推测，这可能是辽国公主墓。

辽国契丹人嗜酒成性，没想到，辽国女性竟然也好酒。这一方面说明墓主人对酒的喜爱，另一方面也说明酒之稀缺。宋辽时期，统治者为了增加财政收入实行榷酒制，也就是官营专卖制度，私自酿酒或者卖酒会被处罚。

这一政策始于西汉武帝时期，当时与匈奴征战，军事支出巨大，财政急需开源。《汉书·武帝纪》记载，天汉三年（前98）春二月，“初榷酒酤”。注引应劭语曰：“县官（国家）自酤榷卖酒，小民不复得酤也。”可见，这是一种官卖制度，小民酤酒就是走私了。

汉初休养生息，文景之治之后，粮食产量、储量充裕，余粮酿酒成为可能，并逐步流行开来。且酒像盐、铁一样，生产方法简单、周期短，投资少、见效快，销路极广，社会需求量极大，赢利丰厚，敛财聚宝的经济价值被“慧眼如炬”的汉武帝发现了。

不过与民争利之策“临时抱佛脚”应急可以，不宜实施太久，到汉昭帝始元六年（前81），榷酒制便在文人贤良的反对声中废止了。《汉书·食货》记载：“秋七月，罢榷酤官。”究其原因，《盐铁论》记载：“今郡国有盐、铁、酒榷，均输，与民争利。散敦厚之朴，成贪鄙之化。是以百姓就本者寡，趋末者众。”

也就是说，如果继续实施榷酒制，就是鼓励民众舍本逐末，参与走私了。不过，汉昭帝虽然废止官卖，令民卖酒，但“令得以律占租，卖酒升四钱”

（《汉书·食货》），也就是一升酒要抽四文钱的税，这便是“酒税”的开始。显然，汉昭帝不想失去这块财政收入。

不过，从榷酒到酒税，寓禁于税，用经济手段处理走私问题，也算是一大历史进步。然而，历史总会有反复，王莽篡汉之后，始建国二年（10），“六管”中的一项便是“榷酒”，“官自酿酒卖之”，以图快速增加财政收入，“地皇三年（22）罢”（《资治通鉴》）。

东汉实行酒税，有灾荒时则禁酒。魏晋时不甚注重酒利。东晋六朝既不禁酒，也不禁私酿，因为贵族、文士饮酒之风盛行一时，禁不胜禁。但北齐文宣帝天保八年（557）制榷酤，陈文帝天嘉二年（561）立榷酤之科，是对酒税立法的完善。

到了隋朝，开皇三年（583）“罢酒坊……远近大悦”（《隋书·食货》）。唐承隋制，初无酒禁，民间自由买卖，只是收税，或者个别地方实行官卖制度，也就较少有走私了。然而安史之乱之后，军事开支巨大，榷酒再次被拿出来应急了。

据《文献通考·征榷考》记载：唐代宗广德二年（764），因财政匮乏，始行榷酒，征酒税，规定“随月抽税”；其后，专卖与抽税交相为用，唐德宗建中三年（782），禁百姓卖酒，政府设酒店专卖；贞元二年（786）规定了卖酒的税率，卖酒人每卖一斗“榷百五十钱”。

河北宣化辽墓壁画之备茶图

唐元和六年（811）又规定，“榷酒钱除出正酒户外，一切随两税青苗据贯均率”（《资治通鉴》）。唐代后期，推行了形式多样的酒政，其目的都是希望得到更多的酒利。与民争利越严重，

唐朝民间的私酿私卖现象就越突出，为此，统治者制定了严厉的打击走私政策。

《旧唐书·食货》记载："如闻禁止私酤，过于严酷，一人违犯，连累数家，闾里之间，不免咨怨。宜从今以后，如有人私沽酒及置私曲者，但许罪止一身，并所由容纵，任据罪处分。乡井之内，如不知情，并不得追扰。其所犯之人，任用重典，兼不得没入家产。"

也就是说，唐朝法律规定，一人走私卖酒，会连累数家，后来感觉刑罚太严酷，就只处罚走私酒者。安史之乱后，唐朝在风雨飘摇之中仍然能够维持100多年，与其实行榷酒和税酒制关系甚大。《新唐书·食货》记载："凡天下榷酒为钱百五十六万余缗，而酿费居三之一，贫户逃酤不在焉。"

五代十国时期，割据势力混战，朝代更迭频繁，禁榷制度向官专卖趋势发展，在榷酒方面转向对生产要素的控制，官专卖的榷曲成为榷酒的主要形式。为扩充财政，统治者对于私自酿酒卖酒行为都是严惩不贷。

如《宋史·食货》记载："五代汉初，犯曲者并弃市；周，至五斤者死。建隆二年（961），以周法太峻，犯私曲至十五斤、以私酒入城至三斗者始处极刑，余论罪有差。私市酒、曲者减造人罪之半。三年（962），再下酒、曲之禁，凡私造差定其罪：城郭二十斤、乡闾三十斤，弃市。民持私酒入京城五十里、西京及诸州城二十里者，至五斗处死。所定里数外，有官署酤酒，而私酒入其地一石，弃市。"

后晋高祖石敬瑭割让幽云十六州给契丹后，辽国发现了中原文化的先进性，便极力效仿，实行禁榷制度，榷盐榷酒，以增加财政收入。《辽史·食货》记载："会同初，太宗有大造于晋，晋献十六州地，而瀛、莫在焉，始得河间煮海之利，置榷盐院于香河县，于是燕、云迤北暂食沧盐。"

辽代对于酒的禁榷的管理要比榷盐更为完善，主要通过各级曲院来实现，各级曲院内设有曲院都监、商曲都监、曲务使、同监曲务、曲务判官等职官来管理酒、曲的禁榷，而且对酒税管理相当重视。

《辽史》记载："官位九品之下及井邑商贾之家，征税各归头下；惟酒税课纳上京盐铁司。"即普通的商税征收，各归头下，头下军州的酒课要收归中央。辽代为了确保酒业的税征，中央设置大批掌酒官员，其职责就是酿酒以及管理酒业税收，目的是使这笔财政上的巨额纳入，最大程度地归为国家所有。

河北张家口宣化五号辽墓备酒图局部

不仅限于中央，辽代对于地方的酒业税收也采取了相应的管理措施。从中央至地方分设掌酒官员，并且由中央向地方配备相应的酒务官来督查管理酒业税收。这一系列的做法，就是为了防止私酿的出现。

契丹属于游牧民族，粮食产量有限，尚且都不够国人填饱肚子，如果国家纵容私人酿酒，再加上契丹人又喜欢饮酒，就会造成严重的粮食短缺现象，于社会稳定和经济发展都是不利的，并且私人酿酒本来就会破坏国家酒税的征收，因此辽国严禁私人酿酒，一经发现，严惩不贷。

看到这里我们似乎可以理解，“叶茂台辽墓”7 号墓的墓主人，一个女人，为什么有两壶美酒陪葬了。由于禁榷制度、打击走私，美酒在辽国不是一般人所能享用的，它是身份和地位的象征。

北宋榷酤之制，包括榷曲、官卖与民酿而课税三项，各地侧重不一，榷酤立法严苛，课税繁重，超过历代；南宋榷酤之法更甚于北宋，宋代是唯一自始至终推行榷酒制度的封建王朝，可见其财政增收之迫切。

苏辙出使辽国时曾说辽地“赋役稀少”，北宋著名的直言善谏之人余靖也曾感慨大宋酒税繁重，而辽国酒税颇轻。这些都从侧面反映出辽国的酒税远远低于北宋。

（文迪）

第六章

元明“筑城关，辟马市”

诸关讥不严，受财故纵者，罪之。

北京居庸关

元代沉船藏匿禁止出海的十余万枚铜钱

“金、银、铜钱、铁货、男子妇女人口、丝绵段匹、销金绫罗、米粮、军器，并不许私贩下海。违者，舶商、船主、纲首、事头、火长，各杖一百七下，船物俱行没官。有首告者，以没官物内一半充赏，重者，从重论。发船之际，仰本道廉访司严加体察。”

以上是元代至元三十年（1293）《市舶则法》中的规定，在《元史》《元典章·户部·市舶》中也有记载，反走私目的明显。元代是我国历史上第一个少数民族入主中原并实现大一统的朝代，凭借强大的军事实力开拓了空前的统治疆域，初期财政压力并不大，因此对海外贸易并不感兴趣。

后来，随着持续不断的军事扩张，从漠北到江南，从中国到中亚、西亚，甚至欧洲多瑙河畔的远征，蒙古贵族视野大开，对各种珍奇异物的需求急剧增加。马上打天下，马下治天下，元朝统治者意识到，要想维护帝国长治久安，必须接受先进文化、发展经济。

“以损中国无用之赀，易远方难制之物”，何乐而不为？《元史》记载，元世祖忽必烈至元十五年（1278）宣布：“诸蕃国列居东南岛屿者，皆有慕义之心，可因蕃舶诸人宣布朕意，诚能来朝，朕将宠礼之，其往来互市，各从所欲。”也就是说，外商来华会受到礼遇，贸易往来可自由进行，不受干预。

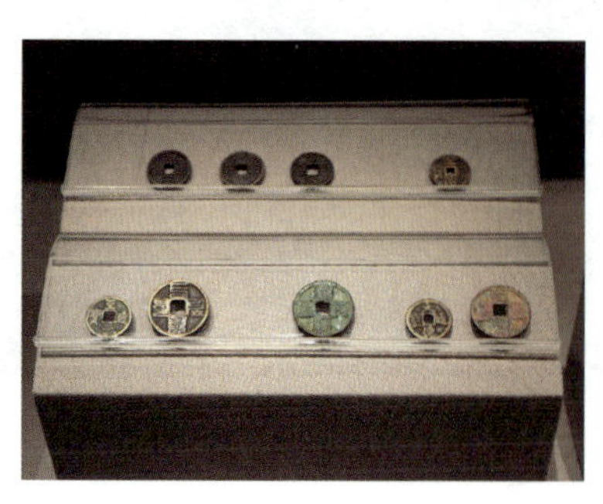

元代铜钱

具体到环渤海地区，高丽在与蒙元进行了长达40年的战争之后，最终成为元的藩属国。忽必烈把女儿忽都鲁揭里迷失嫁给了高丽国王，元视高丽为“驸马之国”，结“舅甥之好”。《高丽史》记载，至元三十年（1293），元派江南千户陈勇率20艘船，载着稻米等货物与高丽王室贸易。

到了元贞元年（1295），高丽国王又派人“航海往益都府，以麻布一万四千匹，市楮币”（《高丽史·忠烈王世家》），这里的楮币即纸币。为什么用麻布交换纸币，而不是古代通用的金属货币呢？因为前面提到的元《市舶则法》明确规定，禁止用“金、银、铜钱”与外蕃私自交换，否则就要受到惩罚。

这一规定其实也是学习了宋时的政策。宋与辽、金、西夏等周边政权长期对峙，经济贸易战不断，军事上劣势、贸易上优势的宋政权的铜钱成为世界货币，加之周边政权铸币技术有限，走私不断。《宋会要辑稿》记载：“蕃夷得中国钱，分库藏贮，以为镇国之宝。故入蕃者非铜钱不往，而蕃货亦非铜钱不售。”

为了防止铜币外流，宋朝严禁贩运铜钱下海，违者抵死。《宋史》记载：“以铜钱出外界，一贯以上，为首者处死。”然而，贩运铜钱“利源孔厚，趋者日众，今则沿海郡县寄居，不论大小，凡有势力者则皆为之。官司不敢谁何，且为防护出境。铜钱日寡，弊或由此”（《宋会要辑稿》）。

正所谓“傥不行严行禁戢，痛加惩治，中国之钱将尽流入化外矣”（《宋会要辑稿》）。于是元朝汲取了南宋灭亡的教训，不再铸铜币，而是通行纸币，并禁止前朝铜币外流，然而“利源孔厚，趋者日众”，哪能禁止得住。20世纪70年代在朝鲜半岛西南部新安海域发现的中国元代沉船，似乎印证了这一点。

1975年，韩国渔民在新安外方海域发现一艘沉船，考古队员从沉船里发掘出了两万多件青瓷和白瓷，两千多件金属制品、石制品和紫檀木，以及33包共计106000枚宋元铜钱，最晚的是元“至大通宝”，铸于武宗至大三年（1310）。这一考古成果震惊了全世界。沉船上有个铜制秤砣刻着“庆元路”字样，似乎印证着，这是从宁波始发的海船。

考古学家研究沉船遗物后得出这样的判断：此船是14世纪早期，1323年前后（有木牌上保留“至治叁年”的墨迹），从中国庆元（宁波）出发

首都博物馆展出的元代铜权

前往日本的国际贸易商船（也有学者认为是驶往高丽的船舶），途中因台风等原因，最终沉没在高丽的新安外方海域。当时，延祐元年（1314）二次修订完善后的元《市舶则法》依然有效，禁止铜钱外流，沉船所载铜钱有可能是走私的。

不过也有人认为，这艘沉船上的铜钱不是走私的，而是正常运往日本的，因为《元史·日本传》记载，至元十四年（1277），“日本遣商人持金来易铜钱，许之”。也就是说，尽管中原王朝历来禁止铜钱外流，但为了招徕日本商人，元世祖忽必烈还是特例允许交易铜钱，第二年又“诏谕沿海官司通日本国人市舶”（《元史·世祖纪》）。

这些怀柔措施效果显著，《元史·日本传》记载，至元十六年（1279），四艘日本商船到达浙东的庆元，获准贸易。不过，这种特殊优待政策是否会一直延续至沉船事件发生的1323年，值得商榷。因为元朝从至元二十九年（1292）到英宗至治二年（1322），先后实施了四次海禁，其中第三次海禁就是因为倭寇侵扰中国沿海，第四次海禁是为防止金银等违禁品大量输出。

元朝严厉打击走私，其实是在营造公平正义的对外贸易环境，这一点同样体现在其对外商的态度上。《通制条格》记载：“番国遣使赍擎礼物赴阙朝见，仰具所赍物色报本处市舶司秤盘检验，别无夹带，开申行省移咨都省。如隐藏不报，或夹带他人物货，不与抽分者，并以漏舶论罪断没，仍于没官物内一半付告人充赏。”

《通制条格》同时记载：“番人回还本国，亦于所在番船公验内附写将去物货，不许夹带违法之物。如到番国不复回程，于元赍公验空纸内开除，附写缘故。若有一切违法，并依前罪，止坐舶商、船主。”可见，外国商人如果夹带走私，无论是进口还是出口，也要受到惩罚，还要连坐。

元朝有禁止走私的一面，也有保护外商的一面，比如禁止市舶司官员“勒令舶商计捎带钱本下番，回舶时，将贵细物货贱估价准折，重取利息”。也就是不准委托商民带钱到海外去购买进口货物，也不允许市舶司官员在查验外商货物时，有意低估货值而自行折卖，以谋取私利。

对外商的保护，还体现在允许外商越诉、当船舶因海难遇险时予以保护救济等方面。《元史·铁木儿塔识传》记载，至正年间（1341—1368），“日本商百余人遇风，飘入高丽，高丽拣其货，表请没入其人以为奴。铁木儿塔识持不可，曰：‘天子一视同仁，岂宜乘人之险以为利，宜资其还。’已而，日本果上表称谢”。

对于那些有权有势的使节，为了防止其走私，《市舶则法》中也有规定，“出外使臣并大小官吏”从海外公干归来，或者官本船海上贸易归来，一旦抵达口岸，必须立即向市舶司申报，同样“抽分纳官”（交纳进口税），如果有隐匿，按照漏舶（走私）论罪。

元代至元通行宝钞

元官府规定，舶船由海外进港时，所带货物必须全部交市舶司清点抽分，才能发卖。如果在进港前先停泊他处发卖，或进港后隐匿部分货物不交市舶司清点抽分，即称为漏舶。犯者，杖一百零七下，全部货物没收。

为了管理从事海外贸易的船

只，《市舶则法》中规定，外贸船只必须在市舶司处领取“公据”“公凭”才能出海，否则以违令论罪；船舶出海往哪个国家贸易，必须如实申报，不得报东往西；如因风雨等不可控力所迫，停泊其他国家，也必须有证明；船舶返回，只能到原签证市舶司所在地交税，如果谎报，就要没收货物。

在反走私方面，《市舶则法》规定得很严密，是元朝统治者在总结唐宋海外贸易管理经验的基础上，制定的我国历史上第一部管理海外贸易的系统化和文字化的规章，在我国对外贸易史上具有很高的地位。

然而，统治者制定这一法律的目的是满足其自身利益，执行层面有时明显失之偏颇，导致走私盛行。比如元世祖忽必烈至元二十二年（1285），大名（今属河北）人卢世荣任中书右丞，秉正理财时推行的官本船贸易，就被认为是一次失败的尝试。

当时，元朝处于财政危机之中，为了快速增加财政收入，《元史·卢世荣传》记载，卢世荣上奏推行官本船贸易，官府“造船给本，令人商贩。官有其利七，商有其三。禁私泛海者，拘其先所蓄宝货，官买之；匿者，许告，没其财，半给告者”。忽必烈非常满意，下令“从速施行”。

显然，官本船贸易实质上是官方垄断海外贸易，实行官商合办制度，船为官造，本为官出，由官府选择海商为政府的代理，操办具体经营，出海贸易，回来后利润分成。为了配合这种贸易形式，实现官方垄断，元统治者甚至下令，“凡权势之家，皆不得用己钱入蕃为贾，犯者罪之，仍籍其家产之半”（《元史·食货》）。

只是这种一刀切的政策明显违背了市场规律，卢世荣遭弹劾被诛后，虽然官本船贸易继续推行，但权贵海商大多仍违法经营，一般海商也私自泛海贸易，朝廷不能禁绝，只得睁一只眼闭一只眼，财政收入也无法有效增加，这也被认为是元朝统治不过百余年的重要原因之一。

（杨晓燕）

元丽“舅甥贸易”中的反走私

“山海为天地之宝藏，珍货从出，有中国之所无。风化既通，梯航交集；以此之有，易彼之无，古人贸易之良法也。”这是元代学者陈大震在其著作《大德南海志》中的一段话，表达了天下之大，无奇不有，开展对外贸易，互通有无的必要性。

“天朝物产丰盈，无所不有，原不借外夷货物以通有无，特因天朝所产茶叶、瓷器、丝斤为西洋各国及尔国必需之物，是以加恩体恤，在澳门开设洋行，俾得日用有资，并沾余润。”这是清代乾隆皇帝致英国乔治三世信函中的一句话，夜郎自大、藐视西方、闭关锁国之情溢于言表。

元朝、清朝，我国历史上两个少数民族政权入主中原建立的大一统王朝，对开展海外贸易的认识差别何以如此之大？元朝何以能以亘古未有的统治面积，依然认识到“天子不自有，凡诸蕃辅之”？清朝统治区域比元朝小得多，为何却认为“天朝物产丰盈，无所不有”？

其实，从元朝建立后反走私保障下的与高丽的贸易关系中，我们或许可以找到些许端倪。两宋时期，环渤海地区原来繁盛的贸易往来陷入低迷期，原因似乎不难理解，这一地区政权更迭频繁，先后经历了五代割据，北宋与辽、南宋与金等长达200余年的军事对峙，各方关系紧张、相互防范、阻隔，贸易往来自然就少。

宋朝担心辽、金间谍混迹高丽商人当中，来到宋统治辖区搜集情报或搞破坏，同时担心与高丽贸易后，一些敏感商品会走私流落到辽、金，不利于宋朝的统治安全，因此时而疏远高丽商人，时而婉拒与之贸易。环渤海地区的一些贸易港口随之由盛转衰，被江浙闽地区的泉州、明州所取代。

元朝建立横跨亚欧的蒙古帝国后，以前各分立政权在边界设立的人为障

高丽青瓷

碍被一扫而空，干扰贸易开展的政治因素也大幅减少，尤其是高丽，与元朝既是藩属国关系，地理位置上又近在咫尺，海路、陆路多条通道可以直达，因此双边贸易便频繁起来，也发生了不少走私与反走私的故事。

先来说一说元与高丽间的朝贡贸易。由于双方是“舅甥关系”，因此“朝贡”与“回赐”是经常发生的事，元廷也秉承了历朝历代“厚往薄来”的原则，回赐多超过贡物所值。《永乐大典》记载，一些商人见有利可图，谎称自己是贡使，把运来的货物说成“呈献”“进奉”，却“依着时价要钱”。

元廷一时难辨真伪，或者说反走私成本太高，索性就一刀切，规定只按货物的十分之一作进奉处理，其他依例抽买，也就是照例纳税。一些商人不老实，钻朝贡的空子，一些真正的贡聘使节也跟着效仿，常常带物品进行私下交易。

元廷对这种行为已司空见惯，一般也不深究，准许高丽来使个人贸易，毕竟自己是舅舅嘛，外甥有点小九九，不好当面拆穿，以免伤了和气。然而高丽政府就没那么大度了，一旦发现赴元使臣夹带货物和获私利隐匿过多，便会治罪，因为这种行为损害了统治者的利益。

《高丽史·元宗世家》记载，元宗四年（1263）十二月壬戌，“流朱英亮、郑卿甫于岛。英亮等尝赴北朝（元）时，受人货赂，带十七人而行，多行买卖，至是事觉。没十七人银瓶一百七十口、真丝七百斤，皆配岛。征英亮银九斤，卿甫七斤”。

除了朝贡贸易，元与高丽间还有官方监管下的榷场互市贸易，主要发生在陆地上的两国交界处。从我国现存史料来看，这种贸易时置时罢，记录较少而不详。高丽方面却有较多记录，比如《高丽史·高宗世家》记载，十一年（1224），蒙元同意在两国边界“各置榷场，依前买卖”，而且还设有专门官吏管理市场，收取税利。

《高丽史·忠烈王世家》记载，1286年，“元遣使算商人税钱”。《元史·高丽传》记载，元世祖中统二年（1261）十月，“帝遣阿的迷失、焦天翼持诏，谕以开榷场事，三年正月罢互市”。《元史·世祖本纪》记载，中统二年七月癸亥，“巴思答尔乞于高丽鸭绿江西立互市，从之”，中统三年正月庚午，“罢高丽互市”。

从上述史料中不难看出，元世祖忽必烈执政时期，两国边境已不存在官方设置的榷场，但双方的互市交易活动从未停止。《高丽史·元宗世家》记载，十二年（1271），凤州经略司以绢12350匹，来市农牛。《高丽史·忠烈王世家》记载，四年（1278）五月，遣前大将军尹秀，市马于北京；十三年（1287）三月，遣将军张舜龙等，令求买公主真珠衣。

元朝与高丽地域毗连，无论陆路还是海路，民间贸易往来更是频繁。不但元朝商人去高丽，大量高丽商人也到元朝。虽然民间贸易特别是走私贸易很难在官方的正史文献中留有记录，但仍有迹可寻，并在正史以外多有双方民间贸易活动的证据。

比如《高丽史》记载，忠烈王四年（1278）十月，“宋商（当时虽然已是元朝，但高丽人仍习惯称中国商人为宋商）人马晔献方物，赐宴内廷”；忠烈王十四年（1288）七月戊申，“宋商人顾恺、陆清等，来献土物”；二十七年（1301），“江南商客享王于寿康宫”；忠惠王时，“元朝大都商人”

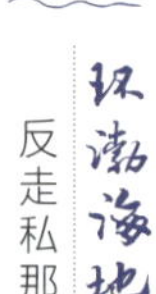

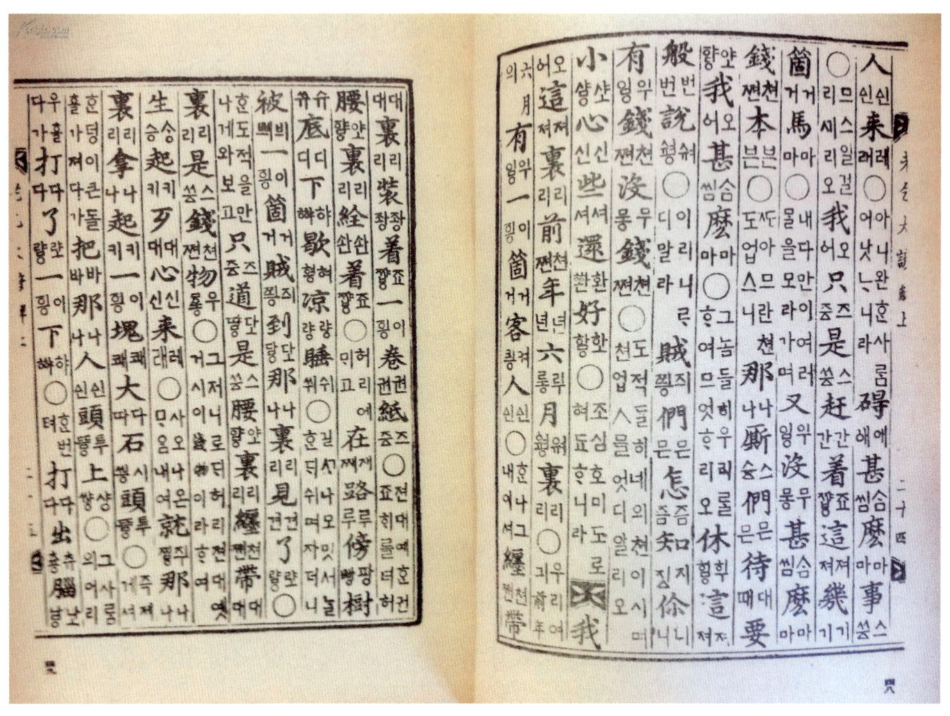

高丽汉语课本《老乞大》书影

经海道赴高丽……

成书于元代末年的高丽汉语教科书《老乞大》及《朴通事》，是了解元代中国社会生活诸方面及高丽与元民间贸易的珍贵资料，其中《老乞大》是以高丽商人来中国，与辽阳的商人做伴，在大都从事商业活动为主题而写的。

《老乞大》中李姓等高丽商人“从高丽王京（今开城）来”，来时走旱路，待把马匹等货物脱手卖出，购得元商品返回高丽时则走北方海路，“到直沽（今天津）里上舡过海”，沿海岸线向北经过辽东半岛海岸，再沿朝鲜西海岸南行，抵高丽中部之王京。

从《老乞大》中可以看出，高丽政府设置专门机构管理入元贸易的民间商人，比如当高丽商人们在往大都的路上欲投宿人家时，主人家因打量他们“样范又不是汉儿，又不是达达”，而不敢贸然留客。此时，一路同行的辽阳王姓商人证明说：“这几个伴当，是高丽人，从高丽田地里来。

高丽官司比咱这里严，验了文引，仔细盘问了，才放过来。他们如果是歹人，来历不明，怎生能够到这里来？他们赶着高丽马，投大都去做买卖。”

这段文字说明，当地人非常谨慎，发现这几个高丽人既不像汉族人，也不像蒙古族人，怀疑是走私分子，因此不敢留宿。伴行的辽阳人证实了他们是高丽官方允许的合法经营者，并非走私分子。

元朝的首都大都（今北京）是国际性贸易大都市，《马可·波罗行纪》记载：“应知汗八里城（当时西方人对北京的称呼）内外人户繁多，有若干城门即有若干附郭。此十二大郭之中，人户较之城内更众。郭中所居者，有各地来往之外国人，或来入贡方物，或来售货宫中。……外国巨价异物及百物之输入此城者，世界诸城无能与比。”

（范金红）

突破传统“华夷义利观”的反走私

“四方之士，远者万里，近者数百里，航川舆陆，自东西南北而至者，莫有为之限隔。”这是元末明初历史学家危素在《送夏仲序》中的记载。

“元有天下，薄海内外，人迹所及，皆置驿传，使驿往来，如行国中。”这段话出自明代宋濂等编写的《元史》。

元朝统治疆域辽阔，为了做到有效管理，元政府大力发展水陆交通，设置驿站，规定：“商旅所至，官给饮食，遣兵防卫。”

由此，元朝商贸业快速恢复发展，统治者在驰马驿路上设置关卡，开展反走私，实行轻税政策，保障商业繁荣与财政收入，这一点在环渤海地

首都博物馆再现元大都运河漕运场景

区亦有体现。

元朝建立了以大都为中心的交通网络，东北方向，可从通州经过蓟州去往辽阳行省，到达朝鲜半岛；蒙古方向，民用道路可经宣德到达开平；河套方向，经居庸关可往大同……

除了陆路，更有水路，尤其是大运河。元朝在北京建都后，严重依赖江南粮食，于是开凿了济州河、会通河和通惠河，使大运河得以贯通南北。

其中，济州河即山东运河，作用主要是引导济水、汶水、泗水，以连接南北水运；会通河从今山东东平县到临清，连接御河和济州河，被人称赞为“通江淮之运，古所未闻”（《元史》）；通惠河则沟通了通州与大都。

这一工程竣工，使得粮食等重要物资运输省去了陆路转运的舟车劳顿，更方便了监管，尤其是对盐、茶、酒、醋等事关财政收入的专卖物资的监管。

《元史·食货》记载：“国之所资，其利最广者莫如盐。自汉桑弘羊始榷之，而后世未有遗其利者也。元初，以酒醋、盐税、河泊、金、银、铁冶六色，取课于民，岁定白银万锭。”

1230年，元朝始行盐法，商人必须从官府处购买盐引才能销售，否则就要受到处罚，一引盐重约400斤，需要向朝廷交银十两。

如果有人伪造盐引走私，不交税怎么办？《元史》记载：“凡伪造盐引者皆斩，籍其家产，付告人充赏。犯私盐者徒二年，杖七十，止籍其财产之半；有首告者，于所籍之内以其半赏之。”

盐法虽然严酷，伪造盐引就会被杀头，但依然有人走私。《元史》记载：“世祖至元八年（1271），以大都民户多食私盐，因亏国课，验口给以食盐。”

然而，这一政策效果并不明显，世祖至元十九年（1282），“罢大都及河间、山东三盐运司，设户部尚书、员外郎各一员，别给印，令于大都置局卖引，盐商买引，赴各场关盐发卖”（《元史》），只在首都卖盐引，盐商再往各地卖盐。

除了盐专卖，元朝还实行茶专卖。《元史》记载：“榷茶始于唐德宗，至宋遂为国赋，额与盐等矣。元之茶课，由约而博，大率因宋之旧而为之制焉。”

元代运河船只所运物资情景再现

世祖至元五年（1268），元朝“用运使白赓言，榷成都茶，于京兆、巩昌置局发卖，私自采卖者，其罪与私盐法同”（《元史》）。私自采卖茶叶，参照盐法处罚，可见统治者对茶税的重视。

为了管理茶的销售，防止走私，元朝法律规定，“每茶商货茶，必令赍引，无引者与私茶同”（《元史》），也就是说，茶专卖也引入了盐引制度。

无论是茶还是盐，销售商有各自规定的销售区域，即所谓“行盐各有郡邑”（《元史》），一旦越过规定区域销售，也要受到处罚，元朝法律规定，“犯界者减私盐罪一等，以其盐之半没官，半赏告者”（《元史》）。

元朝是我国历史上第一个由少数民族建立的大一统政权，由于受到中原传统封建思维的影响相对较少，因此在发展商业、开展贸易、追求财富上，与前朝存在较大不同。

比如对反走私的“关”的认识，中唐以前，“关讥而不征”“关以御暴”是关设立的基本依据，即统治者设立关卡反走私，目的不是征税，而是“御暴”。即使通过关卡收税反走私，其目的也应该是“禁末游”，即抑制商人和商业，以让更多人“务本”，从事最根本的农业。

山西广胜寺壁画中的铜权使用，元朝统一后，为方便商贸业发展，颁布统一的权衡制度。

如果说设关收税是为了增加财政收入，那就会遭到朝野上下的一致反对，提出这样建议的人也会被认定为奸佞之臣。因此，唐代对关津官吏的考核准则，“讥察有方，行旅无壅，为关津之最”（《旧唐书》）。

这种观点来自传统的义利观。孔子说：“放于利而行，多怨。”只根据利益而行事必然招致很多怨恨。孔子又说：“君子义以为上。”“君子喻于义，小人喻于利。”

到了宋元时期，这种观念开始转变，宋太祖赵匡胤就曾对官员掏心掏肺地说：“人生驹过隙尔，不如多积金，市田宅，以遗子孙，歌儿舞女以终天年。”宋神宗在位时“尤先理财”“政事之先，理财为急”（《宋史》）。

《元史》中说：“食为首而货次之，盖食货者养生之源也。民非食货则无以为生，国非食货则无以为用。是以古之善治其国者，不能无取于民。……《传》曰：‘生财有大道，生之者众，食之者寡，为之者疾，用之者舒。’”

终元一朝，由于各种原因，曾实施了四次海禁，但每次海禁达到效果之后，又会立刻放开，这也从一个侧面反映出其对海外贸易、市舶之利的倚重。

元朝疆域辽阔，除通过市舶管理获利之外，还在各陆路关津设置关卡，边境设置榷场互市，与周边政权贸易获利，比如对出境商货及运输工具，需要验凭官府制发的“驿券”“制书”，对入境贡物则需验凭颁赐给朝贡使者的“牌符”。

中统元年（1260），元朝规定沿边军民越界走私贩卖马匹者，一律处死。《元史·刑法志》记载：“诸关讥不严，受财故纵者，罪之。”《元典章六·台纲》记载：“沿边应禁物货无得私相贸易，及奸细人等不致透漏过界，如

所在官司防禁不严，仰究治施行。其关津因而故将行旅刁蹬阻滞，亦仰究治。”

从这些规定中不难看出，对于边关反走私，元朝统治者更多的是注重经济利益，这也有别于中国历史上传统的华夷观与税关“守备为上”的价值取向。西周及以前，周人对诸夏以外的种族，一般都平等视之。但西周末年，以犬戎为主的戎狄势力灭掉西周，沉重打击了华夏族的自尊心。华夷有别的观念在春秋时期逐渐形成。如何使夷不乱华？除了主动以夏化夷外，“立夷夏之防”也成为儒家处理华夷关系的思想之一，通过设立关防和关禁制度，防止夷狄势力入侵华夏中心，就是重要措施之一。

此后，中原与周边诸少数民族及国家之间就建起了层层关隘，以实现“限中外，隔华夷”，由此造成闭关和守藏的性格。但元朝建立后，这些心理障碍和包袱都没有了，其反走私保障下的中外贸易、经济文化交流达到了一个新的历史高度。

（李红艳）

明朝兴衰与女真互市反走私

累累椎髻捆载多，拗辘车声急如传。
胡儿胡妇亦提携，异装异服徒惊眴。
天朝待夷旧有规，近城廿里开官廛。
夷货既入华货随，译使相通作行眩。
华得夷货更生殖，夷得华货即欢忭。
内监中丞镇是邦，连年烽火疲征战。
兹晨何幸不闻警，往事嘻嘘今复见。
共夸夷驯斯人福，载酒招呼骑相殿。
寒威懔懔北风号，不顾尘沙扑人面。
严申互市勿作伪，务使夷心有余羡。
群酋罗列拜阶前，仍出官钱共饮宴。
令其醉饱裹馂余，归示部落夸恩眷。
朝廷有道将领贤，保尔疆土朝赤县。
肉食酪浆如不充，常来市易吾不谴。

上文节选自明朝正德年间（1506—1521）辽东巡抚李贡写的一首长诗，名为《广宁马市观夷人交易》。明朝广宁即现在的辽宁北镇，是明朝在东北的最高军政机关驻地，这里设有明与女真交易的马市，诗中描写了广宁马市贸易的场景。

读着这首诗，耳畔仿佛响起了马市中的嘈杂声。华夷交易彼此受益，汉族与女真族商民其乐融融，洋溢着友好情深的气氛。然而马市背后却体现着明与女真的商战、走私与反走私的较量。

《左传·昭公九年》记载："肃慎、燕、亳，吾北土也。"这里的肃

广宁（今北镇）鼓楼

慎便是女真族的祖先，后来发展成为清代的满族。元朝，女真族备受蒙古皇族打压、掠夺，对其恨之入骨；元末明初，明朝大军追击元兵残部到东北地区，得到女真族协助，双方开启了和平之旅。

明初，北有蒙元残部还没消灭；东南沿海有元末农民起义军张士诚、方国珍余部，盘踞近海岛屿与明王朝对抗；还有倭寇不断犯边烧杀抢掠，形成“倭患”。明太祖朱元璋为维护统治稳定，颁布了一系列诏令实施海禁，下令“濒海民不得私自出海”“禁海民私通海外诸国”（《明太祖实录》）。

但明王朝也希望得到国际社会的认可，因此在实施海禁、禁止私人贸易的同时，允许官方垄断的朝贡贸易。女真族政权抓住这一契机，主动向明朝称臣，一方面可以避免被明朝灭掉，另一方面可以名正言顺地获得朝贡贸易带来的利益。

不过，朝贡贸易数量毕竟有限，并不能解决明与女真的军事及民间需求，越境抢掠现象时有发生，影响双边关系的同时，也不利于边疆稳定。永乐元年（1403），明成祖朱棣在建州女真胡里改部设“建州卫军民指挥使司”，后又在其他女真地区设立卫所，对女真实施所谓的“羁縻之策”。

明朝严从简在《殊域周咨录·女直（真）》一书中记载，这些设在女真的指挥司、卫所完全服从明朝政令，“有所征调，闻命即从，无敢违期”。有了政治上的互信，经济贸易上的政策突破便近在咫尺，《明会典》记载，永乐四年（1406），明“置马市开原城以通贸易”。

开原城，即现在的辽宁省开原市老城镇。明朝初期，为巩固政权南征北战，需要大量马匹，中原产量有限且质量不高，因此在西北地区的甘肃临洮、青海西宁设置“茶马司”，以茶换马，史称“茶马贸易”；而在环渤海地区的山西大同，辽东的开原、广宁设置“马市”，开展“绢马贸易”。

《皇明四夷考·女直》记载，永乐间，明朝“置马市开原城，通交易，稍给盐米布，赡诸酋豪，使保塞，不为边寇盗”。《明经世文编》记载，明朝辽东边将李化龙在《议复开市抚赏疏》中说：“马市为夷货流通之府，胡汉之人，胥仰借焉。抢掠所获不足以当市易之利，夷人以市为金路，惟

首都博物馆再现女真人生活场景

恐失之。而我亦借此以为羁縻；故开原事体，与别处不同，抚驭得，夷情顺，则可不烦兵革而坐享谧宁。”

可见，明朝“马市”作为其“羁縻之策”的一部分，意义重大，不仅可以稳定边疆，还能获得马匹，比单纯的武力征服更为有效。因此，朝廷对马市加强了管理。蔡渭洲在《中国海关简史》中认为，明朝茶马司、马市类似于唐之“互市监”、宋之“榷场”，负责管理进出境商贸事务，开展反走私，是带有海关性质的机构。

明朝名将重臣王崇古在《为北虏纳款执叛求降疏》中记载，朝廷在马市中会派出官吏、通事等进行管理，开展反走私。如永乐四年（1406），曾派千户答纳失里等主持马市事务，管理内容包括“限其开市之时月，估其物价之定值，择其边外近地，各设守市官兵，许其两平贸易，以济华夷”等诸多方面。

为了防止走私，马市管理者的第一个职责便是查验“敕书”，即明朝赋予女真的贸易凭证，女真人凭此“敕书”才能到马市交易，否则就不能入市交易。第二个职责是查验货物，既查验女真货物，又查验汉人货物，

辽宁省博物馆再现明代辽东马市场景

严禁违禁物品入市交易。王崇古在《为北虏纳款执叛求降疏》说："严应禁火药、兵刃诸物通贩之禁，立奸民图利诈骗之罚。"第三个职责是征税，即所谓"马市抽分"。第四个职责是给抚赏，一般"以互市之税充抚赏"（《辽东志·边略·马市》），抚赏对象为女真各部前来马市贸易的酋长或首领，这是明朝寓羁縻之术于马市贸易的一种手段。

为了防止官员利用职权参与走私，或勒索前来马市交易的女真人，或者违规出卖边塞军事情报，明朝制定了严格的法律。熊鸣歧在《昭代王章》中记载："辽东开放马市，许令海西并朵颜等三卫夷人买卖，不许通事交易人等将各夷欺侮愚弄，亏少马价，及偷买货物。亦不许拨置夷人，指以失物为由，同诈骗财物分用。敢有擅放夷人入城，及纵容官军人等无货者任意入市，有货者在内过宿，规取小利，透漏边情，事发问拟明白，俱发两广烟瘴地面充军，遇赦并不原宥。"

除了朝廷严格管理控制收购马匹以备军用的官市，马市还有一类，被称为私市，即民间汉人与女真各部族的私人交易，交换品种更多，也更为繁荣。《全辽志》记载，女真人输出的主要是马、牛、羊、驴等牲畜，以及各种野兽毛皮、人参、木耳、蘑菇、松子、蜂蜜等山货；汉族主要输出米、盐、布匹、绢绸、衣服等生活资料。

为了保障统治安全，明朝在各边境关隘严查走私，严格控制马牛、军需、铁器、铜钱、丝绸等物资出口，并严禁人口偷渡。《大明会典·兵律·关津》规定："凡将马牛、军需、铁器、铜钱、缎匹、䌷绢、丝绵私出外境货卖及下海者，杖一百；挑担驮载之人，减一等。货物船车并入官，于内以十分为率，三分付告人充赏。若将人口军器出境及下海者，绞；因而走泄事情者，斩。"

严格的明律保障了马市贸易繁荣，路上车水马龙，肩摩毂击，开市期间交易频繁，人群熙熙。明廷于天顺八年（1464）又增设抚顺马市（《明宪宗实录》），成化十四年（1478）设"白土厂关"马市（嘉靖年间改为"庆云堡"）；万历初年又增设"宽奠、叆阳、清河"三个马市，自是"诸夷亦利互易"（茅瑞澄《东夷考略·建州女直考》）。

不过，贸易繁荣背后，明律虽严，也挡不住走私。《辽东志·兵食》

记载："辽边四壁近虏，境外多物产，如貂皮、人参、材木、鱼鲜之类，（汉）人图其利，往往逾境而取之。"也就是说，汉族走私分子为了利益，干脆绕过关隘或马市，直接越境交易，也就相当于现在的绕关走私了。

这些场外交易走私行为主要是进行违禁物品的买卖。《明孝宗实录》记载："近贼虏狡黠，不以堪用马匹货卖，持以入市者，惟榛、松、貂鼠、瘦弱牛马而已，又有假此（马市贸易）窥觇虚实者，中国罔利之徒，与之交结，甚至窃卖兵器，泄漏军情，虽有监市分守等官，势不能禁。"

铁器既是农业生产工具，又可以打造兵器，因此历朝历代都加以管制，严格限制流入周边少数民族政权，以维护统治安全，明朝亦是如此。成化十二年（1476），朝廷下令严禁铁器输入女真地区，结果使得女真各部"男无铧铲，女无针剪"（《明宪宗实录》）。

然而到了明朝后期，反走私法律执行不严，马市贸易发展冲破了禁令，铁器大量走私出境。辽宁省档案馆馆藏的《明档：乙 107 号，万历十二年广顺、镇北、新安等关易换货物抽分银两表册》显示，在万历年间（1573—1619），仅一次马市，就成交铁器铧子 4292 件。明档记载，女真族商民到镇北关和广顺关马市交易，几乎每次都买耕牛和铧子，有一次交易耕牛达八九十头，买回的铧子达1134件之多。日积月累，历史的天平开始偏向，明初，农业并不是女真的主导产业，而到了明后期，由于通过马市输入了大量铁制农具和耕牛，女真的农业生产水平大幅提高，出现了"农人与牛，布散于野"（《李朝实录》）的景象。

与之形成鲜明对比的是，明朝后期从女真地区输入的产品越来越倾向于高档消费品，如人参、貂皮等，这刺激了地主阶级的消费欲望，进一步激化他们与农民阶级的矛盾的同时，还不利于社会财富的积累，不利于明朝社会经济的发展。

与此同时，明朝的短视行为越来越多，以马市征税为例，初期寥寥无几，后期持续加码。辽宁省档案馆馆藏明档显示，万历年间马市税率要比嘉靖年间高 3 倍多。与此同时，明廷还在马市贸易中"强抑市价"，使女真族经济受损。

万历年间，女真族建立的后金政权首领努尔哈赤在率兵攻明之前，曾发布“七大恨”以誓师，其中一条便是针对明朝辽东官兵横行马市，勒买人参，强征貂皮的掠夺行径，他义正词严地指出：“文武边官，欺诳壅蔽，无怀柔之方略，有势力之机权；势不使尽不休，利不括尽不已，苦害侵凌，千态莫状。”（《明清史论著集刊》）

万历四十六年（1618），努尔哈赤攻下抚顺，后金与明朝的马市贸易因战争而中断。而努尔哈赤还想继续这种使后金强大的贸易，于是以朝鲜、蒙古作为媒介，继续与明朝交易。《明清史料》站在后金的立场记载，“西夷（蒙古）以南朝（明朝）货物，抽我国（后金国）膏髓，我国以有限财物，填彼无穷溪壑，未必不为失计也”。

此外，后金还通过“奸细”转手，购买明朝的货物，王先谦在《东华录》中以后金口吻记载：“今日之奸细，不过贫民营利而已……况奸细贩货，实便我国（后金国），胡不将计就计以为之？涂近价廉，诸物可致，何必劳人马，涉险阻，而远交西夷（蒙古）乎？”

由此可见，最终明朝灭亡，清军入关入主中原，并非偶然，乃马市贸易中走私与反走私长期较量，女真久久为功之果。

（罗珍）

朝鲜助明廷反走私的贸易优待

“李王乞等载货通番，值飓风漂至朝鲜；朝鲜国王李怿捕获三十九人，械送辽东都司。上嘉怿忠顺，赐银五十两、彩币四表里。”这是《明世宗实录》中的一段文字，这件事发生在嘉靖二十三年（1544），朝鲜中宗三十九年。

明朝商人李王乞等在海上走私，与国外进行贸易，结果遇到飓风，船舶漂到了朝鲜李氏王朝辖区，被朝鲜官兵抓获，绑着送到了明朝的辽东都司。鉴于朝鲜忠顺，帮助开展反走私，明朝皇帝嘉奖了朝鲜国王。

这样的事情不止发生过一次，《明世宗实录》记载，嘉靖二十五年（1546），“朝鲜国署国事李峘遣使臣南洗健、朴菁等，解送下海通番人

明代辽东都指挥使司位于今辽阳，图为辽阳古城天祐门

犯颜容等六百一十三人至边，上嘉其忠顺，赐白金五十两、文绮四袭，洗健、朴菁并赉以银、币”。

同样是《明世宗实录》记载，嘉靖二十六年（1547），“朝鲜国王李峘遣人解送福建下海通番奸民三百四十一人，咨称‘福建人民故无泛海至本国者，顷自李王乞等始以往日本市易，为风所漂。今又获冯淑等前后共千人，以上皆夹带军器货物’”。

也就是说，朝鲜经常能在海边捉到去日本开展走私贸易的明朝商人，船上还经常夹带着军器等禁止出境的物品。明朝走私何以多发、频发，一些研究者认为，这与其亲疏有别、差异化的朝贡政策，以及海禁政策变化太频繁有关。

上面提到的走私案件，均发生在环渤海地区。当时，明朝面临倭寇问题及胡惟庸案（明初四大案之一），朱元璋以胡惟庸通倭、通（北）元为由，诛杀其党羽3万余人；与日本不睦，后来虽然也开展朝贡贸易，但严格限制次数。《明史》记载：“先是，永乐初，诏日本十年一贡，人止二百，船止二艘，不得携军器，违者以寇论。”

然而，宋元时期已经形成的贸易习惯及依赖，哪是说停就停、说限就限得住的？明朝对日本入贡的倭刀需求量巨大，硫黄、铜、折扇、描金漆器也是日本输入明朝的重要商品；日本对明朝的生丝、瓷器需求量巨大。

正常的朝贡贸易无法满足需求，一些人就铤而走险从事走私贸易。《明史》记载：“（明初）赐（日本）以二舟，为入贡用，后悉不如制。宣德初，申定要约，人毋过三百，舟毋过三艘。而倭人贪利，贡物外所携私物增十倍。”

也就是说，明朝为了缓解走私，在宣德初年宣布，日本朝贡贸易一次人数不能超过300人，船舶不能超过三艘。应该说，限制放宽了，但依然不能满足需求，一些朝贡使者所携带的私人物品增加了十倍。

反观朝鲜李氏王朝，明朝给予了最惠国待遇，贡期可以为一年两贡或三贡，而普通国家一般三年才一贡。在活动范围方面，一般国家的贡使在北京五天才被允许出一次会同馆（朝廷接待外宾的地方），而朝鲜使臣可以随时出去。在贸易商品方面，明廷规定，不得输出硫黄、粮食，但朝鲜例外。

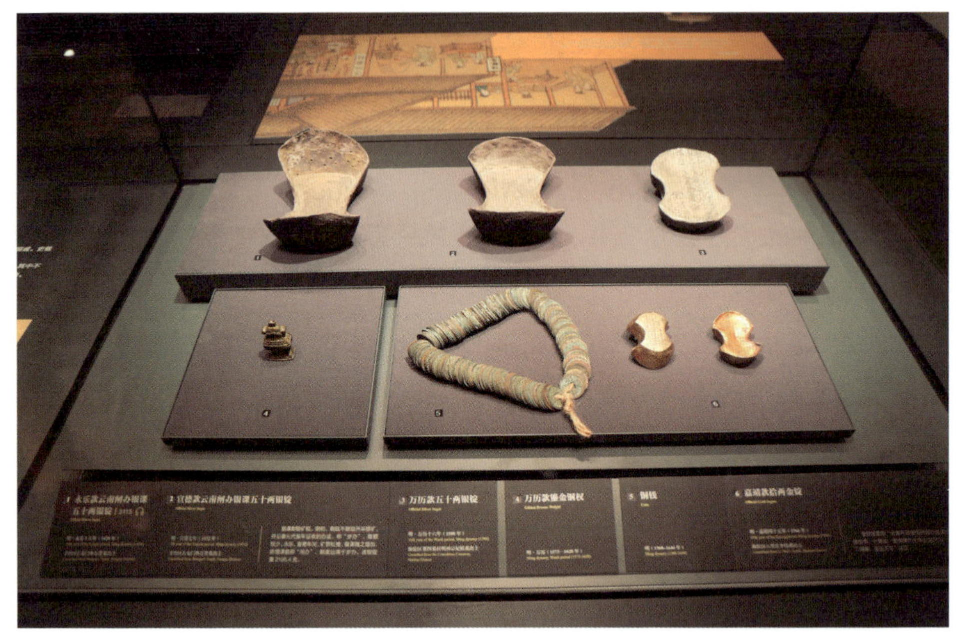

明代铜钱及银锭

在朝贡贸易方面，朝鲜处处受到优待，获取利益，其他国家自然也要想方设法突破政策限制，向朝鲜看齐。而实际上，明朝变化不定、时禁时开的海禁政策，也是走私产生且屡禁不止的重要原因。

海禁虽然是明太祖定下的一项祖制，但贫苦农民出身的朱元璋一开始并没有打算禁海。公元1367年，在称帝建立明朝的前一年，朱元璋击败了浙江的张士诚、方国珍，效仿其重视发展海外贸易的政策，在太仓黄渡（今江苏太仓浏河镇）建立了管理和发展对外贸易的市舶司。

洪武元年（1368），朱元璋即遣使到高丽、安南，以后又相继派人到占城、爪哇、日本、西洋琐里、暹罗、三佛齐、渤泥、真腊等国。明初制定的《大明律》延续了元代《市舶则法》，其中有反走私的“舶商匿货”律，部分内容如下：

“凡泛海客商，舶船到岸，即将物货尽实报官抽分。若停塌沿港土商牙侩之家不报者，杖一百。虽供报而不尽者，罪亦如之，物货并入官。停藏之人同罪。告获者，官给赏银二十两，多者照数给赏。”

由此可见，在反走私保障下的对外贸易，朱元璋还是非常支持的。但元末明初，倭寇不断侵扰我国沿海，倭患日益严重。洪武二年（1369），朱元璋遣使赴日，“诏谕其国，且诘以入寇之故”，诏书中说“间者，山东来奏，倭兵数寇海边，生离人妻子，损伤物命”。（《明太祖实录》）

朱元璋时期的令牌

然而，日本方面不但置之不理，还变本加厉，不仅攻掠山东，还“转掠温、台、明州旁海民，遂寇福建沿海郡”（《明史》）。加之张士诚、方国珍余部常与倭寇勾结作乱，朱元璋为了防备内外祸乱，便实施海禁政策。

洪武四年（1371），“濒海民不得私出海”（《明太祖实录》）；洪武七年（1374）正月，罢市舶司，严海禁以防倭寇，又“禁民间用番香、番货。先是，上以海外诸夷多诈，绝其往来，唯琉球、真腊、暹罗许入贡”（《明太祖实录》）。

然而，已经建立联系的国家，并不会因为一纸禁绝诏令而完全断绝往来贸易。《明太祖实录》记载：“缘海之人，往往私下诸番……因诱蛮夷为盗。”于是，朱元璋又“命礼部禁绝之”，洪武十四年（1381）重申“禁濒海民私通海外诸国”，洪武二十三年（1390）再次诏令“申严交通外番之禁”。

禁令并不能阻断走私，有明成祖朱棣的原话为证，他夺取帝位后说：“沿海军民人等，近年以来，往往私自下番，交通外国。”针对这种情况，朱棣态度明确：“今后不许。所司一遵洪武事例禁治。”朱棣继承了朱元璋的海禁政策，永乐二年（1404）又下令：“禁民间海船。原有民间海船者，悉改为平头船，所在有司防其出入。”显然，这是在通过改造船型来禁止民间船只出海远航，是想从根本上防止出海贸易。（《明太宗实录》）

综上所述，明朝所谓海禁，即禁止民间海外贸易，一方面禁止国内百姓出海贸易，另一方面禁止外商以私人身份来华贸易。不过，为了满足统

明代青花螭龙文碗，从海底打捞出来的，是当时海上贸易的见证。

治阶层对海外奇珍异物、香料等的需求，以及营造“万国来朝”的天朝盛况，明朝在禁止私营海外贸易的同时，积极推行朝贡贸易。

明代《续通考·市籴考》记载：“凡外夷贡者，我朝皆设市舶司以领之……许带方物，官设牙行与民贸易，谓之互市。是有贡舶，即有互市，非入贡即不许其互市。”由此可知，明朝中前期将朝贡贸易视为唯一合法的对外贸易方式。

我国历史上朝贡贸易讲究“厚往薄来”，明朝更甚，不仅回赠品价值远远超过贡品，还对贡使随身携带物品免税，甚至贡使触犯明律也可以免于或从轻处罚。如此优厚的待遇，使得朝贡者越来越多，一些无特产可贡献的国家，甚至不惜远渡重洋到他国购买奇珍异宝，再转贡明廷以求利。

个别国家甚至把对明的朝贡贸易当作其财政收入重要来源，一年数贡；明廷财力不支，于是有了前面提到的限制朝贡次数等措施，但还是来者不止，有的海商甚至假冒贡使，从事走私，从中牟利。

针对这种情况，洪武十六年（1383），朱元璋实施了勘合制度。所谓勘合，即朝贡贸易的许可证，一式两份，一半为勘合，一半为底簿，中间用朱墨印有“× 字 × 号”的骑缝章，明礼部保存一部分底簿及勘合，相关布政司保存一部分底簿，另外的勘合及底簿颁发给前来朝贡的国家。各国入贡时，在上面填写使臣及随行人员的姓名，朝贡物品名称、数量等。入港后由布政司会同市舶司先检验勘合真伪，确认无误后，将使节护送到北京，再与礼部存档的勘合及底簿核对，鉴定彼此朱墨字号，无误后方可进行朝贡贸易。显然，这种勘合制度就是在防止朝贡贸易中的走私行为。

针对朝贡使节随身携带的私人物品，明廷规定了两种处理方式，一种是由朝廷“给价”购买，一种是可交易。交易场所仅限定京师会同馆、沿海市舶司两个地方，在会同馆交易有严格的时间限制。《大明会典》记载：

“各处夷人朝贡领赏之后，许于会同馆开市三日或五日，惟朝鲜、琉球不拘期限”。开市前，会同馆外张贴告示，交易时贡使“禁戢收买史书及玄黄、紫皂、大花、西番莲、段匹，并一应违禁器物”，不允许进行私下交易，“私相交易者，问罪，仍于馆前枷号一个月”“若各夷故违，潜入人家交易者，私货入官，未给赏者，量为递减”“通行守边官员，不许将曾经违犯夷人，起送赴京”。

（范晨鹏）

明与女真的人参反走私贸易战

“建州、毛怜则渤海大氏遗孽，乐住种，善缉纺，饮食服用，皆如华人，自长白山迤南，可拊而治也。

“海西山寨之夷，曰熟女直，完颜之后，金之遗也，俗尚耕稼，妇女以金珠为饰，倚山作寨，聚其所亲居之。

“居黑龙江者，曰生女直，其俗略同山寨，数与山寨仇杀，百十战不休。

“自乞里迷去奴儿干，三千余里，一种曰女直野人，又一种曰北山野人，不事耕稼，惟以捕猎为生。”

这段文字出自明朝官员魏焕《皇明九边考》中的《辽东镇边夷考》，由此观之，满族的前身女真在明朝并不怎么先进。

距离明朝统治区域最近的建州女真，位于环渤海地区，“饮食服用，皆如华人”；最远的野人女真，位于黑龙江一带，因过着“不事耕稼，惟以捕猎为生”的生活，被称为野人。

然而，就是这样一个经济社会并不怎么发达的少数民族，何以在努尔哈赤统一女真各部之后迅速崛起，最终趁明末农民起义之机入主中原，建立清朝?

这还要从一场贯穿明朝始终的人参反走私贸易战说起。人参是一种名贵中药材，具有补元气、益脾肺等功效。好东西需求量大，产量又低，价格自然也贵。朱元璋认为采参不仅劳民伤财，还容易滋生腐败，就下令禁止人们采参。

清代学者吴乘权编辑的《纲鉴易知录》记载，朱元璋曾下过一道圣旨说：“朕闻人参得之甚艰，岂不劳民，今后不必进！”《明史》也记载：“太祖洪武初，却贡人参，以劳民故也。”

明代仇英《清明上河图》中的人参元素——参苓补糕店铺

然而，人参毕竟是好东西，是中医药中的圣品，古人相信它有轻身延年之功效，明朝皇亲贵族亦喜欢，于是就通过设在明与女真交界处的马市甚至走私渠道购买。

《辽东志》卷三《兵食》条记载：“辽边四壁近虏，境外多物产，如貂皮、人参、材木、鱼鲜之类，（汉）人图其利，往往逾境而取之。”

《明会典》记载：“有假此（马市贸易）窥觇虚实者，中国罔利之徒，与之交结……虽有监市分守等官，势不能禁。”

努尔哈赤意识到明朝人喜欢人参，且人参价格昂贵，便鼓励女真人采参，走私或强行销售到明朝统治区域，以获取利润。

《清太祖武皇帝实录》记载：“本地所产有明珠、人参……黄鼠等皮，以备国用。抚顺、清河、宽奠、瑷阳四处关口互市交易，照例取赏，因此满州民殷国富。”

《皇明经世文编》记载，“（明）开原止许市马，并无市参之令”，但

努尔哈赤"强载参斤，倍勒高价，将官偿之则难堪，争之则启衅，吞声忍辱，非一朝夕矣"。

当时一斤人参价格为15—20两白银，每年交易量达数万斤，交易额数十万两白银。努尔哈赤任可汗的建州女真日渐强大，明廷越发不安。

于是明廷用了他惯用的手段，一禁了之。《武备志》记载，万历三十七年（1609）明朝监察御史熊廷弼巡按辽东，遇到努尔哈赤在抚顺关勒索人参钱等事，便在奏报朝廷后，禁绝与女真的马市贸易。

《续修四库全书》记载，熊廷弼通过不许建州贡市、禁运人参来制裁努尔哈赤，致使建州的人参在两年里"浥烂至十余万斤"，损失惨重。

当时，女真人采参之后，先用水洗干净，然后再卖，因此必须在短时间内卖掉，否则人参就会腐烂。

努尔哈赤不仅治国有方、善征战，还爱发明，他教人们用沸水烫煮人参片刻再晒干，这样不仅不影响药效，还利于长期保存，可以慢慢销售。

关于这段历史，《清太祖武皇帝实录》中也有记载："曩时卖参与大

辽东马市交易农产品情景再现

明国，以水浸润，大明人嫌湿推延，国人恐水参难以耐久，急售之，价又甚廉，太祖欲煮熟晒干，诸王臣不从，太祖不徇众言，遂煮晒，徐徐发卖，果得价倍常。”

明朝末年，统治阶级日益腐败，追求享乐之风盛行，尽管朝廷明令，不再从女真那里购买人参，但走私不断，使得辽参“徐徐发卖”。

万历四十三年（1615），山东御史翟凤翀在所陈《制驭东西夷虏机宜疏》中称：“东夷努尔哈赤擅参为利，该道欲于市易中默寓裁减之意，使商贩渐稀，参斤无售，彼之财源不裕，自将摇尾乞怜。乃臣之所虑者，虏之掠我人也。”

由此可见，明廷对女真产的人参实施禁运后，市场上依然能买到，翟凤翀不愿意看到努尔哈赤因大量售卖人参而获利，因此建议继续采取措施应对。

其实，即使女真不向明朝走私倾销人参，明朝人也会越境到女真偷采人参，走私到明境销售。1616年，努尔哈赤在统一女真各部的基础上，建立后金，1618年便以“七大恨”祭告天地，起兵反明。

“七恨”之中第三恨便是“沿边汉人，私出境外，挖参采取”。明末清初，人参采集业成为后金“赖以为生者”“系我过活”，却被明人盗采，努尔哈赤“屡屡申禀上司，竟若罔闻，虽有怨尤，无门控诉”。

终明一代，统治者总是用简单的“禁”来应对各种不利于自己统治的经济政治现象，又缺乏有效应对走私的措施，总是不能如愿以偿。

这一点，明朝很多思想家已经指出来了。比如徐光启在谈到禁令与走私的关系时，说：“譬有积水于此，不得不通；决之使由正道，则久而不溢。若塞其正道，必有旁出之窦；又塞其旁出之窦，则必溃而四出。”（《明经世文编》）

故宫博物院藏人参茶膏

徐光启认为："私通者，商也。官市不开，私市不止，自然之势也。又从而严禁之，则商转而为盗，盗而后得为商矣。"（《明经世文编》）

可惜，明朝统治者不能深刻理解这一点，只一味"禁"，越禁人参价格越高，后金得利越大，后来人参收入成为清军入关、入主中原的重要财政来源之一。

（逯萌）

海禁政策下“征私货”的明代市舶司

“惟市而后可以靖倭，惟市而后可以知倭，惟市而后可以制倭，惟市而后可以谋倭。”这是明朝末期文渊阁大学士、内阁次辅徐光启在其《海防迂说》中的一段话，总体意思是，要想治理倭患走私，唯一的办法是放弃海禁，开放贸易。

这是一个大胆的提议，因为海禁曾是明太祖朱元璋留下的祖训，且代代传承，而这一祖训的诞生很大程度上是因为明初环渤海地区的倭寇犯边走私。明人严从简在《殊域周咨录·东夷·日本国》中记载：“本朝初，（倭）连寇山东滨海州郡。”

《明实录》中曾记载，洪武二年（1369）正月，“倭人入寇山东海滨郡县，掠民男女而去”。朱元璋得知此事后，二月便派使臣到日本交涉，其在《赐日本国王玺书》中写道：“间者，山东来奏，倭兵数寇海边，生离人妻子，

明代《倭寇图卷》中正在抢劫的倭寇

损害物命。故修书特报正统之事，兼谕倭兵越海之由。”（《明太祖实录》）

朱元璋在玺书中首先分析了倭寇来犯的原因：“自辛卯以来，中原扰扰，彼倭来寇山东，不过乘胡元之衰耳。朕本中国之旧家，耻前王之辱，兴师振旅，扫荡胡番，宵衣旰食，垂二十年。自去岁以来，殄绝北夷，以主中国，惟四夷未报。”（《明太祖实录》）

在朱元璋看来，倭寇来犯山东，只不过是因为元朝末年，中原大乱，各种势力战争不断，无暇顾及。洪武元年（1368），他建立大明王朝后，荡平各种势力，中原重新强大，如果倭寇再骚扰山东沿海地区，明廷就不客气了。

在玺书中，朱元璋恩威并重，且霸气侧漏，他说：“诏书到日，如臣则奉表来庭，不臣则备兵自固，永安境土，以应天休。如必为寇贼，朕当命舟师扬帆诸岛，捕绝其徒，直抵其国，缚其王，岂不代天伐不仁者哉，惟王图之！”（《明太祖实录》）

朱元璋说这些重话是有原因的，元末明初，“张士诚、方国珍余党导倭寇出没海上，焚民居，掠货财，北自辽海、山东，南抵闽、浙、东粤，滨海之区，无岁不被其害”（《明史纪事本末》）。

倭寇与反明势力相互勾结，势必会影响新生大明王朝的稳定，且张士诚、方国珍残党余部在海岛上，缺衣少粮，势必会通过掠夺、走私等途径，从陆地获取给养。因此，朱元璋在建立大明王朝之初就展开了“倭寇外交”，意欲通过外交途径敦促日本禁倭，以达到釜底抽薪之目的。

洪武元年（1368）十二月，朱元璋便“遣使颁诏，报谕安南、占城、高丽、日本各四夷君长”（《四库全书存目丛书·史部》），传达了大明王朝欲与诸国通好的信息。洪武二年（1369）二月，占城入贡，日本却没有动静，加之倭寇连连入侵山东沿海，于是便有了前面所述朱元璋的《赐日本国王玺书》。

其实，日本没有动静是有原因的，朱元璋第一次派到日本的使者在到达日本境内后，不幸被贼所杀，根本没有见到朱元璋认为的日本最高统治者——怀良亲王。这一点在日本的《明国书并明使仲猷无逸尺牍》中有如下记载：“首命使适日本通好，舟至境内，遇贼杀，杀害来使，诏书毁溺。

明代《倭寇图卷》中正在烧杀抢掠的倭寇

寻有岛民，逾海作寇，数犯边卤，多掠子女。皇帝一欲通两家之好，悉置而不问，但令自禁之。故后复两遣使来，谕以此意，俱为镇西所沮。”

事实上，朱元璋第二次遣使携《赐日本国王玺书》到日本交好，效果也很糟糕。由于这份玺书颐指气使，天朝大国心态一览无遗，日本怀良亲王勃然大怒，遂斩了五个明使，并将为首的杨载、吴文华二人拘囚起来，

明代《倭寇图卷》中因倭寇烧杀抢掠而逃亡的民众

三个月后才让他们回国。

洪武三年（1370）三月，朱元璋第三次在《谕日本国王书》中说："朕闻'顺天者昌，逆天者亡'……比尝遣使持书，飞谕四夷，高丽、安南、占城、爪哇、西洋琐里，即能顺天奉命，称臣入贡；既而，西域诸种番王各献良马来朝，俯伏听命，北夷远遁沙漠……大统已定。"

也就是说，明朝刚建立两年多，很多周边国家政权，如高丽、安南等都已经俯首称臣了，且"大统已定"。日本却没有称臣入贡，朱元璋在《谕日本国王书》中说："蠢尔倭夷，出没海滨为寇，已尝遣人往问，久而不答，朕疑王使之故扰我民。"显然，倭寇犯边走私，朱元璋怀疑是日本有意为之。

于是，朱元璋在《谕日本国王书》中开始炫耀武力，吓唬日本："今中国奠安，猛将无用武之地，智士无所施其谋，二十年鏖战精锐饱食终日投石超距。方将整饬巨舟，致罚于尔邦，俄闻被寇者来归，始知前日之寇非王之意，乃命有司，暂停造舟之役。"

也就是说，朱元璋原本准备兴兵讨伐日本，但抓了几个倭寇发现，走私犯边并非日本国王本意，因此没有动兵。朱元璋认为，"朕为中国主，此皆天造地设华夷之分，朕若效前王，恃甲兵之众、谋士之多，远涉江海，以祸远夷安靖之民，非上帝之所托，亦人事之不然"（《谕日本国王书》）。

朱元璋认为，"外夷小邦，故逆天道，不自安分，时来寇扰，此必神人共怒，天理难容"（《谕日本国王书》）。不过，事实证明，两次炫耀武力威胁抗倭反走私，并没有震慑住日本。《明实录》记载，洪武四年（1371）六月，"倭夷寇胶州，劫掠沿海人民"；洪武六年（1373）七月，"倭夷寇即墨、诸城、莱阳等县，沿海居民多被杀掠，诏近海诸卫分兵讨捕之"……

倭寇不仅侵犯山东沿海，还在朱元璋武力恫吓日本后扩大范围。《殊域周咨录·东夷·日本国》记载，洪武二年（1369），"倭寇复出没海岛中，数侵掠苏州、崇明，杀伤居民，劫夺货财，沿海皆受其患"。《明史·日本传》也记载："（倭）复寇山东，转掠温、台、明州旁海民，遂寇福建沿海郡。"

于是，朱元璋采取了越来越严厉的海禁政策。《明太祖实录》记载，洪武四年（1371）下令"濒海民，不得私自出海"，禁止沿海百姓出海贸易，

明代《倭寇图卷》中明军出征平定倭寇

“片板不许下海，寸货不许入番”（《明史》）；洪武十四年（1381）重申“禁濒海民私通海外诸国”；洪武三十年（1397），“申禁人民不得擅出海与外国互市”。

然而，宋元以来，皇亲国戚及官僚集团用蕃香、蕃货已形成习惯，加之不少沿海地区人多地少，百姓以海为生，因此根本无法禁止走私。其实，朱棣夺取帝位改元永乐之后，也意识到这一点，但依然要海禁。《明太宗实录》记载，朱棣继位之初就宣布，“沿海军民人等，近年以来往往私自下番，交通外国，今后不许，所司一遵洪武事例禁治”。

明代《倭寇图卷》中明军与倭寇交战场景

为了从需求端斩断走私，洪武二十七年（1394），朱元璋甚至“下令禁民间用番香、番货”（《明太祖实录》）；至于仅留的官方海外贸易通道——朝贡贸易，明代《续文献通考·市籴考》记载：“凡外夷贡者，我朝皆设市舶司以领之……许带方物，官设牙行与民贸易，谓之互市。是有贡舶，即有互市，非入贡即不许其互市。惟其不通商，而止通贡。”

也就是说，为了防止朝贡渠道的走私行为，明朝也采取了严厉措施，“非入贡即不许其互市”。为了实现“通夷情，抑奸商，俾法禁有所施，因以消其衅隙也”（《明史·食货》）的初衷，了解国外情况，禁止私人贸易，使海禁政策得以推行，明太祖朱元璋设立了市舶司。

《明史·职官》记载，市舶司的职责是：“掌海外诸番朝贡、市易之事。辨其使人、表文、勘合之真伪。禁通番，征私货，平交易。”意思是当外国贡船来华进港后，市舶司会同地方官员查验勘合、辨别真假，确定无误后，将贡物封钉，以防贡品偷漏上岸，然后运往进贡厂（市舶司下设的存放贡物的仓库），将贡使及其随行人员接入驿馆招待，再奏报朝廷。

等到朝廷下达命令后，市舶司会同地方官将贡使及贡物解送到京城，对于随贡附载而来的商货，市舶司负责检验其中有无违法、违禁物品，并代其向地方政府报告；随后对蕃货抽分（征税），但抽分后又“给价偿之”，即按价收买。从这个意义上来讲，不同于唐宋元时期的市舶司，作为管理海外贸易的机构，明朝的市舶司成为明廷海禁政策的工具，反走私职能更重。

如此“完善”的海禁政策，能否防住走私呢？看一下明朝与琉球等开展的贸易便可知一二。《明史·琉球传》记载：“（琉球）居东南大海中，洪武初，其国有三王，地无殖货，故商贾不通。”洪武五年（1372），出使日本没有被杀的杨载再次被朱元璋派去出使琉球，“播告朕意”，这是明朝中琉交往的开端。

初期，琉球方面三王争霸，都想与明朝建立宗藩关系，以强大自己。周煌的《琉球国志略》记载：“所以殷勤效贡者，实欲依中华眷顾之恩，杜他国窥伺之患。”然而，琉球“地无殖货，故商贾不通”，因此向明朝进贡的货物并不多，获得的回赐也不多，主要是政治上往来。

到了明朝中期，随着海禁政策推进，日本与明朝关系紧张，明朝限其十年一贡，船不过三只，人不过三百，刀剑不过三千。这显然难以满足日本的贸易需求，于是除了倭寇犯边走私之外，日本还想通过与明朝交好的琉球开展转口贸易，而这正中琉球下怀。

廖大珂在《中国传统海外贸易》一书中认为，琉球利用明朝海禁，开展大规模中介贸易，即“本国唯产硫黄、马匹，其余物货出于诸番”（《琉球历代宝案》），通过与日本、朝鲜及东南亚诸国的贸易，将各国产品以朝贡的名义贩运到明朝，换取明廷丰厚回赐。也就是说，琉球朝贡不过是名，实是“欲贸中国之货，以专外夷之利”（《明宪宗实录》），明廷“虽厌其烦，不能却也”（《大明会典》）。

由此可见，由海禁产生的走私方法“创意百出”，防不胜防，仅靠加强监管解决不了根本问题。更何况，明朝虽然重农抑商，但资本主义萌芽已经出现，“弃本逐末”者日渐增多，“去农而改业工商”趋势明显，国内商业日渐繁荣。

宋应星在《天工开物》一书的序中写道：“滇南车马，纵贯辽阳，岭徼宦商，衡游蓟北。”李鼎在《李长卿集》中这样描述：“燕、赵、秦、晋、

明代《倭寇图卷》中中箭的倭寇

齐、梁、江淮之货，日夜商贩而南；蛮海、闽广、豫章、楚、瓯越、新安之货，日夜商贩而北。”环渤海地区与岭南来往贸易频繁。

一些有识之士和海禁具体执行者逐步意识到，海禁是走私之源，明朝人唐枢在回答浙直总督胡宗宪的咨询时说：“嘉靖六七年后，守臣在奉公严禁，商道不通，商人失其生理，于是转而为寇。嘉靖二十年后，海禁愈严，贼伙愈盛。许栋、李光头辈然后声势蔓衍，祸与岁积。今日之事，造端命意，始系于此。”（《皇明经世文编》）

《御倭杂著》记载：“商道不通，商人失其生理，于是转而为寇。寇与商同是人也，市通则寇转而为商，市禁则商转而为寇。华夷同体，有无相通，实理势之所必然。”明代抗倭名将谭纶说：“闽人滨海而居，非往来海中则不得食，自通番禁严，而附近海洋鱼贩，一切不通，故民贫而盗愈起。”

明朝中后期的倭寇走私，已不仅仅是日本人，还有大量明朝人，在此背景下，1567 年，隆庆帝登基，开海贸易呼声四起，统治者于是宣布，放开海禁，允许民间商人从月港出海贸易，从而打破了明朝延续 200 年的海禁祖制，私人海外贸易迅速发展。

（陈静）

萨尔浒战役"以少胜多"的反走私持久战

铁背山头歼杜松，手麾黄钺振军锋。

于今四海无征战，留得艰难缔造踪。

这是清朝乾隆皇帝写的一首诗，名为《萨尔浒》，这首诗还有序："太祖高皇帝以五百人破明数十万众，实王业之基也。"

乾隆皇帝一生写了四万余首诗，这首流传较广，原因不是这首诗写得好，而是因为这首诗的背景——萨尔浒之战，一场事关明亡清兴的关键性战役，也是一个以少胜多的典型战例。

这里的太祖高皇帝是努尔哈赤，萨尔浒在今辽宁抚顺东浑河南岸，1619年，明廷派出20万精锐部队，与朝鲜军队一起，号称47万大军，分兵四路进攻辽东。努尔哈赤"凭尔几路来，我只一路去"，大败明军。

萨尔浒战役是明清战争史上重要的转折点，是明末清初朝代更替具有决定性意义的战役。此后，明朝元气大伤，内忧外患，由进攻转为防御，陷入被动。而对后金（1616年努尔哈赤建立）及后来的清朝而言，正如乾隆所说："实王业之基也。"

战后，明廷派多人实地考察，分析失败原因，得出结论，竟与长期以来的铁器走私有关。万历末年，徐光启在对比后金与明军及朝鲜军的武器装备后说："臣又见在辽回还人等言，贼兵所带盔甲、面具、臂手，悉皆精铁，马亦如之。"（《徐光启集》）

也就是说，徐光启听从后金回来的人说，后金军队所用的盔甲、面具等战争防护用品，都是用精铁制造的，甚至战马身上也有盔甲，因此，"（与）鲜营对垒，被奴步兵骤进，将拒马木登时撤去，鲜兵非无铳箭，而无可奈何者，甲坚故也"（《徐光启集》）。

萨尔浒在今辽宁抚顺东浑河南岸，1619年后金努尔哈赤大败明兵于此，即“萨尔浒战役”。

在徐光启看来，朝鲜军打不过后金军队，是因为后金军队防护装备太坚固了。再来看与明军对比，徐光启说：“我兵盔甲，无如略彷赫连氏之制，而即于军中制造，既皆荒铁，胸背之外，有同徒袒，贼于五步之内，专射面胁，每发必毙，谁能抵敌？”

徐光启认为，明军的防护设备都是用原始粗生铁制造的，根本不能与后金军队抗衡，战败是有原因的。持这种观点的不止徐光启一人，李朝人所著《建州闻见录》言，后金军队所用盔甲“甚轻捷精致，常用磨炼，故临阵照耀”。《清武录》云后金出兵时，“满洲兵盔甲明如冰雪”。

冶铁技术一直是中原王朝的独门绝技，历朝历代不是官营就是加强反走私，禁止铁器外流到周边少数民族政权，以防影响统治安全。为什么到了明末清初，好像后金冶铁制造武器的技术比明朝更强更厉害了？这可能与长时间走私得不到有效控制有关。

明初女真分建州、海西、野人三大部，建州女真“乐住种，善缉纺，饮食服用，皆如华人”；海西女真“俗尚耕稼……倚山作寨”；野人女真“不事耕稼，惟以捕猎为生”；明廷分而治之，挑唆其内部争斗，导致“数与山寨仇杀，百十战不休”（《皇明九边考》）。

清太祖努尔哈赤

农业、狩猎、战争都需要铁，因此女真各部皆“以铁物为贵”。然而现实情况是，他们很难得到铁。朝鲜《李朝实录》记载，“野人（女真）以唐牛角或以本土牛角自造弓”，“屈木为镫，削鹿角为镞”，“所谓骨镞者，以熊脚骨久沉于血，则其坚如铁，故用以为镞耳”。

也就是说，野人女真原来都不知道用铁，生产工具和作战武器主要是以枯木及兽角骨为原料加工制造而成的。明朝与建州女真和海西女真开展朝贡贸易，获得马匹、貂皮、人参等女真特产，以铁器等回赠；同时在边境地区开设马市，与女真交易铁铧、铁锄、铁锅等铁器。

明廷知道铁器“皆彼夷（女真）日用所需”，因此从政治上考虑，“许买铁器，以结其心，皆羁縻之义”，企图以此来笼络和控制女真，结成联盟，共同对抗北边的鞑靼、瓦剌等元朝残余势力建立的政权。

不过，明廷又担心女真强大起来，影响自身安全，因此严格管制铁器，特别是不准铁制兵器运往女真地区。比如明正统四年（1439），明署都指挥佥事毕恭首请禁铁，勿以资敌，他奏称：“鞑子、海西女直归自京师，道过边境，辄以所得彩币或驽马市耕牛及铜、铁器皿。臣以耕牛边人所恃为生，而铜、铁器外夷所资以为用，乞禁勿与市。”（《明实录》）

明正统皇帝认为有道理，于是“可其奏，谕总兵巡抚等官禁之，敢有犯者，治罪不宥”（《明实录》）。不过明廷虽禁，却禁而不止，走私严重，经

辽宁省博物馆展出的后金时期铁器

过30多年，到了明成化十二年（1476），兵部右侍郎马文升疏言："比年朝鲜陪臣及建州、海西、朵颜三卫夷人入贡，军民人等辄以弓材箭镞与凡铁器私相贸易，诚非中国之利，乞下所司禁约。且以行人带领，通事件送，沿途防禁之。"（《明实录》）

于是明宪宗"事下礼部，请差行人，著为例，兵部请榜谕京师并诸边军民，违者谪戍边远，会同馆及沿途伴送官吏人等，有纵之者概治共罪，若吏人挟带出关，事觉拘入官，给还原直，仍追究所鬻之人"（《明实录》）。由此可见，明廷再次重申了对女真的铁禁。

禁令一再重复颁布，似乎只能证明一点：前一个禁令执行不严格，走私严重。事实也的确如此。明朝皇权高度集中，士大夫上升通道被堵，便沉迷于日常享乐之中，以"文弱"为美，因为"弱"，所以要进补，就需要人参。而当时，只有女真有人参，万历时礼部官员李日华曾说："今人参惟产辽东东北者，世最贵重，有私贩入山海关者，罪至大辟。"（《紫桃轩杂缀》）

人参价格很高，仅靠朝贡进献难以满足市场需求，于是一些人便想出了歪门邪道，用明朝铁器在边境马市换取女真人参。现实又为这种走私行为提供了可能。明洪武末期，铁矿业也从官营向民营转变，激发了民间开矿的积极性，冶铁业空前兴盛，冶铁技术提升，并且形成了被形容为"南有佛山，北有遵化"的两大冶铁业中心。

遵化位于今河北，归唐山代管，距离女真统治区域近，走私也就更加方便了，马市也就逐渐由换马变成了换人参，明朝的交换物品也逐步从铁器甚至升级到末期的火器，越发影响到明廷的军事安全、统治安全，最终酿成大祸。

其实，女真除了从明朝获得铁器，还从与明朝交好且受到特殊优待的朝鲜获得铁器，他们用的撒手锏是朝鲜人喜欢的貂皮。朝鲜《李朝实录》记载，"且毛裘宜于老者，而年少妇女皆服貂裘，无此则羞与为会，数十妇女之会，

沈阳博物馆展出的清八旗军

无一不服者”，“乡闾小会，妇女无貂衣者，耻不肯赴焉”。

没有貂皮穿着，妇女们都没法出门约会了。怎么解决呢？从女真那里买。朝鲜《李朝实录》记载，国王和一些京官向地方官索取貂皮，地方官“皆以貂皮进上，而貂皮非近境所产，故将牛马、铁物市于深处兀狄哈而来，若无貂皮，虽有功劳，上京者当次者”。

女真人看到貂皮奇货可居，便对朝鲜非铁器“则不与之易，故不得不尔”，“边将率以铁物购买貂鼠皮，至于农锄、箭镞，无所不用”，因此“貂皮价高，谋利者云集北道，市索无已，至以牛马、铁物买之……有以二锄易鼠二张者”，或者“以箭镞四个，贸貂皮领”。（朝鲜《李朝实录》）

除了以貂皮易朝鲜铁器外，女真还要求朝鲜用铁器赎取被俘人员，据《李朝实录》记载：“掳一人而去，如欲刷还被掳人，以牛三十头，马一匹，甲一、釜十、田器十部、锄十、斧十、鍮钵五、鍮瓶五许我，则当以此买来。”

大批明朝、朝鲜铁器流入女真，造成的结果是，“野人（女真）箭镞，昔皆用骨，今则皆以铁为之，良由我国人用铁换皮之故也”（朝鲜《李朝实

朝鲜李朝时期铁器

录》）。朝鲜也意识到，铁器“此虽小物，积之既多，则铠甲、矢镞皆可造耳”，“铁物多入彼地，其不利于我国大矣”（朝鲜《李朝实录》），一旦女真强大，势必要威胁朝鲜的安全。

许多朝鲜官员指出：“野人（女真）持貂，吾民不惜农牛而易之，又以铁物者……而吾民之牛、铁尽归于彼，牛以厚其农，铁以利其兵”，“若不禁之，其弊大矣”（朝鲜《李朝实录》）。于是，他们向统治者提出，严禁用铁器与女真交换貂皮等物，并要求采取贸易禁运或反走私措施。

首先，只许向女真输出水铁（生铁），所以“北方野人，以水铁农器，易软铁为军器颇多，本国未知其术”。其次“杜其源，凡以貂皮为衣裘衾席，及僭著耳掩者，严立科条”，“朝官所着貂皮物，一切禁断”。再次“且减进上皮物”，“请除五镇貂皮之贡”。最后“知情故放者，以违禁下海律科罪，有能捕告者，依此律文充赏”。（朝鲜《李朝实录》）

由于明廷与朝鲜同时实行针对女真的铁器禁运政策，致使女真人一度“男无铧铲，女无针剪”（《明宪宗实录》），严重地影响了女真的生产生活。为了摆脱困境，女真被迫开始发展自己的铁业生产，初期“不解炼铁”，只能“得正铁改造耳”，即进行铁的再加工，还不能直接从铁矿石中提炼铁，这就意味着，“正铁”原料还得从明朝和朝鲜进口。

此时，明廷和朝鲜的反走私不严，“禁铁令”执行不到位，给了女真可乘之机。比如明廷虽然“禁铁”，可是“所禁铁器非农器”，主要指兵器，不包括铧、锄等农器。而朝鲜也无法阻止铁器输入女真境内，正像朝鲜侍讲官李芃启所说：“闻北平馆野人处贸易皮物者，前则如箭镞禁物，潜匿怀中卖之，今则弓角箭镞等物公然卖之。”（朝鲜《李朝实录》）

既然兵器如此，农器更可以买卖了，这就说明，明廷和朝鲜对女真实行“禁铁”，但仍有一定数量的铁器流入女真，女真人把“所易之锅、铧……毁碎融液”（《明实录》），再“自造”成各种生产工具和生活用品以及作战武器等。

到了努尔哈赤统治时期，女真冶铁技术取得了长足进步，明万历二十七年（1599）三月“始炒铁，开金银矿”（《清太祖武皇帝实录》）。努尔哈赤对冶铁锻造十分重视，对冶铁匠非常优待。天命五年（1620），朝鲜人李民寏在《建州闻见录》中，向朝鲜国王报告说：“（后金）银、铁、革、木皆有其工，而惟铁匠极巧。”

明人程开祜的《筹辽硕画》卷首记载当时后金赫图阿拉城的情况：“内外见居人家约二万余户，北门外则铁匠居之，专治铠甲；南门外则弓人、箭人居之，专造孤矢。”徐光启也说：“奴寨北门铁匠居之，专治铠甲。向亦闻其铁工所居，延袤数里。”（《徐光启集》）

由此可见，在萨尔浒战役中，努尔哈赤取得胜利，奠定了清王朝立国的基础，原因是多方面的，既有女真人的锐意进取，也有明廷“禁铁”反走私的时断时续，终酿成明朝失败的结局和王朝灭亡的后果。

（张瑜）

第七章
清中前期海禁“一口通商”

顺治三年（1646），凡商贾有挟重资愿航海市铜者，关给符为信，听其出洋，往市于东南、日本诸夷。

乾隆五十八年（1793），英国马戛尔尼使团访华，船只抵达天津海河三岔口时的情景

顺治帝海禁郑氏与反走私铜较量

“户部奏言，有商人二十八名，往日本国贸易，回时遇飓风，漂至朝鲜，被朝鲜国人执之，并货物俱解送前来。

“细讯商人，皆言明末前往日本国贸易，非本朝私行漂海者，请旨定夺。

“得旨，朝鲜送来二十八人，皆系朕之赤子，漂流外国，殊为悯念，着发回原籍，其原货俱着本人领去。”

这段文字出自《清世祖实录》，说的是清朝顺治九年（1652），朝鲜李氏王朝抓住了28名中国商人，怀疑是从日本走私回来的人，于是按照旧例，押解送到了清朝。

这已经不是李氏朝鲜第一次押送走私商人到中原王朝了。明朝时期，朝鲜即为明的藩属国，一旦发现走私商人遇到台风漂至朝鲜，都会押送回去。

沈阳市北陵公园内的皇太极雕塑

原因似乎不难理解，终明一代，大部分时间都在抗倭，即使1567年隆庆放开海禁之后，对日贸易仍在禁止之列。部分明朝商人无视禁令，继续扬帆日本，朝鲜经常配合打击。

明朝末年，后金日渐强大，为解除入主中原的后顾之忧，1637年初，皇太极亲率大军出兵朝鲜，李氏朝鲜被迫出降，承诺与明脱离关系，奉清为正朔。

同时，皇太极还准备利用朝鲜搞定日本，因此在招降条件第十条中提出："（朝鲜与）日本贸易，听尔如旧，但当导其使者来朝，朕亦将遣使与彼往来也。其东边瓦尔喀，有私自逃居于彼者，不得复与贸易往来。尔若见瓦尔喀人，便当执送。"（《清太宗文皇帝实录》）

如此看来，皇太极希望朝鲜充当中介，引导日本前来朝贡，与日本建立外交关系；同时要求朝鲜协助打击东边的瓦尔喀，不要与之贸易来往，若见到瓦尔喀人，要执送过来。

瓦尔喀人是女真族的一个分支，与1636年皇太极建立的清有亲缘关系，皇太极要求朝鲜孤立瓦尔喀，朝鲜作为战败方自然要从命，遇到海上漂泊者，不是本国的，按照惯例，就要押送到清朝。

只是顺治九年（1652）这次，朝鲜失算了，没想到顺治帝这么宽宏大量，对这些走私者或者漂流难民以"朕之赤子"相称，不但没有处罚，还归还货物，准其回归乡里。

由此可见，清朝初期，对海外贸易还是相当开放的，这一点尤其体现在环渤海地区。

铜在我国历史上利用广泛，不仅可制造礼器，还可制造通行货币——铜钱，因此需求量巨大。清初，云南等铜矿聚集区掌握在吴三桂等三藩手中，朝廷想铸币应对各种开支都难，因为没有充足的原材料。

无奈之下，清朝把目光投向了铜资源丰富的日本。顺治三年（1646）颁布敕令："凡商贾有挟重资愿航海市铜者，关给符为信，听其出洋，往市于东南、日本诸夷。舟回，司关者按时值收之，以供官用。"（《皇朝掌故汇编》）

尽管清初非常缺铜，需从海外进口，且允许商人出海贩铜，但依然加强监管，"关给符为信"，防止走私。顺治四年（1647）颁诏天下："东南海外琉球、安南、暹罗、日本诸国，有慕义投诚、纳款来朝者，地方官即为奏达，与朝鲜等国一体优待，用普怀柔。"（《清世祖实录》）

只可惜，清廷这种天朝上国，希望四夷来朝的心态并没有打动日本，日本对其"诏谕"未做任何回应，清朝与日之间的朝贡关系始终没有建立起来，不过民间贸易却日渐繁盛。

日本江户时代木刻版画，描绘了日本人在矿山开采铜矿的情形。检诸史籍，元代就有进口日本铜的案例，清初实施“矿禁”后，开始大批采用日本铜来弥补国内不足，康熙开海后的 16 年里，每年有 300 万斤到 400 万斤日本铜输入中国。

《清世祖实录》记载，顺治四年（1647）还曾颁诏天下：“通番干禁者，概从赦宥，听期归里安业。”清初左都御史慕天颜曾回忆当时情景：“犹记顺治六七年间，彼时禁令未设，见市井贸易咸有外国货物，民间行使多以外国银钱，因而各省流行，所在皆有。”（慕天颜《请开海禁疏》）

只是树欲静而风不止，有时候偶然性事件往往深刻影响历史进程。同样是顺治四年（1647），清兵入闽，后来收复台湾的民族英雄郑成功的父亲郑芝龙降清，被挟持北上软禁在北京。

郑成功以安平为据点，遥奉南明政权为正朔，发誓要“忠君报国，中兴明室”，举起反清大旗，兵势日盛。在清朝人看来，郑成功之所以能长期坚持抗清，主要是因为通过走私开展海外贸易，以商利养军。

清代地理学家在《伪郑逸事》中认为：“（郑）成功以海外弹丸地，养兵十余万，甲胄戈矢，罔不坚利，战舰以数千计，又交通内地，遍买人心，而财用不匮者，以有通洋之利也。”

为了釜底抽薪，斩断郑氏抗清经济来源，顺治十二年（1655），浙闽总督屯泰上奏建议：“沿海省份，应立严禁，无许片帆入海，违者立置重典。”（《清世祖实录》）

翌年，清廷颁布《申严海禁敕谕》，要求浙江、福建、广东、江南、山东、天津督抚，申严海禁，严禁商民船只私自出海，有与郑成功进行贸易者，“不论官民，俱奏闻处斩……不许片帆入江，一贼登岸”。

应该说，清初郑成功的主要势力在东南沿海，但清廷的海禁反走私把环渤海地区的山东、天津也纳入其中，可见力度之大、决心之大。

而这种力度之大、决心之大还体现在对走私腐败行为的处罚上。前面提到，顺治帝要求，与日本开展铜贸易，需要“关给符为信”，一些官员一旦违规发放印票就要受到严厉处罚。

比如环渤海地区，《清世祖实录》记载，顺治十五年（1658），直隶巡抚董天机违禁给满洲兵丁马虎等印票出海贸易，命罢职，永不叙用。此外，清廷还制定了各种海禁律法，以配合海禁实施。

七宝烧灰地疏竹鸡雏坛式瓶，清，通高56厘米，最大腹径36厘米，现藏于故宫博物院。七宝烧即日本制作的铜胎画珐琅器皿，清末大量进入宫廷，在康熙和雍正两朝，日本洋铜还是国内铸币用铜的最主要来源。

《钦定大清会典事例》记载：“如沿海地方奸豪、势要及军民人等，私造海船，将带违禁货物下海，前往番国买卖，潜通海贼，同谋结聚，及为乡道劫掠良民者，正犯比照谋叛已行律，处斩枭示，全家发近边充军。”

《钦定大清会典事例》还对运输工具等作出规定：“打造海船卖与外国图利者，造船与卖船之人，为首者立斩，为从者，发边卫充军；若将船只雇与下海之人，分取番货，及纠通下海之人，私行接买番货，与探听下海之人，番货到来，私买、贩卖苏木、胡椒至一千斤以上者，俱发边卫充军，番货并入官等。”

法禁虽严，收效却有限。江日昇《台湾外记》记载，顺治十四年（1657），郑成功部将黄梧降清，密陈“灭贼五策”，内称：“金、厦两岛弹丸之区，得延至今日而抗拒者，实由沿海人民走险，粮饷、油、铁、桅船之物，靡不接济。若从山东、江、浙、闽、粤沿海居民尽徙入内地，设立边界，布

清代五帝钱，即清朝顺治、康熙、雍正、乾隆、嘉庆五个皇帝在位时发行的货币。

置防守，则不攻自灭也。”

黄梧还建议“将所有沿海船只悉行烧毁，寸板不许下水。凡溪河，竖桩栅。货物不许越界，时刻了望，违者死无赦。如此半载，海贼船只无可修葺，自然朽烂；贼众许多，粮草不继，自然瓦解。此所谓不用战而坐看其死也”（《台湾外记》）。

兵部尚书苏纳海等人叙议黄梧密奏后，清廷于顺治十八年（1661）正式下令迁海，“迁沿海居民，以垣为界，三十里以外，悉墟其地”；“凡有官员、兵民违禁出界贸易，及盖房居住，耕种田地者，不论官民，俱以通贼论处斩，货物、家产俱给讦告之人”（《钦定大清会典事例》）。

海禁、迁海政策可谓“歼敌一千，自损八百”，它的确孤立了郑成功等反清势力，但对清廷影响亦很大。这一政策实际上放松了对沿海岛屿、沿海地区的控制，大大缩小了海防及反走私纵深。

清廷以大海为长城，把大陆海岸线当成海疆防线，从而使万里海疆极为空虚，让走私者、反清势力或西方殖民者轻而易举就能进入清廷海域，甚至登陆上岸，深入大陆腹地。那些长期无人居住、无兵守卫的沿海岛屿，则成为入侵者或海盗的跳板，为他们集结兵力、补充给养、休整人马提供了方便。

海禁、迁海政策还给沿海人民带来了极大灾难，许多人失去生活来源，被迫铤而走险亡命海上，加入海上走私集团或海盗队伍，对清廷海防、反走私构成极大威胁。

顺治十八年（1661），清廷杀害郑芝龙，以震慑郑成功；也是在这一年，郑成功收复台湾，以为根据地，全面占领清廷放弃的海疆资源，垄断了海外贸易，在海上对清廷实施封锁。顺治朝的购铜令收效甚微，缺铜“钱荒”问题始终无法得到有效解决。

无奈之下，顺治帝想起了一个特殊的群体——晋商，曾通过走私为清军入关提供后勤保障的商帮。他在紫禁城宴请八大晋商，封他们为八大皇商，并委婉提出了一个要求，希望这八大皇商能为国解忧，打造商船去日本买铜铸钱，并保证本钱由朝廷出，买回来的“洋铜”，朝廷回购六成铸钱，剩下的归晋商自己。

有朝廷支持，显然这是一个稳赚不赔的买卖，尽管没有从事海外贸易的经验，八大皇商还是欣然应允，各自回家打造商船去了。为此，清廷还在海禁政策之下开辟绿色通道，为他们去日本购铜提供便利。

然而，针对清廷的海上封锁、禁运、反走私，郑氏父子也不是吃素的。清代人郁永河在《裨海记游》中记载：“我朝严禁通洋，片板不得入海，而商贾垄断，厚赂守口官兵，潜通郑氏以达厦门，然后通贩各国。凡中国各货，海外人皆仰资郑氏；于是通洋之利，惟郑氏独操之，财用益饶。”

郑氏父子经营的海外贸易，主要是以郑氏政权名义经营的官营贸易，满足军事需要，“又别遣商船前往各港，多价购船料，载到台湾，兴造洋艘鸟船，装白鹿皮等物，上通日本，制造铜熕、倭刀、盔甲，并铸永历钱；下贩暹罗、交趾、东京各处以富国”（《南明史》）。

除了官营贸易，郑氏还出资接济清朝有意从事海外贸易的人。在清朝看来，这些走私商人通过领取或购买郑氏令旗和牌照，出海贸易。我国台湾学者张菼在《关于台湾郑氏的“牌饷”》中说：“彼时船出海外，非得国姓（郑氏）伪票不能行。”可见，郑氏对整个海外贸易的控制力有多强。

郑成功塑像

由于郑氏父子的垄断、封锁，

整个顺治帝时期，清朝从日本购铜计划收效甚微，且有数字为证。日本学者岩生成一的研究报告《关于近世日支贸易数量的考察》显示，1647—1662年，日本长崎港的中国船只主要来自郑氏势力范围地区，比如1650年来港的70艘中国船只中，来自郑氏势力范围的福州、漳州、安海的有59艘，占80%以上，而且几乎年年如此。

曹永和在《从荷兰文献谈郑成功之研究》中这样写道："1656年，郑氏势力鼎盛时，据荷兰东印度总督的一份报告，1654年11月—1655年9月，有57艘中国船到达日本长崎港，安海船41艘，大部分属于国姓爷(郑氏)。"

这种状况一直到康熙帝平三藩、收台湾后才有所改变。康熙二十三年（1684），清朝在解决完所有麻烦后宣布开海，沿海商贩无不跃跃欲试，四年后出现在日本长崎的清朝商船就激增到194艘，参与者9000多人。

当时，清朝对日本出口以生丝、瓷器等传统商品为主，日本以铜、金、银为主，面对双边贸易蓬勃发展的情况，日本统治者开始担心金、银、铜大量外流会对经济带来不利影响。于是，日本政府于贞享二年（1685）开始推行消极的贸易限制政策。

为了寻求"自由贸易"，清顺治十二年（1655），当时称霸海上的荷兰向清政府派出了外交使团，1656年7月4日，他们在前往北京的途中来到天津，图为荷兰人绘制的天津景色。

木宫泰彦在《日中文化交流史》中这样说，从这一年起，日本规定清朝赴日商船年贸易总额不得超过6000万贯。日本元禄元年（1688），又限令驶日的清朝商船为70艘，并限定时间和地点等。

然而，以上限制并未达到预期目的，被勒令返归的清朝商船往往徘徊在长崎一带，以走私方式继续将日本的金、银、铜大量载运出去。从1662年至1708年的46年间，日本共流出铜高达114498700斤。

有鉴于此，日本统治者于1715年颁布了“正德新令”，限定清朝赴日商船每年为30艘，贸易额依然限定为6000万贯，铜输出量不准超过300万斤，额定内的清朝商船须领取信牌为凭证进行贸易。

在清朝前期人眼里，日本乃外国小邦，怎么能如此对待天朝商船，实在有损大清颜面，因此纷纷上书康熙帝，要求设法联络日方，令其恢复旧制。然而，康熙却连续驳回此类提议。不仅如此，这位大清皇帝还主动替日本分辩。不久后，康熙五十六年（1717）四月，清廷以信牌“不过买卖印记，据以稽查无关大议”为借口，正式许可“海商领倭票照”。

由此可见，清朝对日本铜资源的依赖，如果拒绝让商人领取日本信牌，进口中断，大清会连铸钱的铜都筹措不出。两害相权取其轻，对康熙帝主动打马虎眼的这一行为，便可以理解了。

（易秀琴）

私商推动的清与沙俄京师互市

两个政权或国家之间的互市贸易，一般认为多发生在边境城市或地区，清朝与沙俄之间的互市贸易却发生在统治中心北京，在清代史籍中称为“京师互市”，这是怎么回事？其间又发生了哪些走私与反走私的故事呢？

17 世纪初，沙皇俄国成为一个中央集权的多民族国家，竭尽全力对外扩张，先后越过乌拉尔山，进入西伯利亚，很快又推进到太平洋沿岸，并与清朝东北地区接壤。从此，清朝与沙俄两个原来遥远陌生的国度，变成了近在咫尺的邻国。

沙俄在远东只有两种选择，“打仗或是贸易”，这是沙俄皇帝彼得一世（1672—1725）说过的一句话。这位被后世尊称为彼得大帝的沙皇有此判断，源于长时间与中国这个东方国度的贸易和军事接触。

斯拉德科夫斯基在《俄国各民族与中国贸易经济关系史》中这样写道：“1618 年，还处在明朝统治时期，沙俄便派出使者佩特林等来华，拓展商务合作，只可惜这次没有受到明朝皇帝接见，但却得到了明廷颁发的与沙俄通商的许可。”

许可是这样写的：“尔可往来通商……可将吾两国道路障碍扫除，俾得往来便利。”同时，俄使也深刻洞察到了“中国地大物博，物产丰饶，所产金、银、丝绸，尤为俄人所珍美，俄京轰动一时”。显然，这些都是彼得大帝扩张所需要的。

在此背景之下，17 世纪中叶，沙俄接连派出多个通商性质的使团来华，且都获得了贸易上的成功，其中 1668 年阿勃林使团运来价值 4500 卢布的皮毛，获利 3 倍以上回国。此后，沙俄入侵黑龙江地区，这里可是满族的龙兴之地，其祖先肃慎族就生活在这里，清朝哪能容忍？

康熙二十二年（1683），清廷在统一台湾、平定三藩之乱后，开展了针对沙俄的自卫反击战——雅克萨之战，重挫沙俄锐气。彼时，沙俄重点是在西方夺取波罗的海和黑海出海口，清廷重点是要平定准噶尔叛乱，双方均无心恋战，促成 1689 年签订《尼布楚条约》。

雅克萨之战浮雕

《尼布楚条约》中的通商规则约定："自条约签订之日起，两国人民持有护照者，可过界来往，并许其贸易互市。"显然，这符合彼得大帝的口味，打仗与贸易，二者选其一即可；且对沙俄意义重大，过去其与清朝开展贸易，只是偶尔的、零星的，主要还是靠中亚人当中介，而条约签订之后，可以砍掉中间环节，直接贸易，获利更多。

1961 年在诺沃西比尔斯克出版的《西伯利亚和远东历史问题》中提到，《尼布楚条约》签订立刻带来了沙俄私营商人到北京贸易的兴盛，1689 年第一个私商集团来到清朝，带来 60 大车兽皮，随后运出 14464 卢布的丝织品等货物。

1691—1692 年，普洛特尼科夫等率领第二个私人商队来到北京，以价值 7562 卢布的皮货换回价值 23591 卢布的清朝货品。苏联《新东方》杂志记载，1692 年，伊兹勃兰特·火杰斯到清朝出使时，携带价值 17000 卢布的货物，换回价值 37900 卢布的清朝货品。

从以上数据不难看出，沙俄私营商人来北京贸易获利巨大，效仿者越来越多；而清廷却不堪其扰，因为在他们眼里，与沙俄贸易只是传统朝贡贸易的一种，商人一旦前来，既得提供粮食、住宿，还得照料牲口，提供运输工具，一路护送，所费不赀。

《尼布楚条约》签订场景再现

于是在1693年的《尼布楚条约》补充条款中，清廷强烈要求增加了一条：沙俄商队来北京贸易，“人不得过二百名，隔三年来京一次，在路自备马驼、盘费，一应货物不令纳税，犯禁之物不准交易，到京时安置俄罗斯馆，不支廪给，定限八十日起程”（《朔方备乘》）。

看到私营商人获利，沙俄政府也有些眼红，1693年“认为有必要通过法规的形式，限制私人贸易的权利，规定私人商队需与官家商队同行，私人商队只能在官家商品销售完毕之后，再卖自己的商品”（苏联《新东方》杂志）。

规定上的模棱两可、缺乏可操作性，带来越轨、走私现象横行。班蒂什·卡缅斯基的《俄中外交文献汇编》记载：沙俄商品价格太高，销售不畅，导致货物堆积如山，很难在80日之内销售完毕回国，于是就想尽办法越轨销售，走私不断，商务纠纷频出，引起清廷不安。

清廷、沙俄均对“京师互市”不满，密集的限制管制反走私措施接踵而至。首先，1697年，沙俄制定法规，禁止私人商队组团到北京从事贸易，作为过渡措施，1706年前，私人商队可以跟随官方商队前往北京贸易。其次，清廷方面，由于小农经济占主导，对这种互市贸易并不感兴趣。陈复光《有清一代之中俄关系》考证，清廷大臣曾对沙俄商务专员说：“我等视商务为无足轻重，若康熙帝不以宽大为怀，俄商队即不易来华。”

同时，沙俄官商、私商共同来北京互市贸易，价格不统一，容易引发矛盾。班蒂什·卡缅斯基的《俄中外交文献汇编》记载了一名清廷官员的抱怨：“富有者一旦相买，贵方商人立即高价勒索，很难成交。若为皇室购买皮货，则不肯出示好货，即使出示，也价格昂贵，枉费口舌。”

在这种情况下，1706年，沙俄颁布了一个等于完全消灭私人竞争“京师互市”的条例：“禁止私商在北京买卖主要的，也可以说是唯一的贸易商品——皮货。”从此，理论上来讲，清廷及沙俄私商退出了“京师互市”，只能在边境互市交易，但京师走私依然存在。

原因似乎不难理解，残酷的封建剥削制度让普通人很难消费得起沙俄的皮货，主要消费群体达官贵人大都聚集在京师。从私商被勒令退出“京师互市”后，沙俄官商快速飙升的利润中，也可以看出市场对皮货的饥渴程度。

1698年，沙俄第一支国家商队抵达北京。1701年，第二支商队抵达北京，获利4.3万卢布；1706年，获利5.5万卢布；1708年，获利27万卢布。而此前沙俄私商从1689年到1697年总的营业额才从数千卢布增至24万卢布。同时，沙俄官商一般隔一年便要“京师互市”一次，而非此前约定的三年一次。（班蒂什·卡缅斯基《俄中外交文献汇编》）

康熙皇帝看到沙俄如此依赖“京师互市”，便想以反走私贸易战不战而屈人之兵。当时，沙俄企图插手准噶尔贵族叛乱，并侵略喀尔蒙古地区。1717年和1719年，清廷理藩院两次拒绝沙俄两支国家商队入京，并正式通知沙俄方面，今后数年都不要来京互市。

此时，沙俄傻了眼，眼看皮货要坏掉，砸到手里，损失惨重，便重新回到谈判桌前，落实长期以来悬而未决的中俄中段边界问题。1722年，清廷又通过终止与沙俄在库仑的互市，仅留齐齐哈尔互市等手段，逼迫沙俄与之划定两国中段边界。

1728年，清廷与沙俄签订《恰克图条约》，使双方贸易重新走上正常化轨道。其中第四条约定："今两国定界，不得容留逃人。既已新定和好之道，即照萨瓦所议，允准两国通商，既已通商，其人数仍按原定，不得过二百人，每隔三年，通商一次。"

第四条还约定费用税收问题："既然伊等均系商人，则其食物盘费等项，照旧停止供给。商贾人员，均不征税，商人抵达边界，预先呈明来意，而后委派官员接入贸易。沿途应用之驼马人夫，自行雇备。"

第四条还约定加强反走私监管："责成管理商队官员，严管属下人等。倘有争端，秉公处理。其随同商队前来之官员，如为较大官员，则照大员礼节优加款待。凡准贸易物品，均不禁止。两国违禁之物，不准贸易。如欲私自留居者，若未经其头人准许，即不收留。其病故者，将所有财物各交本国人员。"

至于俄国商队在北京贸易的情形，从1728年朗喀率领官方商队到北京后的经历中可见一斑（出自法国学者加斯东·加恩的《彼得大帝时期的俄中关系史》）：

"中国皇帝于商队到达的次日发布了一道谕旨，允许商队开始贸易，但是派了七百五十人的卫队，日夜守着俄国人所居住的'四夷馆'。一个办公室设在'四夷馆'的大门口，对每一个买主严加盘问，然后发给入馆证。因此中国人只是来馆出售他们的丝绸，而且数量少得可怜。

"商队的款项将尽了，不得不求助于一个中间人，他要求任何交易都给他百分之五的佣金，最后总算接受了百分之三。这个中间人名叫哲费姆·顾索夫，生于北京，父母是俄国人……另一个中间人是一个居住在北京的俄国人雅各伯·撒文，也替商队接洽了几笔生意，佣金也是百分之三。

"但是总的说来，商队的业务情况是很惨淡的。中国的大臣和中国皇帝本人把商队失败的原因归于当时市场的一般情况，以及俄国货物充斥于北京市场。"

从这段经历中我们不难看出，沙俄与清廷间的"京师互市"在严格监督下进行，且比较惨淡。清廷把原因归结于俄国货物充斥北京市场，加之沙俄规定，“京师互市”只有沙俄官商才能参加，因此可以推断，充斥于北京市场的俄货，应该有相当一部分是私商走私货。

事实上，1728 年《恰克图条约》刚刚签订，上述“京师互市”贸易情况还算好的，后来随着私商广泛参与的恰克图边境互市贸易崛起，俄国官商独享的“京师互市”日渐萧条，直到 1762 年完全退出历史舞台。

究其原因，张维华、孙西在其著作《清前期中俄关系》中分析：一是清廷有故意放弃的意思，北京毕竟是政治、经济、文化中心，沙俄官商来此贸易会窥探情报；二是自 18 世纪以来，俄国私商日增，边地贸易转盛，皮货通过各种途径大量倾销北京，致使毛皮价格降低，北京贸易无利可图。

沙俄皮货在北京畅销，影响了清朝人的生活方式。曹雪芹的《红楼梦》第五十二回《俏平儿情掩虾须镯　勇晴雯病补雀金裘》中就有一段提及一件沙俄的雀金裘，这说明沙俄时装作为时尚已进入了当时贵族的生活中。

（金雅琪）

康熙在环渤海地区渐开海禁反走私

“今海外平定，台湾、澎湖设立官兵驻扎，直隶、山东、江南、浙江、福建、广东各省，先定海禁处分之例，应尽行停止。”这是《清朝文献通考》中记载的康熙二十三年（1684）下的一道诏令。

从此，清廷结束了从顺治十二年（1655）至康熙二十二年（1683）的严厉禁海政策，开海贸易。清代席裕福等编著的《皇朝政典类纂》也记载，康熙二十三年（1684）颁布开海贸易令，“今海内一统，寰宇宁谧，无论满汉人等一体，令出洋贸易，以彰富庶之治，得旨允行”。

环渤海地区的直隶、山东、奉天等地是拱卫京畿的海上门户，自然受到清廷统治者重视，但依然要首批放开海禁，可见康熙帝开海贸易之坚决。究其原因，《清圣祖实录》中记载了康熙帝向海禁派解释开海贸易的主要原因的一段话：“向令开海贸易，谓于闽、粤边海民生有益，若此二省民用充阜，财货流通，各省俱有裨益。且出海贸易，非贫民所能，富商大贾，懋迁有无，薄征其税，不致累民，可充闽、粤兵饷，以免腹里省分转输协济之劳。腹里省分钱粮有余，小民又获安养，故令开海贸易。”

由此可见，康熙帝已经认识到，海外贸易有助于沿海人民的生计、增加财政收入以及充裕军饷等。不过，还有一层原因，康熙帝在这段文字中没有说，却在开海贸易令颁布前与朝廷重臣交谈时提到了，便是海禁产生了严重的走私，损害了朝廷的利益。

《清圣祖实录》在《内阁起居注》中记载了这段谈话。康熙帝问清廷海禁派代表内阁大学士席柱：“尔曾到广东几府？”席柱回答：“臣曾到肇庆、高州、廉州、雷州、琼州、广州、惠州、潮州，自潮州入福建境。”

席柱走访了这么多地方，自然了解很多民情，他接着上奏说：“臣奉命

1685 年设于广州五仙门内的粤海关监督衙署场景再现

往开海界，闽、粤两省沿海居民纷纷群集，焚香跪迎，皆云：‘我等离去旧土二十余年，毫无归故乡之望矣，幸皇上神灵威德，削平寇盗，海不扬波，我等众民得还故土，保有室家，各安耕获，乐其生业。不特此生仰戴皇仁，我等子孙亦世世沐皇上洪恩无尽矣。’皆拥聚马前稽首欢呼，沿途陆续不绝。”

听到这些，康熙帝很是怀疑，宋元以来，浙江、福建、广东等沿海百姓就已“以海为田”，所谓“田不供食，以海为生，以洋舶为家者，十而九也”；明朝“海者闽人之田”，“潮漳以番舶为利”者众多，出海捕鱼、贸易被视为沿海居民衣食之源。

清初为了一统江山，顺治帝、康熙帝实施海禁、迁海政策近 30 年，要求“寸板不许下海”，“片帆不许入口”，但断了沿海居民的生计。于是，康熙帝问：“百姓乐于沿海居住者，原因可以海上贸易捕鱼之故，尔等明知其故，海上贸易何以不议准行？”

席柱不知道康熙帝话中有套，也不顾沿海居民希望放开海禁的愿望，依然坚持自己先前的海禁观点，回答说：“海上贸易，自明季以来，原未

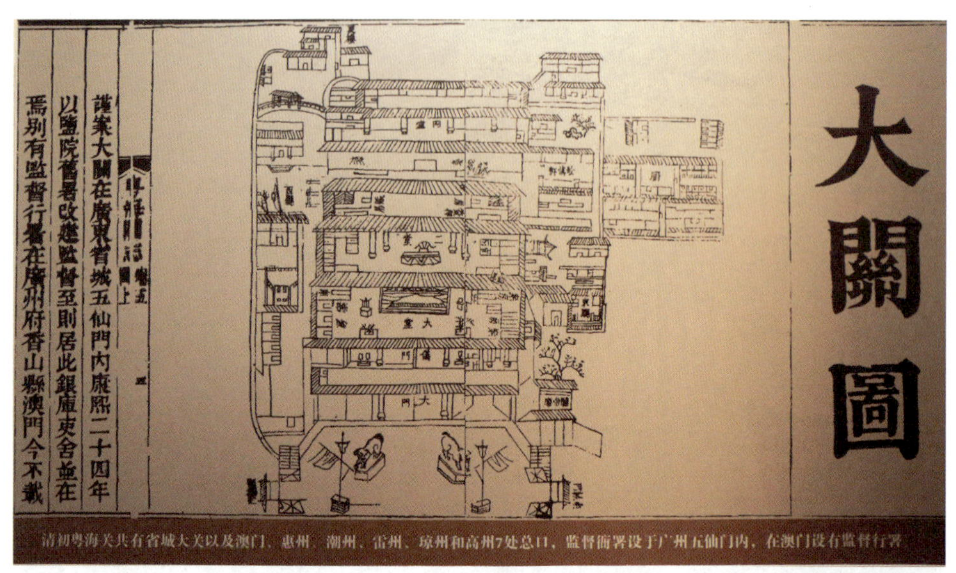

清初粤海关图，该关共有省城大关以及澳门、惠州、雷州、琼州和高州等 7 处总口，监督衙署设于广州五仙门内，在澳门设有监督行署。

曾开，故议不准行。”康熙帝对席柱这一法古不求变的说辞不是很满意，说：“先因海寇，故海禁未开为是。今海寇既已投诚，更何所待？”

显然，康熙帝的反问句句在理，席柱却依旧振振有词，辩解道：“据彼处总督、巡抚、提督云，台湾、金门、厦门等处虽设官兵防守，但系新得之地，应俟一二年后相其机宜，然后再开。”

席柱的借口是台湾、福建沿海等地是新得来的，还有可能出现海寇，建议一两年后再放开海禁。这显然是没有把沿海人民的利益及朝廷财政、军饷大局放在心上，康熙帝看出来了，并给予了严厉批评。

康熙帝说：“边疆大臣，当以国计民生为念，今虽禁海，其私自贸易者何当断绝？今议海上贸易不行者，皆由总督、巡抚自图便利故也！”显然，康熙帝没有留一点情面，直指那些坚持海禁、反对开海贸易的大臣们的动机：坚持海禁，只是为了自己及利益集团走私获利而已。

的确，海禁与走私正相关，海禁越严厉，走私获利越大，就会越严重；海禁放开，都可以出海贸易，走私就会减少，走私者获利就会减少。席柱被康熙帝怼得哑口无言，只能回答说：“皇上所谕极是。”

清初粤海关

其实，海禁政策损害沿海民众及朝廷利益，引起走私，顺治帝、康熙帝在环渤海地区早已察觉。

顺治十五年（1658），进士黄贞麟在其《盐山行》一诗中反映了当时山东沿海地区的状况："东临大海滨，往时设网罟。捕鱼作生计，亦可辨税租。年来海防严，功令禁船桴。寸木不许入，犯之法必诛。衣食无所借，私贩聚盐徒。穷极且健讼，铤而走险途。"（乾隆《即墨县志》）

从这首诗中我们不难看出，一些离开了海洋、被迫内迁的渔民生计无着落，不得不铤而走险私自下海，走私食盐。更为普遍的现象是，迁海地区人口逃亡，大量土地荒芜，《清圣祖实录》记载，康熙十二年（1673）山东抚臣上奏，仅宁海州就有"荒芜地二千七百余顷，逃亡户三千余丁"，再也不复当年"千人引一樯，百金买一舵。朝发天津夕蓬海，千里云晓如鸟过"的繁荣景象。

众所周知，渤海沿岸土地多斥卤，也就是多盐碱地。既然不能出海捕鱼，盐碱地也不能种，于是就晒盐、私自贩盐，这显然会冲击清廷的食盐专卖体制。同时，奉天地区是清廷的肇兴之地，由于海禁，清初鼓励山东人去奉天垦荒的海上通道被隔断，造成奉天地区“荒城废堡，有土无人”，沿海地区更是“黄沙满目，一望荒凉”（《清圣祖实录》）。

这显然不是清廷统治者愿意看到的，康熙三年（1664），山东巡抚周有德“迭疏请宽登、莱、青三府海禁，俾居民得捕鱼资生”（《清史稿》），得到朝廷批准。次年，康熙皇帝题准：“青、莱、登沿海等处居民，准令捕鱼外，若有借端捕鱼，在沿海贸易，通贼往来者，照先定例处分。”（《钦定大清会典事例》）这些举措相对于“寸板不许下海”而言，大大缓解了山东青、莱、登等沿海居民衣食困难的窘境。

针对食盐走私，康熙五年（1666）清廷下令，允许天津大沽盐船出口，由巡盐御史印发票号，填明人数，地方防汛官查验，凭票放行。从这些史料中不难看出，清廷对环渤海地区的海禁松动较早，但放宽力度有限，沿海渔民可以下海捕鱼以解衣食之忧，而出海贸易仍受到极大限制。

康熙十八年（1679），山东日照人丁泰上奏《开海禁疏》，建议允许山东海船到北达天津、南至江淮地区贸易，理由是这里距离台湾较远，应不会影响封锁郑氏政权。是年，河道总督靳辅上书支持丁泰的主张，康熙十九年（1680），清廷准许直隶、山东、江南“装载五百石以下船只，沿海行走”（《大清会典》）。

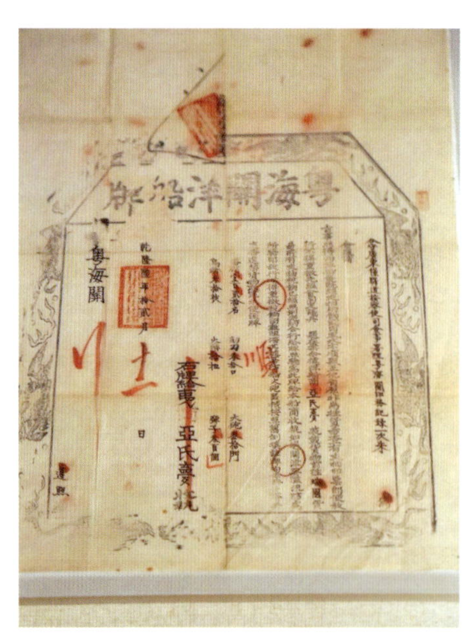

乾隆时期粤海关洋船牌

这次开海虽带有较大局限性，对海船规模、贸易范围和出海人员等都进行了限制，但环渤海区域由此海禁渐开。清廷对三藩之乱和台湾战事胜利在即，时任江宁巡抚的慕天颜上奏《请开海禁疏》，提到：“今则盛京、直隶、山东之海船固听其行矣，海州、云台山之弃地亦许复业矣，香山、澳门之陆路再准贸贩矣。今所请之开禁，亦即此意扩推之而已。”

由此可见，环渤海地区是清代较早推动放宽海禁反走私的地区之一，有了这里的成功实践，才有了康熙帝1684年的全面开海贸易。

（王莎莎）

清初开海贸易中的反走私提防

据《清史稿》的记载，康熙二十三年（1684）“始开江、浙、闽、广海禁，于云台、宁波、漳州、澳门设四海关，关设监督”。

《海国图志》记载“康熙二十三年（1684），台湾郑氏平，海禁大开。二十四年（1685），从疆吏之请，设江海关、浙海关、闽海关、粤海关”。

上述两则史料虽然在时间上的记载略有不同，但都记载了我国海关发展史上的一件大事：完成军事政治目的的海禁后，康熙帝开海贸易，设立了清廷管理海外贸易的四个海关。这四个海关虽然都不在环渤海地区，也只有江海关初期设在江苏连云港，后来搬到了上海，距离环渤海地区较近，但这件事却对环渤海地区开海贸易、反走私活动产生了深远影响。

从持续数十年海禁到突然放开，势必会产生一些乱象，为了防患于未然，清廷在放开海禁时首先加强了辖区臣民管理，制定了严格的出海贸易申报程序，规定直隶、山东、江南等沿海各省出海贸易者，“仍于各口出入之处，豫行禀明该地方官，登记名姓，取具保结，给发印票，令防守官员验票点数，准其出入”（《钦定大清会典事例》）。

然而，智者千虑必有一失，管得了自己臣民出海作业，却管不了外来海盗。康熙四十九年（1710），沿海海盗规模渐有扩大之势，奉天、山东及江南沿海一带时常遭受海盗劫掠。于是，清廷御史便奏请“禁止海洋商贾”，然而在康熙帝看来，只要地方文武官员尽力搜捕，反走私及海贼问题就能得到解决，“岂可因海洋偶有失事，遂禁绝商贾贸易”（《清圣祖实录》）。由此可见，康熙帝开海贸易之心还是非常坚决的。

这种坚决还体现在环渤海地区的粮食航运贸易中。对于人口快速增长的清朝而言，粮食事关国家安全，历来管控严格，海禁之时，粮食出口就在禁止之列；开海贸易之后，因粮食贩卖“内地利少，出海利多”，多有越界贸易走私者，因此粮食出洋之禁仍被不断重申，如康熙四十七年（1708）有“禁商贩米出洋”之令，康熙五十三年（1714）规定“至渔船出洋时，不许装载米酒，进口时亦不许装载货物，违者严加治罪”（《皇朝文献通考》）。

不过，任何政策出台都是特定历史条件的产物，清廷的粮食进出口政策也因时因地而调整。一方面限制国内产粮较多的地区将粮食出口海外，如环渤海区域内的山东、辽东等地出产麦豆杂粮较多，一些海商常常走私偷运贩卖，于是便有雍正十三年(1735)题准“稽查山东青白二豆出口，以杜偷卖”，又比如乾隆十三年（1748）“偷运麦豆杂粮出洋者，照偷运米谷之例科断”（《钦定大清会典事例》）等一再重申的限制政策，目的在于确保山东、辽东等粮食产区供应内地尤其是京畿所需；另一方面，清廷又根据不同地区的粮食匮乏情况而鼓励粮食进口。

这么做也是形势所逼，以历来比较富庶的环渤海地区为例，由于人口暴增，经常出现粮食短缺现象。如位于山东的登州府治蓬莱“合境地少土薄，丰年不敷所用，一遇凶歉愈不能不仰奉省”（道光《蓬莱县志》），招远县所产粮食“除完官税之外，大率不足糊口”（顺治《招远县志》），而黄县情况尤甚，“丰年之谷不足一年之食”（同治《黄县志》），因此为了满足当地粮食需求，清廷不得不就近从较为充裕的奉天调运粮食。

不过，地主家也有缺少余粮的时候，尤其是奉天省歉收之时，清廷内部关于东北粮食输出弛禁问题就争论不休。清廷出于保护满族根本考虑，长期对东北地区实行封禁政策，对粮食输出也多次下令严禁，但直隶和山东一带常常遭遇灾荒，饥民遍地，有些地区甚至在丰年也难以生产出足够的粮食，如此情形使这种禁令时常成为一纸空文，走私日益严重。

清廷也采取了一些应对措施，比如粮食紧缺时，一般实行官运，或者官买民运；为了防止走私，官府要求运粮商船领票给照，限定船载米数、货物种类及数量、水手人数等项，令出入之海口官员稽查，以防米粮透漏外洋、携带闲人进入东北等。（谢景芳《论清代奉天与内地间粮食海运贸易》）

除了粮食，开海贸易后，清廷还对事关国家安全的铁器、武器、硝磺

开展禁运。《大清律例》规定：“商渔船内夹带违禁硝磺、钉铁、樟板等物接济外洋者，船户以通贼论斩。”康熙三十三年（1694），清廷对持有票照的出洋贸易船只予以放宽，准许携带军器出洋。但康熙五十九年（1720）又谕令山东、浙江、福建、广东等省：“沿海各省出洋商船，炮械军器应概行禁止。”（《清圣祖实录》）

如此一来，手无寸铁的清朝商人，在广袤无边的大海上不仅要面临惊涛骇浪的威胁，还常常受到外国势力欺侮，清廷逐渐认识到，清朝海商需要携带武器进行自卫。雍正六年（1728），针对不同出洋贸易状况，清廷做出不同规定：“商船、渔船不许携带枪炮器械。至往贩东洋、南洋之大船，原与近洋不同，准其携带”，但同时也限定“鸟枪不得过八杆，腰刀不得过十把，弓箭不得过十副，火药不得过三十斤”（《钦定大清会典事例》）。

此外，清廷毕竟是由马背上的民族建立的大一统政权，对茫茫大海和擅长海外贸易的汉人始终有一种戒备心理。因此康熙帝在开海贸易之时，也吸取郑氏割据台湾做大的教训，对船只大小做出了严格限制，防止大船在海外建立割据势力，对清廷统治安全造成威胁。

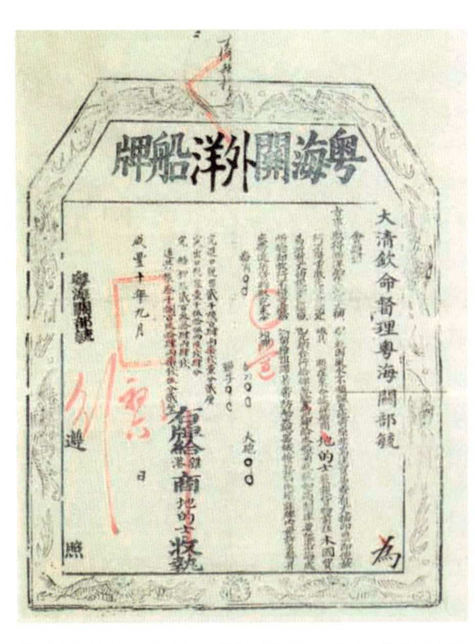

粵海關外洋船牌

大清欽命督理粵海關部號

粤海关外洋号船票，这是1745年粤海关颁发给“瑞典王后”航行中国的通行证。

《钦定大清会典事例》记载，康熙二十三年（1684）议准：出海贸易捕鱼者“许乘载五百石以下船只，往来行走”，如果有“打造双桅五百石以上违式船只出海者，不论官兵民人，俱发边卫充军”。至于私自造海船贩卖违禁物品者，也有规定，“凡沿海地方奸豪势要及居民人等，私造海船，将带违禁货物下海，前往番国买卖，潜通海贼同谋结聚，及为乡道劫掠良民者，正犯比照谋叛已行律，处斩枭示，全家发近边充军”（《大清律例通考》），将违禁者视同海贼、海盗，处罚更为严厉。

康熙四十二年（1703），清廷放宽了打造双桅大船的限制，覆准："商贾船许用双桅，其梁头不得过一丈八尺，舵水人等不得过二十八名。其一丈六七尺梁头者，不得过二十四名；一丈四五尺者，不得过十六名；一丈二三尺者，不得过十四名。"（《钦定大清会典事例》）虽然准许使用双桅船，但出海船只的梁头不得超过一丈八尺，随船的人员数量也必须与船的规模相匹配，否则罪加一等。

在国内政策的严格限制下，一些海商想出了变通走私之道，乘旧船出海，在国外造新船回国，以达到更换大船的目的。这一现象引起了清廷统治者的警觉，于是规定："如坐去船不曾损坏，竟造船带来，或暗带外国之人，偷卖违禁之物者，海关监督并防守海口地方官，不行查出，皆降一级调用。"（《钦定大清会典事例》）

康熙三十三年（1694），清廷又对这一规定进行了修订："乃有内地商人，在外国打造船只，带有军器，出入关口，既无印烙可据，又无票照可凭，地方官难以稽查，请一概禁止。"（《清圣祖实录》）出海贸易船只在归来之时，必须要有印烙和票照可查，与原船相契合者才能入关，由此阻断国内海商故意损坏旧船以更换新船的行为。

同时，清廷也禁止国人将所造之船卖给外国人，《大清律例》对此有明确规定："打造海船卖与外国图利者，造船与卖船之人为首者，立斩；为从者，发近边充军。"这些措施一方面是为了便于管理国内海商，另一方面则是为了限制中外商民的交往。反走私，是清廷面对世界航海大潮的一种被动防守，但也阻碍了中国海船制造业的发展和进步。

众所周知，明朝时期，我国造船技术领先于世界，郑和下西洋时的宝船排水量可以达到上千吨。后来明清两代持续限制海船排水吨位，只允许制造五百石以下船只，相当于排水量只有50吨，致使在西方造船技术突飞猛进、能制造三层炮甲板船只之时，我国千吨级海船造船技艺已经失传，最终造成了1840年鸦片战争中被动挨打的局面。

（金少红）

清廷开海贸易后的李氏朝鲜反走私

“十月庚寅，黄海水使李羲翼辞朝，上召见之，羲翼陈一唐船之弊曰：‘唐船之采参者，漂泊我境，近颇频数，故滨海愚氓，与之惯熟，或相买卖，遂使边禁渐弛，此宜严防也。’上曰：‘……此后唐船犯境者，守令、边将依律严惩，沿海之交通买卖者，宜先斩后启也。’”

这段文字出自吴晗的《朝鲜李朝实录中的中国史料》，这里的李羲翼是李氏朝鲜的黄海水使，皇上则是李氏朝鲜的英宗，唐船指的是清朝的商船，这段对话发生在清乾隆十一年（1746）。

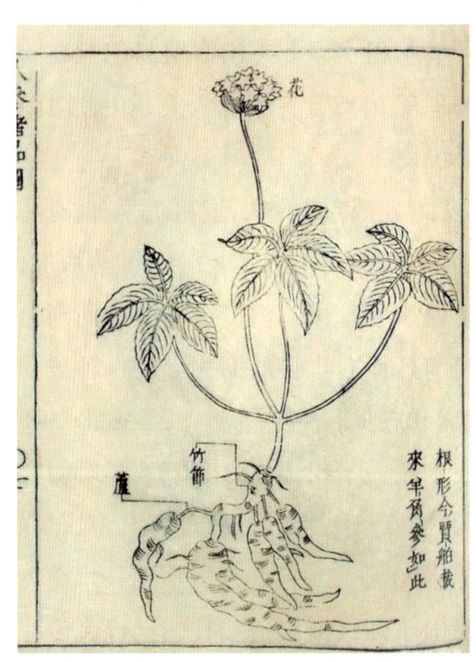

《和汉人参考》中的人参插图，这本书是清代日本藤懿之撰的本草类著作，刊于日本宽延元年（1748）。

彼时，清朝山东、辽东沿海部分商民会私自到朝鲜半岛西海岸盗采人参，或者开展走私贸易，损害了李氏朝鲜的利益，于是李英宗和李羲翼君臣商讨如何应对这种情况，李羲翼建议加大反走私力度；李英宗则要求守边将领依律严查，对于那些走私者，可以“先斩后启”。

要知道，除少数历史时期，朝鲜半岛政权历来与中原政权关系密切，李氏朝鲜与清朝关系也不例外。顺治帝时期，外国使节赴京朝贡，均于限定日期在会馆内交易，唯独朝鲜使节不受此限制。

康熙帝海禁时期，严禁米粮输

出，放开海禁后亦是如此，但当朝鲜遭灾、粮食短缺时，清廷会对其放宽限制，慷慨相助；乾隆帝时期，李氏朝鲜却不顾宗属国关系，对来自清朝的走私者可“先斩后启”，可见打私力度之大。

朝鲜半岛与我国山水相连，半岛北部与辽东陆上接壤，西南与山东隔海相望，自古就与环渤海区域有着频繁的经济、文化往来。清朝建立后，自东北到朝鲜的陆上通道畅通无阻，鸭绿江、图们江沿岸的会宁、庆源、中江、凤凰城等地，成为清朝与李氏朝鲜之间经贸往来的集散地。

顺治帝及康熙帝前期，实行严厉的海禁政策，除了官方允许的朝贡贸易外，民间往来相对较少；康熙二十三年（1684）颁布开海贸易令后，双方在边境贸易发展的同时，山东、辽东沿海居民也多通过越境采捕潜买的方式，与朝鲜半岛沿海居民开展贸易活动。

对这些走私活动，《朝鲜李朝实录》也多有记载，如康熙四十二年（1703）“唐船出没海中，海西尤甚，船中人尽削发，服色或青或黑，去来无常……前后被执者五十余名，大抵皆山东福（山）、登等州人，以渔采为业，船中所载衣服器皿外无兵器云”。

此后，私自越境前往朝鲜半岛捕鱼、采药的山东商民越来越多，有时一次竟然有二三十只船，如康熙五十五年（1716），“唐船之出没海西洋中，殆无虚日，或至二三十艘”；康熙五十六年（1717），“唐船出没，未有如近日之频数，至于三十二只之一时出来，殊极可虑”。

到了清雍正年间，朝鲜使臣上奏称，自康熙三十七年（1698）登州运粟救济朝鲜之后，“唐人之端知海路者，为采海参，每于春夏之交，

《康熙大帝肖像》，意大利著名画家杰凡尼·热拉蒂尼创作于18世纪早期，自1709年起被陈列于意大利乌菲齐美术馆西走廊内。

往来海西，岁以为常，而来者众矣，不知为几百艘”。

这些渔采船只常常借机与朝鲜半岛沿海居民开展走私贸易活动，引起李氏朝鲜统治者担忧，为阻止山东、辽东等地部分商船越境在朝鲜半岛的渔采、潜买活动，朝鲜统治者曾采取追捕押送、移民守岛等措施，但收效甚微。

乾隆年间，山东、辽东沿海部分商民到朝鲜半岛西海岸采参、走私贸易有进一步发展的趋势，李氏朝鲜统治者不得不严下禁令，不允许山东、辽东等地船只私自入境，于是有了文章开头君臣的一段对话。

然而，禁令虽严苛，但由于利益所在，双方商民私相贸易的情况依旧存在，而且朝鲜半岛沿海地区的一些官员执行禁令并不严格，有时也纵容本国沿海商民与清朝商人往来，尤其是用人参换取山东、辽东的纺织品和粮食等商品。

而山东等地从朝鲜半岛采到或走私的人参，除一部分在国内销售外，其余的则多被用于同日本的贸易。因为通过正常渠道，日本很难得到朝鲜半岛的优质人参。清朝建立后，尤其是康熙帝开海贸易后，日本正处于幕府统治时期，实行严格的闭关锁国政策。

郎世宁画笔下的雍正皇帝

日本的锁国令禁止日本船只出海贸易，也禁止日本人与海外往来，偷渡者要处以死刑；对驶抵日本的外国船只实行严密监视，贸易活动也由幕府进行严格管制；一般只允许清朝和荷兰的船只驶往长崎开展贸易。

从日本古籍《华夷变态》中的收录情况来看，从康熙二十九年（1690）至康熙三十七年（1698）间，就有十三艘商船从山东起航到日本贸易，出航时间多集中在每年的4—8月份，一般经过一个月左右就能到达日本。

这些山东商船的载重量较小，运往日本的商品主要是药种、土产和丝货等。值得一提的是，输出日本的这些货物并不仅仅是山东当地的商品，一些商船往往在南京、上海等地购买丝货，最后从山东出发而已。

于是，在实际的对外贸易活动中，商船的出发地往往不是商船的属地，如《华夷变态》中记载，康熙二十九年（1690），五十八番山东船的属地是南京，六十四番山东船的属地是宁波；而康熙二十二年（1683），二十七番南京船的属地是山东。

由此可见，清廷开海贸易后，不仅促进了跨国商贸往来，还促进了环渤海地区与东南沿海的经贸往来，更增强了清朝的贸易实力。比如闭关锁国的日本看到清朝商船云集长崎，盛况空前，江户幕府担心日本金银大量外流对自己不利，制定了“贞享二年（1685）令”，限制清朝船只的入港数量和年贸易额。

此时，很多清朝商船转移到朝鲜半岛的港口与日本开展贸易，然后日本再把货物运到本国，以逃避日本幕府的贸易限制。朝鲜《李朝实录》中记载：“倭人之贸唐产者，必求之东莱（朝鲜），以此莱府银甲于他处，行于国中多倭银，国中诸矿产亦丰，而不许赴燕交易，而不复东莱。”

于是，与朝鲜半岛山水相连的环渤海区域，借此继续与日本进行贸易交往。康熙年间，还有一些朝鲜半岛商人从渤海沿岸的登、莱等地购买丝绸等商品后，再与日本人进行交易，从中获取丰厚的利润。

（李俊颖）

清代形形色色的船舶与违禁缉私

“舟楫之利，譬犹舆马，载重历远，以济天下。相风视波，穷究川野，安审惧慎，终无不可。”

——［汉］李尤《舟楫铭》

船舶，是人类与江河湖海交流的最为古老和重要的交通工具，其适用的广泛性，极大地延展了人类的活动场域和活动半径。中国古代造船历史悠久，从最初简单的木船到后来的大型海商船、战船，船舶的种类和用途不断丰富和发展，成为贸易和军事领域不可或缺的工具。到了明清时期，船舶制造技术达到巅峰，船舶种类和用途更加丰富多样，包括战船、贸易船、渔船、客船、驳船等。以权属性质为标准，清代船舶可以分为广义上的官船和民船两大类。

一、官船

官船主要是政府出资或接受捐赠而享受其所有权的船只，性质属于公有，具有官办官营的属性，主要用于政务、经济和军事等领域的投资、生产和使用。

（一）漕船

漕船，即运送漕粮的船只。清代北方粮食除自给外，主要依靠从南方运粮，而粮食漕运中，主要有海运、河运与陆运三种方式，其中前两种占比是压倒性的，所使用的工具则为漕船。清代前期，漕粮主要执行河运，即通过大运河运往北京交仓；到中期以后，由于运河淤塞难以行船，于是道光五年（1825）仿元人之法，实行海运漕粮，漕粮转运由内河漕船和海洋漕船联运的方式进行。

（二）战船

战船，即在军事领域运用的船只。清代水师有内河和外海之分，因此战船也分内河战船和外海（水师）战船。其中，天津、山东、福建等地的战船均属于外海战船；江西、湖广因地处内陆，故为内河战船；南方其他几个沿海省份则既设有内河战船，又配备外海战船。

就船型而言，清朝旧式水师所用战船种类较多，不同形制的战船适用于不同的军事用途。如康熙朝《大清会典》中所列的战船类型：

战船大小不一，有水艍、犁缯、沙船、鸟船、炮船、梭船、哨船、戈船、大小唬船。其最大者，曰得胜船。又有快船以利追剿，马船以载马匹，军中运粮船以资输挽。

就功能而言，内河战船与外海战船也有区别。内河战船主要用于内水巡防、缉捕水贼、查验内河行走船只、缉捕走私等方面，外海战船则用于海上作战、内外海巡防、缉捕海盗、查验进出口船只、缉捕海上走私等领域。

（三）其他官船

除了官办漕船、战船，还有许多其他官办船舶类型，比如皇船、公务船、官渡船、桥船、各种工程船只、官办救生船和其他官办运货船舶等。

二、民船

民船是民间资本基于谋生、牟利或公益等目的而打造的船只。以航行区域为标准，可分为海洋民船与内水民船。海洋民船又可细分为内海民船和外洋民船两大类。内水民船又包括不同类别的内水上的船舶，如河船、江船与湖船。

（一）海洋民船

以海船船底的形制为标准，海洋民船总体上可以分为平底船和尖底船两大类。以长江出海口为界，往北的海域在清代地理上被称为北洋，为平底船的航行范围，在这一海域航行的船主要是沙船；往南的海域则被称为

南洋，该海域往往水深浪高，更适合抗风破浪的尖底船航行，尖底船从形制上又大致可分为福船和广船两类。

沙船、福船、广船共同构成清代沿海三大船型。虽然木帆船在清代已经开始走向衰弱，但横向比较而言，清代帆船在 17 世纪至 19 世纪后期仍是东亚海域航运能力最优秀的船舶。

1．沙船

沙船主要行驶于长江以北沿海区域，特别是江苏沿海和渤海浅水海域。沙船从渤海湾南下，载运之物以豆为主，故又有“豆船”之称。

清代沙船：《唐船之图》中的南京船

2．福船

福船是适航于浙江、福建沿海水域的一种尖底船，适合破浪行驶，因此适航于水位较深的南方海域。鸟船则是从福船发展而来的，属于福船中较小的船。如，《唐船之图》中的厦门船就是一艘典型的清代福船。

清代福船：《唐船之图》中的厦门船

3．广船

广船是广东各地大型木帆船的总称。《唐船之图》中也收录了一幅广船图，从图中可以看出，其船底与厦门船接近，而与南京船则显然相异。

清代广船：《唐船之图》中的广东船

尽管海洋民船三大主要船型可以明确，但具体到平时的分类管理上，清代官府并不以船舶形态作为分类标准，而是采用“航行区域＋船舶功能”的综合分类方法。据此，海洋民船大致可以分为沿海采捕小船、内洋渔船、国内贸易商船和国外贸易商船等几种主要的类别。

（二）内河民船

内河上的民船，往往因地制宜，极富地方特色；各种用途之船，也都有相应的结构，力求适用。就清代民船管理规范的分类标准来看，其采取的标准依然是船舶的功能。

1. 内河渔船

内河渔船，即在内河河道上采鱼的船只。这类船只为数众多，几乎遍布内陆所有大小河流。

晚清外销画中的九江渔船、撒网艇

2. 内河商船

内河商船，即内河载货贸易的各种船只，如盐船。

清代外销画中的货船

3. 内河客船

内河客船，即内河之上的载客船只，在这个意义上可以说是一种广义的渡船。

九江客船

4．客货两用船

内河民船往往一船多用，既可作货船，又可作客船，有时候很难有明确的标准。

《姑苏繁华图》中的客货两用船

5．渡船

渡船分为由个人出资、以牟利为目的的私渡船，以及由官府、宗族、乡绅、乡里集体出资的公益性渡船。

清代珠江夜渡船

6. 其他内河民船

如，戏船，即戏班所使用的船，戏班成员的平日起居也都在船上。

清代珠江戏船

游船，即供游人乘坐游湖之船。

《姑苏繁华图》中的清代游船

花船，含义甚广，其中之一即为水上妓馆之俗称，又名“妓艇”。

疍船，系广东地区特有的一种船，居住于其上的船户称“疍户”。雍正年间，“粤东地方，四民之外，别有一种，名曰疍户，即猺蛮之类。以船为家，捕鱼为业。通省河路，均有疍船，生齿繁多，不可数计”（《大清会典事例》）。

三、民船载运货物的稽查管理

清以前，民船载运稽查制度由来已久。宋时，海上丝绸之路的繁盛使民船稽查制度逐渐成熟。元时，禁止金、银、铜、铁货、男子、妇女人口私贩出海，后来又增加弓箭、军器、马匹等物，丝绵、布帛也一度在违禁物品名单之列。明时，《大明律》规定民船夹带马牛、军需、铁货、铜钱、段匹等违禁物品，要处以杖一百的处罚，船只和货物都要罚没入官，还强调了稽查人员的责任。如，稽查人员明知出海民船夹带而故意放纵甚至共谋夹带走私的，与犯人同罪。

至清代，在官府眼中出海商船、渔船夹带违禁物件，属于情罪重大之行为。为了防止不法船户将某些特定物资出售外夷、接济奸匪，官府列出了禁止出海的物资清单，大体上可归入如下几个大类。

一是稽查走私军需物资，包括军器、硝磺、船料等。康熙二十四年（1685）规定，将军器卖与外国人，按照将军器出境而走泄事情者律斩首，为首者还要另外加以枭首示众之罚。康熙十五年（1676）规定，将硝磺向海寇出售以资敌的，不论数量，均按照私将军器出境因而走泄事情律将首犯处斩，将从犯发边卫充军。商渔船夹带硝磺、钉铁、樟板等造船物资接济外洋的，船户按通贼律论处，判处斩刑。

二是稽查走私贵重金属及其制品，包括白银、黄金、铜钱、铜制品、铅、生铁及铁制品等。乾隆十四年（1749）规定，沿海关汛文武官弁对于民船走私红铜、黄铜，不行搜查、拿缉，甚至知情故纵的，要按照出洋渔船夹带硝磺、钉铁等，物汛口之文武官弁革职例。清朝中后期，随着鸦片流入，国内白银大量外流，道光十七年（1837）下令要求沿海各省督抚认真稽查，

“倘敢装载纹银，妄冀偷漏出洋，立即设法截拿，按律惩办，毋稍轻纵”。对于搜获的白银，全数赏给稽查人员。

三是稽查走私粮食。粮食储备是国家重要的战略资源，清虽以农立国，但由于生齿日繁，耕地有限，国内所产大米并不能完全满足需要，部分粮食需从暹罗等南亚国家进口。商船返回国内入口时，守口官员要验明所带数量是否足数，超额的允许船户以时价出售。若经验明发现所带米粮不足数或有在海上偷漏接济的，则直接以接济奸匪例定罪处罚。与此对应，走私大米也成了海洋民船稽查所关注的重点问题。乾隆十三年（1748），又扩大到杂粮麦豆。

四是稽查民船走私食盐。清廷严格禁止食盐外流，对于在海洋私贩食盐的，比照贩卖硝磺处罚。康熙五年（1666）规定，“长芦盐船从天津大沽出口，每船令盐院给以印票，填明船内所载人数，海防大沽营将稽查。船到山东省，令海丰县挂号，河口防汛官兵、巡检司查验放行。如无印票，或人船溢数及夹带违禁货物等弊，该管文武各官不能查获者，俱照例处分。每月取具该管文武各官并无人船溢数及违禁夹带货物等弊印结报部”。

五是稽查走私服装原材料，包括生丝、绸缎棉绢等丝织品、布匹等。乾隆三十年（1765）规定，“如有私贩绸缎棉绢，并于成额之外多带丝斤，及官商逾额多带丝斤、绸缎、棉绢者，每百斤以上，照米一百石以上出洋之例，将失察之汛口文武各官降一级留任；不及百斤者，罚俸一年；不及十斤者，罚俸六月”。布匹作为一种生活必需物资，受到清廷的管控，走私布匹的处罚甚至与军用物资相当。

六是稽查东北私参出口。官府对此限制任意出口。东北人参多由奉天口岸跨渤海海峡运往山东销售，对此朝廷于嘉庆十五年（1810）要求地方派员稽查，“于商贾上船之时查验踪迹，留心盘诘”，若在山东盘获私参，则要查明是由奉天哪个口岸出口，将口岸巡查人员和地方官员一并处罚。

七是稽查走私鸦片。为了防止鸦片走私流入山东，朝廷规定民船在山东沿海港口入口，州县官要亲自前往盘查，如此才能开舱卸货。有一些贩卖鸦片的海船为了逃避稽查而不驶入内港，而是通过小船剥运再潜入内港

的方式走私，对此朝廷也要求官员加强对这类剥运小船的稽查，如有偷运上岸的，相关稽查文武官员也要照例议处。

八是稽查民船载运物资的其他规定。除了上述较为专门的稽查活动外，还有一些其他的规定，比如稽查违禁物品入境、稽查渔船夹带货物和装载人口、稽查茶船夹带违禁货物、稽查海洋民船夹带人员入境等，还有某些地区的特殊性规定。

内水民船船载物资的稽查，也主要包括贩运私盐、酒制品、私钱、硝磺、茶叶、偷盗官物等，但无论是陆地还是海洋，查验票证都是对民船进行稽查最主要的方式之一。稽查时所查验之票证，以船照或税单为主。

《大清律例》卷二十《兵律·关津·盘诘奸细》提道："凡盘获形迹可疑之船，货物、人数不符税单牌票者，限三日内查明。"

出洋贸易的海洋商船，则需要投关报税，纳税主要依据载运的货物种类和数量。为了防止船商逃税以及偷运违禁物品出入国境，就要求海关所颁给关牌和税单上所载内容与商船实际所载货物一致。

稽查人照是否相符和货单是否相同，往往是同步进行。如乾隆五年（1740），乾隆批准有关官员的奏折，山东、直隶前往东北贸易的船只，要将船户、船载人数和货物全部写入照票，由海口官弁查明后才能卸货。反之，从东北返回的民船在天津入口时，钞关官员也要查核照票，核对货物数目无误后方允许其入口。若地方官隐匿，照失察漕船隐匿逃入律议处。

同时，在民船完成交易后，交易地方的地方官要在印票中加盖戳记，以返回时给出口地的地方官查验。

（刘建伟）

清廷“龙兴之地”的封禁反走私

“盛京为满洲根本之地，所关甚重。今彼处聚集民人甚多，悉将地亩占种。盛京地方粮米充足，并非专恃民人耕种而食也。与其徒令伊等占种，孰若令旗人耕种乎？即旗人不行耕种，将地亩空闲，以备操兵围猎，亦无不可。

“奉天地方为满洲根本，所关实属紧要，理合肃清，不容群黎杂处，使地方利益悉归旗人。但此等聚集之民居此年久，已立有产业，未便悉行驱逐，须缓为办理，宜严者严之，宜禁者禁之，数年之后，集聚之人渐少，满洲各得本业，始能复归旧习。”

这段文字出自《清高宗实录》，说的是乾隆五年（1740），清廷颁布封禁东北的法令。在清廷看来，满洲是他们的“龙兴之地”，封禁东北乃“充实根本，以图久远之策”，因此禁止汉人越过山海关到东北耕种土地，这种逆潮流而动的政策带来很多封禁与突破、走私与反走私的故事。

龚维航在《清代汉人拓殖东北述略》中这样写道：“清人自以为异族人入主中原，猜忌之心未泯，轸域之见时存，歧视汉人，以为非我族类，其心必异。故欲保留发祥地之东北，一旦中原有事，可以退守，不致蹈元人覆辙。此种疑忌心理之存在，实封锁东北政策之由来也。”

明末清初，带领清军入关的顺治帝头脑清醒，为防止有朝一日被汉人打败，重回山海关外时无立锥之地，重蹈蒙古族覆辙，在盛京（今沈阳）修筑柳条边，保护“龙兴之地”，独占东北人参、貂皮、鹿茸、东珠等贵重特产；康熙帝又接续为之，防止汉人私自采捕，每年派员巡查缉拿私挖人参、偷打鹿茸之人。

不过，连年的征战使众多八旗子弟迁入关内，东北人口锐减，田地荒芜，

吉林市柳条边遗址，柳条边墙高三尺，宽三尺，墙上栽种三行柳树，株距五尺；满族崇拜柳树，视柳树为始祖母神，以此保护“祖宗发祥地”。

一片残败景象。《清朝文献通考》记载，顺治八年（1651）谕：“民人愿出关者，令山海关道造册报部，分地居住。”也就是说，清廷开始允许汉人到东北垦荒，只要登记造册即可。

《盛京通志》记载，顺治十五年（1658）规定：“在盛京招民一百名者，文授知县、武授守备。”清廷又开始鼓励汉人到东北垦荒。然而效果一般，顺治十八年（1661），奉天府尹张尚贤上疏，辽河东西“荒城废堡、败瓦颓垣，沃野里，有土无人”（《东华录》）。

于是，康熙帝开始安插逃民、遣送罪犯于盛京、辽阳、尚阳堡以及伯都纳、宁古塔等地。《奉天通志》记载，朝鲜使臣曾目睹“自关内至关外，车载号咷者，日逢五六乘，或七八乘”。吸引人的同时，还要对偷猎私垦犯禁的“歼民”依刑律条款，加以重罚（《大清律例》）。

长时间的移民垦荒，以及雍正帝的“摊丁入亩”政策，减轻了无地、少地农民的经济负担，带来人口骤增，“龙兴之地”迎来前所未有的挑战。乾隆元年版的《盛京通志》记载，奉天省（今辽宁）各州县汉族人丁是顺治朝的 8 倍多，康熙朝的 1.7 倍；民地快速上升，旗地逐渐减少。

为了保护满洲根本之地，乾隆五年（1740）颁布了前面提到的封禁东北的法令，也被称为禁关令，这里的关指的是山海关。在古代，边境关、内地关长期并存，有的设在边境上，有的设在内地水陆交通要道，由一个单位管理，对私自越关行为，处罚上也相似。

根据乾隆帝的禁关令，封禁东北的措施首先是“关禁”，主要通过封锁省际要道，实现禁止汉人从长城进入东北的目的。《清高宗实录》记载，“山海关出入之人，必宜严禁”，如确实贸易者，“将出口人数目、姓名，并所居住地名，现往奉天何处贸易，一一盘问清楚，给与照票，再行放出”。

威远堡边门

其次是“海禁”，主要是禁止汉人通过环渤海的港口进出东北。奉天省所属沿海，通天津、山东、福建、浙江各处海口，先前来时“载人无数”，清廷规定：“嗣后遇有前往贸易商船，令其将正商船户人数，并所载货物数目，逐一写入照票。俟到海口，该地方官先将照票查明，再令卸载。若票载之外，携带多人，即讯明申报府尹，解回本地。”在《清代汉人拓殖东北述略》一文中，龚维航将清廷封禁东北的政策评价为：“陆路有严密把守之山海关，水路复有禁止偷越海港而取缔商船之令。”再次是“边禁”，主要将柳条边作为隔绝汉人出关的界限，即所谓“插柳结绳，以界蒙古”，也是“戒线”，可视为戒备蒙古和朝鲜的军事防线。

最后是“围禁”，主要是皇室在东北通过圈占山林荒原而设立的围场。这些围场专门为清廷皇室服务，严禁百姓私自潜入砍伐树木、围荒狩猎，可谓是东北边外的“禁中之禁”。为了将官荒与围荒区别开来，并标示围场的范围，各围场都要挖壕沟、筑封堆。此外，还要在重要的关隘设置“卡伦”，并实行巡卡“木筹制”。

如此严厉严密的封禁反走私政策，实施效果如何呢？要实施封禁，就要先清除奉天省未入籍的关内流民。然而，《清高宗实录》记载，奉天府府尹认为“民人寄居年久，迁徙艰难”。于是乾隆皇帝上谕：“情愿入籍之民，准令取保入籍，其不情愿入籍者，定限十年，令其陆续回籍。”

乾隆十一年（1746），奉天省清理流民满五年，工作进展情况如何呢？《清高宗实录》记载：“该府尹霍备莅任数载，其各州县流寓民人并未取保入籍，亦未令其回籍。漫无稽查，而定议后出关人数续添四万七千余口，聚集益众，是奉旨立限之案。”

也就是说，奉天省清理了五年流民，流民不但没有减少，反而还增加了 4.7 万人，违禁走私之重可窥一斑。究其原因，主要是康乾盛世，人口激增，关内土地却无处可增，再加上地主高利贷盘剥和自然灾害，迫使农民向地广人稀、土地肥沃、物产丰富的东北迁徙，加之关外赋税相对较轻，因此形成“闻风而至者不可抑遏”之势。

同时，清廷在实施封禁的过程中，政策摇摆不定，留出走私空间。一方面，清廷屡次发布禁令，限制汉人出关，并严厉查处违禁行为；另一方面，在遇到特殊情况，特别是遇到大灾荒时，由于害怕过分禁止会激起民变，又考虑到百姓生计问题，对流民出关谋生往往不能绝对禁止。

后来鸦片战争爆发，清廷对边疆的控制日益削弱，沙俄不断侵蚀黑龙江边境，导致清廷最后采纳了黑龙江将军特普钦的建议，于咸丰十年（1860）正式开禁放垦，电视剧《闯关东》便以此为背景拍摄。

（王欢）

鸦片战争前的“津门销烟”反走私

提起中国近代史的开端，很多人都会脱口而出：“1840年鸦片战争。”在此之前的1839年6月，民族英雄林则徐虎门销烟，一举销毁了查缴的200多万斤走私鸦片，用实际行动表明了中华民族抵制鸦片、打击毒品走私的决心。

殊不知在虎门销烟之前的1838年10月，清政府直隶总督琦善就在天津主持禁烟，并在大沽一带的洋船上一举查获走私鸦片13.15万两（相当于8221斤），11月在天津城东南的教军场销烟，史称“津门销烟”。

1838年的这次津门销烟虽然影响力不如虎门销烟，但却是清政府第一次大规模的销毁鸦片行动，开中国销烟之先河。这从一个侧面告诉后人，

天津博物馆的“天津销烟”油画。为铲除鸦片贸易，1938年11月13—14日，清政府将在大沽口查获的约4100公斤鸦片运至天津小西关南运河旁销毁，这早于1839年6月的虎门销烟。

鸦片战争前，以英国为代表的西方列强不仅在华南走私鸦片，环渤海一带走私鸦片也很严重。

鸦片最早由阿拉伯人在唐朝引入，被称作“阿芙蓉”，由于其具有麻醉镇痛、治疗痢疾等功效，充作药用。17 世纪才从南洋传入用枪管灼火吸食鸦片的方法，由于能使人上瘾，后患无穷。雍正七年（1729）颁布《惩办兴贩鸦片烟及开设烟馆条例》和《申禁售卖鸦片及开设烟寮上谕》。

鸦片被称为“毒蛇”“罪恶之花”，雍正帝下旨惩办鸦片贩子，每年输入不超过 200 箱，留作药用。1773 年，英国为扭转贸易逆差，建立东印度公司垄断的鸦片专卖制度，大举向清朝走私鸦片。嘉庆五年（1800），清廷重申鸦片之禁，禁止商船夹带走私。

然而，清廷内部吸食鸦片者日渐增多，加之英国政府支持，导致英国烟贩走私贩运不断向北漂移，走私范围，近则广东、福建，远至天津、关东。姚薇元在《鸦片战争史实考》中统计，道光元年（1821）输入鸦片 5900 余箱，道光四年（1824）10400 余箱，道光十年（1830）19956 箱，道光十五年（1835）30202 箱，道光十八年（1838）40200 箱。

《清宣宗实录》道光十一年（1831）记载：“洋船私带烟土来粤，竟敢于附近虎门之大鱼山洋面，另设洋船囤积，称为鸦片趸。又有包揽走漏之船，名曰快蟹，来往如飞，呼为插翼。其船星夜遄行。所过关津，遇有巡丁巡逻，竟敢施放枪炮，关吏莫敢谁何。又不报官惩办，是以肆无忌惮。”

《清宣宗实录》接着记载：“其（鸦片）销售各路，如福建之厦门、直隶之天津、广东之雷琼二府，皆由窑口立券，到趸交货。其余各省私贩入口出境，均系快蟹船包送。”由此可见，运销天津的大宗走私鸦片，在大窑口付款立券，然后凭券到零丁洋面的趸船取货，提货以后，“两广、福建商民，雇驾洋船转贩杂货，夹带鸦片烟土，由海路运至天津”。

《筹办夷务始末补遗》（道光朝）也记载，两广总督李鸿宾奏称，零丁洋（又作“伶仃岛”）在“大洋之中，四通八达，不惟附近奸匪驾艇私往价买，凡通洋各省，无不航海而来，籍贩货为名，驶向零丁，暗购烟泥，扬帆以去。是外海分销之路，天下皆通……今则福建之厦门、浙江之宁波、直隶之天津，

俱由海船直达零丁，与夷船私相授受”。

由此可见，鸦片战争前，英国鸦片走私贩运已经猖狂至极，他们霸占了中国领土——珠江口的伶仃岛，作为鸦片趸船经年停泊地点，也就是囤积鸦片的总据点，经常囤积鸦片两三万箱，并以此为中心形成一个巨大的武装走私组织，向包括环渤海地区在内的清朝沿海分销走私鸦片。

走私鸦片通过海路运到天津后，再通过内河和陆路转运，销往内陆省份。道光《筹办夷务始末》记载，陕西巡抚富呢扬阿在奏折中说：“查夷船载运烟土……其大宗由海运至福建、浙江、江南，山东、天津、关东各海口，而各海口又各有专司收囤转贩之户。其内河兴贩至南北各省，盈箱累笥，载以舟车，实繁有徒。”

道光帝自然也知道这一情况，《宣宗圣训》记载，道光十一年（1831）圣训：鸦片“由海路运至天津，有数栈代为包办关税。山陕等处商贾来津销货，即带贩烟土回籍”。常在河边走，哪有不湿鞋的？《查禁鸦片烟案》中就记载了1831年，北京查获太监张进福鸦片走私案，还牵连到贝勒克柯色布库、首领太监熊来福等七八人。

张进福称：“闻天津海船到来，烟土较贱，曾向克柯色布库要得京钱

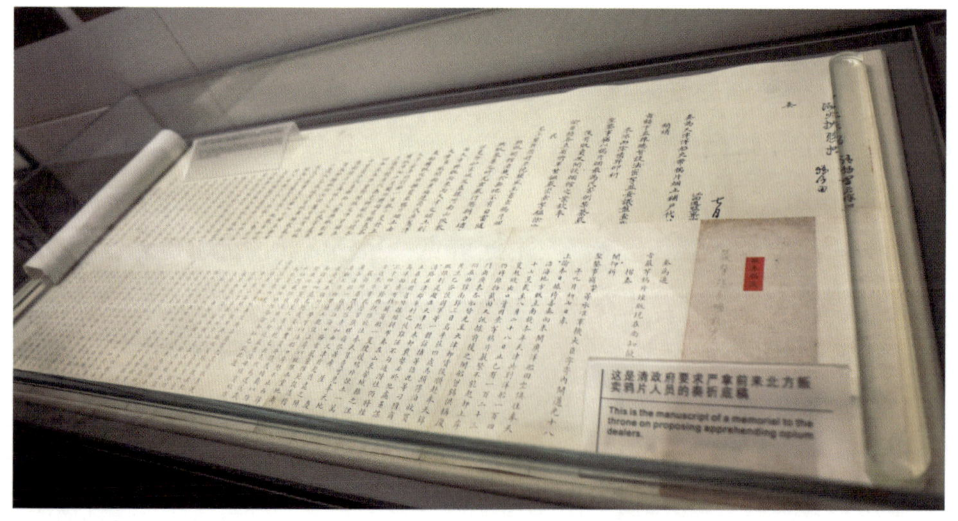

天津博物馆藏1838年江西道监察御史狄听上报天津鸦片走私进口情形的奏折。天津当时是中国北方最大的鸦片走私口岸和贸易市场，天津的鸦片多流向北京等内陆地区。

一百吊，并卖骡车价值，一并易银带同秦宝全前往天津。经秦宝全托素识之杨魁元，向张二等用价钱二百四十吊，买得烟土一百六十两。”身为太监，张进福私往天津，合伙贩卖烟土，这也证明，北京很多鸦片烟土，是由天津转运去的。

后来，随着时间推移，天津一带鸦片走私越来越严重。《筹办夷务始末》记载，道光十七年（1837）黄爵滋在奏折中曾严肃指出：“上自官府缙绅，下至工商优隶，以及妇女、僧尼、道士，随在吸食，置买烟具，为市日中。”

天津是北方鸦片贩运的最大市场，鸦片交易频繁。道光在上谕中就曾指出，运载鸦片的“洋船入口时，并无官役稽查；烟馆随处皆有，烟具陈列街前”。这种“无官役稽查”状况终于在道光十八年（1838），让皇帝忍无可忍，重重出手了，而这次出手的直接原因则是在天津连续查获鸦片走私案，引来众多议论。

道光十八年（1838）7 月 27 日，江西道监察御史狄听向道光帝上了一道《请饬拿天津洋船夹带鸦片由》的奏折。次日，道光帝便下旨，命令直隶总督琦善：“严密查拿，按律惩办。”8 月 18 日，琦善奏报：先后查获烟土 16 万余两，人犯 11 名。

9 月 19 日，琦善又奏报：天津道又在大沽口“金广兴”号洋船上查获烟土 82 口袋，计重 13.15 万两，并起获烟枪 107 根，以及烟灯、烟锅等烟具和武器。道光帝得知此事，大为震惊，下旨给直隶，要求马上禁烟销烟，于是便有了津门销烟。

津门销烟以赈灾时用的数十口铁锅作为销烟工具，用土坯砌成锅圈架锅于上，锅内注满桐油，油烧热投入烟土，顷刻成膏，再加以焚烧，最后将余滓揉碎，弃于海河之中。所缴获的一切烟具，也一同销毁。

从数量上说，津门销烟是当时清政府单次销毁鸦片最多的一次。从时间上说，津门销烟比虎门销烟早了半年多。

（周宇）

第八章

清晚期“国门洞开”

中国残寇未灭，外国不拘官民，窃售利器……
每念及此，不禁瞿然起立，慨然长叹也。

19 世纪 70 年代天津的轮船招商局码头

鸦片战争后的天津鸦片走私

“因大清钦差大宪等于道光十九年（1839）二月间，将大英国领事官及民人等强留粤省，吓以死罪，索出鸦片以为赎命，今大皇帝准以洋银六百万银圆偿补原价。”这是《中外旧约章汇编》中记载的1842年中英《南京条约》中的一段。

1840年，英国发动鸦片战争，揭开了中国近代史的序幕。西方列强以鸦片走私等罪恶活动打开了清政府的国门，然而在《南京条约》及其后续不平等条约中，却极少提到“鸦片”二字，以上这段文字是唯一涉鸦片条款，这究竟是为什么？

我国著名海关史研究专家连心豪认为，从清廷角度来讲，林则徐因禁

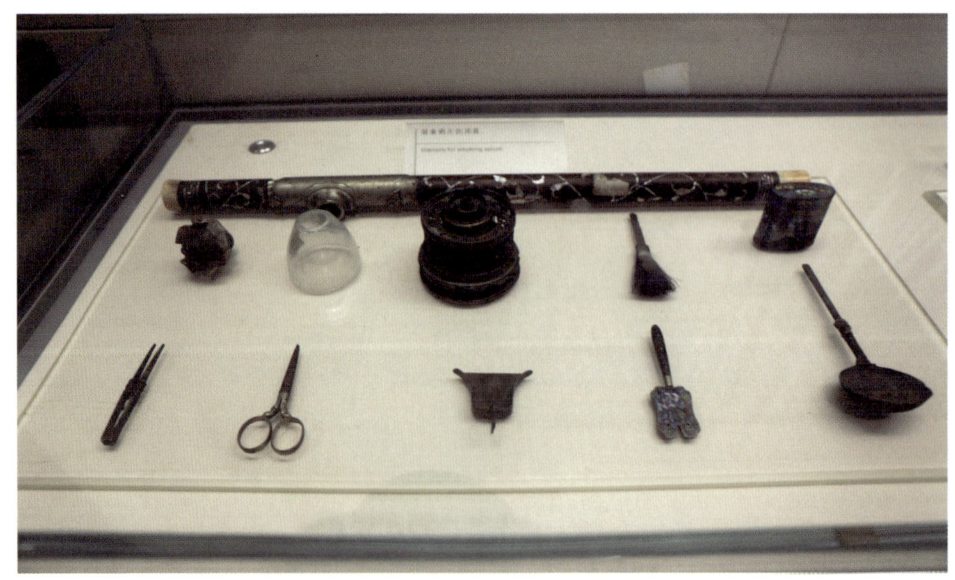

天津博物馆展示的晚清吸食鸦片的工具

烟获罪，遂使众人摇手而讳莫如深；打了败仗的清廷自然不敢再提禁烟之事，唯恐启衅滋扰，因此对鸦片采取放任不管的态度，禁内不禁外。正如道光帝谕令："特不可任听关吏人等，过事诛求，致滋扰累。"

从英国等西方列强角度来讲，从鸦片贸易中获取利益，一直备受谴责。《盎格鲁－撒克逊评论》曾刊载《鸦片罪过论》一文，公开谴责英国"无视中国政府的法律和规定，从事臭名昭著的走私鸦片贸易"。

马克思在《资本论》中引用托·约·登宁的论述，对走私的资本原始积累的罪恶本质进行最严厉的抨击："一旦有适当的利润，资本就胆大起来……有50%的利润，它就铤而走险；为了100%的利润，它就敢践踏一切人间法律；有300%的利润，它就敢犯任何罪行，甚至冒绞首的危险……走私和贩卖奴隶就是证明。"

而在一些贸易商看来，走私甚至比贩卖奴隶还要肮脏，当时的英国商人蒙哥马利·马丁说："同鸦片贸易比较起来，奴隶贸易是仁慈的；我们没有摧残非洲人的肉体，因为我们的直接利益要求保持他们的生命；我们没有败坏他们的品格，没有腐蚀他们的思想，没有扼杀他们的灵魂。可是鸦片贩子在腐蚀、败坏和毁灭了不幸的罪人的精神世界以后，还折磨他们的肉体。"（马克思《鸦片贸易史》）

鉴于此，清廷和英国均讳莫如深，没有将鸦片贸易写入《南京条约》，换句话说，鸦片战争之后，鸦片贸易在中国仍属于违法行为，进口鸦片依然是走私行为。尽管《南京条约》实现了五口通商，英国商人大受其益，但他们依然不愿放弃鸦片走私带来的超额利益，继续从事鸦片走私贸易。

以环渤海地区的天津为例，直到1861年第二次鸦片战争后，才根据《北京条约》设立津海关、开商埠，允许外商入内；在此之前，原则上天津一直是漕粮转运港口，发展转运贸易，然而1840年第一次鸦片战争后，这种状况就在悄然发生改变。

《天津海关志》这样描述这种变化："（《南京条约》签订）五口通商后，进入天津港的船只，除江、浙、闽、广沙船外，西方轮船也逐年增多。由广州、宁波、上海等口岸私运鸦片、承运漕粮，转运百货来津的船只，直达天津'郡

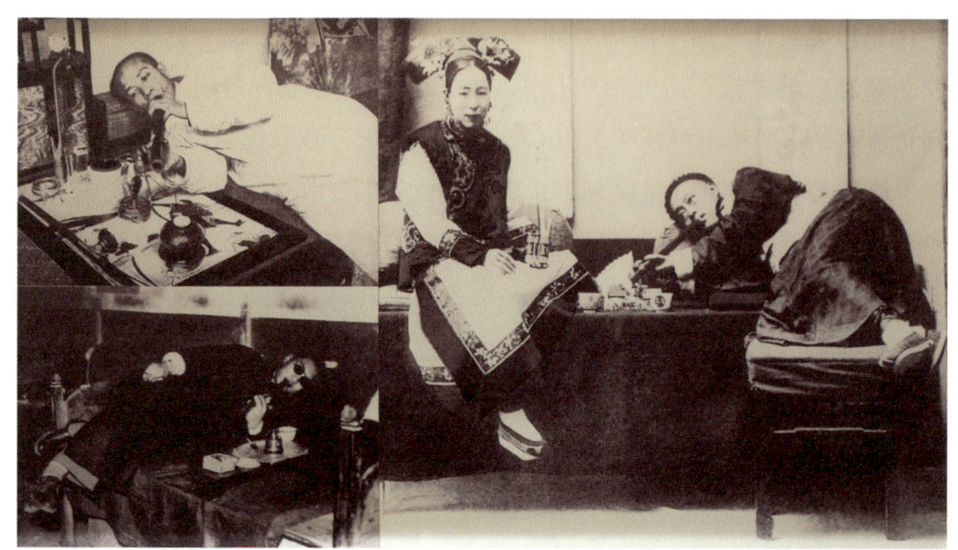

清末吸食鸦片的烟客

城'的三岔口及紫竹林一带河岸。"

《天津史大事记》记载，除了外国走私船，每年七八月间，总有一二百只所谓闽广洋船，载杂物从福建、广东北上，从大沽口入天津，甚至夹带鸦片烟土运至天津，以英国人为主的外国鸦片贩子，无所忌惮地贩运鸦片，成为公开的走私，天津逐步成为鸦片走私的集散之地。

据《天津海关贸易报告》记载，每年偷运到天津的鸦片数量之大，相当可观。1861 年 5 月 1 日至 12 月 31 日，到天津的船只共 215 艘，其中英国船 41 艘，美国船 19 艘，其他船只 155 艘，共计夹带鸦片 1482 箱，价值 948480 关平两（海关两），其中英国船只输入 829 箱，美国船只输入 387 箱，其他船只输入 266 箱。

这种状况的发生其实早有预谋。在《南京条约》谈判过程中，英国全权代表璞鼎查为换取清廷代表耆英不干涉英国鸦片走私船的保证，曾向耆英书面保证说，他将向英商发出公告，凡英商前往非通商口岸贸易者，均属于非法行为，清廷可以缉捕没收，英国还会派遣英国兵船配合清廷，打击这种走私行为。

我们现代人可以怀着最大的善意相信璞鼎查的承诺是真的，因为当时英国是世界头号资本主义强国，奉行自由贸易，他们想在清朝重构贸易秩序，打击走私，只有这样，才能最大程度保障英国利益，因此璞鼎查甚至承诺，可以配合清廷打私。

清廷官员也曾要求外商具结承诺：“懔遵钦定新例，不敢夹带鸦片。倘查出本船有一两鸦片，愿将夹带之犯，听凭天朝官宪即行正法，船货全行没官；若查无夹带鸦片，应求恩准照常进埔贸易。良歹分明，情甘帖服。”

然而，后来发生的事实让英国这种重构在华贸易秩序的努力毁于一旦。19世纪40年代，各国商人的走私活动十分猖獗，英国试图建立的这种半殖民地贸易秩序遭到严重挑战，大批西方冒险家、浪人、不法分子抱着到中国大发横财的迷梦，一齐涌到中国沿海来，并与英、美的各大洋行相勾结，组成了庞大的武装走私集团。

我国著名近代海关史研究专家陈诗启在其专著《中国近代海关史》中写道：“这些武装走私集团依仗着高速精锐的飞剪船，运用行贿手段，腐蚀海关员役，进行了肆无忌惮的走私活动，形成了一股大规模的走私逆流。走私的浪潮在中国沿海以至内地广泛地泛滥着。”

1858年《天津条约》签订现场

而根据王铁崖编的《中外旧约章汇编》记载，中外条约明确规定，外国商人“不可远入中国内地贸易，尤不得赴市镇私行贸易”。也就是说，外国商船不准驶入非通商口岸，各国商人不得在开放通商口岸之外的内地从事各种贸易活动，无论是中外贸易还是中国国内沿岸贸易，否则均属走私行为。

清廷御史梁绍献在《请查各关走私等弊折》中说：“前此夷商畏法，未敢公然走私，今则中外串通，毫无顾忌矣。前此奸徒走私，止知利己，今则分肥夷人，作为成本矣。或雇用快艇，直运夷船，或借票影射，飞渡关津，或通事书差，串通瞒验。百端诡计，愈出愈奇。此洋务所以日坏，夷情所以日肆，而偷漏所以日多也。”

最后，英国注意到已经无法制止这种走私行为，无法达到重构贸易秩序的目的，1851 年，英国外交大臣巴麦尊训令驻华公使文翰说：“英国领事负有条约义务，要眼见英国公民缴纳合法税饷。如果清廷的官员出于自身的利益，鼓励外商对应缴纳的全部税款有所偷漏，他们就不可尽这种条约义务。”

（文个）

环渤海商人领事走私与李鸿章的一声叹息

“前因福州有英商白里船，私载盐斤到不准通商口岸之津门等处，经美税司会同该关查明，按照条约将该商船、货一并入官，然英领事极力阻挠。并风闻有洋人私贩洋枪，暗济贼匪情事。查洋商到不准通商口岸私作买卖，不但于税饷有碍，且恐藏有军器暗地售卖贼匪，于防剿大有关系。”

这是天津市档案馆编著的《三口通商大臣致津海关税务司札文选编》中的一段，这里的三口分别指晚清时环渤海地区的天津、登州、牛庄，通商大臣指的是崇厚，他是清廷大臣，又是恭亲王奕䜣的亲信，任三口通商大臣后兼充兵部左侍郎、镶红旗汉军副都统，官居清廷二品大员，职位在天津是最高的。

1856 年，英法为扩大在华权益，悍然发动第二次鸦片战争，1858 年兵临天津城下，清廷被迫签订中英《天津条约》，增开牛庄（后改为营口）、登州（后改为烟台）等地为通商口岸，并设领事官，英国公使进驻北京。西方列强还嫌不够，1860 年又进占天津，迫使清廷签订中英《北京条约》，增开天津为通商口岸。

当时，天津港是北方最大的港口，地处海河各支流交汇处，东通渤海沿岸，远航可至江浙闽广诸省，当南北往来之要冲，为北京入海门户，清廷当然知道其重要性，于是派崇厚任三口通商大臣，坐镇天津，统管环渤海地区通商事宜。要知道，1861 年清廷设立的总理各国事务衙门，下面只设了三口通商大臣及南洋通商大臣。

按照中英《北京条约》约定，1861 年，天津对外国通商，并设津海关及税务司，开关征税。崇厚此前曾任长芦盐政，打击食盐走私很在行，当然知道天津乃清廷门户、漕运重地，走私一直很猖獗，于是上任伊始，便

向津海关税务司送了一篇文章开头的札文，历数天津开口通商前，就有英商前来走私，不仅走私盐，还走私枪炮，不仅有损清廷税收，还不利于统治安定。

崇厚的意图很明确，作为清廷重臣，就是要尽忠职守，希望与津海关税务司精诚合作，共同打击环渤海地区的走私，保住朝廷税收，不使先进武器流入“贼匪”手中作乱，永保清廷统治千秋万代。然而，津海关开关前后发生的事情，以及清廷所面临的千年未有之大变局，哪里是一个通商大臣尽职尽责就能做好的。

津海关开关前，清廷还是非常重视沿海港口反走私的。清初要求各口海关设专门“稽查偷漏，而不征税”的稽查口岸，并“设役巡查”；沿海水师营配合查缉海上走私，将海上缉私和沿海防务合二为一；岸上查私海关官役负责，海中走私水师负责，《粤海关志》记载：“夷船在洋私卖税货，

马戛尔尼使团访华情景

应责成水师查拿。”

正所谓“诘戎禁暴，夷船越境，慑以兵威，税物走私，严于缉捕。榷务边防，固相资为用矣”（《粤海关志》）。清朝中前期，三次著名的中英贸易事件均与北京门户——天津有关，一次是乾隆二十四年（1759），英国商人进京告御状，“由舟山泛海直抵天津”（《清实录·乾隆实录》），声称粤海关吃拿卡要、故意刁难，还拖欠外商巨额货款。

第二次是乾隆五十七年（1792），英国派遣马戛尔尼使团，从朴次茅斯启航，于次年8月抵达天津海口大沽，后到北京，寻求通商。清廷对使团招待优渥，直隶总督在天津出面慰问，乾隆帝亲自接见，礼仪极为隆重，只是七项要求被一一回绝。正如西方历史学家马士所著《中华帝国对外关系史》中所说：“优蒙礼遇，备承款待，严被监护和礼让遣去，而外，实在没有得到一点好处。”

第三次是嘉庆二十一年（1816），已经完成工业革命的英国派出阿美士德使团出访清朝，又是直达天津海口，并自行登陆，清廷大员热情接待，阿美士德却拒绝以跪叩礼谢宴；至通州后，英使团乘车连夜奔驰至圆明园觐见，仍因礼仪问题造成僵局。嘉庆帝怒其无礼，严旨驱逐回国。

正常方式打不开贸易通道，英国便开始走私鸦片，清代举人雷瑨在《蓉城闲话》中写道：“（鸦片）其来初不由海关，沿海郡邑，皆有窝贩，探海舶将近，即遣麻风，驾小艇，载空棺往海中接取。麻风最易传染，一染即终身成废，故人咸畏之。其异棺起岸，无人敢问者。”

由此可见，鸦片走私人员知道自己的行为见不得人，便借助麻风病人伪装运尸，蒙骗水师躲过检查。鸦片走私进来之后，又通过行贿、欺骗、伪证、暴力等方式，辗转销至津门、京城、内地，鸦片战争爆发前，鸦片走私在清朝境内已经没有远近之分。

清廷为统治长久，雷厉风行禁烟，英国发动鸦片战争，1840年8月，八艘舰船兵临天津大沽口，直隶总督琦善管辖下的天津防务空虚，便向道光帝写奏折道：“天津存兵共止八百余名，除看守仓库、监狱、城池及各项差使外，约止六百余名。况现值空重漕船，往来络绎，防范稽查，在在

1816年，英国再就通商诸事，派阿美士德率团访华，但因三跪九叩礼等争议，嘉庆帝最终没有接见阿美士德，令是次出使无功而还。图为阿美士德使团绘制的天津海河楼景色。

需人……”（《筹办夷务始末》）琦善的意思很明确，天津兵力有限，还得忙于天津港的国内漕运缉私，因此无力抵抗外敌。

殊不知，琦善自己就是一个鸦片走私的获益者和袒护者。道光十一年（1831）御史冯赞勋在奏折中说，天津属于“由窑口立券”到零丁洋趸船取货（走私鸦片）的一类城市；鸦片运到天津，“有数栈代为包办关税”；天津是山、陕、北京烟土的来源地。琦善却在同年十二月奏折中说：“经该道、府、厅、州、县抽查完竣……并无私载鸦片，各署内亦无买食之人。”（《鸦片战争·查禁鸦片烟案》）这真是弥天大谎，无耻至极！

有琦善这样的大臣，清廷焉能不败？关键是道光帝还要派他去与英国议和，签订了《穿鼻草约》，割让香港，赔款600万元。道光帝以琦善擅自割让香港为奇耻大辱，令锁拿解京问罪，“革职锁拿，查抄家产”，发军台。后来，清廷又派耆英、伊里布、牛鉴议和，与英国代表璞鼎查签订了中英《南京条约》。

《南京条约》及《五口通商章程》等一系列不平等条约的签订，让清廷反走私一步步难上加难。这些条约签订前，清廷外贸实行公行保商制度，顾名思义，就是清廷批准经营对外贸易的公行商人做清廷海关与外商的中介，公行商人代表海关与官府管束外国商人，代征代缴外商的船钞（船舶吨位税）、货税（货物进出口关税），代办一切通关手续。

《粤海关志》记载，“夷商等出入往来”，公行商人甚至可以参与缉私，即所谓“悉由地方官督率洋行商人随时稽查”，这是清廷独立自主设立的外贸管理制度，公行商人确定、海关关员委派，完全由清廷自己掌握，外商对于海关税则税率、法令制度，只能绝对遵守，丝毫没有干预的余地。

然而《南京条约》签订后，清廷沿用已久的公行保商制度被废除，取而代之的是外国领事备文报关制度：英国商船应该缴纳的各项税饷，转由英国驻各通商口岸的领事担保；商船进口后，所有船舶国籍证书、载货清单、报关单等文件先交付英国领事，再由领事交予清廷海关；领事得与清廷海关“公同查验”装卸货物。中法《黄埔条约》、中美《望厦条约》也有类似条款。

尽管这些不平等条约中都明文规定“凡应严防偷漏之法，悉听中国各口收税官从便办理”，但面对骄横不可一世的外国商人的猖獗走私，以及外国领事滥用“领事裁判权”的干预、偏袒，清廷海关很难正常进行征收关税、查缉走私活动。

《南京条约》签订场景

比如《虎门条约》规定："凡通商五港口，必有英国官船一只在彼湾泊，以便将各货船上水手严行约束，该管事官亦即借以约束英商及属国商人。则例船钞各费既议定平允数目，所有向来英商串合华商偷漏税饷，与海关衙役私自庇护分肥诸弊，俱可剔除，英国公使曾有告示发出，严禁英商，不许稍有偷漏，并严饬所属管事官等，将凡系英国在各港来往贸易之商人，加意约束，四面察查，以杜弊端。倘访闻有偷漏走私之案，该管事官即时通报中华地方官，以便本地方官捉拿，其偷漏之货，无论价值、品类全数查抄入官，并将偷漏之商船，或不许贸易，或俟其账目清后即严行驱出，均稍不护。"

中美《五口通商章程：海关税则》进一步明确规定："合众国民人，凡有擅自向别处不开关之港口私行贸易及走私漏税，或携带鸦片及别项违禁货物至中国者，听中国地方官自行办理治罪，合众国官民均不得稍有袒护；若别国船只冒合众国旗号做不法贸易者，合众国自应设法禁止。"

写在纸面上的条约都言之凿凿，无论是在通商港口设关地，还是在非通商港口非设关地，都表示要严厉打击走私。今天的我们可以也本着最大的善意相信，西方列强是愿意打击走私的，因为一旦不平等条约下的一般贸易正常化，走私行为大量存在也会损害西方列强合法经营商人的利益，进而损害西方列强利益。

然而到了执行层面，就是另一码事了。鸦片战争后，越来越多的通商口岸需要设置外国领事，人员不够怎么办？就用以追求现实利益为经营根

上海是《南京条约》通商五口之一，上海通商后，逐渐取代广州成为中国最大的对外贸易港口。

天津为通商口岸后，到天津的外国商人、使节渐多。图为1873年天津白河上的码头，岸上建筑是英国驻天津领事馆。

本目的的外商充任。于是，许多通商口岸的外国领事，都是由敛财聚宝的冒险家或不法商人兼任，这些人一身二任，亦官亦商，这种怪现象持续在半殖民地半封建社会的晚清上演，比如颠地洋行的老板比尔，兼任驻上海的葡萄牙领事、荷兰副领事和普鲁士代理领事，葡萄牙领事馆也因此就设在颠地洋行内。

环渤海地区亦如此，晚清咸丰同治年间，美国驻天津署理领事和瑞典、挪威驻上海总领事佛弼师，是旗昌洋行商人；瑞典、挪威驻厦门副领事部罗博，以及驻烟台副领事顾絮维廉，都是和记洋行商人；丹麦驻烟台副领事瓦德门是英国商人（连心豪《水客走水——近代中国沿海的走私与反走私》），这些商人领事或者领事商人经常卷入各种走私活动中。

晚清重臣李鸿章在《论商人兼充领事》一文中说，“北洋三口，天津多系真正领事，惟英人密妥士，向以行商兼充美领事，近又改充和兰（荷兰）、丹国（丹麦）领事”；烟台、牛庄两地，只有英国设真正领事，“其

余各国多以商人兼充”；如镇江美国副领事易美利“开设洋行，任性违约”。同治十二年（1873），清廷总税务司赫德申呈称：“易美利运碱，少报影射，饬罚银两未遵。”

李鸿章还痛陈商人领事种种弊端：“商人兼充领事，弊端百出。其包庇本行税务，恃势托情，固其常态。……领事原以管束洋商，以商人兼充……遇有交涉事件，无非包揽偏护，渔利营私。地方官无可如何，动多掣肘。”

李鸿章还生动刻画了这帮一身二任的商人领事肆无忌惮的走私丑态：“上半天勾通作弊之商人，下半天即可亲自赴道署商办公事；此日到关受罚之商人，即明日道台来释之领事。”（李鸿章《通商章程成案汇编》）

李鸿章是晚清政治家、外交家、军事家，一品大员，世人称“李中堂”，中兴四大名臣之一，外国人称之为“中国俾斯麦”，连他都对商人领事带来的走私问题无可奈何，只能写文章痛批，崇厚在环渤海三口反走私的难度之大，就可想而知了。

（白亮）

环渤海军火走私终致清廷灰飞烟灭

“抑犹有虑焉者，中国残寇未灭，外国不拘官民，窃售利器，倘山陬海隅，有不肖之徒，潜师洋法，独出新意，一旦辍耕太息，出其精能，官兵陈陈相因之兵器，孰与御之？鸿章所为每念及此，不禁瞿然起立，慨然长叹也。”

这段文字出自北洋大臣、直隶总督李鸿章的《致总理衙门书》，记载在《筹办夷务始末（同治朝）》里，其中对“中国残寇未灭，外国不拘官民，窃售利器”等军火走私行为，表达了无尽的担忧之情，“官兵陈陈相因之兵器，孰与御之？”

鸦片战争以后，清廷国门洞开，朝廷腐败无能，利欲熏心的各国洋人，实力雄厚的各洋行，各种反清组织、商人、匪徒、官僚等，军品走私猖獗。其中华南是军品走私的重灾区，环渤海地区的山东沿海、天津、东北也是

1886 年 5 月李鸿章麾下的洋务干将盛宣怀（前排左）等晚清部分官员合影

军品走私的多发之地。

光绪十二年（1886），洋务派代表人物、被誉为“中国实业之父”“中国商父”的重臣盛宣怀，调任山东登莱青兵备道道台，同时兼任东海关监督。沿海水师本来就有查缉海盗等任务，再兼任东海关监督，盛宣怀的打击走私的任务非常明确。

光绪十三年（1887），盛宣怀在烟台独资经营客货海运，航运范围不仅扩大到山东整个沿海，而且还开辟了烟台至旅顺的航线。光绪十七年（1891）八月二十六日，他接到好友、中国电报业创始人谢家福的来电提醒：“请通饬各船严查夹带军火，如不自查出，为关查出者，买办或撤或调以吓之。”

谢家福的这一来电记录在《盛宣怀全宗档案》里，目前藏于上海图书馆。他之所以提醒盛宣怀严查军火走私，谨防夹带，是因为彼时正值中日甲午海战之前，上海江海关经常查出军火走私，按照走私飘移规律，山东沿海一带也应该存在不少军火走私。

事实也的确如此。《盛宣怀全宗档案》里记载了夹带军火走私犯杨安生的供词：“至拿获硫磺，有小的十包，二火头王兴来二十包，三火头毛钱良十包，又有扒煤人阿宝阿狗等共十余人全都携带，拟至天津卖给收买小货之人赚钱瓜分。所有此项硫磺在香港系轮船停住油底时泊至对岸，由舢板上贩买来的。”

提及天津，这里可是晚清时期北方军火走私的重要地点。光绪十七年（1891），鉴于北洋舰队已经成军，加之慈禧太后想复修圆明园、颐和园，需要大量资金，清廷户部下令，暂停北洋采购枪炮军舰弹药两年，直到甲午战争爆发前才解禁。

这时清廷内部禁止军火采购，但已经形成的军火采购习惯不会戛然而止，军火走私暗地交易依然在进行。曾经署理户部、担任盛京将军的晚清重臣赵尔巽在《盛京军署机密函电稿》中记载了一件发生在天津的军火走私案。

光绪十七年（1891），德国瑞记洋行涉嫌在官购枪支内，夹带潜运快枪，从天津海关走私入境。得知此事后，清廷高度紧张，认为“孙文逆谋方张，洋商夹运大批军火，显有隐谋”，于是严令“沿江沿海各省督抚认真稽查，

天津机器制造局为洋务运动时期重要军工厂

一重悬赏，格外获有私运大批军火，关道税属均准请奖”。

光绪十八年（1892），在山东沿海打击走私成效显著的盛宣怀调任直隶津海关道兼直隶津海关监督，继续从事打击走私工作；天津海关按照清廷要求，“查验该商（瑞记洋行）与英商远来洋行原定合同，系订购七密里九口径毛瑟快枪一万一千杆，现查获者系七千八百杆，尚有三千二百杆。据供已运华，且德商所运共有三万杆，之内除已查获外共尚有二万三千余杆，据供有运至香港、青岛，有运至各口岸之”。

清末强军计划，带来德国克虏伯、艾哈德两大兵工厂制造的武器在中国一路畅销，换走大量真金白银。天津德租界是转运军火的基地，从德国进口的军械一般先到青岛，再转口天津，在德租界海河码头卸存，办理交货手续，当年最出名的军火商雍剑秋就在天津安家。

天津德租界东临海河，北起开封道，南抵琼州道，西至桃园村，占地4200亩。当年天津有30多家德国洋行，比如礼和、禅臣、瑞记、美最时、鲁麟、天利、德孚、捷成、西门子等，由于德租界开拓较晚，这些洋行大多在英租界，经营机械、电料、五金、药品、颜料、化肥、呢绒、照相器材等，但最大的生意是军火。

李鸿章重用的德国炮兵上尉汉纳根，就是电影《甲午风云》中帮丁汝昌指挥作战的那位洋人，为德国克虏伯兵工厂招揽了一笔大生意。袁世凯在小站训练新军时，一切操典、兵制都奉德国为圭臬，聘德国教官。大清陆军尚书荫昌曾留学德国，与经营军火的瑞记洋行经理巴贝私交不错，瑞记洋行一度垄断了大清陆军的武器装备供给。

东北地区也是晚清军火走私多发之地。光绪三十年（1904），日俄战争爆发，赵尔巽任盛京将军，高度关注东北地区军品走私，《盛京军署机密函电稿》中记载，他在相关函电中称：“日本现换新式枪械，将旧枪械出售，已有商人购定五千杆运赴营口，尚有二万杆亦将陆续起运，未知是否官购……此项枪械如非由公家购运，应饬属严密稽查。”

1894年中日甲午战争后，日本获得清廷巨量赔款，大力扶持本国兵工业，提升军火性能及生产能力，迅速成为全球军火生产大国，并向清廷走私出售武器。这么做的世界背景是，八国联军侵华后《辛丑条约》签订，对清廷实施军火禁运，然而清廷要搞好国防，毕竟需要军火，正常渠道买不到，就转向走私。

《申报》报道，光绪二十八年（1902），在列强禁运军品期间，在籍候补四品京堂左宗蕃通过走私途径，购进“九响毛瑟快枪一千杆，并弹子四十万颗”，获赏头品顶戴。不过，日本向清廷出售的军火一般不是新式武器，而是过时战利品，或者战后更换下来的旧军械。

日本政府一般不直接参与走私，而是躲在幕后，通过特许机构兜售。日俄战争后，大仓组与三井物产会社、天津高田商会，合组“泰平组合”，分别向清廷华南、华北和东北地方势力贩卖，借以达到在中国制造动乱，以便浑水摸鱼的目的。

晚清时兵工厂内工作人员在制造军火

山东威海刘公岛北洋水师海军公所今貌，这里曾是北洋水师的指挥中心。威海卫军港是北洋舰队基地，港内炮台置放巨炮，配合多艘各式船舰，为当时世界上少有的先进大型军港。

上海图书馆藏《赵尔巽电稿》记载，光绪三十三年（1907），已经直入清廷军机处的袁世凯曾致函赵尔巽：“东省胡匪向用火枪……日俄开战以来，俄兵所遗者所私卖者更难枚举。”同年，《申报》报道，“天津租界某洋行仍有私售枪弹济匪情事，此种军械显有外洋轮船夹带蒙混进口私行出售”。

宣统三年（1911），升任东三省总督的赵尔巽电外务部称，东北有日本人从事军品走私交易，“日人在奉私卖枪支屡查屡犯”。连心豪在《近代中国的走私与海关缉私》一书中写道：“从事军品走私活动的国人，身份复杂，有军界，也有商界和黑社会，既有革命党人，也有反动军阀、地方豪强，甚至清廷官僚，等等。”

费志杰、邵先军在《晚清军品走私及其屡禁不止之缘由》一文中总结，一般而言，各种反清组织为武力推翻清廷统治，急需外洋军品，因此是晚清军火走私主力军；其次是部分商人，少量用于自保，大量出于牟取暴利；再次是为数众多、为非作歹的各种匪徒。

为了维护统治，清廷自然也会竭尽全力打击军火走私，出台了《查禁军火办法》《查缉军火赏罚章程》《禁止私运军火办法六款》《限制船只

配置军火试办章程》《税务处新订私购军械协款》《查禁私运军火协约》等，要求海关、厘卡、盐运司、军械局、查验军火总局、巡防营等机构共同参与打击反走私。

然而由于朝廷腐败，缉私规章复杂、执行不力，缉私力量不足，洋商治外法权存在，列强长期掣肘，晚清打私效果并不显著。宣统三年（1911），赵尔巽电称："伊通有匪六百余，内有剪发二百余，拟是日人随带大车多轮，有抢去预警枪支之说。"缉私人员甚至有被人缴械的风险。

因此，每当中外发生战事，或平定内部叛乱，清廷常感无奈，吕海寰在《庚子海外纪事》中记载，"今始外洋禁购军火，中国官员谨守条约，不复采则巡缉弹压均无所恃，而各处土匪反可以偷购军火，是为虎傅翼也"。

这也注定了直至清朝灭亡，清廷也未能改变军品走私屡禁不止的窘况。

（张晔）

晚清“以夷制夷”打私反被“薅羊毛”

在互联网时代，提起“薅羊毛”，很多人都不陌生，即以各种手段获取小利，试图积累成大利。半殖民地半封建社会的晚清，在连续签订不平等条约的局面下也难以遏制住洋商走私获利的欲望，清廷想出了“以夷制夷”的打私方案，反而被“薅羊毛”，这集中体现在了一场发生在环渤海地区的羊毛走私案上。

光绪三十三年（1907），由总理衙门升级而来的清廷外务部突然收到英国领事的照会，称：“太古洋行置办的羊毛，被泾阳厘局无故扣留。”太古洋行是英国老牌洋行，是较早进入天津的洋行之一，泾阳现属陕西西安，厘局是晚清政府为筹措军费镇压太平天国运动而在水陆要道关卡设立的征收厘金或捐税的机关，相当于现在的税务局。

天津太古洋行旧址，现已是文物保护单位。

照会发出之时清廷已经签订了数不清的不平等条约，慈禧太后也已下诏，“量中华之物力，结与国之欢心”，一个地方新的税务局何以敢公然犯上，“无故”扣留太古洋行的羊毛？原来这批羊毛涉嫌走私。1842 年中英《南京条约》签订后，获得特权的洋行们发现，除了走私鸦片，羊毛生意也大有赚头。

彼时英国第一次工业革命结束，蒸汽机推动纺织行业快速发展，需要大批羊毛等原材料，中国西北部盛产羊毛，不但质量好，价格还便宜。然而，清廷关税虽然很低，只有 5% 左右，但内部关卡重重，各种各样的户关、工关、常关林立，需要“逢关纳税，遇卡抽厘”，羊毛从西北运到天津口岸出口，综合税率并不低。

针对这种情况，西方列强用枪炮与清廷对话，迫使其同意签署《中英五口通商章程》，洋行货物无论进口还是出口，只需要交一次关税和一次厘金，获得单据许可后，就可以畅通无阻，无论运输远近，沿途关卡不再对其征税。然而，这只是针对洋商的特殊待遇，华商不能享受，这种中外有别的不同待遇，为洋商华商勾结走私逃税提供了套利空间。

上面提到的太古洋行羊毛被扣留一事，《秦报》详细记载了过程。光绪三十一年（1905），太古洋行的华人雇员胡少垣到甘肃购买了 619 包羊毛，准备分两批经陕西运往天津出口，结果在途经陕西时被扣留，厘局给出的原因是：胡少垣在甘肃海城收买羊毛后，没有在第一子口上交相关单据，换取运照，违反了章程。

津海关将原因传达给太古洋行后，英国领事出面解释称：从甘肃到天津，路途遥远，运脚太少，所以把货物分成了两批运送，但海关颁发的相关完税单据只有一份，造成了有一批货物没有单据的情况，这是现实情况所致，并非走私。然而，清廷外务部认为，规定就是规定，没有单据就是走私，事实清楚，依据明确。

显然，在这件事上，晚清政府支棱起来了，原因似乎不难理解，这时清廷财政拮据，关税被用来作抵押支付不平等条约的赔款了，如果再失去内地关卡的厘金收入，让华商贸易者钻空子，与洋商勾结一起偷逃税款，

青海湟源县丹噶尔古城再现晚清羊毛生意场景

势必导致政府因入不敷出而破产。

为此，清廷外务部制定了严格的海关三联单章程，洋商拿着三联单经过内地关卡时，一联留下备案，一联送还发放联单的海关，一联送交总理衙门备查。由于洋商不通晓内地风俗民情，采办货物一般由华人雇员代理。为防止华人雇员打着洋人旗号走私偷税，章程规定：“如果有违章情事，查没入官。”

在这起案件中，英国领事显然有不分青红皂白袒护洋商及雇员走私逃税之嫌疑，而这经历了一个巨大的转变过程。1840 年，在用坚船利炮打开清廷国门的时候，英国作为当时世界头号资本主义强国，还是希望秉承自由贸易原则，重建清朝对外贸易新秩序，打击走私和腐败，因为这符合英国的最大利益。

于是人们可以看到，在中英 1843 年签订的《五口通商附粘善后条款》中规定：“英国公使曾有告示发出，严禁英商，不许稍有偷漏，并严饬所属管事官等，将凡系英国在各港口来往贸易之商人，加意约束，四面察查，

以杜弊端。倘访闻有偷漏走私之案，该管事官即时通报中华地方官，以便本地方官捉拿，其偷漏之货，无论价值、品类，全数查抄入官，并将偷漏之商船，或不许贸易，或俟其账目清后即严行驱出，均不稍为袒护。”

1858年中英《天津条约》第37款规定：“英国船只进口，限一日该船主将船牌、舱口单各件交领事官，即于次日通知监督官，并将船名及押载吨数、装何货物之处照会监督官，以凭查验。如过限期，该船主并未报明领事官，每日罚银五十两，惟所罚之数，总不能逾二百两以外。至其舱口单内，须将所载货物详细开明，如有漏报者，船主应罚银五百两；倘系笔误，即在递货单之日改正者，可不罚银。”第38款还规定：“监督官接到领事官详细照会后，即发开舱单。倘船主未领开舱单，擅行下货，即罚银五百两，并将所下货物全行入官。”第39款规定：“英商上货、下货，总须先领监督官准单；如违即将货物一并入官。”第41款规定：“各船完清税饷之后，方准发给红单，领事官接到红单，始行发回船牌等件，准其出口。”

这些不平等条约中的相关规定，也是清廷愿意看到的，因为当时官员腐败严重，靠其打击走私，已难以实现，于是清廷想“以夷制夷”，让英国领事管理英商，防止走私，维护自身权益。想法是好的，但事实却没有沿着他们设计的线路前行。

由于中法、中美相关条约中没有西方列强配合反走私之规定，造成这些国家的商人走私横行，让英商处于一种不利境地。最后，英国宣布，不再配合清廷反走私，不仅如此，他们还从损害清廷海关走私违章处分管辖权入手，制定《会讯船货入官章程》，对洋商走私违章案件实行“会讯制度”，由外国领事、海关监督和税务司组成会讯公堂，共同审理涉外走私案件，破坏了清廷海关的缉私和违章处分管辖权。外国领事和税务司一般都是外国人，为维护本国商人利益，经常用领事裁判权干预海关对走私案件的处理，使洋商走私更加有恃无恐。

（杨晓宇）

营口山海关缉私的“两张皮”

清光绪十六年（1890）九月十九日，英籍轮船“工桑轮”在机舱里夹藏走私步枪20支，被山海关铃子手（海关查验员）马丁逊搜查发现，予以没收。

光绪二十七年（1901）十月，日籍轮船“二平安丸”抵达营口港，向山海关申报箱装茶叶11件，重275斤。海关铃子手查验货物发现，外包装似茶叶箱，但箱里并无茶叶，而是稻草，并藏匿毛瑟枪子弹2925发。经查，此系山东烟台颐丰豫在营口代理义兴栈过客张某走私子弹，均被没收。山海关遂将义兴栈查封，令其交出张某到案追办。

清光绪三十二年（1906）七月二十七日，据密告人报告：有人在山东

位于辽宁省营口市的牛庄海关旧址

胶州将武器藏于装酒箱里，由轮船运至塘沽后又藏在身上，乘挪威货轮运抵本埠，住在某客栈内。山海关总巡搜查该客栈希腊人住房，查获德国产毛瑟手枪 10 支、手枪子弹 2000 发，均予没收，并将该希腊人逐出营口。

以上是《营口海关志》中记载的一些晚清时期山海关查获的走私案例。提起山海关，人们总能想到“天下第一关”，与万里之外的嘉峪关遥相呼应，闻名天下。一代枭雄曹操曾在这里写下“东临碣石，以观沧海”，明代李攀龙曾写下“燕山寒影落高秋，北折榆关大海流。马上白云随汉使，不知何处不堪愁”。

山海关素有“边郡之咽喉，京师之保障”之称，然而晚清时期的山海关在列强冲击之下，代表的意思变得有些复杂，除了代表一座雄关之外，还代表一层现代意义上的海关监管反走私的意思，这还得从头说起。

康熙十九年（1680），清廷户部在榆关（今河北秦皇岛）除了设立军事意义上的雄关山海关之外，还设立了一个经济意义的山海关，又称山海钞关、山海常关，主管内陆和沿海帆船贸易、查缉船主或商人匿税偷运事宜、征收出入口货物税捐，显然具有一定反走私职能。

近代鸦片战争爆发后，一系列不平等条约的签署将原本独立自主的中国海关彻底异化。清咸丰八年（1858）六月，中英《天津条约》签订，增开环渤海地区的牛庄、登州为通商口岸。登州，大家都很熟悉，自古以来便是环渤海地区的良港，腹地广阔且富庶，英国认为通商大有可图。

牛庄名气虽然不如登州大，但地理位置非常重要。《海故》一书记载：“大辽河入海埠头，初设牛庄。”也就是说，牛庄一开始是靠海的，还可以通过辽河内河航运抵达内陆，这在当时陆路交通条件不是很好的东北，凸显出了地理位置的与众不同。明初辽东驻军卫所的粮饷漕运，多由牛庄码头接卸。茅元仪《武备志》、陈组绶《皇明职方地图》中皆有从牛庄港出扬子江开洋，至“梁房口，入三岔河，收牛庄码头泊”等记载。

到了清朝时期，牛庄亦是清廷辽东海运的首开港，通称三岔口，为东北与内地联系的唯一大港。康熙年间，辽河在牛庄西北折向西南入海，故商货于牛庄“乘舟渡海”。依托辽河腹地丰富的资源与渤海湾的便利条件，牛庄与江浙、闽南沿海地区建立了私营性质的贸易往来关系，王一元的《辽左见闻录》记载：“辽左海禁即弛，百货云集。海艘自闽中十余日即抵牛庄。一切海货，有更贱于江、浙者。”

由此可见，英国要求开牛庄为通商口岸，显然是做了一些功课的，他们想通过牛庄将经济势力渗透到物产丰饶的东北地区。然而英国不知道的是，由于辽河所带泥沙量大造成淤积，乾隆初期，牛庄港口便已经下移至今营口北 40 里之白蒿沟。据《盖平县志》记载，时“为繁盛之口岸，南北商船麇集于此，奉省土产由是通往天津、山东、上海等处，市肆林立，人民殷富”。

到了 19 世纪中叶，牛庄已无法停靠大型货船。清咸丰十年（1860）四月，当英国首任驻牛庄领事托马斯·泰勒·密迪乐到任后，很快也发现了这一点，遂强行要求清廷将开通商口岸从牛庄迁至没沟营（“营口”旧称），以“营口”代替“牛庄”，营口也因此成为东北地区第一个开埠的通商口岸。

有意思的是，第二年，也就是清咸丰十一年（1861），由清政府独立管理的山海关监督衙署及山海常关海局也迁到了营口。需要解释的是，这里的山海关可不是什么关隘，而是清廷设立的专司内地与沿海帆船贸易管理的机构，为了区分亦被称为“山海常关”。

“山海关”验货厅及结关室

办公楼门楣上仍石刻“山海关”三字，后来虽因更名被凿掉，但字迹依然清晰可见。

这一迁关行动是由直隶总督王文韶上奏朝廷后实施的，就是要防止营口通商后走私，进而影响甚至破坏清廷龙兴之地——东北。当时山海常关监督乌勒洪额要求“晓谕商民人等，皆令遵照通商条款”。然而，西方列强好不容易用坚船利炮迫使清廷打开的通商口岸，怎会甘愿依旧受制于人?

清同治三年（1864 年）三月，英国在营口设立由他们控制，且承担经营进出口事务监督管理反走私职责的海关机构——山海关。为了区别于清廷所控制的山海常关，英国设立的海关机构称作“山海新关”或“山海洋关”。

于是属于半殖民地半封建社会的奇怪现象出现了，在同一个主权国家内，出现了两种海关并行的局面：一“土”一“洋”，一个主内，一个主外。一般而言，洋关专司对外洋船舶和货物实施查验并征收关税；常关专司对中国帆船和货物实施查验、征税，成了国内税关。

据《辽宁省志·海关志》记载，山海洋关制定了货运监管的反走私措施，比如每天上午八时至下午六时为监管时间，日出前与日落后，一概不准装卸进出口货物，违者没收全部货物；监管期间，未办海关手续擅自将货物卸下船的，除没收全部货物外，还对船主处以 500 两关平银的罚金。

清廷为了维护自身统治，一律要求禁止洋枪、子弹、硝磺等军火或专为制造军火的器料、吗啡等毒品运入。光绪三十三年（1907）颁布《报运枪支子弹进口章程》，规定枪支子弹由军方专营，除此之外，其他方面进口军械等物，均视为走私违法，一律禁止放行。然而这些根本禁止不住，最后辛亥革命爆发。

晚清营口商贸业

“洋关”“常关”这种泾渭分明“井水不犯河水”的管理体制，并没有合力反走私，也没有持续太久。以山海关为例，清光绪二十一年（1895年）中日甲午战争期间，日军占领营口，山海关被迫关闭；清光绪二十六年（1900）沙俄又占领营口，并用武力控制了山海关；1900年，八国联军迫使清政府签订《辛丑条约》，规定各通商口岸五十里以内，“常关”划归总税务司监管，也就是说，“洋关”吞并了大部分“常关”。

1910年间，时任山海关税务司柯尔乐在今西大庙北侧购买天后宫僧人宝山房产，修建山海常关。1923年4月，时任山海关税务司霍李家筹建税务司公署办公楼。办公楼1926年建成，占地面积533.56平方米，建筑面积1067.12平方米。

当时，各地新式海关均沿用当地传统海关旧称，但翻译成英文的时候，则写所在地地名。因此，牛庄海关办公楼门楣上，仍石刻“山海关”三字，

小楼入口面向辽河，方便报关人办理业务。1988 年，办公楼被辽宁省人民政府以“牛庄海关旧址”的名称公布为省级文物保护单位。

（刘群）

第九章

民国“万象阴霾扫不开”

近日来，日货充斥华北，华商企业无法竞争，纷纷破产；
过去两月，天津一市，华店因此倒闭者
竟达三千间以上。

抗日战争全面爆发前，舢板离开秦皇岛海岸，去海中抛锚地接卸日本走私货物。

当作生意的军火走私图谋分裂

“对洋行来说，军火的销售，一方面可以攫取暴利，另一方面又助长军阀战乱和反政府的横行。”这是1987年天津市政协文史资料委员会编著的《天津的洋行与买办》中的一段。的确，非法的军火走私交易会给社会带来混乱，这集中体现在辛亥革命前后，尤其是北洋军阀统治时期。

为获取暴利或者政治投机，各国洋行在本国政府支持下，欺瞒中国近代主流统治政府，暗地里走私并积极向各种政治或割据势力兜售军火。我国著名海关史研究专家连心豪在《近代中国沿海走私与反走私》一书中写道：“军火是中国近代走私进口的大宗货物，走私者既有军界，也有商界和黑社会；既有革命党人，也有反动军阀、地方豪强。”

辛亥革命博物馆内的战争场面浮雕

出现这种状况是有原因的，当时的海关总税务司署在《总税务司通令》第4913号写道：“中国几百年来一直是各国走私者满意的猎食场所。”1840年鸦片战争后，清廷关税自主权、海关主权、缉私权等逐步丧失，导致进口税率极低，普遍执行“值百抽五”甚至还不到的水平，洋行走私进口普通商品从理论上来讲，获利不多。

这一点，海关总税务司署在

《最近十年各商埠海关报告（1922 年—1931 年）》也承认：“曩者海关税率低微，私运货物，除鸦片、军火及违禁物外，普通货物，尚属无多。”这也可以理解，资本逐利而往，既然合法进出口与走私差价很小，各国洋行犯不着“火中取栗”，冒着被抓的风险走私普通商品。

走私什么获利大呢？海关总税务司署在《总税务司通令》第4913 号写道：“从外国入口而言，走私者的真正动机不全是偷漏关税，盖因关税非重负荷，而是运入违禁品，如枪械、鸦片和麻醉品。”这些物品至今也是各国政府严厉打击的走私对象，看来当时走私活动不是为了偷漏、规避关税，而是为了逃避进出口管制上的限制。

在中日甲午战争前，珠江口毗邻澳门、香港地区，为军火走私泛滥之地；《马关条约》签订后，随着日本军事工业的迅速发展，清廷军火走私逐步向北转移，环渤海地区的华北、东北等地成为军火走私重灾区。辛亥革命期间，日本又首鼠两端，一方面向清廷兜售军火，另一方面向革命军走私军火，以达到浑水摸鱼、挑起内战分裂中国的目的。

据《日本外交文书选译》记载，辛亥革命爆发后第四天，即 1911 年 10 月 13 日，清廷陆军大臣荫昌就派人与日本驻华武官青木少将接洽，打算向日方购买 30 万发炮弹、6400 万颗子弹、1.6 万支步枪。日方的回复是：“鉴于清廷围剿革命军，急需枪支、弹药，决定援助，但清廷必须承认日本在满洲所取得的地位。”对于日本的要挟，清廷只能忍气吞声地接受。

与此同时，革命军政府严正声明：“各国有资助清政府与革命军为敌者，军政府以敌国视之。各国如以军火、武器等援助清政府，一经查获，即予没收。”革命形势一日千里，日本决定两头押宝，又暗中向革命军销售武器。1911 年 11 月底，日本向革命军提供了 20 挺机枪、20 万发子弹、5 万发三一式榴霰弹，方式是假手三井公司密运；12 月又提供了 1 万支步枪、30 挺机枪等武器。

1912 年，革命形势日渐明朗，日轮“巴丸”装载着 1.2 万支步枪、2000 万颗子弹、6 门机关炮、6 门山炮、5000 发炮弹及零备件等军火，甚至冲破清军炮火阻拦，运至南京向军政府交货。民国初年，环渤海地区的大连海

辛亥革命期间驻守汉口的革命军

关被日本控制，在其与上海江海关之间的往来船只上经常能发现旅客和船员走私军火，而且数量甚多。

据《上海海关志》记载，1915 年 11 月 22 日，在来自大连的轮船上的一名日本旅客身上查出了 49 根甘油炸药，在其行李中又查出了 900 根；同年 12 月 31 日，江海关又从来自大连的“神户丸”号轮船上查到一名旅客在行李箱的夹层中藏了 100 根甘油炸药、1 支毛瑟自动手枪，还从旅客身上查出了 90 发子弹。

辛亥革命前后，山东军火走私也非常严重。据《山东志·海关志》记载，东海关、胶海关所查获的军火走私案中，以商界走私最多。军火走私大都是采取轮船货舱藏匿、货物夹带、伪报货物名称等方式进行。在德国侵占时期，革命党人从国外运来枪械弹药，其中有相当一部分经由为德国租借地的青岛秘密输入。

东海关（烟台）和胶海关（青岛）破获了多起军火走私案，大多是针对革命党人的。齐春风在《中日经济战中的走私活动》一书中写道：“廖仲恺就曾托人在日本代购 5 挺机关枪，每挺配 1 万发子弹、弹夹 80 余个；盒子枪 549 支，并配 14.2 万发子弹。居正也曾向日本人购买马枪百支，每支配子弹百发。”

进入民国以后，各地军阀拥兵自重，抢地盘夺人口，战乱不已，军火走私不断，尤以北洋军阀统治时期最为频繁，规模也最大。尤其在第一次世界大战中，日本趁火打劫，夺取了德国的租借地青岛，从此山东成为日本的势力范围，军火走私案件总离不开日本人的身影。

据《山东志·海关志》记载，1923 年 1 月 5 日，“塔立克茂”号船舶走私进口了 3186 支枪、4083680 发子弹，甚至还有一架拆开的飞机。同年 4 月，胶海关查获 619 支走私枪、71800 发子弹、2350 个弹夹；10 月又在“海王丸”号日本轮船上查获 155 支走私进口的克勒得小郎林及乌雷阿手枪、75 支大毛瑟枪、18 支小毛瑟枪、2.55 万发大子弹、2200 发小子弹。

据《青岛市志·海关志》记载，1927 年 1 月 15 日，情报显示“麦塔立克茂”号轮船装载大批军火，内有 1966 箱。后胶海关派员查获毛瑟大手枪子弹 580000 颗、小子弹 4000 颗，来复手枪子弹 3949680 颗，弹簧机关枪

中国共产党历史展览馆里展出的辛亥革命时革命军使用的山炮

66支，带刺刀以及附件来复手枪3000支，大毛瑟手枪100支，毛瑟小手枪20支，机关枪弹带24副，飞机1架。

1927年3月9日，又根据密报，浅蓝色渔轮偷运军火从日本出口，约3月20日可到青岛。胶海关严密守候，于4月19日在青岛汇泉角将其捕获，船上装有木箱24只，内装手枪371支、子弹44100粒。查获的走私军火遵总税务司训令和山东督办令全部罚充入官，对举报和查缉一等总巡给予了重奖。

同年4月19日，“胶帅”缉私船在青岛汇泉角缉获日本渔船私运的手枪371支、子弹4.41万发。1928年下半年，胶海关3次共查获日本人走私进口的各种手枪3827支、子弹459.942万发、弹盒124个、弹夹124副、飞机1架。

单单以上查获的部分军火走私案件，就已经能装备大量军队，如果再加上那些漏网之鱼，还不知能装备多少军队。民国初年，尤其是北洋政府时期，军阀混战，民不聊生，一定程度上也是军火走私得不到有效控制带来的后果。

（房黎明）

阎锡山的军火走私生意

“闻晋省前购北清公司机关枪6支，随带各样零件，全副子弹6万粒，并无本部护照及执照、饬关验放文件。竟由天津海关擅准进口卸岸，殊深骇异。应片行贵处严刑，电饬各关税司以后照章办理，不得与各洋行稍予通融等。当经劄饬总税务司迅即查明津海关有无擅准晋省所购前项军火进口卸岸情事，再复核办。并通电各嗣后如有各省报送军火到岸，务照向章办理。”

这是中国第二历史档案馆馆藏《中华民国税务处文电》中的一段文字。1912年，“山西王”阎锡山在没有获得进口许可护照的情况下，从国外走私购买武器弹药，引起了北洋政府的不满。于是陆军部向税务处发去电文，他们惊讶于天津海关竟然在没有陆军部颁发的许可进口护照的情况下，擅自放行阎锡山走私的弹药，于是要求总税务司、各海关如果再遇到各省军火到岸，必须照章办事，打击走私。

1913年2月，阎锡山准备再次通过进口渠道购买武器弹药，只不过这次他准备照章办事，于是向北洋政府陆军部提出申请要求办理许可证照，结果陆军部给出的答复是：“如该合同所订之价值，每枪1支随带子弹百枚须合银56两有余，外带子弹每百枚须合银5两有余。此乃历来未有之价值，实属骇人听闻。故无论如何，万难准购之理。”（中国第二历史档案馆《函复山西都督所购手枪子弹价值太昂，万难准购》）

阎锡山不断要求进口武器弹药是有原因的。1912年，他派杨沛霖剿杀由陈彩章发动的浮山起义，但因陈部拥有得力的榆木炮而惨遭失败。从此，阎锡山进一步认识到了武器之于军队战斗力的重要性，于是希望不断从国外进口先进武器。然而，当时北洋政府并不希望看到地方军阀发展壮大，

大连博物馆展示的民国时期日本控制下的大连港进口坦克、重炮等武器装备

于是中央陆军部出台措施，要求进口武器必须获得许可证照，否则就是走私。同时，陆军部还严格控制证照发放数量。

袁世凯活着的时候，尚能震慑住各地方军阀，但1916年死后，北洋军队分崩离析。不是北洋军阀出身的阎锡山实力相对较弱，为了防止被周边军阀吃掉，阎锡山急需武器弹药来装备扩充自己的军队。然而，武器弹药从哪里来呢？山西政协文史资料研究委员会编写的《阎锡山统治山西史实》中有如下记载：

“靠修械所从机器局接收过来那点简陋的设备，根本不能满足其需要；靠从其他军阀手中购买，无异于虎口夺食；靠从国外进口，即使能够买到，也因山西地处内地，沿海港埠均操纵于他人之手，沿途又关卡重叠，厘税奇重，途中还有被劫之虞，运回山西十分困难，况且其时山西经济力量微薄，也无那么多钱财购买。”

从这段文字中可以看出，尽管过程曲折，但从国外进口武器弹药仍是阎锡山扩充军备的重要渠道。关键是怎么买呢？山西既不沿海也不沿边，武器弹药又这么显眼，整件走私进口很容易被察觉出来，于是，阎锡山想化整为零。当时，德国是全球有名的军火生产大国，其大口径火炮威力无比，阎锡山想大量进口，于是伙同军火商将德国炮拆解成零部件，混在工业品中进口，然后辗转运到山西忻州组装。

当时德国在中国的最大洋行——美最时洋行是阎锡山走私军火的积极配合者，1914 年胶济铁路开通后，它便在济南设立了几个办事处，并在火车站南部租赁了几个大仓库来放置武器弹药零部件。一般而言，阎锡山每次进口，既买武器，也买钢管、汽车轮等工业品。美最时洋行常常把汽车轮子与大炮轮子混装在一起，运到上海港，然后走水路运到河南，从风陵渡进入山西。

至于大炮的炮筒，美最时洋行则将其与钢管放在一起，运到环渤海地区的辽宁省大连港后，再转运到晋北的军工厂内。至于大炮的炮体，因体积比较大，不好隐藏，交易方式就比较特殊、复杂了。他们一般采取当时被称为“夜泻”的方式。首先，美最时洋行将德国炮炮体与体型相似的普

1913 年，作为国民革命军行动委员会北方分会理事，石磊率领 23 名义士试图截获日本人由大连运往营口的大批军火武器，与日本水上警察激战后被捕，1914 年英勇就义。

通机械混装在一起，运到青岛港，以普通商品方式进口，然后转运到河北军阀设在山区内的工厂之内。

之后，河北军阀将德国炮体与中国造炮筒、轮子安装在一起，伪造成中国炮，分发到军队中，然后制造河北与山西之间的假军事摩擦。比如双方军队都到同一个村子征粮，因为一袋粮食归属问题打了起来，双方都不服气，小摩擦升级成大事件，甚至到了倾巢出动、动用大炮的程度。山西军阀诱敌深入，河北军队逞强被围，只能丢下枪炮逃回，山西就可以把这些所谓的“中国炮”当作战利品运回。

这种操作一般在夜间进行，所以称之为“夜泻”。如此一来，阎锡山就可以光明正大地将最为关键的德国炮体运到设在忻州的军工厂内，然后与之前运到的炮筒、轮子拼装，完整的高性能德国大炮就这么堂而皇之地走私到了山西。同时，阎锡山还鼓励军工厂拆解德国大炮进行仿造，建立了独具特色的军火工业。很多地方军阀都从山西购买军火，阎锡山在山西的综合实力持续增强。

阎锡山这么费尽周折地走私德国军火，也是被大形势所逼。首先，北洋政府时期，军阀混战，都想扩大势力，某一方有渠道得到军火，自然要掩人耳目，秘密进行，否则就会被中间截留。其次，第一次世界大战后，德国战败，其一举一动都会被国际社会监视，比如《凡尔赛条约》第170条明确规定：“禁止德国出口军用物资。”第179条规定：“禁止国外在军事方面雇佣德国人。”在这种情况下，德国想靠军事工业赚钱，也只能通过走私渠道。

（岳明）

日本“渐禁”鸦片走私案中案

1922年3月，被胡适称为“中国知识阶级宠儿”的《时报》刊文转载了一封密信，是当时的日本租借地官员大连民政署长中野有光写给日本贩卖毒品机构宏济善堂职员的，主要商议鸦片的走私贸易问题。

1840年，英国用鸦片战争撬开了清政府的大门，但到了20世纪初，鸦片贸易遭到国际社会越来越多的批评；1905年，清廷开始了声势浩大的禁烟运动；1909年，各国甚至在上海举办了万国禁烟会。

这是有史以来第一次国际性禁毒会议，中国、日本、英国、法国、德国、俄国、美国、葡萄牙等13个国家参加。此后，国际禁毒合作日渐趋向正规化、常态化。然而，鸦片贸易毕竟利润巨大，日本不愿意放弃，嘴上说禁毒，暗地里却行走私之实，这集中在环渤海地区的大连得以体现。

大连市关东都督府旧址，曾集“关东州”军政大权于一体。

1912—1921 年津海关查获没收的毒品统计

毒品品质	重量（公斤）
生鸦片	5861.77
精制鸦片	44.68
吗啡	629. 64
古柯碱	49.44
总计	6585.53

1895 年《马关条约》将割让辽东半岛给日本，后因三国（沙俄、法、德）干涉而未能实现；1898 年，沙俄强租旅顺、大连，大连自由港地位开始形成；1905 年日俄战争后，日本从沙俄手里攫取大连，1906 年设立关东都督府，管理"关东州"（包括大连、旅顺、金州三个行政区）及南满铁路沿线。

然而，日本的殖民统治政权建立之初，财政收入有限，难以应付庞大的支出，不得不依赖本国财政补助。为改变这种局面，日本想到了肮脏且非人道的鸦片贸易。顾明义在《日本统治大连时期推行鸦片专卖制度的始末》中写道，日本浪人石本鏆太郎建议（关东州）都督大岛义昌，"统一烟馆，既可使中国人民麻木不仁，又可为我大日本帝国广致财富，是一举而两得"。

然而，禁烟、禁毒毕竟是当时的国际主流舆论，且日本为在国际社会上赢得好名声，积极支持禁烟，如果说一套做一套，万一露馅了怎么办？大岛义昌也很犹豫，此时又有日本浪人建议，采用"渐禁"之策，即分步骤渐渐禁烟，为保障吸食鸦片的人在禁烟之后平稳过渡，实施鸦片专卖制度。

1906 年 6 月，大连租借地当局特许中国人潘国忠在大连进口、制造、贩卖鸦片及其制品，开始了日本当局臭名昭著的特许经营毒品的罪恶历史。他们设立鸦片总局，掌管关东州内所有贩卖鸦片事宜，并在旅顺、金州、普兰店等地设立分局，颁布《贩卖鸦片业及烟馆业营业税规则》，规定鸦片原料的进货、鸦片产品的生产和流通，必须经关东州鸦片总局统一管理。

1907 年，日本又特许先前出谋划策的石本鏆太郎和潘一祥为鸦片特许专卖人，从芝罘输入烟土，加工成烟膏批发给烟馆，再转售给吸毒者。同时，迫使清廷同意设立由其控制的大连海关，并规定：禁止私运洋药（进口鸦

以日本“关东州”为基地，在东北建立起了一条种毒、制毒、贩毒的完整产业链，毒害中国人，榨取巨额贩毒利润。

片）、土药（本土鸦片）、鸦片烟膏，有关货物出入大连须向海关申报并照章纳税。

显然，日本殖民当局是在垄断鸦片贸易带来的利益，但他们还嫌不够，1914 年 12 月又取消个人经营鸦片的特许制度，在大连的慈善机构宏济善堂内设立戒烟部，将鸦片的经营业务全部移交给了戒烟部。至此，“一中一日”的专卖人制度就此终结，宏济善堂完全垄断了当地鸦片进口、加工及销售。

事实上，在此之前，宏济善堂与鸦片贸易本毫无关系。日本人把鸦片经营业务放到这里，就是为了掩人耳目。关东厅警务局卫生科的《关东州鸦片及麻药事情》记载：“其戒烟部实质上是本厅的鸦片经营所。”

从名义上来讲，宏济善堂戒烟部只是为大连 1700 多名注册吸毒者服务的机构，但在伪装之下，其鸦片销售数量持续上升。河北省委党史研究室在《日本鸦片侵华资料集（1895—1925）》中记载，“戒烟部每年鸦片经销金额为 1000 多万元”，致使关东厅所缴鸦片特许费直线上升。

据学者陈觉先生在《日本侵略东北史》一书中统计，1914 年关东厅收缴特许费为 204855 日元，翌年竟一跃升为 2288856 日元，为上年的 10 倍多；1917 年特许费收入又翻了一番，增至 5444894 日元，是 1914 年的 25 倍多。

日本控制下的关东都督府鸦片特许费统计表 （单位：日元）

年度	鸦片特许费	年度	鸦片特许费	年度	鸦片特许费
1907	31000	1912	102000	1917	5314000
1908	73000	1913	132000	1918	4638000
1909	83000	1914	204000	1919	1948000
1910	86000	1915	2288000	1920	2138000
1911	89000	1916	2521000		

日本从国外进口的鸦片毒品，主要通过铁路、轮船、邮局等交通手段将毒品运输到大连、沈阳，再从大连、沈阳源源运到中国各地。

日本在大连的走私贩毒活动日益猖獗，逐渐取代英国成为当时对华走私的主力军，并不断向中国走私鸦片，这引起清政府的强烈反对，同时，这些行径也遭到国际社会的一致谴责。另外，巨大的利润诱惑让内部人也不淡定了，积极参与到中饱私囊、鸦片走私中来。

以文章开头的案例为例，这封密信被媒体曝光之后，引起了轩然大波。后经调查发现，这位大连日本租借地官员竟与宏济善堂戒烟部员工勾结，把收入据为己有，而不是按照规定交给租借地当局所有。因此，当局向法院起诉了这名官员和职员，并引发了轰动一时的“关东州鸦片事件”。

1922 年，关东厅地方法院预审终结，判定被告有渎职之罪，这也坐实了日本官方与走私鸦片商贩之间的利益输送关系。此外，此案还揭露了日本在 1917—1918 年间在“关东州”贩卖鸦片获利金额最高可达六七百万日元的事实，并涉及日本政府拓殖局长古贺廉造，这充分证明大连殖民政府走私鸦片实为日本最高当局所操纵。

（赵娟）

全面侵华前日本对华北、山东的猖獗走私

十九世纪下半叶，日本通过明治维新走上了资本主义道路，同时也走上了对外侵略扩张的道路。为完成资本原始积累，日本明治政府明确了一个思路，那就是到国外去“抢”。

此时，明治政府开始推行“国民皆兵主义”，确立了军国主义体制，提出了所谓的“大陆政策”，明确将中国确定为主要侵略对象。日本对华“兵备之急，犹如渴饮饥食”。1895 年 4 月，挟甲午战争大败清军之势，日本迫使清政府签订《马关条约》，勒索白银 2.3 亿两，相当于当时日本四年的财政收入。凭借这笔赔款，日本建立金本位制度，经济迅速发展，继续侵略中国的野心大大膨胀，其后的历届政府无不积极谋划侵华之准备。

“五卅惨案”后，各地掀起抵制日货运动。

1927年，日本先后召开两次东方会议，制定《对华政策纲要》。第一次会议后，日本首相田中义一就提出了臭名昭著的田中奏折："完成新大陆政策……惟欲征服支那，必先征服满蒙；如欲征服世界，必先征服支那。"不久即爆发了"九一八事变"，日本吞并中国东北三省，并逐步蚕食华北。日本持续不断的武装侵略，引发了全中国规模的、激烈而长期的抵制日货运动，国民政府在压力下提高了从日本进口主要商品的进口税，日本对华贸易额开始锐减，在中国进出口贸易中所占的比重急剧下降，美国取而代之居于首位。

这一时期，中国东北地区已经成为日本独占地带和日元结算区，日货入超愈演愈烈。为寻找新的销售市场，同时保持在华北的优势地位，日本掀起大规模走私活动。然而在关外与关内陆路交通完全断绝的情况下，唯有海路可以通达。山东渤海沿岸各海口与日本直接统治的辽东半岛海路运输最为便捷，船只往返，一日可达。于是，日本、朝鲜浪人开始使用帆船偷运货物，路线乃由大连港装货，至山东沾化下洼、无棣埕口一带卸货，然后由公路运输至胶济铁路中段各城镇，私运货物主要为人造丝、砂糖和卷烟纸等。据大连海关1933年调查，从大连运往华北各地的私货每月在200万元左右，其中64%运销到山东沿岸。走私货物除人造丝、砂糖、卷烟纸等税负较高的商品外，还有枪支、毒品、白银、酒、酒精、染料、橡胶靴、轮胎、罐头制品、脂粉、香水、电气材料、海产品、匹头等物品。

随着1933—1935年《塘沽协定》《何梅协定》的签订和冀东伪政权成立，日本对中国特别是对山东、华北的走私就更加猖獗了，"关员若加询问，私贩立即以武力抵抗，以致被殴受伤情事，时有所闻"。随着华北天津成为私货聚集中心地，山东境内走私活动也发生重要变化，济南迅速成为私货分销地和转运地。

运抵济南的私货来源，一个是天津经铁路、公路，另一个是北部沿海的沾化下洼陆路，最为大宗货物的仍是砂糖、人造丝、卷烟纸等。除投机商人外，日本的航运公司也卷入走私活动，以数十吨甚至上千吨轮船运送私货。青岛、济南及胶济铁路沿线城市的日本洋行、商号纷纷参与走私贸易，部分华商也被卷入其中。私货充斥市场，对山东沿岸各海口形成了包围之势。

大规模的走私活动，不仅扰乱了山东市场价格，破坏了正当贸易，还搅乱了山东原来的正常贸易渠道，使民族工业备受冲击，危害极为严重。1935 年济南市场白糖每担约 22 元，红糖每担约 18 元，而私货仅有 12 元和 10 元左右，这样廉价的私货充斥市场，排挤了守法经营者，使其破产倒闭。而山东传统的丝织业受冲击更为严重，1933 年一项关于山东丝业衰退的调查曾指出：“全省所产蚕茧，因中国丝厂倒闭，有十分之九为日丝厂以廉价购去，损失不下 2000 万元，今年依然如故，中国丝厂苦无救济丝厂办法，将归日商把持盖可断言。本省丝去年运至上海未销之陈丝，有 3800 箱，资本积压，不能周转，亦为丝商所最感困苦者也。”

面对走私狂潮，南京国民政府加大了缉私的力度，除督促海关订立缉私章则，建立缉私舰队，成立关警队外，还加强民船管理，严密铁路、公路、内河运输稽查，实施了许多查缉方策。比如，1935 年国民政府一方面委派胶海关到周村缉私，另一方面扣留了储存在上海的周村丝绸，严令丝绸商和丝织业主将所有人造丝、半成品和成品补交关税；产品出境须领取运输证，并在车站、邮局设卡。然而，时局的无力和市场的混乱导致诸多政策不仅没有达到预期，反而加速了产业的凋敝。丝织产品不交罚金不能出境，原料来源日紧，价格上涨，因而业户生产成本上升，资金周转困难，不足一年，使用人造丝生产的丝织工厂和作坊基本歇业，周村丝织业一落千丈，此后再未兴盛。

因此，日本对山东及华北的走私活动，是带有明显国策性、地域性、规模性特征的，是配合其军事、经济、政治侵略，企图灭亡中国一系列措施中的一环。它不仅严重地打击了中国民族工商业的发展，严重影响了中国政府财政收入，还加速了“华北特殊化”进程。

1937 年，日本悍然挑起“卢沟桥事变”，发动了蓄谋已久的全面侵华战争，疯狂叫嚣“三个月解决支那事变”，中华民族百年屈辱史在那一刻达到了历史最高点。“天欲堕，赖于拄其间。”回望 80 多年前那场正义与邪恶、光明与黑暗、进步与反动的大决战，中华儿女不屈不挠、浴血奋战，

最终彻底打败了日本军国主义侵略者，捍卫了中华民族 5000 多年发展的文明成果，捍卫了人类和平事业，更铸就了战争史上的奇观。是为中华民族的壮举！

（刘建伟）

抗战前大连保险业竟受理走私船只投保

1936年3月23日，一艘由旅顺开往秦皇岛的日本船只“第五玉荣丸”号被海关扣留，原因是船上装载着走私物品。结果日本关东军不分青红皂白，派出两艘武装汽船强行将其拖回，软弱的南京国民政府只能“望船兴叹”。这一事件在《辽宁省志·海关志》中曾两次被提及，可以佐证当时日本在环渤海地区走私之盛、气焰之嚣张。

这一年的《国民周刊》第一卷第二期这样记载：“站在（北戴河）风景区的山头上，或者是海岸上，经西面望去，总可见到几只火轮船，浮在遥远的海面上，那就是走私的景况。从此往西，在这四十里长的走私地带上，尤北戴河口及洋河口间最繁盛，由此运上岸的私货，几占华北走私总数的三分之二，走私的主角自然是日本。”

日本占领大连时期，煤炭被从甘井子煤码头装船运往日本。

大连港堆积如山的物资，等待装船运往日本。

“更有甚者，当时为了将走私被查造成的损失降到最低，大连保险业竟受理走私船只投保，许多日本本土著名财团和商社也直接参与走私。”《辽宁省志·海关志》中的这段话让今天的人们看到了1937年7月7日抗日战争全面爆发前，日本通过走私实施经济渗透与侵略的种种怪异现象，也颠覆了很多人的传统认识。

1840年鸦片战争后，我国北方虽然也有走私，但主要发生在华南港澳一带、华东上海一带。到了20世纪二三十年代，随着日本帝国主义崛起后实施其全面灭亡中国进而称霸世界的罪恶计划，走私重点区域逐步转移到了华北沿海，环渤海地区上演了一幕幕今天看来匪夷所思的走私与反走私事件。

1927年南京国民政府成立后，蒋介石抓住帝国主义在华统治出现松动的有利时机，借着大革命的余威，打出了关税自主旗号，收回了部分关税自主权，并加强海关控制，在1929—1934年间，先后颁布了四部“国定税则”，大幅度提高进口关税，以增加财政收入。

据当时海关总税务司署的《海关中外贸易统计年刊》记载，1930年，南京国民政府的平均进口税率为10.4%，1935年就达到了27.2%，最高的商品进口税率甚至达到了80%。与之相对应的，一些重要民生物资的税率也同步提高，比如卷烟，起初从价22.5%，后来多次提高，到1931年增至从价50%；再比如火柴，统税税率在1933年提高后，税额约占货值的一半。

走私产生的主要原因之一是价差，南京国民政府不断加税造成日本走私的经济获利动力与日俱增。统计数据显示，1931年“九一八事变”前，日本对华贸易额一直位居各国之首，占中国对外贸易总额的25%左右。南京国民政府不断增税，加之日本持续侵华，国内抵制日货运动此起彼伏，造成日货出口中国不畅。

据《中国近代经济史统计资料选辑》记载，1929—1931年，日本出口中国商品总额占中国进口总额的23.4%，到1933年骤降至9.9%。与此同时，1929—1933年世界经济大危机汹汹而来，各国为保护本国工业，纷纷建立贸易壁垒，限制日货输入本国。

据连心豪《水客走水——近代中国沿海的走私与反走私》中的统计数据显示，到1936年，对日货提高关税的有25个国家，用输入许可证制度拒绝日货进入的国家有21个，用其他方法如征收销售税、汇兑税或制定法规以限制日货输入的国家有4个。

多重打击让严重依赖海外市场的日本商品出口大幅下滑。据中国问题研究会1936年版《走私问题》记载，受影响最严重的是丝类、棉布及人造丝，其中人造丝出口减少26%，棉布出口减少30%左右。为摆脱因经济危机及扩军备战而引发的国内财政危机，日本开始在环渤海地区开展大规模走私活动。

起初，日本对环渤海地区走私活动还比较隐蔽，规模也不大。据《辽宁省志·海关志》记载，1931年“九一八事变”后，数量激增。这一方面是因为日本侵华战争已经开始，策划走私活动可以扰乱中国经济，配合军事进攻；另一方面是因为南京国民政府不断加税，大大刺激了唯利是图的不法商人。

1934年，海关总税务司署在《海关中外贸易统计年刊》中承认：“海

在大连港，豆饼被装船运往日本。

关进口税迭经提高，于是沿海各处及陆路边境，私运之风日炽。”以1931年前已在日本统治下的大连殖民当局为例，警方故意对走私放任自流，致使大连商界走私盛行，并由隐蔽走向公开，有的甚至白天就载运私货闯关而去，海面上随处可见驶往天津、河北和山东沿海的走私船只，沿大连海岸线的大小港口均有私货装卸。

据日本殖民当局统计，仅1931年9月，走私逃税款额就不少于11万海关两，而这一年全年征收的进口税也只有682万海关两，一个月走私逃税额就占其全年总额的1.6%。

团伙走私、暴力走私是1931年大连向华北走私的另一个特点。当时，走私船只开始装备武器，以武力护送私货出境。为了逃避警方缉查，大量走私活动由白天转向晚间，然后再改在白天运私。

日本占领东三省后，于1932年建立伪满洲国。据伪满洲国估算，大连每年运往南京国民政府统治区域的走私货物价值都在1000万元（伪国币）以上，大连税关税收每年损失不少于500万元（伪国币）。

大的走私团伙完全被日本黑社会势力所控制，并以日本大公司和军方为后台，如满铁和关东军。团伙内有严格有序的分工，先是日本有计划引

日本“热河丸”号满载物资驶离大连港

进私货，然后根据环渤海口岸情况，及时组织船舶和中国苦力装船、运送、卸船、找买主销货。团伙内安插有打手，如果遇到南京国民政府海关缉私人员，便结群与之斗殴，强行闯关。

在日本军事强权面前，南京国民政府海关的缉私行动显得软弱无力，尤其是到了1936年，海关几乎完全失去了环渤海地区的缉私权。比如当时中国海关稽查条例规定，在中国领海12海里以内，海关有权检查任何船只，但日方拒不承认中国有此主权，还无理宣称，如果中国海关检查日本走私船，日本将视为海盗行动。在这种情况下，中国海关缉私船常被日军炮击或解除武装。

日方视中国缉私人员为眼中钉，到后来，日方已不再讳言“走私”，而是堂堂正正地将其称为“特殊贸易”，在此形势下，大批沙船在芦台及秦皇岛沿岸运私。1936年6月，天津27家砂糖商代表80余人在日本人俱乐部成立天津糖业贸易协会，其他日商也相继成立各种组织，拼死经营和拓展走私业务，因而华北私货急剧增加。据1936年6月的《银行周报》，运抵天津的私货数量超过了正货的4倍之多。

据1936年6月10日的《新中华》记载，1936年头四个月，在天津一

带的私货中，仅查明的就有白糖 38 万包、人造丝 50 万包……而由津浦路南下的私货，每月达 5 万吨。这种大规模走私给南京国民政府财政经济、中国民族工商业、广大人民生计以及英美在华利益均造成了严重损害。

1936 年 3 月 15 日的《救国时报》载文称："近日来，日货充斥华北，华商企业无法竞争，纷纷破产。过去两月，天津一市，华店因此倒闭者竟达三千间以上。日人商店在平津一带到处林立。"猖獗的华北走私不仅使天津一带国货濒临绝境，而且严重影响了华东、华中、华南地区。

1936 年《新中华》第 11 期刊文称："日本大量向华北走私砂糖、人造丝并廉价倾销，使上海专营和兼营糖业的六十余家糖行难于经营，损失了四千万元以上。"此外，日本通过走私获得了巨额经济利润，为较早摆脱经济危机、加快对外侵略扩张步伐提供了物质条件。

1936 年《永生周刊》第 12 期刊发的陈永方的《走私问题的探讨》一文称，日本华北走私"不仅是打击我国财政收入，破坏我们的主权，并且还是破坏我国战时的军需实力，走私不但是抢夺市场，并且是进攻我国大众和反日力量的大阴谋"。

日本学者宇佐美城次郎在《侵略满洲》一书中写道："1936 年，日本对外贸易额达到 49 亿日元，出现了第一次世界大战后的首次出超，其中有相当一部分来自华北走私。"这对日后支撑日本对外扩张、全面发动侵华战争无疑起了重要作用。

（严怡）

山海关缉私竟被日本“卸下枪支”

1931年“九一八事变”后，日本占领东三省，1932年扶持建立伪满洲国，加之1933年《塘沽协定》签订，华北门户被打开，大量日货通过伪满洲国陆路走私进入华北，为此南京国民政府加强了缉私工作。

1935年5月17日，海关关员带领几个巡缉队员在山海关角楼湾附近日常巡逻。突然，两个左顾右盼、形迹可疑之人进入海关关员视野，他们站在长城上，正向长城外面投掷一个装得鼓鼓的麻袋，之后人影又从隐蔽之处冒出，扛起麻袋便向伪满洲国方向奔跑。海关关员及巡缉队员迅速意识到，这极有可能是在走私，便立即上前制止。城墙上二人见势不妙，一人纵身跳下长城，一瘸一拐地尾追扛麻袋的二人逃去；另一人未及跳下，被巡缉员逮住。原来，麻袋里装的都是走私银圆。

津海关关区黄崖关分卡的缉私人员在长城上巡缉

一周之后，山海关海关关员接到情报，又有走私分子准备在长城东北隅的罗城附近再次走私银圆，缉私人员守株待兔，将走私分子抓获，并截获了两包走私银圆。这两起走私事件在1936年7月1日刊发的《时事月报》上有详细记录，只是后来发生的事情，足以让今天的人们大跌眼镜，深

刻理解“弱国无外交”这句话。

两起事件发生后，日本军方出面找上门来，声称在第一起事件中，摔伤者是伪满洲国人，并向山海关海关提出所谓“强硬要求”：一是赔偿走私者5000元；二是今后禁止南京国民政府海关人员再在长城一带缉私，要求取缔山海关海关，理由是根据《塘沽协定》，南京国民政府已经将长城割让给了伪满洲国，如果不同意，日本军方就要采取行动，将海关人员全部逐出山海关。

事实上，1933年双方签署的《塘沽协定》并没有规定把长城割让给伪满洲国。日本之所以这么认为，是因为在此之后，划定冀东为“非武装区”，持续推动华北五省自治，并加大了针对华北的走私力度，在国际上造成“华北已经独立”、不再属南京国民政府管辖的假象。这也许正应了那句话，“谎言说上一千遍，人们就会信以为真”，更何况说谎者更愿意把谎言变成真实。

中南财经政法大学教授姚会元在《1933年—1936年日本在华北的走私活动》中写道：“日本对我国华北地区的走私活动，很早就已经开始了，但初期规模并不大，偷运货物种类、数量也有限，他们对中国海关的法度和中国政府的缉私活动还不能不有所顾忌，因而在走私手法上还比较隐蔽。但后来随着日本对华北侵略活动的加强，走私活动也逐渐加剧，1933年—1936年时形成高潮。”

日本对华北地区的走私活动有三种。一种是隐蔽走私，大多以小货船自辽东半岛出发，逢顺风时，一昼夜可达华北各主要港口。据1933年日本控制下的大连海关调查，大连走私出口的日本商品价值每月在200万元左右，其中相当一部分是以这种方式偷运出境的。第二种是贿赂性走私，一般以金钱财物贿赂并买通当地官吏，求得庇护放行。第三种便是军方出面武力威胁下的大规模武装走私了。

据连心豪《水客走水——近代中国沿海的走私与反走私》记载，在陆路通道方面，他们或利用铁路，或运用汽车、马车，或雇人挑担，货物主要有鸦片、人造丝、食盐、卷烟纸、呢绒、人造丝制品、药品、化妆品等。走私货一般先在山海关前一站的万家店卸货，再雇佣苦力背过交界处，50—

100名苦力形成一队，由10—20名手提棍棒的日本人或朝鲜人押运，中途如果遇到海关缉私人员，便会暴力对抗，强行通过。

津海关八里台稽查所

这些走私人员回来的时候，一般也不会空着手，还会走私银圆。1932年，美国颁布的《收购白银法》导致国际市场上白银价格飙升，日本走私的白银在运往本国的同时，也会大量销往美国。据估计，仅山海关一天走私出去的银圆就有40万元，造成白银短缺、物价飞涨。当时南京国民政府财政部部长孔祥熙惊呼：“1934年7月以来的三个月中，流出白银在2亿元以上。”中村隆英在《冀东走私的兴衰》中写道：“仅1934年10月至1935年8月，由华北走私出口到伪满洲国的银币就达3000万元。”

为了打击这种走私行为，据津海关档案《长城各口分卡的设立经过及其结局》记载，1934年9月1日，南京国民政府总税务司在古北口、喜峰口、冷口、义院口、界岭口设立海关分卡5处，办理长城沿线缉私征税事宜，1935年4月又增设黄崖关分卡。

面对日本军方的强势干预，南京国民党政府为息事宁人，除对日方要求一一照办外，还立即指令缉私人员从冷口、喜峰口、马兰峪、古北口一线撤回，并为“防止发生误会肇事”，命令缉私人员此后一律不再佩带武器，收回所有枪支。从此，华北大门完全向日本敞开了，走私有“理”、缉私有“罪”成为那个时代的真实写照。

据1936年第12期《东方杂志》记载，据南京国民政府海关统计，1936年5月，日本走私货物在5万吨以上，超过日货海关进口的4倍；1935年6月以后，山海关附近的万家店囤积的走私货物数额，竟相当于此前的数

天津租界里的私货堆栈，所存物品为走私的丝麻织品、食糖及绸缎等。

十百倍。另据 1936 年 3 月 15 日《救国时报》载文：“日商年来偷运私贩入华者，不计其数，日人上海《日日新闻》谓，过去一年中，日商私贩，总数在三万万元以上。日政府输货入华，亦多不纳关税，因此中国损失关税当在八千万以上云。”

不过，南京国民政府也没有完全放弃缉私行动，鉴于长城沿线地域辽阔，海关关卡太少，“力量殊嫌薄弱”，1935 年下半年，又在长城内择要分设峪口镇、南独乐河、三屯营、遵化、建昌营、石门、台头营、密云、潘家口等 9 处巡缉所（潘家口分所管理滦河民船货物运输，后改为分卡），并招募训练巡缉队，分驻各所，建立第二道缉私防线。

以上各分卡分所归津海关区长城各口分卡驻北平办事处统辖，由副税务司张勇年常驻北平，全权负责，并规定“所有经长城各项货物只准由上述各口进出，违者一经发现，货物充公，人处极刑”。长城各口分卡分所的设立，对堵截伪满洲国向华北走私渗透起到了一定作用。

（李文倩）

日本冀东走私与蒋介石无力缉私

“余并未见私运情事，所见者只有各式船只三十八艘停泊于北戴河海湾，用舢板多只，卸运货物至海滨起岸其忙碌情状，正不减于货运繁多时之天津外滩各码头。君不能再称此为私运，因其实为自由贸易矣。就目下之情形而观，不仅北戴河为自由贸易之口岸，甚至其沿海一带，亦均自由开放也。”

这段文字出自1936年5月2日《字林西报》的一篇天津特约通讯报道，描写了当时环渤海地区冀东日本走私之严重。《字林西报》是在中国出版发行的一份英文报纸，很具客观性。

当时，一位记者问一位从事走私交易的俄国商人：“你所运载的货物进入中国，有没有什么限制？”这位商人竟毫不避讳地直截了当回答：“毫无限制，除了一只笨重的大象以外，我可以运进任何你想要的东西。”据《走私问题》一书记载，当时华北走私进口的私货除了人造丝、白糖、卷烟纸三大宗外，还有匹头、干海货、酒精、车胎、火油、面粉、盐和其他杂货，如手枪、步枪、电料、化妆品、机器零件、雨具、牛酪、牙粉、白蜡、罐头、食物、棉花、颜料、玩具等形形色色，无所不有。

当时走私如此泛滥，直接原因是1935年6月《何梅协定》《秦土协定》先后签订，使冀察两省日益成为日本武装力量控制的特殊区域。约半年之后的12月25日，在日本扶植下，汉奸殷汝耕（时任河北蓟密行政区督察专员）成立了“冀东防共自治政府”，宣布脱离南京国民政府统治。这是日本分裂我国华北的一个严重步骤，它妄图打造第二个伪满洲国。在这一时间点前后，日本在环渤海地区的走私发生了较大变化，由隐蔽走向了公开，武装走私大行其道。

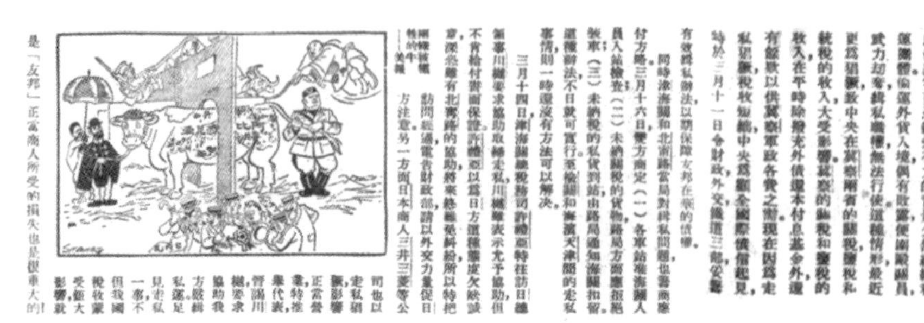

秦津海關走私猖獗

《申报》报道秦津海关走私之猖獗

1935 年 12 月以前，日本向冀东乃至整个华北走私，陆路是重要渠道之一，一般先从其控制的大连港入境，经由伪满洲国，通过北宁铁路（京哈铁路）先运送至山海关东临的万家屯小站卸货，然后经东罗城进入关内，再在山海关车站将走私物品作为旅客行李装上北宁路列车南运，至天津东站卸下后，立刻搬进日租界处理、变卖。当时，山海关海关还在南京国民政府控制之下，日本走私尚有所避讳。

据《东方杂志》记载，当时“天津方面，由山海关铁道私运者，势颇浩大。专营私运之浪人，公然组织堂堂队伍，以二百人为一队，队之前后，并加二十名骑队，以为监护。直接担任缉私之税关人员，怯其威势，不敢拘捕”。张天为在《最近华北走私状况》一文中写道：“山海关东邻一小驿之万家屯，去年六月以来，暂时囤积之货物，约逾平时数十百倍。”

不过经由伪满洲国的陆路走私有其缺点，需要向伪满洲国纳税，不仅数量上受到限制，货物倒来倒去，装卸费、运费极高。“冀东防共自治政府”建立后，非法在唐山设立“冀东沿海输入货物检查处”，并制定实施了《冀东沿海输入货物上岸检查暂行规则》，规定秦皇岛、留守营、南大寺、昌黎、北戴河等五处为指定卸货地点，以方便海上走私。

1936 年 2 月，日本又非法颁布实施了《检查费征收细则》，规定货物登岸后缴纳一定数量相当于特别关税的所谓“查验费”后，便可通行无阻，并把这种贸易定名为“冀东特殊贸易”。自清朝末年开始，冀东一带就是中外人士可以居住的地方，英、法、美、俄等势力都在。日本为了垄断走

伪冀东防共自治政府与国民政府征收税率比较表

货物类别	单位	特定查验费（元）	政府税率（元）	伪冀东防共自治政府与国民政府税率之比
白糖、红糖	1包（135斤）	4.00	22.04	1 ： 5.5
方块糖	100磅	6.00	22.81	1 ： 3.8
冰糖	1包（135斤）	6.00	22.60	1 ： 3.8
人造丝	100磅	20.00	13.33	1 ： 6.9
干贝	100斤	15.00	61.11	1 ： 4
香烟卷纸	1卷（小卷）	1.60	—	—

私利润，制定了差异化、歧视性的检查费征收标准。

根据1936年5月27日日本参谋本部中国时局报告第九号《关于中国走私问题》记载：一袋135斤的白砂糖出口到中国，南京国民政府一般征收10元关税，而冀东只征收5元；一袋100磅的人造丝，正常关税为120元，而冀东只征收20元。一般查验费大致相当于中国海关税率的1/5。

只不过，这样的低税率仅适用于来自日本的商品，对其他国家的商品则课以相当于中国海关税率80%左右的“查验费”，这遭到各国列强强烈反对。1936年1月9日，英使贾德干致函南京国民政府外长张群提出：“为禁止天津地区之私运，望速采取适当之手段。”1936年2月10日，英国下议院就华北走私问题进行专题辩论。美国舆论也对日本走私给予批评，1936年5月30日，《华盛顿邮报》社论指出：“华北走私不特影响中国之税收，且置美国贸易于死地。”

蒋介石也意识到日本以走私为手段实施经济侵略的目的，1935年11月19日在国民党大会上发表对外关系演说时称“和平到完全绝望时期”，“牺牲到最后关头”，他即“听命党国，下最后之决心”，并提出国民党的对外方针是“以不侵犯主权为限度”。然而到了1936年，日本走私不但没有减少，反而愈演愈烈，与之相配合的是不断增兵华北。南京国民政府在日本加紧侵略、财政危机、国内外舆论压力下，不得不进行缉私。

1936年5月27日，据日本参谋本部中国时局报告第九号《关于中国走

津海关缉私部门截获的用于运送走私货物的民船

私问题》记载，1936 年 5 月 16 日，南京国民政府外交部因走私问题照会日本驻华使馆，略谓："海路方面自芦台至秦皇岛一带海岸，现已形成私运船只丛集之区，私货一经起岸，即可随意运输，无虞查缉。陆路方面，由秦皇岛经北宁路运至天津及内地各处，与由津浦路南运之私货，亦极形充斥。"照会中对日本策动大规模走私提出严正抗议。

1936 年 5 月 20 日，国民党政府中央政治委员会通过了《惩治偷漏关税暂行条例》八条，22 日又公布了《输入货物检查条例》二十条，规定无海关证明者，一概拒绝运输并没收。为加强缉私，南京国民政府设立了防止走私委员会，由孔祥熙任主任委员，从财政部和实业部各选派若干人为委员；28 日，财政部公布《惩治偷漏关税暂行条例》；6 月 2 日，行政院公布《修正惩治偷漏关税暂行条例》十二条；财政部、铁道部宣布，为防止走私货物，决定在各铁路沿线主要车站设立稽查所，由海关人员在列车内执勤，尽力发现及没收走私品，在必要的情况下，可以检查旅客的行李……

然而，分裂我国华北和武力灭亡中国是日本帝国主义的既定国策，走私问题不是一个单纯的经济问题。日本侵华政策变本加厉地推进，走私问题也同步加剧；日本侵华政策不改变，走私问题就不可能单独得到解决。随着日本帝国主义对我国华北政治、军事、经济侵略的步步深入，卢沟桥事变终于爆发。

（杨天一）

抗日战争时期的统一缉私

“天津是日本在华走私的重要据点，敌货运至平津后，向南沿平汉、正太、同蒲三路运至永济，经河南奸商之手，从黄河各渡口走私至西安及陕西南部各地，有时远抵成都。”1940年，时任国民党中央执行委员会调查统计局（简称“中统”）特经处处长的陈介生，在其《抗战以来敌寇对我经济侵略概况》一文中这样写道。

1937年7月7日，卢沟桥事变发生，抗日战争全面爆发。日本一开始采取“速战速决”战略，以期在短时间内结束对华战争。然而中华民族全民族抗战，粉碎了日本“三个月内灭亡中国”的企图。1938年10月武汉会战结束后，抗日战争进入相持阶段，日本深陷中国战场的泥潭，短期内无法取得预期效果。

面对庞大的军费开支，本身资源严重匮乏、财力不支的日本遂改变“速战速决”战略，开始“以战养战”。一方面加紧封锁我国沿海各口岸及国际交通路线，妄图切断我国对外联络；另一方面变本加厉地推行其惯用的走私等经济侵略政策，由沦陷区向国统区走私倾销其廉价商品，借此套取国统区法币外汇，破坏国统区工农商经济。

津海关人员过秤称重即将焚毁的毒品

与此同时，日本除加大力度掠夺沦陷区物资之外，还千方百计从国统区走私套购各种物资，一场走私与反走私、掠夺与反掠夺、倾销与反倾销、破坏与反破坏的经济战上演。与军事战争相比，这场战争虽然相对较少见到硝烟，但几乎每时每刻都在进行，在日积月累、潜移默化中改变着双方的力量对比，并最终深刻影响着整个战争的成败走向。

在 1944 年 3 月 1 日《经济汇报》刊载的杨尔理《倾销政策之研究》一文中提到，据英文《中国年鉴》记载，在较早成为沦陷区的冀东一带，仅 1937 年，日本走私的物品就有 399.4 万公斤人造丝、89.7 万担白糖、37.8 公斤卷烟纸、216.6 万加仑火油、7.8 万箱百货、22 万箱杂货，这还不包括华中、华南区域。当时的走私倾销之猖獗，可窥一斑。

据天津《大公报》，面对这种状况，国民政府考虑到“天津是走私的大本营，冀东是走私的策源地，欲求走私的事肃清，必得讲求拔本塞源，尽绝根株的策划”，所以决定将根据《防止路运走私办法》设立的防止路运走私总稽查处，由南京移设至天津，“以收就近指挥之效”。曾任海关总税务司署缉私科主任多年的英国人李型到任处长后，派出大批缉私人员分赴高阳、石家庄、保定、盐山一带，驻守检查，严厉截扣走私货物，一定程度上切断了天津的私货外销通道，打击了冀东所谓“特殊贸易”，即走私。

然而后来，随着华北逐步沦陷，地处沦陷区的环渤海地区各海关虽然

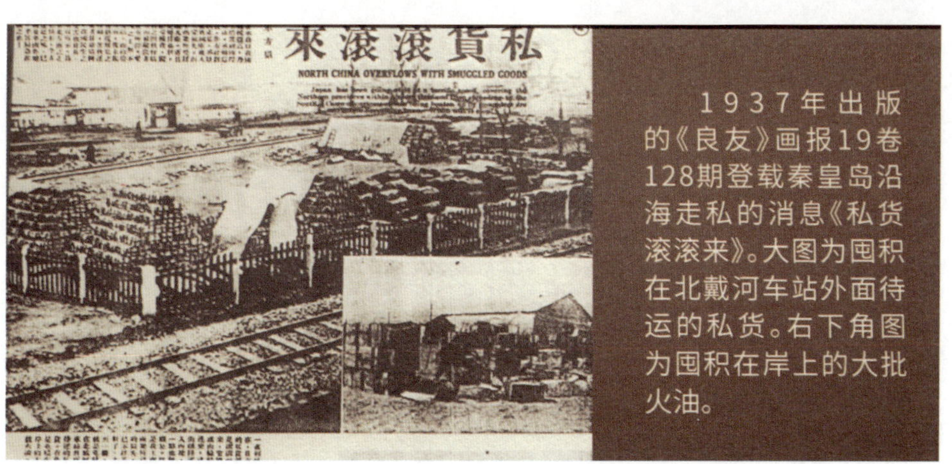

1937年出版的《良友》画报19卷128期登载秦皇岛沿海走私的消息《私货滚滚来》。大图为囤积在北戴河车站外面待运的私货。右下角图为囤积在岸上的大批火油。

1937 年出版的《良友》画报的报道《私货滚滚来》，图中为秦皇岛市北戴河车站外面待运的私货。

依照英日签订的关于战时关税抵外债办法协定，仍归总税务司辖制，依然可以继续履行缉私职责，然而缉私工作却受到日军监视与控制。偶尔缉获日本走私船只，日军一旦出具特许证即成合法进出口，海关无权处理。

1941 年 1 月 17 日，在重庆《新蜀报》刊发的《严缉走私》一文中写道："时任经济部长的翁文灏在接受媒体采访时说，日本对华输出在我严厉执行查禁敌货之下仍有渐增的趋势，如 1937 年总值为 1.5 亿余元，1938 年为 2 亿余元，1939 年为 3.1 亿余元，1940 年增至 4.1 亿余元。"

面对这种状况，国民政府反复酝酿，于 1940 年冬筹组财政部缉私处，并于 1941 年 1 月 15 日正式成立，主要办理物资与税收走私之查缉工作，执行对敌经济封锁与反封锁之任务。随后，各省缉私分处先后次第筹设，并分别开始执行缉私业务。

然而，由于战局混乱，以及国民政府政治腐败、争权夺利，新设立的查缉机构对走私猖獗的状况并没有起到明显作用。比如在缉私处处长人选上，国民政府军事委员会调查统计局副局长戴笠与财政部部长孔祥熙意见不一致，因为他们俩都认为这是个肥差，都想安排自己的人担任，从中渔利。

码放在秦皇岛海边的走私货

后来蒋介石认为，戴笠掌管许多情报机构，散布各地，比别人更为了解全国各地的走私情况，于是任命他为缉私处处长。鉴于财政部物资缉私各自为政、机构重叠、事权不一，戴笠建议统一办理物资与税收两方面的缉私工作。

1942 年 2 月，行政院修正《统一缉私办法》和《水陆交通统一检查条例》，5 月份将《查禁敌货条例》《禁运资敌物品条例》和《非常时期禁止进口物品办法》等禁运法令合并为《战时管理进出口物品条例》，并规定由缉私处接办中央及地方、军队物资方面的缉私工作，负责办理整个国统区的缉私事宜。

至此，抗战时期国民政府建立了全国统一的缉私机构，为有效开展缉私工作奠定了组织基础。1942 年 8 月，财政部将缉私处改为缉私署，在各省设立分支机构，与海关共同缉私，其他地方检查机构则一律取消。

1943 年 6 月，国民政府实施《防止私运暨携带金银出口暂行办法》，要求各关加强对旅客携带金银制品出境的管理，查缉违章情事。旅客携带金质或银质物品、古币等出境，由海关估明价值并收取保证金放行。旅客如在 1 年内携带原物返回，可凭据向海关申请返还保证金，逾期不回则将保证金予以充公。海关如查获旅客未向海关报明并未缴纳保证金，私自携带金银制成品出境或绕道前往内地的，即可将旅客所携带的金银全部没收充公。

1943 年 11 月，国民政府颁布《封锁敌区交通办法》和《调整战区缉私及经济封锁办法》，禁止私运金银、钞券等物品，一经查获即移送相关缉私机关，转送附近国家银行保管，并转报财政部处置。

（周文飞）

近乎毫无节制的美军走私

1947 年，四艘来往于朝鲜半岛与山东青岛的小汽轮，被中国海军和美国炮艇带往青岛。经全面搜查和严格审查发现，这些船上的船员大部分都有走私行为，这些来自民船的船员走私案值近 24 亿元法币，创下胶海关当年缉私案值纪录。后经查实，此案走私人是以驻汉城总领事馆海外华人名义伪报的进口，实际上是合伙走私。

这一案件在《山东省志・海关志》中有明确记载。1947 年，南京国民政府宣布，除政府特别批准以外，外籍船舶一律禁止进入青岛口岸，有组织的货运走私明显锐减，但零散走私增多。出现这种现象的背景是，第二次世界大战后，苏联控制旅顺、大连，美国也需要在环渤海地区建立一个海军基地，以制衡苏联，于是他们把目标瞄准了青岛。

1946 年《中美友好通商航海条约》签订，美国船舶可以在中国“开放

抗日战争胜利后，美军进入青岛。

之一切口岸、地方及领水内”自由航行，在紧急时，包括军舰在内，可以开入中国任何不开放的“口岸、地方或水领”。后来，南京国民政府又通过几个秘密协议，将青岛逐渐变成美国的海军基地、空军基地，青岛港海运贸易逐步萧条。

抗日战争胜利，日本侵华势力被逐出中国，美国势力却乘虚而入，在政治、军事、经济、金融等领域全面控制中国，从而确立了其在华的霸主地位。这一时期，走私依然在环渤海地区持续上演，只不过是美国货代替了日本货，真可谓“前门拒狼，后门进虎”，这首先就在青岛得到了体现。

据《山东省志·海关志》记载，抗日战争胜利后，因青岛既有美国的海军基地，又有空军基地，成批的走私货物作为军用物资进入青岛，美国的军舰和飞机成为外货走私进口的运输队，走私进口的主要是棉布、药品、染料等，走私出口的有文物、纸、烟、粮食、皮革和名贵药材等。即使是美国士兵，也会私带西药和其他洋货，到青岛市面上公开销售牟利。

海关当然知道这是一种走私行为，却无法名正言顺地合法缉私，因为根据《中美友好通商航海条约》，美国在华军事人员所使用或消费的物资，

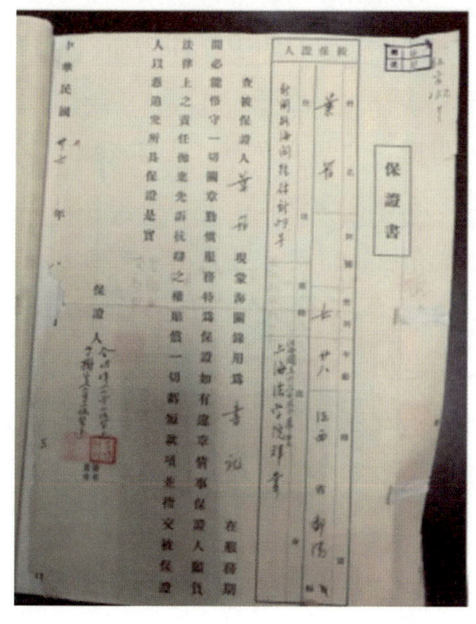

保證書

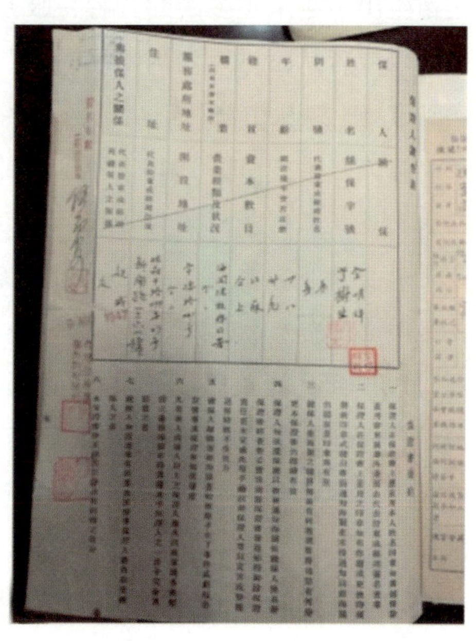

1948 年海关新入职人员填写的保证书

需要美国从中国以外的地方运入，中国均不得征收进口税、货物税、消费税或其他捐税和关税；对于美国军用货物，中国应给予免检，这些物资在重新运出中国时，也不得征收出口税。

这样的待遇显然给了美军及人员无限的走私套利空间，然而他们还不满足。1948 年，《中美关于经济援助协定》签署后，要求美援物资免税放行，于是越来越多的美国过剩物资贴上“军用”“公用”“救济”“贷款”等标识，名正言顺地走私入境，包括但不限于罐头、奶粉、洋酒、肥皂、火柴、衣服、饭盒、手纸等普通民用品，香烟、化妆品、“玻璃”丝袜等奢侈品。

左章金在《帝国主义与走私》一文中这样写道：“美货走私的凶狠毒辣，打破了一百多年的纪录，论走私的普遍性，从活动房子、汽车、冰箱到‘玻璃’衣物、纸烟、罐头等，衣食住行无物不‘美’；论侵入的广泛，除了解放区外，大小城市乡村，无处不到；论破坏的效果，国货市场全被美货占领，大小工商业除四大家族和官僚资本外，全被打垮。”

美军在青岛走私猖獗，导致青岛地区商品物价明显低于其他地区，吸引了其他沿海口岸的运输船只和走私分子暗中勾结，偷运洋货和土货。同时，还衍生出了越来越多的配合者、服务者，他们主要从驻华美军处以非法手段获取或者从已进口到国内但尚未办理相关手续的船舶中盗卸物品，再转卖到市场上，从中获利。

海关总税务司署 1946 年底总结报告写道：“华北方面，迭有汽艇、帆船由大连及朝鲜等地装载货物，私运华北沿海各埠销售；并闻有海军舰只运带私货情事，东北积存之未税货物，亦有经铁路运入关内者。部分原因是这些地区尚未由国民政府接管，海关无法实施有效监管。”

1947 年，海关总税务司署在一份关于走私实情的报告中写道：“青岛一带，唯由朝鲜、大连等地驶往山东沿海帆船及渔船，数量日趋增多。营口、安东两地因毗邻朝鲜半岛，当附近河海解冰之际，迭有朝鲜半岛、大连驶来船只。”

我国著名海关史研究专家连心豪在《近代中国沿海的走私与反走私》一书中写道：“抗日战争胜利后，华北是美蒋反动派进攻中国共产党领导下的解放区的前沿，也是最大的美货倾销市场和原料供应地，因此华东、华北进出口走私在这一时期严重程度并不亚于华南。”

新中国成立前，美军装卸轮船上的货物。

如1948年春，天津新时昌洋行勾结美军走私，闹得满城风雨，后来美军不得不在天津召开一次军事法庭，敷衍了事。同年夏天，美军又将20余个仓库的物资在未按照要求交付关税的情况下，销售给了河北一家公司。

根据海关总税务司署的统计，抗日战争胜利后，全国最大的走私口岸依次为上海、九龙和天津；1946年，全国进出口走私总值共达法币111.8亿元，其中天津口岸占9.4亿元，仅次于上海和九龙，其中进口走私为8.5亿元，仅次于上海，居全国第2位。

王怀远在《旧中国时期天津的对外贸易》中写道：“上海、天津在进口走私方面比九龙更为严重。华东、华北走私多乃美商、美军及国民党权贵所为，海关无法、也不愿认真查缉，因此海关在华北仅派承担运输任务的‘海威’舰驻青岛兼司查缉。华南查获走私品较多，是因为海关放手缉私，既可抵制其他国家走私商品对美货的竞争，又能维护美蒋垄断中外贸易的地位。”

（李雪怡）

第十章
中国共产党领导下的根据地反走私

如有向敌占区偷运走私或以多报少情事，各级政府机关、税收机关，以及军警、民众团体、民兵、游击小组等，均有缉私之责。

抗日根据地摄影事业开拓者石少华镜头下的渤海上的八路军

五四运动与日本在山东的走私

1919年5月1日，上海英文版《大陆报》披露：“（北洋）政府接巴黎中国代表团来电，谓关于索还胶州租借地之对日外交战争，业已失败。”次日，《北京晨报》刊出总统顾问、外交委员会事务长林长民《外交警报，敬告国人》一文，再次证实巴黎和会对中国的出卖。消息传出，舆论哗然，国内群情激愤。1919年5月3日晚，北京各校学生1000多人在北京大学开会，北大学生谢绍敏当场咬破手指血书“还我青岛”四个大字，悬挂在会场前台，以示决心。

1919年5月4日，北京13所高校3000多名学生在天安门前集合游行示威，高呼“外争国权，内惩国贼”“誓死力争，还我青岛”等口号，要求政府拒签和约，废除“二十一条”，争回青岛和胶济路主权，惩办亲日派卖国贼。游行学生向美国使馆请愿未果，转而将斗争矛头指向三个亲日派卖国贼。学生们火烧了赵家楼，痛打了章宗祥，五四运动的序幕正式揭开。

毛泽东同志当年曾指出，“五四运动时中国无产阶级开始有了觉悟，五四运动发生在一九一九年，一九二一年便产生了中国共产党”，“我们研究党史，只从一九二一年起还不能完全说明问题”，“从五四运动说起可能更好”。习近平总书记深刻指出，认识和把握五四运动“要坚持大历史观”，强调五四运动“促进了马克思主义在中国的传播，促进了马克思主义同中国工人运动的结合，为中国共产党成立做了思想上干部上的准备”。

这些重要论述，深刻揭示了五四运动与中国共产党成立的历史关联，也让今天的人们可以更加科学地认识那个全国上下一呼百应、救亡图存的年代。北京学生爱国行动代表了全国人民的心声，迅速得到全国各界支持和响应，各地学生罢课、工人罢工、商人罢市不断发生，纷纷组织集会演讲、

津海关焚烧查获的走私烟土

赴京请愿，坚决要求废除不平等条约，收回青岛主权。山东长期遭受日本政治压迫和经济走私掠夺，更有切肤之痛，救国热情尤为高涨。

与全国其他地区相比，山东的斗争具有发动时间早、行动快、响应范围广、参与阶层广泛、延续时间长等特点，这背后是有深层次原因的。中日甲午战争后，日本加速推行其大陆政策，尤其以经济走私渗透与破坏为对华军事扩张的前奏与补充，山东与之距离更近，首当其冲。首先，日本在20世纪初国际社会达成禁毒共识并付诸行动的时候，阳奉阴违，不顾毒品给人类带来健康危害的事实，偷偷摸摸地走私鸦片，抢占国际禁毒留下的空白市场获利。其次，走私军火，销售给各地方军阀、地方豪强、土匪，助长军阀混战，民不聊生。

如果说走私毒品、军火与普通民众具体感受还隔着一层，那么日本走私制钱及普通商品，带来通货紧缩、民族工业饱受冲击而关门倒闭，老百姓就有切肤之痛了。第一次世界大战期间，日本借口对德国宣战，出兵占

1907—1917 年，日本发行的明信片在注释中将中国流通的制钱称为“济南特产”，其年输出量在1000 万枚以上。图中是即将被转运或熔炼的堆积如山的制钱，坐在其中戴鸭舌帽的是日本不法商人。

领青岛和胶济铁路，疯狂对山东开展经济掠夺，其中包括大规模的非法贸易和走私活动，套购、熔化、走私当时中国通行的制钱、铜圆便是典型代表行为之一。

日本国土狭小，资源匮乏，尤其是金属矿产更是贫乏，而发动战争又需要金属材料扩充军备，于是他们瞅准在中国流通了数千年的铜钱。青岛市档案馆编著的《青岛旧事》中写道：“日本走私商人见中国通用铜圆，一枚铜圆所含铜的价值超过其作为货币本身价值，便开始钻中国币制的空子，用其他货币兑换铜圆，尤其是占领青岛后，日本银行大量发行纸币，以日钞兑换铜圆，将其熔化为铜，以铜锭报关出口，更有甚者毫不掩饰直接将铜圆运往日本。”

据《中华民国货币史资料》记载，1915 年 5 月，青岛铃木商店首先套购中国制钱，胶济铁路沿线专门收购制钱的日商约有 2500 人。如神户铃木商会雇佣中国人到济南及各地收购，仅 1915 年夏，从山东购买的制钱就达 30 万日元。日本驻济南总领事林久治郎在给外务大臣石井菊次郎的报告中称：“1915 年在青岛市内经营制钱熔解铜块的日行仅有铃木商店和中松洋行两家，到 1916 年则激增至十四五家，在胶济铁路沿线专门收购制钱的日本商人已有 5000 余人。”

1916 年日本在山东掠夺的铜圆有 60 余万担，可以装满一条 3 万吨的巨轮，价值达 898 万两，次年出口价值达 959.4 万两。1918 年以后，虽数量有所减少，但每年均出口相当数量的铜。“一战”期间，日本售于俄国铜块的三分之一均来源于此。一开始，日本商人是将原物汇集青岛后再运回日本神户、大阪等地熔化，后来干脆就把熔炉设在山东各地，铸成铜块后再运往日本。

按照当时中国的法律法规，私自售卖制钱者，须处监禁一月之罪，但日本人依仗其在山东享有的特权，在济南市面上畅行无阻。据当时的《大公报》载，“日人利用时机，行其所欲，几年以来，收买已达五六百万吨”，“采买之车络绎于通衢，化铜之炉竟设于商埠，乡民大为骚扰，金融因起恐慌”。1915 年 10 月 25 日，日本人在济南非法偷运制钱等违禁品出境，济南警察前往查询时，日本人竟开枪击伤七人。1917 年 3 月 9 日，日本浪人在济南收购贩运制钱，商埠警察在其运钱车上查验车捐时，被日人开枪击伤。商

清代户部造币总厂旧址

埠巡长到肇事点检查现场，竟被日方拘捕。山东省交涉员向日本领事署交涉，仍未获解决。最后，竟然把扣留的违法贩运的制钱交还给了日本商人。

日本商人走私制钱、铜圆给山东造成了严重危害。当时在山东私运的几乎全部是当十铜圆，走私者不愿意走私当二十铜圆，“究其原因，概以当十铜圆含铜之成分较多，狡黠者流，往往熔成铜块，潜输日本”（青岛市档案馆编《帝国主义与胶海关》）。由于含铜量高的当十铜圆兑换殆尽，市面几近绝迹，铜质低劣的当二十铜圆充斥市场，导致铜圆与银圆兑换比价日益失衡。原来用若干枚铜圆可买到的商品，现在得付出更多铜圆才能买到。相形之下，日用物品势必无形腾贵，以铜圆计资的低收入劳苦大众生计日艰，备受损害。

此外，从日本走私进口的白糖、卷纸烟、布匹、酒、羊杂货也充斥山东市场。因此，山东民众曾对巴黎和会解决山东问题寄予厚望。顾维钧在回忆录中曾特别提到山东省公职人员、学生联合会对和会的密切关注。巴黎和会开始不久，山东省议会即致电中国外交代表：“青岛问题务请坚持，万勿退让。”告诫他们：“鲁民全体，誓以死力对待。”1919 年 4 月初，

五四运动中的学生集会

山东教育会、工会、农会等群众团体联合致电中国外交代表，声明山东主权问题“关系中国存亡”，要求他们据理力争；同时致电英、美、法、意四国专使，要求他们主持正义，迫使日本政府放弃对中国的野心。

4月6日，山东省议会和教育会等又致电美、英、法、意四国首脑和国际联盟，要求主持公道，将青岛和胶济铁路直接交还中国。4月12日，济南各校学生代表成立山东学生外交后援会，推派代表孔祥柯、许宗祥前往巴黎，直接向巴黎和会和中国外交代表请愿。山东是向巴黎直接派出代表的唯一省份。为引起国内广泛关注，4月中旬，山东各团体还派人前往北京、上海等地串联，于是京、津、沪、鲁间，皆有人络绎往来，妥善应对。这样就形成了以各民间社团为主体，以通电为主要形式，强烈呼吁政府坚持公理、取消密约、维护主权的抵抗运动。

在上层社会抗争的同时，山东各界群众抗争也日趋激烈。5月2日，济南3000余名搬运工人在北岗子举行收回青岛演说大会，工人赵强东上台动情演说，强烈要求北洋政府据理力争，不失一寸国土。这样，山东工人阶级在五四运动前夕就开始走上政治舞台。这一时期，山东的斗争对五四运动在北京及全国各地的酝酿和兴起产生了重大影响，成为五四运动的前奏。1919年5月4日，北京大规模学生运动爆发后，山东各界爱国斗争更趋激烈，全省迅速掀起一个以济南为中心，以声援北京学生和“外争国权、内惩国贼”的群众性爱国运动。

5月5日，济南各学校学生首先响应北京学生，冲破阻力，组成学生会，带领学生集中在西门大街，分赴商埠、城郊，抵制日货，拒乘日本人霸占的胶济路火车。5月7日，在济南国耻纪念会上明确提出“抵制日货”口号，济南商会鉴于大势所趋、人心所向，也不得不于5月9日通电全国商会，表示赞成“抵制日货”。此后，济南抵制日货运动便日益发展。据记载，各学校曾于5月20日焚毁学校用品中的日货；各银行亦与日本银行及日商断绝来往，商埠某钱号因买日本横滨正金银行号票，为众查出，几遭殴打；西关某布店，因购日本布1700件，为同业查出，大受斥责。

6月2日，济南银行界再次开会讨论抵制办法，决定不用日币，不与日

五四运动中，济南女师学生上街游行。

商往来，不用日货，断绝青岛金融，并设纠察员监督，致使日币无人使用，日本横滨正金银行营业异常萧条。济南罢市期间，芙蓉街同聚恒号办有日货数包，为同业者查出，被罚洋700余元；胶济站有日纱数包，竟无人搬运。

在抵制日货运动中，济南女师的学生表现尤其突出。据隋灵璧回忆，女师学生听课后，分头前往济南北关、北园、东郊桑园、商埠一带进行宣传，散发传单，号召不穿洋布、不坐洋车、不乘日人控制的胶济路火车；有购物者必须交同学检查，确非日货方可使用。甚至有女生用剪刀剪破手指，血书“凭良心抵制日货，沥血诚苦告同胞”。她们节衣缩食，集资创设了爱国商行，推销国货，并出售她们自己动手做的伞、手绢、书包、儿童玩具等物品，其中尤以绣有“勿忘国耻”“抵制日货”等字样的手绢最受欢迎。

除济南以外，从五月中旬到七月间，青岛、烟台、昌潍、淄博、临沂、泰安、惠民等地，抵制日货运动都有广泛开展。特别是烟台坚持长达四年之久，直到1922年日本交还青岛后才停止。在抵制日货斗争中，山东工人进一步显示了自己的力量。6月14日，济南工人集会，作出不为日人做工、不买日货的决议。威海卫、龙口等地工人亦以拒运日货表达他们的爱国热忱。

少数知识分子还在农村，发起组织“山东乡农外交后援会”，发表宣言书，虽然只是少数知识分子以乡农名义组织的活动，但也表明他们在运动影响下已产生组织农民、与农民结合的想法。

一方面，抵制日货运动在经济上给日本以沉重打击。以火柴为例，1919年日本运入中国的火柴为13778508罗（每罗144盒），至1920年则骤减为6036648罗，减少了一半还多。在烟台，1919年到1920年，日船进港数从256只降为140只，日本粗细布进货从24545匹下降为40匹，日本棉纱进货从2571担下降为2担。另一方面，运动也促进了民族工商业的发展。1907到1914年间，山东民族资本开设的火柴厂只有4家。五四运动后，仅1920年就新增4家民族资本火柴厂。

特别是济南振业火柴厂，为维护国家主权和取得的专利权，在抵制日货运动的支持下，与准备在济南商埠设厂的日资东鲁火柴公司进行了坚决斗争，最终迫使其停产倒闭。连日本人自己也承认：“在大战中汹涌澎湃发展起来的中国革命运动，掀起了排英运动、排日运动，终于打击了英国商品侵入，限制了日本纺织工业发展，对于中国自己的纺织工业却提供了若干有利于发展的条件。”

北京学生焚烧日货

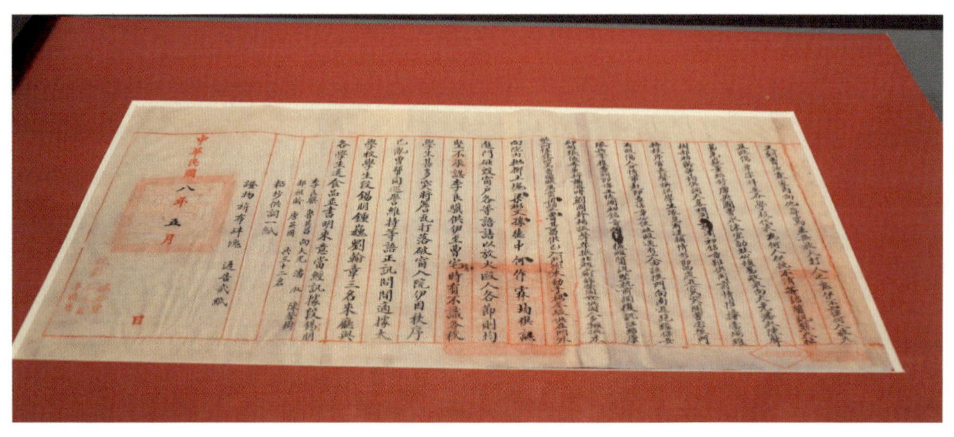

五四运动中，火烧赵家楼被捕的学生向警察厅提交的供词。

此时，中国正处于北洋军阀统治时期，海关主权丧失较清末，有过之而无不及，海关缉私乏力。

中国共产党自诞生之日起，就以收回海关主权作为历史使命之一，1922 年 6 月发表《对时局的主张》，提出奋斗目标第一条就是取消协定关税、取消列强在华特权、收回海关主权；7 月，中共二大宣言揭露了协定关税的实质；9 月，《向导》周报全面剖析了帝国主义侵犯中国海关主权的事实。1923 年 6 月，中共三大将实行保护税则、收回海关主权列入党的纲领；11 月，中共中央通电全国，支持广东国民政府收回海关；12 月，《向导》周报发表《为收回海关主权事告全国国民》，支持孙中山收回关余和粤海关的举动。

1924 年 1 月，恽代英等共产党人撰文，声援国民党一大收回海关主权的主张。1926 年 10 月，中共中央支持广东国民政府征收附加税，发表第四次对于时局的主张，明确收回海关、改协定关税制为国定关税制为第一重要。1927 年 3 月领导上海海关华员罢工，4 月组织成立海关华员联合会，发表收回海关主权、实现关税自主的宣言。至 1928 年，该联合会发展成为全国性海关华员组织，开展了一系列爱国护关斗争。

（张迪）

“一二·九”运动反对华北武装走私

“打倒日本帝国主义！”“反对防共自治运动！”“人民，武装你们自己！”“打倒汉奸卖国贼！”1935年12月9日，在中国共产党领导下，北平爆发了震惊中外的“一二·九”抗日救亡运动，数千名学生示威游行，反对华北自治，反抗日本帝国主义，要求保全中国领土完整，掀起全国抗日救国新高潮。

1987年，丁则勤、王美秀在《北京大学学报》上发表《论华北事变前后的冀东走私问题》，文中写道：“在‘一二·九’运动中，爱国学生旗帜鲜明地反对冀东伪政权与华北走私，反对冀察政权特殊化与华北、内蒙古的‘自治’运动，反对以蒋介石为首的南京国民政府不顾民族存亡的内战政策和对日妥协政策。”

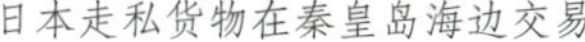

日本走私货物在秦皇岛海边交易

的确，1931年“九一八”事变后，日本侵占东三省，并逐步通过走私等经济侵略手段向关内进逼。据《天津海关志》1932年1月记载：“近数月来，有大宗煤油及其他货物以民船形式，由大连走私进口，进口地点主要在抚宁县羊河口、宁河县北塘、丰润县涧河等地，私货大量涌进冀东沿海一带，经铁路或陆路运往天津等地销售。”

华北走私是在日本官方支持和庇护下进行的。1933年《塘沽协定》签订，冀东地区主权逐步丧失，长城以南河北东北部地区被划分为非武装区，日本又强迫中国海关缉私人员一律解除武装，禁止中国海关巡缉艇在非战区沿海3英里以内游弋，导致天津、秦皇岛一带的海关缉私“形同虚设”，从事走私的日本浪人和汉奸有恃无恐。

1935年5月，《何梅协定》签订后，河北、察哈尔主权进一步丧失，海关缉私权进一步被破坏，日本走私愈发公开化、“合法化”。周默秋在《华北五省经济与英日》中记载说：“1934年以前，日本走私货物多为人造丝、白糖、卷烟纸等高税率物品。到1935年下半年，私货种类愈来愈多，发展到种子、苹果、牙膏、电池、面粉等普通生活用品。”

这一时期，中国共产党在南方建立了根据地，在中央苏区开展独立自主海关反走私实践、设立关税处与国统区开展贸易战“反封锁反破坏”的同时，在环渤海地区也广泛组织开展反对日本走私等经济侵略及军事侵略行为的学生运动、工人运动。中国共产党的创始人之一的李大钊是河北乐亭人，对环渤海地区党的组织建设倾注了大量心血。

1927年4月李大钊牺牲后，中共北方区委遭到严重破坏，后继者们愈挫愈勇，于1930年12月成立了河北省委、天津市委等党的机构，投入声势浩大的抗日救亡运动之中，继续在腥风血雨中、白色恐怖下领导学生运动、工人运动，形成了反抗日本经济侵略、侵吞华北的强大政治声威。

当时，华北的铁路、矿山、金融、棉业、纺织、面粉等重要企业，大部分都被日本垄断资本所控制，日本货物通过商品倾销和武装走私垄断了华北的市场，民族工业遭受冲击与蹂躏，纷纷倒闭。1935年，中共河北省委多次发出通知、宣言，要求华北地区各级党组织，在群众中广泛宣传、

20 世纪 30 年代津海关塘沽分关

开展抗日救亡斗争，并改组北平市领导机构，从政治上、组织上加强对抗日救亡运动的领导。

1935 年 8 月 1 日，还在长征途中的中国共产党中央委员会发表《为抗日救国告全体同胞书》，提出建立全民族抗日统一战线，号召全国人民团结起来，停止内战，抗日救国。1935 年 11 月，中共北平临时工作委员会成立，并领导成立了北平市大中学校学生联合会，简称“北平学联”，发表《北平学联对时局的宣言》。

1935 年 12 月 6 日，传来日本支持建立的“冀察政务委员会”将于 12 月 9 日成立的消息，广大学生和各界进步人士极为震惊。12 月 7 日，在中共北平临时工委领导下，北平学联决定于 9 日举行学生大请愿，反对“华北自治”。9 日凌晨，广大爱国学生的抗日怒火像火山一样喷出，他们举着大旗和标语，高呼“停止内战，一致抗日”等抗日救国口号，“一二·九”运动爆发。

“一二·九”运动的抗日怒吼，震撼了古都北平，很快传遍了国内外。从 12 月 11 日开始，天津、保定、太原、西安、济南、杭州、上海、武汉、

“一二·九”运动中清华大学学生在演讲

宜昌、成都、重庆、广州、南宁等大中城市，先后爆发学生抗日集会和示威游行。各地工人在全国总工会号召下，纷纷举行罢工，抗议南京国民政府对日妥协和镇压抗日运动，支援学生斗争。广州、上海工人召开大会，发表通电，要求对日宣战。

1935 年 12 月 18 日，天津爱国学生发起规模巨大的“一二·一八”抗日救亡示威游行。1936 年春，刘少奇到天津组建中共中央北方局，以推动建立华北抗日民族统一战线。这年 5 月初，日本增兵华北，进占北宁铁路沿线，冀东走私变本加厉，6 月份走私贸易达到高潮，华北白银以每月 1500 万元的速度被偷运出境，1936 年非法走私进入天津的私货总值达 1.24 亿元。

1936 年 6 月 1 日，日本由北戴河走私到天津煤油和啤酒万余桶，运往济南私糖 50 吨。也是在这一天，陈济棠、李宗仁决定以抗日为名，反对蒋介石，并致电国民党中央党部和国民政府称，“日本侵我愈极，一面作大规模走私，一面增兵平津，经济侵略、武力侵略同时迈进”，“时危势急，敝部等认为非立即对日抗战，国家必无以求生”。

“一二·九”运动中受害者的血衣残片

不但走私，日本还杀害中国工人，把骗去修工事的天津工人抛尸海河。据1936年6月4日《大美晚报》报道，“近日来天津海河发现浮尸600余具”，华北即将成为第二个伪满洲国。面对空前的民族危机，中共天津市委领导反对日本增兵华北的大示威游行，学生、工人、教职员万余人参加。在刘少奇亲自主持下，要求南京国民政府武力制止走私、全国枪口一致对外、为被害同胞报仇，并通过了发动全国工人总罢工、商人总罢市等决议案。

在这一情况下，日本浪人走私依然不止，他们在津联络80家商人结帮武装走私，派人运糖450吨到济南。于是，刘少奇决定联合天津、北平，搞更大规模的反日救国大游行。他派林枫到北平，6月13日举行了浩浩荡荡的游行示威，他们高呼：“反对日本增兵华北！”“反对武装走私！”“彻查海河浮尸事件！”

6月14日起，上海市学生救国联合会罢课三天，以响应各地学生的爱国行动，并强烈要求政府“武装制止日本帝国主义的海盗式的走私”。6月21日，为反对日本增兵华北和冀东武装走私，上海各界市民3000余人在北火车站集合，要求赴南京请愿，但从上午九时到下午三时被阻于火车站长达6小时。

“一二·九”运动公开揭露了日本帝国主义侵略中国、吞并华北的阴谋，打击了南京国民政府的妥协投降政策，极大地促进了中国人民的觉醒。它配合红军北上抗日，促进了国内和平和对日抗战，标志着中国人民抗日

民主运动新高潮的来到。正如毛泽东同志所指出的，“一二·九”运动是动员全民族抗战的运动，它准备了抗战的思想，准备了抗战的人心，准备了抗战的干部。

（岳明）

山东抗日根据地全民缉私

“在行政区根据地之商民运销货物，均应照章纳税，如有向敌占区偷运走私或以多报少情事，各级政府机关、税收机关，以及军警、民众团体、民兵、游击小组等，均有缉私之责，查获之货物不得擅自没收或处罚，应立即送交附近税务机关处理，至迟不得超过三天，并不得故意留难商人妨碍商业，违者以贪污惩办。”

这一规定出自抗日战争时期中国共产党领导下的山东根据地1943年颁布的《胶东区缉私暂行条例》，该条例制定的初衷很明确，“巩固胶东抗日根据地之经济堡垒，保证正当商业之繁荣”。的确，抗战要想取得胜利，除了军事上要打胜仗之外，还要有经济基础，要进行反走私保障下的经济贸易战。

1937年卢沟桥事变后，日军很快在军事上占领了环渤海大部分地区。当年8月，中共中央政治局召开洛川会议，确定八路军必须实行由国内正规战争向抗日游击战争的军事战略转变，使游击战争担负起开辟敌后战场、配合正面战场、创建抗日根据地的历史使命。

按照这一会议精神，1938年4月，山东胶东的蓬莱、黄县、掖县等地相继建立了最早的抗日民主政权，成立了北海行政督察专员公署，并开始与敌占区海关联系，做他们的工作，为建立抗日根据地人民海关做准备，还在海关反走私领域与敌人展开了争夺斗争。

《山东省志·海关志》中记载了这样一次斗争：1938年5月15日，抗日游击队第八支队来到龙口，翌日，游击队去龙口海关收缴了两挺机关枪和一部分步枪，充实了抗日武装力量。为避日机轰炸，抗日游击队保护龙口海关迁出龙口市后，每月收入关税3万—30万银圆。

山东抗日根据地号召军民与日伪开展反走私贸易战

为了筹集抗日经费，北海行政公署与龙口海关谈判，要求以 80% 的关税作为抗日经费，但该关副税务司仲伟忠未同意。9 月 7 日，驻龙口海关办事的 4 名游击队员，向仲伟忠出示了国民党委任的黄县县长曹漫之（共产党员）写的信函，信中以恳切而严正的言辞要求海关向游击队交出 60% 的税收，支援游击队抗战。

在此情况下，仲伟忠同意并当即交出 3097.92 银圆关税。仲伟忠向国民党政府财政部电告强提关税事后，国民党政府财政部及陈诚即特电国民党山东省政府查究。北海行政公署以烟台失守、海关被敌操纵、关税不资敌等理由电复。1939 年游击队退出县城之前，坚持提取 60% 的关税用于抗战。

1941 年，山东各抗日根据地沿敌我边缘交通要道和集镇，设立类似海关性质的税务所、税卡，并设有税务武装，对出入解放区境界的货物，特别是食盐，仿效海关开展征收货物税和盐税、查禁走私等工作，各税卡隶属于抗日民主县政府的征收处或财政科。

1942 年起，在山东省战时工作推行委员会领导下，胶东、鲁南、滨海等地广泛发展了税收机构。这些机构相当于海关，负责管理进出口贸易与征收进出口税。1943 年秋冬，各大区相继成立了工商管理局，并在各海口、陆地敌我对峙边缘区设立工商事务所、检查站，管理进出口船只、行商，稽征进出口货物税，查缉走私，这些职能都跟海关有关。

以清河区、冀鲁边区合并而来的渤海区为例，抗战全面爆发后，这一区域东看烟威，南接济徐，北联京津、大连，又有埕口、下洼、套尔河（亦作套儿河）、羊角沟等码头，自古是粮、棉、食盐、海产品的集散地、贸易地，商船往来频繁，战略地位非常重要，抢先占领对获取经济优势、打赢贸易战至关重要。

于是在中国共产党领导下，敌后抗日武装以燎原之势迅速发展起来，滨州所在的清河、冀鲁边抗日根据地逐渐形成，并建立红色政权。1942 年 2 月，清河区在沾化县郭家局子设立滨海税务总局，并在套尔河口至八大组沿海一线设置贸易河口和税卡，对清河区进出口物资实施监管、征税、缉私。1942 年 11 月，为加强区内税务工作和贸易工作的相互配合，以及开展对敌经济斗争，清河行署税务局、贸易局合并成立了清河区税务贸易管理局。

1943 年 11 月，清河行署工商管理总局成立，在管理辖区边境口岸或重要市镇设立工商事务所、检查站等机构，独立自主行使监管进出境货物、征收关税、查缉走私等海关事权。1944 年 1 月，冀鲁边区、清河区合并为渤海区。同年 3 月，清河行署工商管理总局、冀鲁边区部分工商机构合并，成立了渤海区工商行政管理总局，主要负责根据地的货币、税收、贸易、专卖、盐务及军需民用物资的经营与管理。该局是渤海区党委的经济工作部门，是根据地实施工商行政管理和领导抗日军民对敌经济斗争的总机关。

在冀鲁豫边区，这种反走私保障下的经济贸易战也异常激烈。抗战初期，日军实行经济封锁，边区集市数量锐减，经济萧条；敌占区甚至边区集市内部的一些商人向边区走私违禁品，扰乱市场秩序。在此形势下，边区政府一方面着手管理集市，以恢复和发展边区经济；另一方面实行“对内自由、对外统制”的经济政策，严格管理出入境货物，开展缉私活动。

据《冀鲁豫边区工商工作史料选编》载，冀鲁豫边区在重要集镇和沿

边区集市首先建立了缉私组织，包括缉私队及缉私班等。由于战争时期缉私面对的不法商人通常带枪，所以缉私活动需要与武装斗争相结合。鲁西南建有20余人的缉私队；县局还设有缉私班，一般10—15人，均配备武器，“他们的缉私活动经常与地方武工队密切配合，打击敌人”。

其次是鼓励群众参与缉私斗争。如在鲁西南“通过抗联、武委会，在根据地组建缉私小组，发动沿边区群众，白天在劳动中缉私，晚上轮流值班，使走私漏税之人难逃法网”。据《河南烟草志》记载，1943年，敌占区卷烟向边区倾销，以换取重要物资，为了防止边区物资外流，冀鲁豫行署下达动员群众缉私命令，要求“工商局加强领导，教育群众，参与缉私，并提高其政治责任心”。

再次加大奖励力度。胶东区一般按照5%的比例计提缉私奖励，但每次不得超过20元；冀鲁豫边区群众缉私最高可以按照30%的标准计提奖励。由于缉私主要在重要集镇和沿边集市，所以要求不能随便包围集市、影响

抗日根据地摄影事业开拓者石少华镜头下的河北张家口露天市场

群众生活，甚至不能使他们被敌人利用。

据《财经工作资料选编》，在处理缉私案件时，边区抗日民主政府也提醒要注意，“应分别不同对象、不同办法，贫苦小贩或不了解政府法令之初犯应从宽，故意捣乱金融或专事贩卖敌币白银之奸商应从严”；在处罚中也要注意，“防止过去乱缉私、乱没收现象，遵照多教育少处罚的原则”；如果是初犯、数量很小且家庭生活贫苦，要耐心说服教育，采取少处罚方式处理；如果屡教不改且走私数量大，则从重处理。

（王子明）

抗日根据地粮食反走私的群众路线

“一条命，值两块饼干。”相信很多人都对电影《一九四二》这句经典台词记忆犹新。抗日战争时期，兵荒马乱，再遇上大旱饥荒，粮食之于生命的价值，是吃饱穿暖的人无法想象的。

1938 年 10 月，武汉失守，抗日战争进入战略相持阶段，日本“三个月灭亡中国”的狂妄计划被粉碎，转而实施“以战养战”策略，在沦陷区大肆走私、掠夺各种物资，妄图把中国变为侵略战争的物资供应基地。

当时在环渤海地区及周边，中国共产党陆续建立了晋察冀、晋绥、晋冀豫、冀鲁豫、山东等抗日根据地，坚持开展敌后抗战。一方想掠夺、想封锁、想消灭，另一方想发展、想壮大、想抗战，一场侵略与反侵略、破坏与反破坏、走私与反走私的军事贸易战持续上演，且集中体现在了关系民生的粮食领域。

战线越拉越长，受限于兵力，日本在环渤海地区寄希望于“不战而屈人之兵”，加大了对根据地的粮食封锁和扫荡，以减少粮食供给，达到削

山东渤海区革命根据地的一支支前粮食运输队整装待发

弱抗日军民抗战实力的目的。据《山东革命根据地财政史料选编》记载："饿死我们是日寇、汉奸、亲日派、反共投降分子们进攻我们最恶毒的阴谋，他们在不断扫荡捣乱中焚烧抢掠，封锁偷运我根据地粮食成为他们重要任务，有时甚至是主要任务。"

1941 年太平洋战争爆发后，日本陷入多线作战，财政、后勤压力不堪重负，便加紧了对根据地粮食的封锁与掠夺。据《山东革命根据地财政史料选编》记载，1942 年，"辽宁及海北等地粮食被敌统制已不能出口，仅只青海一带粮食尚能入口，胶东大小港口封锁更加严密"。

1940 年 9 月 19 日，《大众日报》刊发《展开藏粮节约与禁止运粮资敌的斗争》，称："加以敌人禁粮输入，而我占区粮食的输出因落后地区的阻碍，又极难完全杜绝，在此种情形下，虽尚无正确统计，今年到明秋粮食之供给，如运用稍不得当，部分地区难免有荒歉断炊之虞。"

的确，日本不仅封锁港口、陆路边境，禁止根据地从外部获取粮食，还在根据地内部利用军事手段"扫荡"掠夺粮食、走私粮食，以达到"饿死根据地军民"的目的。据《山东革命根据地粮食史料选编》记载，日本通过"提高敌区粮价一倍以上，进行吸收粮食。因此各地妇人小孩多为利诱，利用各种伪装偷向敌区贩粮，甚至三斤、五斤、十斤、八斤，敌人均在欢迎"。

这种现象同样出现在其他根据地。据《晋冀鲁豫边区工商行政管理史料选编》记载，1944 年，横岑与洪水粮价低于沦陷区一半以上，区域和时令的粮价差异产生走私高利诱惑，催生粮食走私，也易使商人农户囤积，"在此情况下，不免有些奸商巨贾趁此囤积粮食，借以投机取巧，从中渔利"。

据《山东革命根据地粮食史料选编》记载："敌人在羊角沟、周村、北镇、利津城、下洼已安设大规模的粮栈，集中大量法币（大部假的），准备高价收买粮食。"日本通过汉奸走私根据地粮食是主要方式，"最近，虽无详细统计，据一般情报所传，敌人在津浦路上，每月由山东运走的粮食有数万石之多。这些粮食多半都是经过山东当地大小汉奸，用了种种方法替敌人筹办的"，这些"奸猾商人，不明大义，只知唯利是图、暗中偷运，致使民众负担日益严重，日用食品及食粮价格飞涨，影响民众及军队生活

在山东，八路军部队将缴获的粮食分给群众。

甚巨”。

战争年代，粮食充裕与否直接关系到军心民心是否稳定，关系到抗战成败。针对日本外部封锁、内部“扫荡”走私等破坏活动，环渤海地区抗日根据地民主政府在中国共产党的领导下，采取了一系列措施，如打破封锁、打击走私、发动全民反走私，让走私行为陷入人民群众反走私的汪洋大海之中。

首先取消根据地入口税，出台政策方便运输和销售，以打破封锁。据《山东革命根据地财政史料选编》记载，“凡系从敌占区运往我根据地内之粮食，不受任何限制，不交关税，政府粮食部门得予以各方面之帮助”，“在游击区边缘区征收粮食后，应打破敌伪封锁，运入我根据地内；为了有效实行运输，必要时，可从伪军伪组织工作中着手，排除运输上的障碍”。

其次，还以提供贷款等形式，鼓励群众从敌占区购买粮食，“凡接近敌占区之抗日民主政府，应大量发动民资、游资或低利贷款给贫民，使民众集体或私人到敌占区贩运粮食”，考虑到群众实际情况，“贷款人以等价小麦由自己收存作押，到麦价较贵时自由买卖再归还贷款，并动员商民自由囤积”，“凡系从敌占区运往我根据地内之粮食，如倾销不完时，政府可按市价购买”，解除群众购运粮食的后顾之忧。

再次，为解决根据地内粮食走私出口造成内部紧缺的问题，各根据地民主政府还制定制度，“有计划地统制出入口，严禁食粮及日用必需品出口”。比如推行“证件制度”，规定粮商贩运粮食超过一定数量需要有证件证明，“凡粮商在根据地内贩运粮食在一百斤以上二百斤以下者，首先要有本村村长介绍到区公所登记，领取登记证，然后再向购粮区区公所登记，领取运销证；超过二百斤以上者，须向所在县县政府领登记证，再向购粮县领取运销证，方许其自由购置运销（登记证、运销证由各专署统一制定），而所有粮商运销粮食，必须执有该两项证明，否则即予以扣留考查”。

晋察冀边区民主政府在根据地边沿和游击区，划分了封锁带，规定统一调剂办法。山东沿海区域较多，方便海上走私运输。为堵住漏洞，渤海区行政公署也制定了相关政策，“暂以粮食、棉絮、食盐、土硝为特种出口货物。凡向外输出特种出口货物时，须向工商管理局、分局或指定之县

农救会发动群众，把恶霸地主的粮食分给贫农。

局申请批准发给特种出口货物许可证，始准经营”。

然而，粮食毕竟是最重要的民生物资之一，兵荒马乱的年代，民生本就艰难，又在灰色地带中，部分群众习惯通过走私解决生活困境；如果应对粮食走私仅仅依靠管制，只处罚、没收，而不教育群众协助缉私，势必会造成乱缉私、乱没收或群众不关心走私，甚至包庇商人走私，造成税收人员孤军奋战，不利于缉私工作开展。

中国共产党领导下的抗日根据地民主政府深知其中利害，在制定政策开展贸易管制以禁止粮食走私的同时，还开展了轰轰烈烈的全民反走私斗争，比如山东鼓励全民参与缉私。据《山东革命历史档案资料选编》记载，1944 年，提高群众缉私举报奖励比例，“一般物品由百分之十到百分之三十，特殊物资可以再提高”；晋察冀边区为发动群众缉私，减少粮食走私，一度将群众的实物提奖增加到 50% 甚至以上。

奖励收到了很好的效果，日本走私根据地粮食的困难加大，于是想尽一切办法走私，“如敌人发动伪装走私，把粮食夹在草内，酒放在棺材内，女人假装走亲戚、搬家眷，邮务员送信零捎，假装小贩偷运等”，可谓无所不用其极。但人民群众的力量是伟大的，他们积极参与了对日本的缉私斗争。

一位军属大娘领到了救济粮

比如山东，发动各级基层组织缉私，设立女自卫团，以应对对女性人员的检查；设立密报小组来搜集情报，设立儿童缉私组织处理一些大人不方便做的事。

物质奖励的确可以在短时间内调动起群众缉私积极性，但如果不引导群众从思想上意识到走私的危害，这种缉私极有可能是短暂的，当遇到更大利益诱惑时，又会抵抗不住，倒向走私者一方。环渤海地区的抗日根据地民主政府非常重视群众反走私思想教育引导工作。1945 年 5 月，时任山东省工商局局长的薛暮桥在全省工商工作会议上作报告指出：“要对群众进行缉私教育，使他们了解我们的税收政策，知道我们的税收工作不但是为供应抗战需要，而且是为保护人民利益。如果只有物质奖励而无政策教育，必然发生乱没收、乱处罚的混乱现象。要使群众明白，政府的没收处罚目的是在教育警戒他们以后勿再走私，而非单纯为财政收入。如果只没收处罚而不进行教育，将使他们怀恨在心，甚至促使他们走私。如能好好教育，使他明白认识政府征税缉私是为着抗战，为着人民利益，他们便能改过，甚至帮助缉私。”

山东抗日根据地农民拥护减租减息政策，纷纷按规定交租交息。

据《晋察冀边区行政委员会关于对敌贸易稽征管理办法的指示》，晋察冀边区也强调，缉私工作应人性化，耐心做群众工作：“敌占区群众有组织或经过一定关系来我区购货，保证不资敌，应准其购买。对敌占点碉、城镇之群众所需物资，各级政府应根据实际情形负责予以调剂……贫苦的老百姓，因为不知道政府法令，运一点粮食棉花出境，如属初犯，也不应立即没收。”

据晋察冀边区行政委员会《一九四〇年反“扫荡”中的税务工作》记载，晋察冀的缉私方针是依靠群众、发动群众，创造新的缉私经验，“群众性的走私，要有群众性的缉私”，“为内地生产品找到销路，私货找到出路”，不解决群众面临的现实困境，是无法靠宣传手段动员群众普遍积极配合缉私工作的，只有“一切群众化，才能和群众打成一片”。

（侯琳琳）

山东根据地的群众反走私

20世纪40年代，因对外贸易统制与保证经济交流之间存在矛盾，中国共产党领导下的山东根据地一直同沦陷区或国统区进行着激烈的经济斗争，反走私工作面临严峻挑战。泛滥的走私，一方面造成粮食等重要物资流失甚至资敌，另一方面导致敌占区物资侵入根据地市场，扰乱经济秩序。于是，缉私成为山东根据地经济斗争的集中表现。山东根据地广泛动员群众通过向税务机关密报等方式参与缉私。

为防范走私活动，根据地在边沿地区划定“随地区之扩大缩小而变迁”的封锁带（又称“检查带”），纵深一般10里到20里。税收征管和缉私机关常设在中线，规定：进口货逾过内线不完税者和出口货走出中线的单位之外，均为走私。除了封锁带的限制，根据地还规定了专门的贸易线路，“走旁的路”也被视为走私。陆地方面，走私一般集中在大城市周边的交通要道附近。比如，青岛周边很多县走私偷税的情况较多。至于海路，抗战时期日本“以战养战”，向山东、华北走私十分猖獗；随着解放区扩大，山东根据地利用烟台、威海等港口与东北乃至香港等地发展贸易，而这些航线恰是商人、渔民的走私线，海上贸易发达的胶东因此成为山东根据地走私最为严重的地区。

其间，山东根据地检查发现的走私方式可谓五花八门、难以列举，但总有些“一犯再犯，一用再用”的花样。例如，利用妇女与小孩，“用兜肚带粮食，装成怀孕”，或者“将鸡用面袋装好，上面戴上小帽子，抱在怀里假装小孩”。后来，海关与海关性质的边沿缉私站在山东根据地各地陆续建立，对于货物的核验、征税、放行，根据地也逐步出台了正规手续。随着各类文书、票据的引入和标准化，“刻假验讫戳子，改填税票、报单”

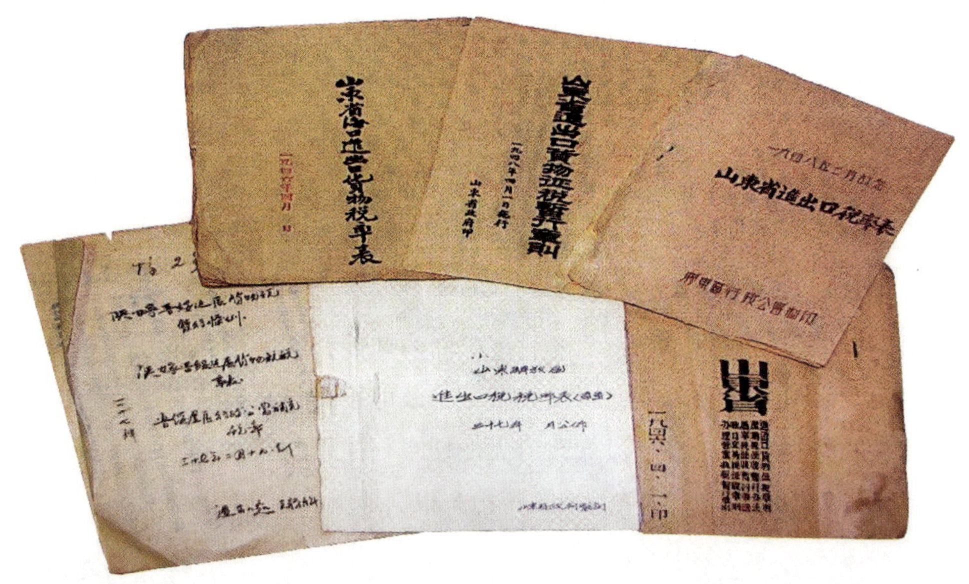

1946—1948 年山东解放区制定的进出口税率税则

成为常见走私手段。而走私的物品，出口的主要是粮食、花生等农副产品；进口的则主要是布料、煤油等工业制成品，以及化妆品等当时的奢侈品。

由于走私形式多样，缉私部门只好对症下药，积极发动群众“以伪装对伪装”“以组织对组织”“以武装对武装”，比如缉私队员大多是男性，不便对妇女搜身，那就“设女自卫团检查妇女”。若某地走私问题特别严重，该地党政机关往往还会“枪毙若干首恶之徒，以求敲山震虎之效”。“密报”是这一时期群众参与缉私的重要方式，调动密报员的积极性成为发动群众的重点。为此，山东各地工商机关加强对密报员的指导，并以实际行动让密报员对他们最在意的两大问题——安全和报酬放心。

海关等部门经常下乡检查工作，有的密报员“起初不起劲，以后经过几次的教育与布置，给他一定的任务，他的情绪非常地高，并能经常报告一些情况”。同时，根据地还以提成的方式调动其积极性，也就是将缉私所得收入按一定比例奖励给密报员。胶东区于 1946 年一度规定：因密报而破获的走私案件，如果由税务机关查缉，则所有奖金“全数提发密报人员”，“如系民兵应与密报人员平分之”。

山东根据地缉私动员的独到之处还在于双管齐下，力求在缉私工作中形成一种群众路线，让群众体会到缉私是维护根据地的利益，而根据地的利益就是群众自己的利益，因此缉私过程中的一些损失也可以承受。故而，山东根据地反走私工作取得显著成效，从敌对方面的评价也可窥见一斑。

在青岛担任伪职的汉奸姚作宾曾表示，日军对中共根据地采取经济封锁，根据地方面也“采用贸易管理、粮食统制等方策”，“封锁日方，在这种互相封锁的关系中”，“乡村感受到的痛苦较少，而都市感受到的痛苦极大”。解放战争时期，国民党莱芜县政府报告称，中共对国统区城市的经济封锁极为严密，国民党政府无法使乡村生产的粮食输入城市，“坐困愁城，危险殊甚”。这些都反证了山东根据地缉私工作的成效。

（刘建伟）

抗日根据地应对经济掠夺的反走私货币战

“对敌实行统制贸易，根据地实行自由贸易。”这句话出自 1941 年 9 月发布的《晋冀鲁豫边区政府施政纲领》。抗日战争时期，中国共产党领导下的敌后抗日根据地一方面需要应对敌人的经济封锁与走私破坏；另一方面又得发动群众开展对敌经济封锁，收取合理赋税，支撑抗日民主政府正常运转，还得满足群众基本生活需求。

在“既要、又要、还要”等多重诉求下，抗日根据地管制外贸，以占据有利经济地位，支持军事战场连续取得胜利。在此情况下，缉私策略就显得尤为重要，因为这不仅影响中国共产党的群众基础，还是抗日民主政府稳固、健康、向上发展的关键，从某种意义上说，根据地的财政不仅是经济问题，也是政治问题、社会问题。

于是，环渤海地区的抗日民主政府实行了生产、贸易与缉私划块管理的战时贸易体制。一方面“寓禁于税”，严格限制烟酒等非必需品进入根据地，以期达到“节制消耗，统制贸易，保护贸易，抵制仇货”的目的；另一方

晋冀鲁豫抗日根据地货币

面以公营商店为重，收购重要军需民用物资，以调剂区域市场、平抑物价，稳定发展经济。

尽管战时管制日益严格，但根据地的走私依然屡禁不止，这首先体现在边区集市贸易领域，这里既是乡村与城市经济的桥梁，也是根据地与敌占区商业贸易的场所，是敌我经济斗争的最前沿，也是双方获取物资的重要通道。

“凡本区内一切公私交易，各款一律以鲁西银行钞票为本位币，所有法币及其他什钞，一律停止流通。”这是《中共冀鲁豫边区党史资料选编》中记载的一段行政命令。无独有偶，在《胶东区工商局对出入口货物查缉走私的公函》中也记载过这样一句话：“伪钞、法币、关金，应当在边缘兑换，内地不应当有，不准自由携带和兑换及使用。”

抗日战争全面爆发后，国民政府允许地方发行货币，因此市面上除法币外，再加上日伪政府发行的伪币、抗日民主政府发行的抗币，还有各地方币种，如 1940 年鲁西行政公署成立鲁西银行后发行了鲁钞、1941 年晋冀鲁豫边区政府成立冀南银行后发行冀钞、山东抗日根据地发行的北海币等。

在冀鲁豫边区市场上，除了法币、伪币，还有“山东省民生银行票、

胶东掖县北海银行部分同志合影

北海银行印钞车间

平市官钱局票、苏鲁战区流通券、鲁西行署票、河北省银行票和官前局票，以及一些地方官员、杂牌司令发行的流通券，甚至一些小商小贩也出票子”。在这种情况下，日伪军利用伪币套购、走私、掠夺根据地物资的情况时有发生，长此以往，敌人不用一枪一炮就可以掏空根据地经济。

为了巩固发展根据地，保护人民利益，抗日民主政府开始了雷厉风行的统一货币行动。冀鲁豫边区先从中心区、中心集市开始，如郓城的梁山集、平阴县的牛角店集、鄄城县的左营集等，逐步开展。工作人员耐心向群众解释：统一货币是为了发展生产、抵抗敌人的经济侵略，事关抗日战争胜利大局，意义重大。

抗日民主政府还加大伪币检查力度，禁止走私，如果发现使用伪币，“一经查出，全部没收，但对基本群众一时不了解政策、不是故意对抗政府和破坏金融的，则从宽处理，予以强制兑换成‘抗钞’，不使基本群众受到经济损失”。

1943 年《冀鲁豫区统一市场货币暂行实施办法》颁布，提出在实行统

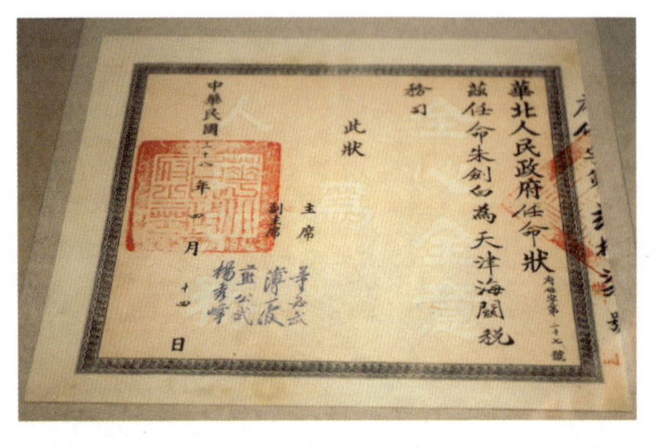

華北人民政府任命狀

茲任命朱劍白為天津海關稅務司

此狀

主席 董必武

副主席 薄一波 楊秀峰

中華民國三十八年四月十四日

1949 年 1 月 15 日，天津解放；同年 4 月 14 日，华北人民政府任命朱剑白为天津海关税务司，即天津海关负责人。

一市场的地区，禁止使用法币，违者将处罚，主要内容是：“凡私行携带法币在 1000 元以下者，一律充公没收；在 1001 元以上，除全部没收外，并处以 10% 的罚金；在 3001 元以上者，除全部没收及充公外，并处以 20% 的罚金。如情节重大者，得送司法机关依法惩处之。”

随着各抗日民主政府统一货币行动日益取得实效，根据地内市面上已经很难看到法币、伪币，但敌人不甘心失败，开始纠集不法商人使用根据地的假币，走私、掠夺根据地重要物资，破坏边区集市贸易。比如日寇大量印制假冀南票、假鲁西票，还利用汉奸和奸商用假抗钞到根据地购买物资，导致各地集市上经常出现假票。

于是，抗日民主政府开展了轰轰烈烈的反假币、反假票行动。首先指导干部群众识别假币、假票。其次，冀鲁豫行署颁布《查禁假鲁钞暂行办法》，规定“凡制造、贩卖或明知假票而行使者，均以本法治罪”，具体而言，“凡制造假票者处死刑，并得按其情节之轻重，没收财产之一部或全部”，对于贩卖假票人员，依据情节轻重给予不同处罚，“1000 元以上者，处死刑、无期徒刑，或 10 年以上有期徒刑，得并科 3 倍至 5 倍之罚金”。

抗日战争时期，抗日民主政府统一货币反走私，降低敌人蓄意破坏带来的负面影响，为全面抗战最终取得胜利做出了重要贡献，为解放战争胜利打下了金融基础，更为新中国成立后统一币制、治理走私破坏活动积累了宝贵经验。

（王曦）

渤海湾西南岸码头市镇“埕口”的海上贸易

“东南至登莱，北至天津，横渡山海关等处，可一帆而至。旧为运粮径道，商舶辐辏，轮船往来，沿海渔铺，舟以千计。鱼盐之利，泛衍饶益，民以滋殖焉。……设海关分局，稽察商货出入，征商税抽厘捐，居海关税十分之三，出口货以红枣、海物为大宗，入口货以木料、铁器、药材、南纸为大宗，粮石时出时入。”

这段出自民国十四年（1925）《无棣县志》中的文字，记载的是清末民初渤海湾西南岸码头市镇——埕口的繁荣景象。

渤海西南岸面向海洋，地势平坦，有众多河流交错，除了中华民族的母亲河——黄河在这里流淌，宋至清代还有众多河流经由此地汇入大海，如宋代的无棣河、济水，金代的大清河，元代的马颊河、大清河，明代的徒骇河、土河，清代的兴济河、钩盘河、马颊河、小清河……

大口河海口处的老黄河口石碑

数百年间，这里发展起一批通江达海的码头，它们因水文的变化此消彼长、沉淀积累，孕育出了商贾辐辏、熙攘繁华的滨海市镇，并在相当长的一段历史时期内成为华北，乃至山东对外贸易的前沿窗口，也成为缉查禁物走私的关口要隘。这里，我们重点说说埕口古港。

山东与河北相望处，有一条古老的河流——鬲津河（今称“漳卫新河”）。该河是古九水之一，相传大禹曾在此治水，也是

春秋战国时期黄河三条入海河道之一，故旧称“老黄河”。鬲津河的入海口，古时被称作“大沽河”，近代以来改称“大口河”，是古代北方重要口岸。

南宋时期，渤海西南岸是南北沟通交叉点，金廷船只北可通过漕运与中都相连，又可通过海运与南宋进行海上贸易，该区域的商业贸易和市镇经济逐渐发展至顶峰。同时，因为官办榷场商税繁重，导致渤海西南岸的海上贸易，特别是走私贸易十分兴盛。

据《宋会要》记载：“山东沿海一带登、莱、沂、密、潍、滨、沧、霸等州多有东南海船兴贩铜铁、水牛皮、鳔胶等物，虏人所造海船器甲仰给于此，及唐邓州收买水牛皮、竹箭杆、漆货系荆襄客人贩入北界，缘北方少水牛，皮厚可以造甲。至如竹箭杆、漆货皆北所无，伏望敷奏于沿海沿淮州军严行禁绝。”

渤海西南岸之潍州、滨州、沧州，都是走私贸易的活跃之地。值得一提的是，走私虽是违法行为，但由于走私的货物中有许多重要的战略物资，如粮食、铜等，金代对走私行为持默许甚至鼓励态度，这无疑促进了渤海西南岸商业贸易的发展。此外，由于渤海西南岸还是重要的产盐区，而食盐作为金朝十大榷征货物之首，其中蕴含的巨大经济利益更是不言而喻。

金朝政府也设置了完备的食盐运销体系，并严格管控贩卖私盐行为，打击贩卖私盐的商人，如金章宗曾下令，“如有盗贩者，听盐司官辄捕；民私煮及藏匿，则约所属搜索；巡尉弓兵非与盐司相约，则不得擅入人家”，还对生产食盐的灶户严格管理，“化户盗卖课盐法，若应纳盐课外有余，则尽申官，若留者减盗一等。若刮捡止煎食之，采草穗草烧灰淋面，及以酵粥为酒者，杖八十”。

然而，在高额经济利益的诱使下，私盐销售仍屡禁不止。作为食盐重要产地的渤海西南岸，具备私盐外运至南宋的优势条件，双方优势货物互通，使得渤海西南岸成为南北沟通的重要节点，繁荣的走私贸易也成为助推当地经济发展和商业市镇发展的重要原因。

在此背景下，这里还兴起了一批瓷器外运的港口或中转站。渤海西南岸地区濒临渤海，靠近日本、朝鲜，与宋元时期北方著名的窑口磁州窑、定窑、钧窑距离较近，再依托食盐外运形成的便利的内河航运网络，使得某些市镇成为宋金元时期瓷器外运的重要中转地，大沽河埕口古港及附近的海丰、帝赐街等市镇也脱离了单一的商业型市镇的职能，转化为集市镇、港口或者集市镇、港口、食盐产销三位一体的综合性的商业市镇，而南方系、北方系的瓷器正是该地区市镇作为港口运转的重要货物之一。

至明中期，朝廷在大沽河东岸设大沽河巡检司，吏部尚书杨巍的父亲就曾任大沽河巡检之职。明太祖朱元璋曾敕谕天下巡检：“朕设巡检于关津，扼要道，察奸伪，期在士民乐业，商旅无艰。”明代设“巡检一员，从九品，驻大沽河”，并配备马、步兵防守。清代“置巡检一员，从九品，驻大沽河”，“把总一员，马兵四名，守兵二十九名，分派大沽河汛”，一直持续至晚清。

距离入海口不远，即是埕口码头。明清时期，武定等州府先后三次拨款浚治鬲津河至大沽河海口这条漕运要道。埕口码头日渐繁华，至清末一度成

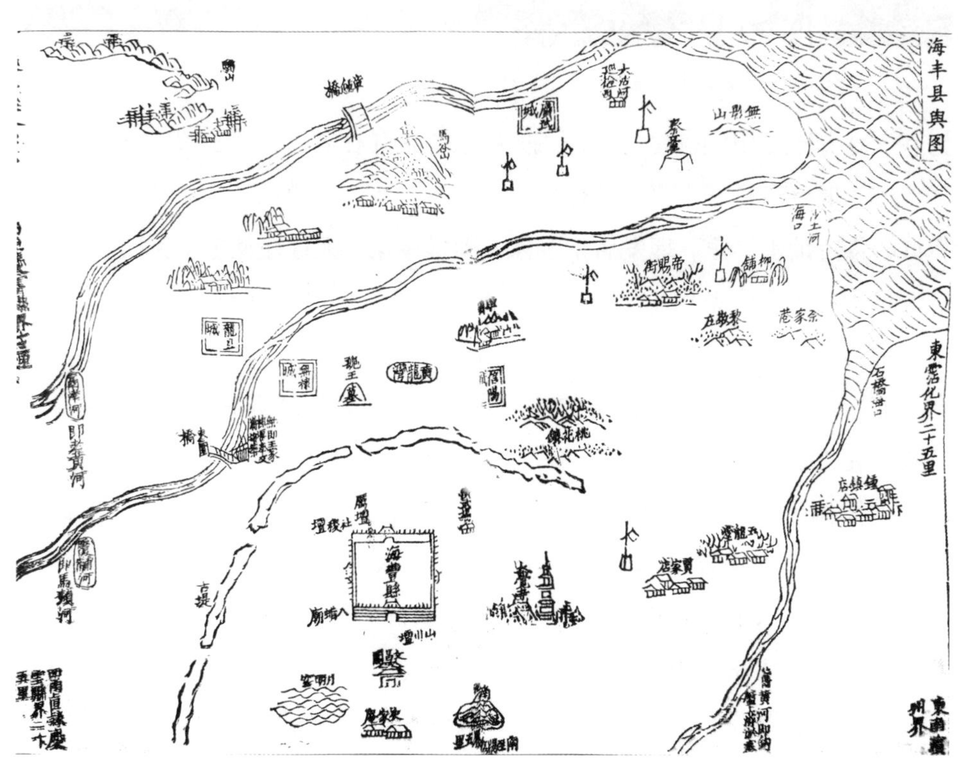

康熙九年（1670）《海丰县志》中的大沽河巡检司

龙王庙“寰海安澜”匾额，上为原件，下为复刻品。

为仅次于烟台的山东第二大港。码头驻地铺行林立，商贾云集。有宁泰商号七家，烟台商号五十家，另有当地木材行十家，杂货铺两家，铁匠炉五家，木匠、竹货铺十二家，理发店十余家，澡堂一家，大饭庄两家（无棣八大碗、点心最为有名），茶馆十三家，居民五百三十户，可停靠550吨位的大船。

值得一提的是，光绪二十九年（1903）宁波人参玉峰在捐巨资重修的龙王庙竣工时，又送来一面由“浙宁众商公立”题词“寰海安澜”的匾额，悬挂于龙王庙正门之上，匾的落款是“慈水严信厚敬书”，以示庆贺。

据民国十四年（1925）《无棣县志》记载：“天妃庙在大沽河，同治十三年建”“在鬲津河入海口岸上，有龙王庙，高四丈许，建有灯台，清光绪二十九年，宁波人参玉峰、邑人吴汝珍捐资重修。”

严信厚（1838—1906），字筱舫，浙江慈溪人，东南巨贾，“宁波帮”开山鼻祖。他是中国第一家民族资本银行中国通商银行、中国第一家保险公司华兴保险公司、第一个近代商会组织上海商业会议公所，以及近代中国第一批民族工厂的创办者和参与者，被誉为近代“宁波商帮”第一人。“寰海安澜”匾额的发现，也反映了这一时期埕口码头的繁荣。

埕口装船外运的，不仅有金丝小枣、食盐、小米、海货等本地物产，还有众多内陆商埠转来的陶瓷、布匹、商货。在埕口卸货的，有南船运来的木材、毛竹、丝绸、纸张、棕片、大米、食糖、药材、绍酒，也有北船运来的煤炭、铁器、布匹、京货等。入夜，埕口港灯火辉煌，叫卖声不绝于耳。清末民初，码头拥有海关一处二十余人，司卫七八人，巡警营三十余人，更房五六人，并有官办盐店、车捐局、会议局（商会）各一处，已然是有相当规模的商埠，具有了“海滨城镇”的雏形。

至解放战争时期，这里更一度设立埕口市，作为渤海解放区对外贸易的前沿阵地。

据 1946 年 3 月 5 日《渤海日报》报道：“无棣讯，埕口市是冀鲁两省交界处有名的水陆港口之一，交通畅达，与天津、烟台、龙口、大连等大都市车船来往，特别是每年出粮、枣的时期，每日出进商船三百余只……

中国·滨州 2023 乡村好时节二月二民俗祭海盛典暨第 16 届海洋文化节活动

自去年夏天埕口市被我军解放，民主政府本新民主主义政策，积极帮助人民发展工商业，团结外来商客，与天津、大连、龙口、烟台等地进行物资交换，对外来客商加以保护和给以各种便利，批批外船来往埕口者络绎不绝，水陆交通空前畅达……”

1946年，埕口建立了工商管理支局，设有埕口海关、埕口贸易公司和盐务公司，在内地及各海堡设有工商事务所及检查站。在埕口向北10里处的孟庄子，设有一海卡，负责监督和管理进出口的船只与货物，海卡配有四五人。所有船只和货物，均先停靠孟庄子接受检查，而后封舱或由干部押送埕口停泊卸货。1947年底，海关除个别人员留守外，全部集中到无棣县城参加“三查三整”学习。1948年初，查整后的海关机构编制亦相应扩大，增加到30人，同时为加强严密监管、防止偷税漏税，在大口河建立了海卡。当年8月，海口工商支局撤销，改为渤海区进出口管理局，下洼海关升格为渤海总关，埕口、羊角沟、黄河口、义和庄等地海关为分关，统一归总关领导。

这一时期天津运来的大量“洋货”，由埕口运销到内地，而内地的农、土产品又由此运出去，一时商人云集，热闹非常。当时埕口镇仅报关代理

埕口码头千帆过往风樯林立

行就有十几家之多，每家都配有专门的报关员，他们送报关单，探询估价、税率，直到把成袋的钞票送到海关缴税，海关所收税款数额也相当可观。

埕口海关的查禁走私，主要是通过海卡的检查和现场的验货进行，海关设有检查股专司查船验货，以防有偷税漏税现象，保障海关规定的实施。此外，埕口海关还在大口河海卡配有一个武装班和一条缉私帆船，与坚守在海防一线的海防大队保持密切联系，共同防范敌特、海匪的骚扰捣乱，有效维护了海上治安，便利了贸易，保证了渔业生产的安全。

（刘建伟）

蒋介石全面进攻时的山东解放区反走私

“国民党反动派为了准备全国性的内战，近在全国各地布置迅速吸收集中粮食，并将此事作为其军事任务。我们为了争取和平的彻底实现与巩固和平，对国民党反动派的斗争上，有两种武器，一为人民军队，一为粮柴等主要物资。……目前处在全国性内战的前夜，双方都在做军事与物质准备，粮食准备则是物质准备中的重要部分……这样可使群众认识，……过去有的走私，是会帮助国民党制（造）内战的罪恶。”

这段话出自1946年5月26日中国共产党领导下的山东解放区胶东区行署主任曹漫之《关于加强对敌经济斗争与缉私封锁的讲话》，会议主要议题是加强胶东区西南海边缘经济斗争、缉私封锁，为可能到来的内战做准备。这一带更接近国民党统治区，经济斗争异常激烈。在此之前的1946年3月，胶东区行署刚刚下发《关于加强对敌占区经济封锁的命令》，做出了如下要求：

“粮食、花生、生米、食盐及各种矿产等主要物资，出入胶东解放区时实行专卖，无论解放区与非解放区（青岛、济南、北平、天津等地）商民，均得直接到各地区各海口工商管理局之公营商店订立买卖合同，办理出口手续，以交流各地物资，互通有无。一般物资实行税收管理办法，在不违背民主政府物资管理办法及税收章则的前提下，均可自由买卖与运输；对违法出入口的货物，均视为走私，由工商机关按章处罚；边缘地区划定检查地带，组织民兵自卫团实行群众性的缉私检查，以防止偷税走私现象发生。”

显然，从命令到讲话，关于对敌封锁、缉私等经济斗争的措辞更加严厉了，也表明形势更加严峻了。后来发生的事实也证明，这一转变是有预

1945 年 8 月 24 日，八路军收复了被日本侵占了 7 年多的烟台市，烟台市第一次解放。

判性的、正确的，也是未雨绸缪的。1946 年 6 月 26 日，国民党反动派在完成战争准备后，不顾全国民众强烈反对，撕毁停战协定和政协决议，以围攻鄂豫边宣化店为中心的中原解放区为起点，相继在晋南、苏皖边、鲁西南、胶济路及其两侧、冀东、绥东、察南、热河、辽南等地，向解放区展开大规模的进攻，全面内战爆发。

蒋介石声称，只要 3 个月到 6 个月时间，国民党就可以取得胜利。面对全面内战爆发的严峻形势，7 月 20 日，中共中央发出《以自卫战争粉碎蒋介石的进攻》的党内指示，指出："只有在自卫战争中彻底粉碎蒋介石的进攻之后，中国人民才能恢复和平。"9 月 16 日，中共中央军委发出《集中优势兵力，各个歼灭敌人》的指示，要求人民解放军不惜放弃一些城市和地区，争取主动，集中兵力消灭敌军有生力量。各解放区遵照此作战方针，有效打击敌人，大大削弱了国民党反动派全面进攻的势头。

军事战争要想取得胜利，离不开强大经济基础作为支撑。国民党反动派在军事上进行全面进攻时，在经济上也进行掠夺。国民党反动派蓄意走私，掠夺解放区资源，破坏解放区经济，削弱解放区实力。1946 年，南京国民

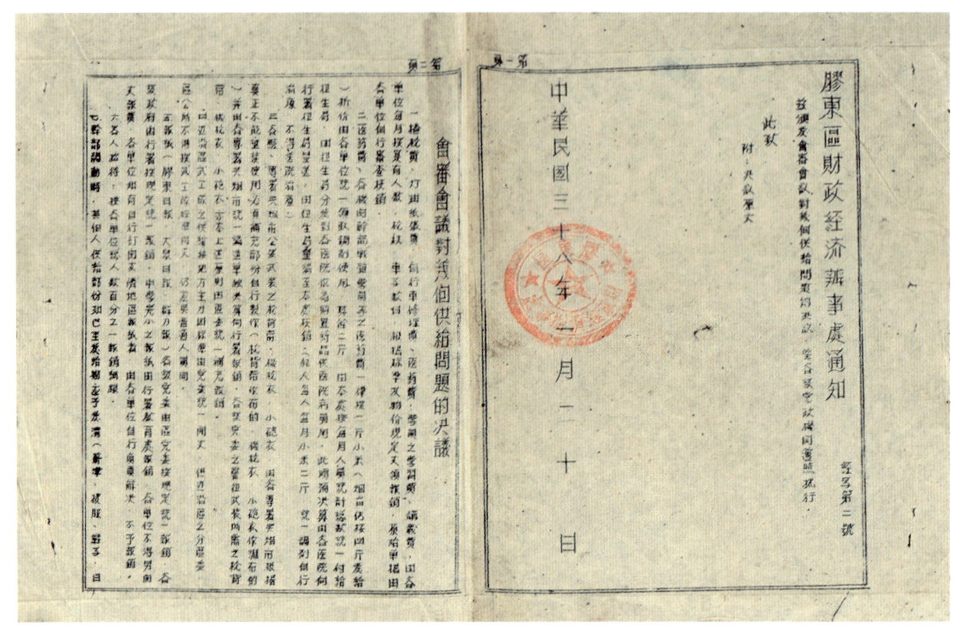

膠東區財政經濟辦事處通知

經字第二號

此致

中華民國三十八年一月二十日

山东解放区财经工作文件

政府建立党政军民四位一体的征派机关——军民合作站，向各村征派草料、柴、菜、猪、鸡蛋、油等军需日用品，并按官价付钱（市场价的二分之一），以此给当地带来巨额法币。如郓城、巨野两县，在不满 3 个月内，发出法币 15 亿元以上。

他们还强迫各县镇原有商号重新登记，一律营业。国民党官兵见到什么，就用法币买什么，以扩大法币流通范围，扰乱解放区货币市场。1947 年 4 月的《冀鲁豫区货币工作总结》提到，1946 年，有两路敌人分别从内黄、韩村向清丰一带进攻，在 17 天时间内，每个国民党军获得法币 12 万元的奖励，如果按照这两路敌人 1 万人计算，即 12 亿元。如此一来，不论城市还是农村，只要是蒋军驻扎或路过的地方，就流通起大量法币。他们还利用随军商人，用法币在占领区大量收买或盗取重要物资，如粮（米、麦为主）、棉、土布、木料、牛等；同时将美国香烟、白糖等高价卖出，以此维持法币币值。

除了国民党反动派蓄意走私破坏，解放区内部也存在一些走私行为。比如初期，人民海关缉私人员对业务不熟悉，导致走私甚多；食盐专卖政策实行后，部分干部吃不透，无法正确向商人解释专卖政策，指导他们办理相关手续，以至于食盐“走私甚为严重”。

《胶东区工商局关税工作情况报告》中介绍了这些走私事件：“胶东北海地委生产组有一次在蓬莱自行装船白菜200斤，又到刘家旺装白面1000多斤、牛5头、姜一部分，未完税出口，被民兵缉获交蓬莱事务所北海后勤处生产组。”“北立商店入口子弹未报关，出口时装的粉丝4000斤、猪肉2000斤、卷烟8箱，事务所要他们完税，没有结果。”“烟台船舶管理局出口猪报关是100口，结果检查是150口。”“蓬莱独立营机关生产、走私白面1万多斤，事务所要登船检查被拒绝，而开船出口。”“北海留守处出口小麦13000斤，以到北海慰问军队为名，后调查确系生产组走私行为。”

除个别机关生产单位走私外，胶东解放区亦存在群众性走私，呈现出走私货物数量少、花样多等特点。如伪装分散走私、货物隐藏私货等，将走私物品缝在两件衣服中间，放在鞋内、咸菜里、面酱里等，躲避海关缉私人员检查。普通群众走私多为生活所迫，因此走私物品多为日常生活必需品且数量极少，“因船员生活痛苦，有很多船员依靠走私生油来维持生活”。

解放战争初期，战斗频繁发生，“你退我进，我退你进”等情况经常发生，解放区、国统区边界变化频繁，由此产生了边界走私等问题，单纯依靠专业缉私力量难以完全解决。于是，山东解放区创新探索，走出了一条群众缉私路线，让走私行为陷入人民缉私、反走私的汪洋大海之中，无处遁形。

1946年10月9日，胶东区行署公布《缉私暂行条例》，提出广泛开展群众性缉私运动，贯彻执行缉私奖惩政策，以期彻底消灭走私，求得出入口贸易正常发展，促进解放区经济建设。可见胶东解放区开展缉私活动，是为了保护地区税收，支持解放战争，进而维护胶东经济稳定。但从缉私对象来看，参与走私者除了敌对分子外，还有相当一部分为普通商民，群众极易感到胶东民主政府将其放在缉私对立面，缉私等同于损害他们的利益。

基于这一现实考量，中共胶东民主政府在动员群众缉私的方式上，以打通群众思想为主，“教育群众不要从狭隘的个人利益出发，说明走私是破坏群众利益、支持国民党制造内战的行为”；让群众意识到走私行为不仅是个人经济利益的问题，也会对政治局势产生影响。

山东解放区粮票

群众教育取得了良好实效。胶东解放区某村妇救会会长谈到，她原来认为“从敌区把洋布运来解放区是有益的，今天才认识到是妨碍了我们纺织业的发展”，她个人除表态要积极缉私外，还教育其他群众不但不走私，而且普遍都要缉私。

（吉磊）

渤海海关的反走私支前斗争

“一串小车一条龙，吱扭吱扭向前游，一天走不断，一眼望不到头”，“碾磨一起转，米面送前线，打倒蒋介石，粮食是子弹”……这些曾在中国共产党领导下的山东渤海解放区广泛传唱的歌谣，描绘的正是渤海区老百姓“车轮滚滚”支援前线的情景。

1944 年 1 月由清河区、冀鲁边区合并成立的渤海区，是解放战争时期山东解放区的三大战略区之一，也是华东战场的战略大后方，面积最大时有 5.4 万平方公里，辖 40 多个县，人口 1114 万。解放战争时期，这里有 20 万子弟兵参军、82 万民工支前，仅登记在册的革命英烈就有 55308 人；还

山东解放区支前热情高涨

有陈毅、粟裕等率领转移至此的华野部队、华东局机关及大批家属、伤员等，最多时有 40 多万人长期驻留；民众们运送军粮 1.35 亿公斤，占山东当时全部支前用粮的 38%。

在全面支援解放战争总号令下，渤海区组织军民大生产，开展区间贸易，加强物资供给，对敌经济斗争，并畅通枪械、医药、粮食等补给线。渤海区北部的埕口、下洼、羊角沟等码头，因与天津、北塘、大连、烟台等联系密切，商船来往密集，成为渤海区粮、棉、食盐、海产品及战略物资的主要集散地和通商口岸，一天进出口的商船达数十条。

为管控海上贸易秩序，打击猖獗的敌人走私活动，稳定大后方经济生产，1946 年初渤海区将设在无棣县埕口、沾化县下洼、寿光县羊角沟等主要海口的工商事务所改为海关事务所，不久更设埕口海关、下洼海关和羊角沟海关，并在岐口、郭家局子等海口设立海关分卡，形成了早期遍布渤海解放区各主要海口的海关机构。

1948 年 8 月，华东局决定以解放区培养的工商税务干部为骨干，在沾化下洼设立人民渤海海关。渤海海关人员数量扩充到 200 人，内设主任室，武装队和检查、验估、税务、会计 4 个股；下辖埕口、黄河口、羊角沟、义和庄 4 个分关和大口河、套儿河、郭家局子 3 个海卡。

大口河上的反走私激战

大口河，亦称“大沽河”，是位于鲁西北的一条奔流数千年的大河。明中期，大口河入海口东岸曾设“大沽河巡检司”，负责军事防卫、盘诘嫌细、稽查奸伪、打击走私、维护正常的商旅往来。至抗日战争后期，大口河与天津大沽口隔海相望，成为鲁北对敌占区、国统区（如天津、大连等）贸易的重要关口，是军事拱卫和对外贸易的据点。

为达以战养战目的，侵华日军不仅加紧对山东抗日根据地的经济封锁，还猖狂地向沦陷区、敌后抗日根据地及大后方走私，并抢购钨砂、棉花及粮食等。1944 年初，渤海区第三军分区海防大队进驻大口河，恢复工商事务所和检查站，自主行使进出货物查缉、税款征缴等海关事权，卡住了天

大口河岛

大口河保卫战遗址纪念碑

【第十章】

津日军到渤海区掠夺粮油等物资的咽喉。日伪、国民党军队数次在大口河拦截货船，并抢夺海口检查站。

1944 年 4—6 月，日军先后两次派出 2 艘炮舰、6 艘军舰、10 多艘汽艇和装甲机帆船进犯大口河，企图夺取鲁北入海口。事务所海关干部坚守阵地，会同海防大队战士挖壕沟、筑工事，在敌人不断强攻、一步一步向前延伸的情况下，以诱敌深入、分散包抄等灵活战术，和敌人相持了七天，打死打伤敌伪 130 余人，击伤汽艇 1 艘，粉碎了敌人企图登陆的阴谋，取得大口河保卫战护关战役的胜利。如今，大口河保卫战遗址被列入山东省第二批不可移动革命文物名录。站在遗址之上，仿佛还能听到 80 多年前海关干部会同海防大队与敌伪殊死激战的枪声。

渤海区边沿的缉私斗争

渤海解放区的海岸线，东起潍河与胶东相接，西至狼沱子与华北相连，东西绵延 700 余里。所有海口都伸缩于海岔河沟内，远者离入海口 150 余里，近者 50 余里，沿岸水浅滩薄，海沟错综，河汊相通，渔船、贸易船和走私船混杂。而区内粮、棉、油、盐又特别丰富，尤其烂泥一带产鱼颇多，敌占区常用大量洋杂货换取或抢购套购进行经济掠夺。

1949 年初，渤海进出口管理局向华东财办工商部呈报《渤海进出口局 1948 年下半年关务工作总结》时就提到：“在海面匪特疯狂的骚扰、破坏、封锁、掠夺下，我缉私工作的开展颇受影响。走私的物品出口主要是粮食，入口主要是洋布、杂色、红白糖和杂货，走私重点在烂泥一带，走私船由天津装来货物至烂泥即与渔船进行交易。此外，尚有不法客商掩护走私和私藏挟带等花样百出。如，冰糖和黑颜料藏在白矾麻袋里；将历书和烟卷藏在茶叶箱内；火柴和茶叶内掩藏颜色和盘纸；枕头里、水舱左右掩藏洋布；在书纸里挖一个窟窿掩藏私货，等等。”

除了匪特，还有因解放区之间转运管理办法不一致而导致不法商人钻漏洞的情况，比如“仅下洼海口以转运为名而走私者 20 余船”。为守卫查缉阵地、履行监管职能、有效打击走私、维护海口秩序和保护渔民安全，这一时期

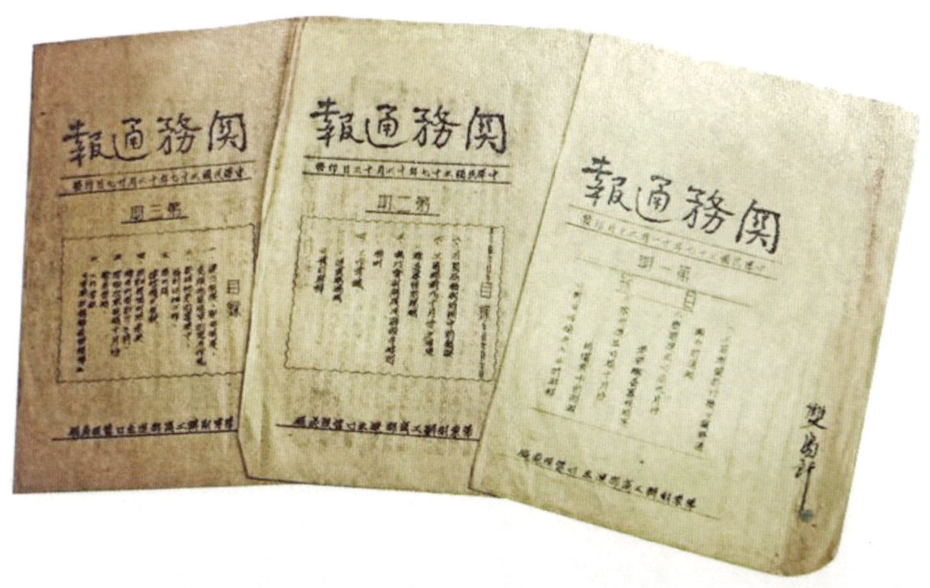

1948 年华东财办工商部编印的第一至三期《关务通报》

海关人员普遍配枪，其中一般关员配短枪，武装队员配冲锋枪和机枪，各海卡均配置摩托艇和机枪。在这样的形势下，渤海海关按照解放区贸易政策，采取“过秤检验法”等方法查船、查货，加强走私查缉，防止漏税，保障税收。

1946—1948 年的山东解放区对外贸易的一个显著特点就是：滨海地区及胶东半岛北岸由盛而衰，渤海及石岛等由衰而盛。1948 年，渤海关区进出口贸易值达北海币 294.5 亿元，列山东解放区各海关（石岛、胶州、渤海、烟台、连云港）第三位。同期，监管征收进出口关税总额 120.96 亿元，占山东解放区各关近 1/3，仅次于胶州关区，列第二位。下半年，渤海海关缉私罚没达 2333 万元。

一切为了前线，一切为了战争胜利

当时沾化义和庄，有一家名为“龙凤站”的铺子，表面上是货运站，实则是我党集散物资的秘密中转站，秘密地进行紧俏战略物资贸易，与之类似的还有“永顺昌”等一批红色贸易公司。龙凤站主人邵长昕，是一位“红色商人”。为争取进口军用物资、生产资料和生活必需品，支援前线，渤

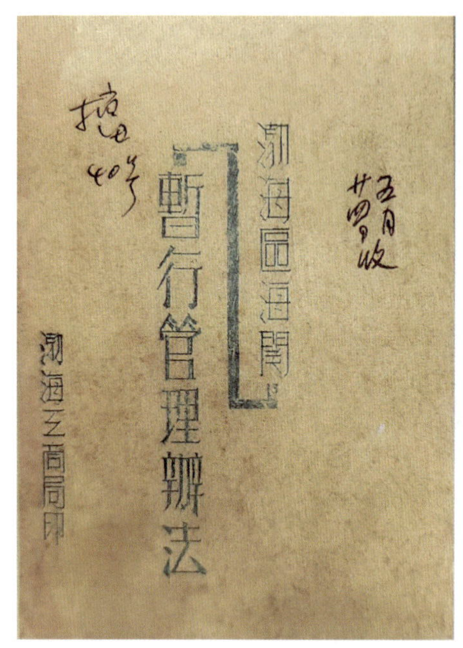

1947年渤海工商局颁布的《渤海区海关暂行管理办法》

海海关对生产工具、原料等物资进口给予奖励，对军工器材、汽油、西药、棉花、文化纸张、染料、牲口共7类物资进口给予免税，在业务上还积极争取外商载货来解放区。

一次，时任下洼海关主任的王健农给大家开会说："同志们，区党委指示我们必须千方百计打通运输线、保障物资供应！要广泛团结、联系天津、北塘等敌占区商人，鼓励他们向我区输送西药、染料、胶卷等，特别是枪支弹药。能从国统区购回急需物资,还能带回重要情报的'红色商人'，要给予减免关税等格外优惠，允许他们以低价配给国统区紧缺生活资料，特许他们出口粮食、棉花、花生等特控物资。海关手续一律从简！"

就这样，在海关工作人员的暗中配合协助下，从天津、塘沽、营口等国统区控制海域，经由下洼码头运来一批接一批的重要急需军用物资。每天，又有上百艘外地船等着购运粮食或运往胶东解放区，整个海口风樯林立、千帆过往。邵长昕共为鲁北垦区根据地运回来枪支近1万杆、子弹约10万发、炸药1000余公斤，还有各种药材等，有力地支持了我垦区根据地的物资供应。山东解放后，邵长昕出任渤海军区第四军分区供应部经理，专职负责渤海区物资调配。

今天，渤海湾南岸的烽火硝烟虽已消散，但渤海区人民心中的红色火种却传承下来，并融为"不屈不挠、艰苦奋斗、顾全大局、无私奉献"老渤海革命传统的一部分，滋养并激励着年轻一辈牢记使命、接续奋斗。

（刘建伟）

解放战争时辽南孤岛缉私“由乱到治”

“大连解放初期，伪满洲国币、日本币、朝鲜币、中国旧银币，还有1945 年 11 月发行的苏军军用票同时流通，大连金融市场混乱，货币走私在所难免。1946 年曾有‘红票走私入口’。

“1947 年，国民党特务曾试图以国民政府旅大视察团的名义，将 5000 余万元苏军军用票走私进入大连。1948 年 11 月，关东币作为唯一流通的独立的地方性货币发行后，遏制了货币走私。”

以上这段文字出自《辽宁省志·海关志》，介绍了大连解放初期发生的金融走私及反走私情况。1945 年 8 月 15 日，日本宣布无条件投降，22 日

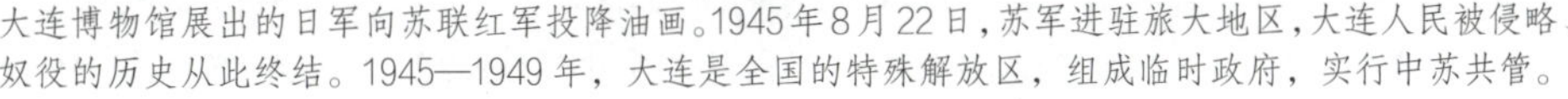

大连博物馆展出的日军向苏联红军投降油画。1945 年 8 月 22 日，苏军进驻旅大地区，大连人民被侵略、奴役的历史从此终结。1945—1949 年，大连是全国的特殊解放区，组成临时政府，实行中苏共管。

大连解放，成为苏联红军管制之下中国共产党实际领导的特殊解放区。

对于处于这段历史时期的大连，人们习惯称之为“解放战争时期的辽南孤岛”。1945年8月14日，日本宣布无条件投降的前一天，国民党政府与苏联签订《中苏友好同盟条约》，约定旅顺、大连行政权属中国，由苏军军事管制（1955年5月结束），其他任何军队不得进入。

不过由于共同的信仰，苏联还是心向中共，当东北局书记彭真派韩光到大连与苏军沟通时，苏军明确表示希望中共派人来大连建立市委、市政府，早日接管大连政权，但受《中苏友好同盟条约》限制，不宜公开挂牌，以免授美蒋以柄。

特殊的背景形成了特殊的管理体制，也带来了特殊的走私与反走私活动。解放战争时期，大连附近的内陆地区，大多数时间为国民党军队武装占据；大连沿海区域，被国民党舰艇封锁，一度处于反动势力层层包围之中。

这一时期，大连海关根据本地民主政府法规（1947年公布实施的《缉私暂行条例》）开展海关缉私业务，在查缉走私时，行使搜查、扣留、查问、追缉、使用武器等权力。凡逃避海关监管进出口大宗货物、物品，均被认为是走私。

不过，这经历了一段“由乱到治”的过程。1945年8—11月，大连解放区民主政权尚未建立，原来的自由港制度又名存实亡，海关等机构或停顿或自动解散，大连处于无政府状态，平时大多隐蔽的各种走私活动公开横行。

比如臭名昭著的毒品走私，曾是中日甲午战争后日本侵略者毒害中国人民的主要手段之一，1945年8月大连解放后，一些本地流氓聚众哄抢，分掉大连日本租借地当局储存的一批烟土，并在黑市高价零售。

在金融走私方面，大连解放时，市内有日侨20余万人。日本战败后，他们谋生艰难，纷纷在遣返回国前，抛售从中国掠夺搜刮来的金银及其制品，最终多被投机商吸纳，大部分被私运出大连。

1945年11月至1946年10月期间，统一的海关管理机构尚未在大连解放区建立，海关职能“政出多门”，管理措施与力度不一，经济走私依然盛行。

据《辽宁省志·海关志》记载，自1945年8月22日大连解放到1946

年10月大连海口管理处成立前夕，大连“走私颇盛，影响恢复生产日甚一日”，“红票走私入口，物价正比例上涨”，但大多数是投机商单帮倒卖和私售库存进口货物的违法行为。

苏联专家向中国工人传授技艺

同时，由于大连解放一年多没有有效的机构对进出口商业贸易实施常规的行政管理，日资贸易商号一夜间关闭，许多国人大商号因不明事理惧怕“解放”逃往他乡，使小商小贩充斥街头。

这一时期的经济走私主要有以下几个特点：一是在商界比较盛行，有过贩卖私货等走私行为的商人占多数；二是走私主要为赚取高额利润，而非日本侵占时期的经济侵略意图；三是多为商人单帮走私。

针对这一混乱局面，中国共产党领导下的大连海关积极开展专业缉私，1947年制定公布了《缉私提奖暂行办法》，发动群众查缉私货，取得了良好效果。据《辽宁省志·海关志》记载，仅1947年11月，就查获了私货总值达4千万元关东币，折合黄金13公斤。

这个时期查获的进口走私物品主要有西药、糖精、手表、自来水笔等，出口走私物品为金银、珠宝饰物等。查私的主要路线是往来于大连与国统区之间，参与走私活动的人员主要有船员、旅客、不法商人和其他不法分子。

解放战争时期大连缉私“由乱到治”的过程，也给了“国民党政府支持蓄意走私，破坏解放区经济秩序，助力军事战争，实现其政治目的”以可乘之机，这集中体现在环渤海地区的大连解放区与胶东解放区之间。

辽东半岛与山东半岛隔海相望，自古以来两地的海上贸易就很繁荣。解放战争时期，国统区一些不法分子借着这种交通上的便利和政治上的信任（两地同属中国共产党领导下的解放区），开展走私活动。

1946年，胶东解放区《威海工商局关于入口棉花问题的训令》中披露了这样一件事情：“1946年初，因查由大连方向运入之棉花并非天然种植，

而是由人工伪造。任由这类物品入口，不仅损坏人民群众利益，而且会冲击胶东地区棉纺织业发展。为了切实保护我之纺织事业，特决定人造棉花禁止入口，缉获后即按走私案件处理之。”

显然，这是对可能流入胶东解放区、对地区工商业产生负面影响的制品进行严厉打击。1946 年中共胶东民主政府颁布的《胶东区行署关于提高棉花及海产品进出口税率的训令》规定：“凡由国民党统治区棉花（中、美棉在内）入口，概按 20% 征收入口税。”

1946 年 9 月，据《胶东区行署关于禁止布纱进口的布告》，为防止国统区洋布、洋纱大量涌入解放区对我之纺织事业产生消极影响，“彻底执行自给自足、自力更生的经济政策，积极保护手工业，做到家家纺线、村村织布，粉碎反动派之倾销阴谋；对非解放区之各色洋布、洋纱、美棉、中西新旧成衣，自 10 月 15 日起，一律禁止入口”。

苏军在旅顺港执行任务

1947年，中国共产党领导下的山东省政府颁布修订税率，将各类棉及其制品的进口税率提高至40%；1948年再次修订税率，将棉及其制品列为禁入货物。为保护胶东解放区域内公营酒厂运营，胶东民主政府实行烧酒专卖政策，解放区内公营酒厂之酒水可在解放区内自由买卖，无须任何证明，但“外酒禁入，内地禁止私营酿造（水果酒除外），仍如前令，边缘应严格检查，以防外酒走私入口，内地应严查违法私营酒厂，以贯彻我之专烧专卖政策”。（《胶东区行署关于烧酒管理的训令》）

除了国统区向解放区走私优势产品以破坏解放区经济，还有不法分子向国统区走私解放区优势产品，以谋取利润，比如《胶东区工商局1946年关税工作总结报告》中披露：“北掖海上侦察队半夜以戒严为名走私，北掖水上游击队以军用为名向大连方向走私生油1200斤。”

（于永杰）

第十一章

当代反走私综合治理成效显著

严厉打击走私活动，有力维护经济秩序和国家安全，谱写感天动地英雄赞歌。

海上反走私演习

解读新中国反走私的环渤海密码

新中国海关总署首任署长孔原

1949年6月，辽宁抚顺市委书记兼卫戍司令部政委孔原突然接到进京调令，担起筹建新中国海关总署、领导全国反走私工作的重任。

由于特殊的历史原因，环渤海力量、环渤海智慧，构成了新中国反走私战线上的一道亮丽风景线。

“三位一体”反走私

旧中国的海关长期被西方列强把控，走私活动十分猖獗。

新中国成立前后，内外敌对势力相互勾结，大搞经济封锁及各种走私破坏活动，妄图将刚诞生的新中国扼杀在摇篮中。

津海关旧址，现在依然是天津海关办公场所。

从辽宁抚顺奉调进京接受新任务后，孔原深感责任重大，为尽快熟悉新工作，他首先来到天津的津海关蹲点，摸清海关业务。

随着1949年1月15日天津解放，津海关成了人民政府在新解放区接管的第一个大海关。在80多年的发展历程中，津海关形成了一套较完整、严密的工作制度，有可资借鉴之处。孔原在津海关前后蹲点一个多月，建立了建设新中国人民海关及反走私的总体思路。

新生的人民海关的主要工作是监管、

征税和查私，承担着掌握好国门“金钥匙”、促进经济发展等繁重任务，其中最为艰巨的是反走私工作。

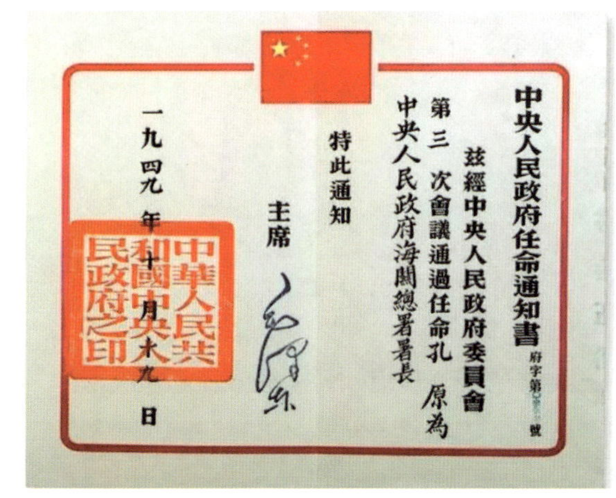
中央人民政府任命通知書 府字第[illegible]號

茲經中央人民政府委員會第三次會議通過任命孔原為中央人民政府海關總署署長

特此通知

主席

一九四九年十月十九日

中華人民共和國中央人民政府之印

新中国海关总署首任署长孔原任命书

旧海关反走私，仅仅依靠缉私舰艇、武装队、密报员等力量，已不适应新形势的需要。

为增强新中国人民海关反走私工作的主动性，改变过去盲目、单纯依靠检查、搜查的办法，在海关总署首任署长孔原的领导推动下，全国海关积极探索查私与货管、验征相融合的“三位一体”反走私工作机制。

在海关系统内，查禁走私成为全体工作人员的共同目标和任务之一，查私工作和一线监管与验征工作有机融合起来，并明确各海关间相互配合的权责体系。

同时，有重点地从边境到内地展开走私情况摸底排查，推动海关与其他有关部门协作配合的机制建设，突出海关打击走私的主体作用。

特别是在走私严重地区，重点组织群众性查私运动，进一步密切与地方人民政府、人民团体及机关部门的联系，形成一个打好反走私“人民战争”的强大阵线。

到 1951 年底，全国海关共查获走私案件 5 万余起，破获大量走私组织，及私运军火、伪造人民币、特务阴谋登陆等重大案件，基本刹住了各类群众性走私活动。天津、上海、广州等口岸的走私货物大幅度减少，烟、酒、塑料制品市场也逐渐由国产货占领。

反走私战线“黄埔军校”

1950 年 5 月 13 日，南下干部贾振之正式出任上海海关第一任关长。

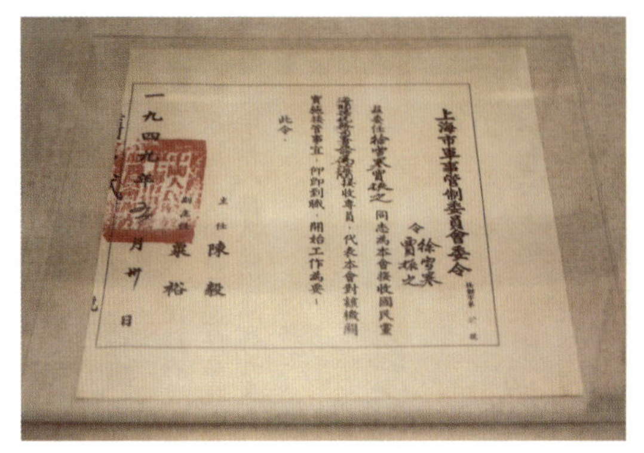

上海市軍事管制委員會委令

令 徐雪寒 賈振之

茲委任徐雪寒賈振之同志為本會接收國民黨[illegible]接收專員，代表本會對該機關實施接管事宜，仰即到職，開始工作為要！

此令。

主任 陳毅

副主任 粟裕

一九四九年[illegible]月卅[illegible]日

1949 年 5 月 27 日，上海解放，上海市军事管制委员会主任陈毅、副主任粟裕签署委任状，委派徐雪寒、贾振之为接管海关总税务司署和江海关的接收专员，负责接管事宜。

旧上海曾被称为“东方巴黎”“十里洋场”和冒险家的乐园，各种势力错综复杂。解放后，上海的形势一度很严峻，也涌现了走私暗潮。

就是在这样的背景下，贾振之勇敢挑起了上海反走私的领导重担。

放眼全国，随着解放战争的推进，沿海、沿江、沿边等重要城市、口岸陆续回到人民手中，也因此形成了一个特殊的“关长群”。翻开他们的简历，这个“关长群”里的很多人都有在东海关（后来的烟台海关）的工作经历。

1945 年 8 月 24 日，烟台解放，时任胶东解放区工商局副局长的贾振之，奉命带队接管东海关，中国共产党领导下的政权终于有了第一个人民海关，东海关也因此被称为“人民海关第一关”，贾振之成为首任关长。

资料显示，在新中国初创的岁月里，作为“人民海关第一关”，烟台海关走出了 130 多名贾振之式的优秀干部。他们南下直到海南岛，北上直达满洲里，往西则远抵新疆边陲，在艰苦复杂的新解放区开辟海关工作、领导反走私斗争。

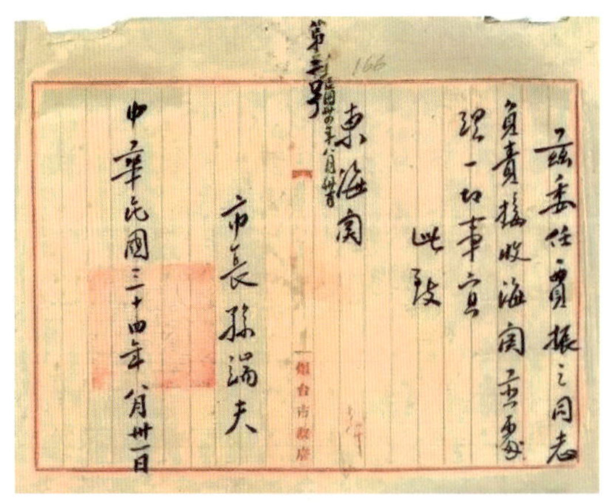

第三號

茲委任賈振之同志負責接收海關事務，處理一切事宜

此致

東海關

市長 孫端夫

中華民國三十四年八月卅一日

烟台市政府

贾振之奉命带队接管东海关的委任书

据不完全统计，新中国成立之初，上海、北京、大连、太原、南宁、哈尔滨、桂林等地海关的“一把手”都出自烟台海关。

烟台海关因此被誉为“新中国海关干部的摇篮”，也成

1950 年 12 月烟台海关第二批外调干部合影

为反走私战线的“黄埔军校”。

正是他们领导了新中国成立初期艰巨、繁重的反走私工作，甚至冒着生命危险，直面敌特分子的破坏活动。

在上海解放初到 1954 年的走私浪潮中，走私进口物品主要有手表、钻石、化妆品和西药，走私出口的则是黄金、外币、文物等。

在中央和地方党政领导下，贾振之带领上海海关采取了有力的查缉方法，先后与公安局、铁路局、税务局、工商局、中国银行、总工会等 29 个单位订立《查私联系配合方法》，遏制了走私势头。

据上海海关统计，从上海解放初至 1958 年十年间，上海海关共查获走私案件 9510 起，其中重大案件 376 起，私货估值超 1000 万元。

（彭永贵）

新中国成立初期人民关警队的反走私

新中国成立后，中国共产党对原有的旧海关，实行了“全盘接收、逐步改造”的政策。旧海关建有的缉私武装，也保留了下来。

新中国成立初期天津海关关警队合影

人民关警队

新中国成立初期，境内外敌对势力一方面对新中国实行严密的经济封锁，造成国内部分商品的严重短缺；另一方面又进行爆炸、偷渡、走私、偷运假币等破坏活动，妄图颠覆新生的人民政权。

仇视新中国的港英、澳葡当局甚至武装保护走私。当走私船从他们的地盘进入内地管辖水域，澳葡当局派军舰在后面“放哨、助阵”，发现我方缉私艇时，澳葡军舰还会上前干扰阻挠。

新生的中国海关为此加强了武装缉私力量。

1950 年 3 月 29 日，海关总署在原来关警队的基础上，统一了全国海关查私武装部队的名称、编制、任务及服装式样，从此有了人民关警队，承担起查私、押运、看守私货与关产及警卫任务。

初期的人民关警队有 1100 多人，分布在全国 18 个海关，人员与武器装备都得到了补充和加强。处在反走私前沿的九龙海关关警队，到 1950 年底，就发展至 322 人，按部队编制，共辖 5 个排，全队配备枪支 346 支（挺），其中轻、重机枪 2 挺，步枪 329 支，手枪 2 支，信号枪 13 支。

后来根据形势变化，1952 年前后，海关总署除仍承担口岸海关辖区内的缉私工作外，陆续将巡卫国境海岸的任务及相关力量等，移交给公安部；人民关警队的管理也由海关总署查私处移交给海关总署人事处，职能任务也开始向内部的安全保卫转变，人员编制逐渐萎缩。

到 1955 年，仅天津、青岛、上海、九龙等 9 个海关还保留关警，有的单纯担任警卫工作，有的还协助查私。

此后，各地海关陆续撤销关警队编制，人民关警队也成了一段历史。

新中国成立初期，海关查获垫舱板下藏匿的走私手表

外轮船员走私手表大案

1954 年 7 月 6 日，青岛海关在英籍“丹必先”轮上，查获船员走私手表 925 只、黄金 10 两、手表带 19 条，遂将犯罪嫌疑人移交青岛市公安局扣留审查。

审查中，犯罪嫌疑人又交代了其他走私事实。根据线索，上海海关又

20 世纪五六十年代，海关采取灵活措施方便华侨归国。

追缴走私手表 94 只、派克笔等零星走私物品。该案共查获走私手表 1019 只，私货估值达 7 亿元（旧人民币），成为 20 世纪 50 年代青岛海关查获的最大手表走私案。

新中国成立后，经济走私主要表现为船员与旅客夹带走私、货运夹带走私和海上走私。

船员、旅客走私进口的主要是药品、食品、手表、香烟、圆珠笔等消费品，走私出口的则以金银、珠宝、饰物和文物为主。

1950—1951 年，青岛海关共查获走私案件 60 起，案值达 9 亿余元（旧人民币）。

在走私出口方面，1953 年 5 月 8 日，德侨马吉利准备搭乘“汉瑞杰森”轮去香港，随身携带着 13 件行李，还报关托运 26 件行李。青岛海关工作人员通过检查，在其行李中的旧皮鞋、女大衣左右垫肩内查获美钞 2500 元，还有镯子、金币、金块、金项链等，折合人民币 1.2 亿元（旧人民币），是一起较大金额的旅客走私出口案。

由于新中国成立初期从事口岸进出口及报关业务的基本上是私有经营

企业，许多不法分子就利用原有的业务关系，特别是设在港澳的分支机构，通过货运渠道走私。针对这一情况，海关总署专门下发了《关于加强查禁货运走私的通知》。

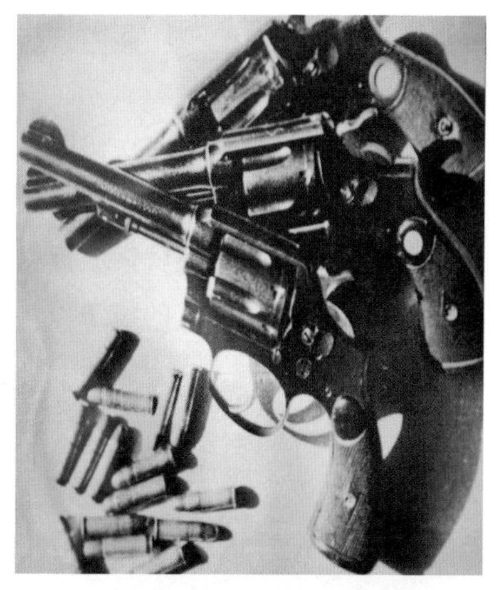
1950 年海关查获旅客携带进境的手枪

截至 1953 年底，青岛海关共查获商人走私案件 70 起，私货估值 265.8 亿元（旧人民币）。他们一般采取伪报货物名称、假成交，利用进出口货物夹藏或利用合法方式分批携带，以货物税证做掩护，进行走私等。

情报密报打私制度

1950 年 12 月 19 日，青岛海关缉私人员根据接到的密报，登上由日本驶来的“圣佐士”轮进行检查，从堆积在轮船中部的木板内搜出注射针头 273 打、针药 149 支；又从船主室内浴盆边查出美钞 1150 元，在天花板夹层内查出金戒、钻戒各一只，总计案值 4000 多万元（旧人民币）。

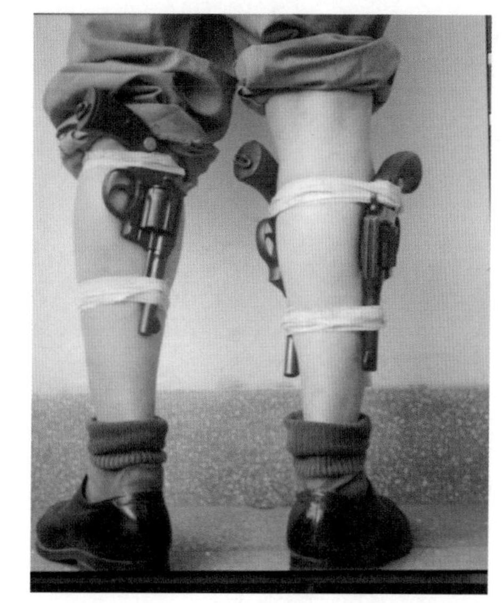
20 世纪 50 年代旅客把手枪绑在小腿上走私

旧时期，海关普遍设有情报密报渠道，鼓励商民积极举报走私行为。

新的人民政权在接管、改造旧海关的过程中，也接收了情报密报渠道，在港区及社会有关娱乐场所建立了密报点，派专人接头联络，这在新中国成立初期面临着艰巨复杂的反走私形势下发挥了独特的作用。

1954 年 7 月，英籍“丹必先”轮船员走私手表大案的破获，也归功于

情报密报。1960 年，海关总署提出在查私工作中不再搞密报工作，原有的密报关系点全部脱离。

总之，面对新中国成立初期复杂、严峻的走私形势，人民海关怀着崇高的使命感、责任感，不断加强人民关警队建设，充分调动各方力量，实行情报密报制度等，铸就铜墙铁壁，织就天罗地网，完成了“我们已把中国大门的钥匙放在自己的袋子里”的光荣使命，打赢了新中国成立初期的反走私斗争。

（彭永贵）

走私“黄金线”与反走私

进入 20 世纪 60 年代后，随着社会主义计划经济体制的确立，我国海关的管理体制也几经变迁，但反走私工作从没停歇。

以青岛海关为例，进入 20 世纪 60 年代，走私案件数量虽有反复，但走私案值下降明显，有 7 年都在万元内，其中 1966 年查获走私案件 5 起，案值 196 元；1968 年、1969 年分别为 2 起、810 元和 3 起、27 元。

进入 20 世纪 70 年代，青岛口岸的船只过路走私案件逐年增多。

1976 年 1 月 21 日，一艘装载 2100 吨棉花的外轮经香港驶抵青岛，在进行联检时，有 19 名华籍船员申报过路私物，计有各类手表 29778 只，及

20 世纪 70 年代罗湖口岸旅检现场

100 台半导体收音机、700 打人造首饰、23 打雨伞、72 打万金油，还申报了美元现钞 31493 元，及日币、新加坡币和其他零星外币。这是青岛海关查获的一起大规模过路走私案。

这艘外轮定期航行于中国、日本、南美（巴西、乌拉圭）、新加坡、南非航线。在这条航线上航行的船舶，多数在中国香港等地购买手表、半导体收音机、电子计算机等，然后走私至巴西牟获暴利，这条航线也就成了所谓的走私“黄金线”。

青岛海关为防止过路私货不“过路”，及时把这一情况通报沿海海关，以加强对其监管和查缉。

新中国成立后，国内毒品走私几近绝迹，但时有外籍船员吸食或贩运而被查获的。1975 年，青岛海关在“瓦利得”轮查获外籍船员走私鸦片 1.2 公斤，但无当事人招认，海关工作人员将鸦片予以没收。

纵观 20 世纪 70 年代，与 60 年代的情况类似，青岛海关查获的年走私案值大多在万元内，甚至 1979 年，也仅查获 8 起走私，案值 4624 元。

依托胶海关旧址建造的青岛海关博物馆

从1975年起，某国营公司开始经营文物，先后擅自出口玉器、绣片等文物89批52819件，给国家造成不少损失，影响恶劣。

1980年11月13日，海关查获的走私文物出境案。

1980年8月28日，青岛海关扣压了该公司准备出口的瓷器28箱、玉器1箱。经开箱查验，897件物品中，97.66%属于文物，39件是国家禁止出口文物。顺藤摸瓜，青岛海关又查获其已成交待运的10批9002件文物，经鉴定9批7658件中，有禁止出口的文物662件。

各种敌对势力在经济上封锁我们的同时，也在政治上孤立新中国，大搞政治走私，妄图搞“和平演变”。

他们根据政治气候的变化，利用邮寄渠道，在不同时期进行不同内容的反动渗透宣传。

在国民经济困难时期，境外敌特分子邮寄进口大量反动宣传品，甚至连邮寄的食品包装上也印着反革命宣传内容。1959—1962年，青岛海关查扣6000余件此类宣传品。1966—1976年，境外敌特分子也利用邮寄渠道，进行反革命宣传。其间，青岛海关查获反动宣传品5000余件。

（彭永贵）

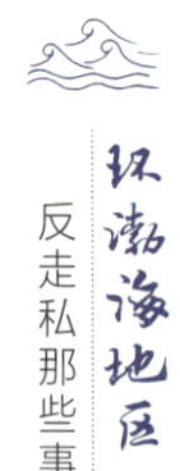

侦办原航天部下属公司彩电走私大案

——20世纪80年代环渤海反走私侧记

1986年2月，中央纪委会同最高人民检察院与海关总署等有关部门，联合查办了一起涉18万台彩电、合同总额4147万美元的走私大案。

该案是多个国家机关主办的公司单位间相互勾结进行的，牵涉原航天部、原电子工业部雷达局及中国银行石家庄分行等，轰动了环渤海地区乃至全国。

18万台彩电走私大案

广宇工业贸易总公司是当时航天部主办的下属公司，航天部党组成员、办公厅主任王道力任总经理。

20世纪80年代初海关查获手表、录音机走私案

广宇本是“三无”公司——一无对外经营权，二无国家主管部门批准文件，三无外汇，却动起了通过走私发大财的歪脑筋。

他们动用手中特权，从电子工业部雷达局所属的瑞达公司手中高价倒买了一个失效的批件，又从中国银行石家庄分行高价套取巨额外汇贷款。在没有进一步详细了解事情真相的情况下，上级领导就表示同意。

1984 年 12 月 18 日，朱涵澄代表广宇公司，与法国某公司签订了进口 18 万台多功能彩电组装件的合同，合同总额 4147 万美元。1985 年 3 月 22 日起，进口的法国彩电组装件陆续到达口岸。

“严办几个，判刑几个，以致杀几个”

党的十一届三中全会后，我国实行改革开放政策，在经济活跃的同时，走私活动等又沉渣泛起，特别是在东南沿海一带。

一些地区开始出现群众性走私活动，走私成了很多人眼里发家致富的捷径。

有些机关、部队人员，也加入走私行列，甚至发展到武装保护走私的地步，严重破坏了社会主义经济秩序，扰乱了国内市场。

20 世纪 80 年代海关查获香烟走私案

这些问题很快引起了党中央的高度重视。

1981年3月23日，国务院打击走私临时领导小组成立，副总理谷牧任组长。后来鉴于打击走私的长期性，小组名字去掉了“临时”二字。

国务院还多次召开打击走私工作会议，保持着对走私活动的高压态势。

但在这一过程中，出于私利，社会上也出现了一些杂音，像“打击走私是不是‘左’的行动”，“会不会影响对外开放、搞活经济”，“走私已成为群众性的问题，不好解决”，等等。

作为长期主抓财经工作的中央领导，陈云于1982年初作出批示：“我主张严办几个，判刑几个，以致杀几个，并且登报，否则党风无法整顿。”

邓小平还在“杀几个”后面加了八个字：雷厉风行，抓住不放。

中纪委、最高检、海关总署等联合侦办

正是迫于这样的形势，1985年3月，中国银行石家庄分行停止向广宇公司贷款，并催还贷款。经时任航天部部长张钧同意，航天部动用应上缴的920万美元外汇，还给了石家庄分行。

4月初，广宇公司拿着假批件等向海关报关，被海关识破并扣押。广宇公司赶紧疏通关系，伪造了一份“批准书”，骗过海关，6020台彩色电视机的组装件被放行。

然而没多久，又被海关识破，这一走私大案浮出了水面。可是他们并没就此收手，5月、8月，航天部两次向国家经委写报告，隐瞒实情，编造假情况，想重新认定、请发进口许可证。

随着中纪委介入，并会同最高检、海关总署等有关部门联合侦办，最终全部没收了广宇公司的走私进口彩电，依法逮捕广宇公司副总经理朱涵澄等四人，航天部原部长张钧、副部长程连昌均受到党内严重警告处分，航天部原党组成员、办公厅主任兼广宇公司总经理王道力受到留党察看两年的处分，还有多人受到法办、处分。

开辟政治反走私战线

随着改革开放，国门打开，20 世纪 80 年代，海关面临的反走私形势复杂而严峻。一些反动势力又开始蠢蠢欲动，进行大量政治走私，特别是非法宗教宣传品、反动宣传品的走私。

海关在打好经济反走私战斗的同时，还开辟了政治反走私战线。1980 年，青岛海关查获 90 起案件，查扣反动宣传品 910 件。

1987 年，一艘装载 1780 吨胶合板的外轮驶抵青岛港。在查验货时，当场缉获 3374 册反动宣传品。这是青岛海关查获的首例利用货运渠道藏匿大量反动宣传品的走私案。

1989 年，国内外反动势力相互勾结，邮寄反动宣传品，攻击社会主义制度，青岛海关共查扣此类反动宣传品 2000 件。

（彭永贵）

丹东市查处特大汽车走私案

1995年8月，丹东市中级人民法院公开审理了震惊中外的丹东特大汽车走私案。被告席上是该市原市长常义，及市政府原正副秘书长等12名领导干部。最终，年近60岁的常义被判处有期徒刑14年，成为新中国成立后第一位因走私罪获刑的地市级领导干部。

市长拍板走私汽车

1993年4月初，丹东市供销社副主任王茂荣与农资公司经理田肇良洽谈工作。这几年，市供销系统亏损2000多万元，日子过得十分艰难。颇多感慨的两位负责人唠着唠着，就唠到外地正火的汽车走私。

1992年8月24日，中韩建交。随着两国贸易正常化，一些不法分子干起了走私韩国汽车的勾当。1993年，环渤海一些地区甚至出现了汽车走私狂潮。在一些农村的街头，常有老大娘问“要车不”，就像叫卖茶叶蛋一样。

丹东市有220公里的海岸线，与韩国隔海相望。田肇良不由得眼睛一亮：“市海运公司就有韩国客户，能不能也‘倒弄’汽车？”他俩就找到市政府副秘书长姜万发。听清来意后，姜说：“我看行，但得请示常市长。”

1993年4月6日，姜万发来请示时，常义踌躇了好一阵。1992年5月份，他由省建委主任调到现在的岗位，很想大展拳脚，有所作为。但快一年了，当地经济起色不大。他心里明白，“倒弄”汽车就是走私，但还是头脑一热：反正不是往自己腰包揣，大不了写检查、受处分。

常市长当即拍板：“可以。”并叮嘱：“只准供销社干，其他单位不行。”还告诉姜万发：“具体事情由你办，大事情请示姜善堂。”

打开潘多拉盒子

姜善堂是丹东市政府秘书长，在得知首批倒弄车的消息后，出面协调了有关部门的关系，并确定每辆车按贩私罚款1万元放行，还叮嘱边防“要配合好”。

事后，与会的武警丹东边防支队长施成福向市公安局长做了汇报，经同意后，支队召开会议，副支队长张群果、业务处长马文良参加，他们达成一致意见：市政府的指示必须贯彻执行，严格按“缉私”程序办。事后，他们进行了具体部署，明确了分工和职责。

1993年4月17日晚，首批走私的22辆韩国轿车顺利进港，姜万发、王茂荣、田肇良、姜信才等人还到港接车。此后，又走私了三次。潘多拉盒子由此打开。

很快，丹东市外经贸委主任刘德成就找到常义，一再诉说下面的公司有些困难，也要倒弄韩国车。常义最后同意“试一试，只搞一船”。说好的“只准供销社一家搞”已成了一句空话。4月28日，市外经贸委所属的公司就

丹东港

倒弄进了 50 辆韩国汽车。

粮食局局长王兴盛也眼热了，就找到市政府副秘书长姜万发。姜表示同意后，王兴盛主持召开了市粮食局领导班子会议，一致同意从韩国走私汽车。5 月 1 日，粮食局就倒弄了 41 辆韩国汽车（含外商赔偿 1 辆）。

就在“五一”节期间，丹东安清制衣有限公司经理隋文胜结识了一位韩国商人，得知走私汽车可获利，便与公司领导班子成员研究，决定走私韩国汽车。他们找到市政府秘书长姜善堂，后者同意并协调了边防。5 月 8 日，安清制衣成功走私 36 辆韩国汽车。

武装掩护走私

边防支队本是国家缉查走私的武装力量，却在此事件中扮演了“必须贯彻执行市政府指示”的角色，并进行了具体部署、分工。

4 月 17 日晚 5 时许，接到首批走私车消息的边防人员乘渔船出海，在预定海域发现目标货船，登船办理扣押手续后，将船引进港口。

边防支队副队长张群果带领 20 余名武警官兵、携枪 8 支到场，并现场指挥。边防支队业务处长马文良组织卸车，其他武警官兵负责警戒、押车，每辆车罚款 1 万元后放行。

4 月 28 日，市外经贸委走私进口的 50 辆韩国汽车到达。张群果又带领 30 余名武警官兵、携枪 2 支前来护场。这一次，海关人员接到举报，并派人到港查私，最后经市政府秘书长姜善堂出面协商，海关人员退出。

5 月 1 日，粮食局走私的 41 辆车进港，马文良带领 20 余名武警官兵、携枪 6 支到场，又遭海关查缉，并在港口出处设了路障。后经市政府副秘书长姜万发协调，海关只扣了 7 辆车。

5 月 8 日，安清制衣走私的 36 辆韩国车进港，马文良又带领 40 余名武警官兵护场，并将赶来缉私的海关人员硬推出了码头。

震惊海内外

1993 年 5 月 23 日，丹东市举办国际丝绸节。机关公务用车本来严重不足，就从走私车中留了 23 辆，还经市政府秘书长协调上了牌照，并在丝绸节中派上了用场，堂而皇之地招摇过市，造成了恶劣影响。

很快，中纪委联合调查组进驻丹东。经过大量艰辛工作，案件很快取得突破性进展。

1994 年 3 月，辽宁省委决定，常义、姜善堂等人停职反省、交代问题。5 月 26 日，全部涉案人员被依法逮捕，常义被开除党籍，撤销市长职务。6 月 10 日，中纪委、监察部新闻发言人在北京披露了这起走私大案，并经新华社报道传向海内外，《人民日报》还就此案发表了评论。

经调查，1993 年 4 月至 5 月间，丹东先后 7 次走私韩国产“现代”“起亚”等汽车，共 272 辆，销售后所得款额达 4171.9997 万元，逃避关税 4494.4631 万元。另外，在中纪委联合调查组查处此案过程中，部分领导还订立攻守同盟，干扰案件的调查。

警钟的余响

1995 年 8 月 8 日至 15 日，丹东市中级人民法院历时七天半，进行了公开审理，并于 11 月 3 日做出一审判决：

“丹东市原市长常义因走私罪被判处 14 年有期徒刑。

“丹东市政府原秘书长姜善堂、副秘书长姜万发及市外经贸委、粮食局、供销社、边防支队等单位的 12 名领导干部，也被分别判处 13 年及以下有期徒刑。”

虽痛悔万分，但常义、姜善堂等人都不服，并以走私属于政府行为、不构成武装掩护走私、量刑过重等理由，向辽宁省高级人民法院提出上诉。来自北京和丹东市的 26 名律师，也为常义等人做了庭辩。1995 年 12 月 7 日，省高院裁定：驳回上诉，维持原判。

（彭永贵）

山东破获乳山“7·19”走私大案

1993年7月19日，下午15时30分，一艘黑色走私船悄悄驶进山东威海乳山口码头，船上有四名手持冲锋枪的武装人员。

这时，两辆挂着警灯、鸣着警笛的车冲进码头，数名海关执法人员直扑走私货船。

在海关人员的喊话和鸣枪示警声中，走私船上的人顾不得解开缆绳就加大马力，挣断缆绳，逃离了码头。

停靠在乳山港口的货轮

“孤勇者”海关

船上装着9900多箱走私香烟，4名手持冲锋枪的武装人员来自威海市公安局边防分局。

一个多小时后，传来了海关人员离开的消息。于是，这艘走私船再次驶进乳山口码头，并很快上演了热火朝天的卸货场面。

从走私船上往下卸烟的是乳山市商业局的职工，他们一边卸，一边往停在码头的卡车上装，周边还有乳山市公安人员在现场维持秩序。

不料想，海关人员杀了个回马枪，派出缉私艇，从水上把走私船堵住了。一边是乳山市商业局、公安及边防，一边是“孤勇者”海关，局面陷入僵持状态。

乳山市商业局局长刘起山，在走私船逃离港口、海关人员撤走后，以为没事了，就和威海市公安局边防分局政委范占武返回了乳山市。

路上，范占武颇为得意地对刘起山说：“怎么样？老刘，没事吧？这次成了，今后我可以再保你搞两三次。”当得知海关人员杀了回马枪、走私船被查获后，没高兴多长时间的刘起山慌了。

“办了个熊事”

第二天一大早，刘起山就匆匆忙忙赶到乳山市委大院。

“王书记，对不起，我们办了个熊事，在南边海上弄了一船香烟，让青岛海关抓着了。”刘起山向市委书记王建智汇报，并说明了有关情况。

“有多少烟，损失大不大？”王建智问。

“香烟有9000多箱，在码头上卖了些，被封了3000箱，我们的损失不大。”刘起山还说，这次搞香烟，是威海边防分局政委范占武叫搞的。他们只报了3000箱，瞒了6000多箱。

又说道：“王书记，我们没有给你丢一分钱，是先上货后付款，没有花咱们一分钱。到边防投案后，由边防人员把货押回来的。”

“没受损失就好。”王建智还叮嘱刘起山，“你们要和威海边防分局通个气，统一口径。”

又说：“你们保护自己，就要找出保护自己的办法。报3000箱要有3000箱的理由，有把握吗？”

刘起山答：“没有问题，其余6000多箱都卖了，还剩3000箱，已经和

边防分局统一好口径了。”

不打不相识

几年前，曾干过乳山市司法局局长的刘起山被调到了市商业局。在市场经济的冲击下，曾是国有商业主管部门的商业局已成了烂摊子。急于干出点成绩的他就把心思动到了走私上。当时，沿海一些地方走私风很盛，靠走私而一夜暴富的故事也刺激着人们的神经。不过，乳山市商业局搞的走私活动，一而再、再而三地被查获。在这一过程中，刘起山结识了威海市公安局边防分局业务处副处长刘宁，还有分局政委范占武、业务处处长颜世礼，并很快成了“好朋友”。一来二往中，刘起山时不时带点“薄礼”。

当范占武“笑纳”了几万元现金后，刘起山觉得和老范的关系深了一层。

威海的海岸线绵延数百里，边防分局就负责沿线边防保卫工作，包括打击走私。范占武是这里的“一把手”，不止一次为一些走私单位和走私个人提供“便利”，并从中捞“好处”。

当刘起山诉苦说商业局搞的几次烟全让边防给抓了，赔了个老底朝天，他这个局长没法当了时，范占武说：“老刘，你放心，你的事我们会照顾的。”

乳山港

导演“投案自首”

1993 年 7 月 12 日凌晨，还在睡梦中的刘起山被一阵急促的电话铃声惊醒，电话那头是刘宁，说最近有一个“新精神”：如果在南方有预付的走私货款，不能拿回来的，可以走私点香烟，然后自首，边防分局对走私货物在“保本”基础上做罚款处理。

原来，由于中央三令五申加强打击走私力度，范占武感到继续捞“好处”的机会不多了，就亲自动手起草了《关于对走私单位规定投案自首问题的紧急通知》。

这样的通知与其说是打击走私，不如说是鼓励走私。通知尚未起草完，范占武和参与起草的刘宁几乎同时想到了刘起山，就分别给刘打了电话。

7 月 13 日，刘起山就开始了行动，在商业局办公会议上决定走私一次香烟，并进行了分工。他负责与威海边防分局和乳山市公安局联系、打通关节，副局长李乃明负责与南方走私分子联系走私货物。

7 月 16 日，南方来的走私船已在海上，并要求派人出海接船。

认为一切妥当后，刘起山打电话给范占武：“范政委，我有批货五六千箱香烟准备上，你看行不行？”

“形势这么紧，硬上是不行的。”范占武答。

“不是可以投案自首吗？”刘起山问。

“对，那你就来投案吧，能证明是 5 月 19 日前已把款打出去就行。”范占武回答，并主动表示要与海关进行交涉。

7 月 17 日一上班，刘起山分别找到乳山市公安局副局长孙锡平、乳山市边防大队教导员王雪峰，要求孙锡平到时派人到码头维护秩序、王雪峰租借渔船为走私船领航。又授意商业局工作人员姜海编造假供词，带着伪造的往南方汇款 200 万元的单据，到威海市边防分局“投案自首”。

一波三折

姜海顺利办理了投案自首手续。

范占武指派边防分局副参谋长王卫东带领3人，携带4支冲锋枪，随姜海赶赴乳山，并出海武装接运走私货物。见面后，刘起山塞给王卫东5000块钱“辛苦费”。

当晚，王卫东一伙和姜海等人一道乘船出海了。

7月18日，他们登上走私船，引导着开进乳山口码头。青岛海关也在这天接到了举报，并最终查扣了走私船。面对荷枪实弹掩护的走私船，青岛海关人员一再交涉，范占武最后同意派人监护、不准卸烟。于是，7月21日13时许，海关人员撤离了乳山口港。

见海关人员撤离，现场执行监护走私船任务的王雪峰立即给刘起山打电话：“刘局长，海关已经撤走了，你们不请示一下卸烟吗？”

于是，商业局再次组织人员和车辆赶到码头。同时，孙锡平在刘起山的请求下，带领公安人员维护现场。卸到一半时，颜世礼赶到码头，说：“领导指示，不准卸烟，已卸下的烟要就地封存。”刘起山、孙锡平坚持卸烟，颜世礼也就同意了。为防不测，刘起山当天晚上赶回乳山，立即召集知情人员开会，统一口径。

22日，刘起山又与李乃明、姜海订立攻守同盟，并对姜海说：“你先顶着，顶不住，就先出去躲一段时间。你回来后把全部事情都推到我身上，我再出去躲一段时间。”

范占武也不轻松，7月24日，他授意颜世礼、王雪峰等人编造出一份关于卸烟封烟经过的假材料，各自签名后上交。

三人死刑

7月24日晚，威海市公安局派人到乳山调查此案。

王建智提醒刘起山“得有思想准备”，并说：“要保护自己，要想出保护自己的办法，是你的事你要说清楚，不是你的事不要往身上揽。”

曾想着出去躲一段时间就没事的刘起山于7月26日早晨被依法拘留。

时值全国打击走私高潮，乳山“7·19”走私案引起多方重视，被要求依法严肃查处。公安部立即组织精干队伍，连夜奔赴山东，统一领导侦破工作。

山东省委、省政府态度明确：排除一切干扰，依法严惩犯罪分子。

在调查这起严重的武装掩护走私案件过程中，公安机关还发现他们利用职务之便巨额受贿的严重犯罪行为。最终认定，刘起山、范占武、刘宁、王建智分别受贿 6.2 万、15.4 万、25.8 万、22.1 万多元。

威海市中级人民法院经过三天半的公开审理，1994 年 2 月 8 日依法判处刘起山、范占武、刘宁死刑，王建智死刑、缓期两年执行，孙锡平无期徒刑，王雪峰、颜世礼、王卫东、姜海等 5 人分别判处有期徒刑。

刘起山、范占武、刘宁、王建智等人不服判决，提出上诉。

5 月 11 日，山东省高级人民法院做出终审裁定，驳回上诉，维持原判。

5 月 29 日，刘起山、范占武、刘宁 3 名罪犯被依法执行枪决。

（彭永贵）

辽宁破获古生物化石走私第一案

“这里发现的每一块化石都足以让世界抖一抖。”2002 年 7 月，一韩国商人将从辽宁收购的 2364 块古生物化石带出口岸，就在要运出国门的时刻，被从天而降的办案人员抓获。

新中国成立后，最大古生物化石走私案浮出水面。

六个“世界之最”

1989 年，在中科院攻读硕士学位的周忠和来辽西寻找鲟鱼化石，意外发现了两块鸟类化石。这一鸟类后被证实为当时所知的世界上除始祖鸟之外最古老的鸟类，此发现轰动了世界。

随着发掘、研究的深入，辽西出土了圣贤孔子鸟化石，它被认定为目前已发现的陆相地层最早的原始鸟类化石。后来发现的还有：原始中华龙鸟化石，是世界首次发现的“带毛的恐龙”；千禧中国鸟龙化石，从骨骼结构上对“鸟类起源于恐龙”假说提供了进一步的支持；辽宁古果化石，是最早的被子植物，有“世界第一朵花”之誉。

沈阳海关关史陈列馆展出的查获的走私翼龙化石

辽西古生物化石约产生于 1.4 亿年到 1.2 亿年前，正是生命进化史上的关键时期，为鸟类起源、被子植物起源、现代哺乳动物起源等提供了最珍贵的佐证。

在世界古生物研究史上，辽西化石创造了六个“世界之最”：

年代最早、鸟化石最多、属种最多、密度最大、含鸟化石层次最多、未知领域最广。因此，科学界普遍认为辽宁化石是“20 世纪末最重要的科学发现之一”。有学者评价：过去 140 多年，全世界才发现几块支离破碎的化石，而辽西一下子冒出这么多，足以让世界震惊。

“整个军的战壕”

辽西珍贵古生物化石在轰动世界科学界的同时，也令一些不法分子垂涎三尺，妄图从中获利。

当时，一块孔子鸟化石就可卖到 4 万元，这在当地可盖 4 幢房子。

而辽西多是贫穷地区，当地农民最大的家当就是一栋破房子。在得知曾被用来贴墙、铺炕的“石片”成了宝贝后，很多人亢奋了，纷纷进山挖坑、刨地、寻宝，一些农户甚至全家出动。

在化石主产地朝阳市北票县黄半吉沟，围绕着一座山，整个山腰一圈被挖得全是沟。

见此场景，前来考察的学者痛心、无奈，调侃道：“整个军的战壕都不用再挖了。”

这些完全在经济利益驱使下的私采乱挖，造成了严重破坏。

最初，农民大多挖鱼化石卖，后来听说鸟化石更赚钱，又专门挖鸟化石。由于不知道还有带毛的恐龙，一看不是鸟的化石就扔了。

靠着这条“致富路”，化石主产地的农村家家盖起了小洋房，很多人还用起了手机。

沈阳海关查获的走私华夏鸟化石

2364 块古生物化石

辽西珍贵古生物化石很快吸引来了一批批化石贩子，并导致许多珍贵化石直接流失海外，主要是美国、日本、韩国、德国等国。

2002 年 7 月 11 日，沈阳海关侦查分局接到了走私辽西化石、准备从吉林珲春市出境的举报消息。

缉私警察连同省国土资源厅有关人员立即行动，于 7 月 12 日凌晨 3 时 30 分赶到珲春，在嫌疑人住所附近守候、监视。13 日 8 时 30 分，嫌疑人到市场雇了一辆货车，开到市区一平房前，将 18 件大小不一的纸箱搬出、装车。10 时 30 分，货车到达长岭子口岸，将货卸在停车场一个角落。12 时左右，嫌疑人通过一名韩国带工人员将纸箱带出口岸，装入集装箱。关键时刻，办案人员迅速出击，将他们一举擒获。

经查，几个月前，韩国人李哉勋亲往辽西进行“实地考察”，后决定“做这个项目”。珲春人金石范充当了“线人”，最终从关志勇、刘德静、张国全的手中购得大量化石。

沈阳海关查获的走私潜龙化石

根据购买清单，其他几名犯罪嫌疑人从辽宁义县和朝阳市两地购得大量化石，伺机运往境外。

此案共查扣追缴古生物化石 2364 块，经专家鉴定，其中 21 块属二级化石，相当于国家二级文物；有 108 块属三级化石，相当于国家三级文物；其余 2235 块为一般化石，相当于国家一般文物。

三个“第一”促保护

杭州海关查获的走私满洲龟化石、北票鲟化石

辽西珍贵古生物化石的私采乱挖及走私流失，令人痛心疾首。

1996 年，在美国举行的第四届古鸟类大会上，一个有名的美国化石贩子竟手握 10 张孔子鸟化石的“样品”现身会场，进行兜售。与会 14 个国家的 40 名科学家当即联合致信中国科学院院长周光召，呼吁保护鸟化石。王鸿桢等 7 名中科院院士也向国家科委递交紧急报告，建议对古代鸟化石标本及产地进行保护。

1997 年 6 月，经国务院、辽宁省政府批准，北票鸟化石群省级自然保护区建立。次年 8 月，该保护区经国务院批准，成为我国第一个国家级鸟鱼化石地质遗迹资源自然保护区。

2001 年 3 月，辽宁省出台《辽宁省古生物化石资源保护管理条例》，这是全国第一部保护古生物化石的专门法规。国土资源部出台《古生物化石管理办法》，并于 2002 年 10 月起正式实施，这也是我国首部关于古生物化石管理办法。

（彭永贵）

北京侦破走私数字式卫星通信地面站及不间断电源案

1999年1月6日，北京海关对一家美国通用电气公司空间网络公司进口的“数字式卫星通讯地面站”进行查验时，发现其所申报数量与实际进口数量不符。申报进口仅7套，每套2710美元，而实际进口数量为119套。此外，还有一批备件未向海关申报。北京海关走私犯罪侦查局迅速成立专案组，开展案件调查工作。

经研究当年走私形势特点和本案相关背景，侦查局初步认定这是一起价格瞒骗走私案件。北京海关走私犯罪侦查局通过缜密的工作，成功打掉一个走私团伙，查获了价值5000余万元的走私进口数字式卫星通信地面站和UPS（不间断）电源等，该案偷逃税款674余万元。

案件侦办过程中，北京海关走私犯罪侦查局走访了40余家单位，审查了20余人，行程上万公里，涉及多地，海关、公安、安全等执法部门大力配合，齐心协力、攻克难关，成功抓获了畏罪潜逃的主犯等人，查扣涉案货物，最终使涉案走私犯罪分子受到了法律的严惩，为国家挽回了巨额经济损失。

同时，北京海关走私犯罪侦查局还根据证据材料，抽丝剥茧，继续深挖案件线索，又破获了一个特大走私团伙，查获案中案5起，查扣走私赃款800余万元，查封赃物价值1000余万元。

1999年7月15日，北京海关走私犯罪侦查局将本案移交检察院审查起诉。2000年12月18日，北京市第二中级人民法院对本案做出一审判决，以走私普通货物罪分别判处沈某无期徒刑，剥夺政治权利终身，没收个人全部财产；判处李某有期徒刑15年，罚款人民币650万元；判处杨某有期徒刑 4 年，罚金人民币 210 万元。三人均提出上诉，北京市高级人民法院于 2001 年 4 月 3 日做出终审裁定，驳回全部上诉，维持原判。

本案是北京海关走私犯罪侦查局建局以来侦办的第一起走私犯罪刑事案件。该局民警克服办理走私犯罪案件侦查、预审、取证经验少，基础设施还不完备等困难，坚决防腐拒贿，严守保密纪律，最终成功破获该案及系列案件。

自此，北京海关走私犯罪侦查局拉开了打击走私的序幕。2003 年 1 月 1 日，北京海关走私犯罪侦查局更名为北京海关缉私局，缉私警察踏上反走私工作的新征程，多年来保持打击走私高压态势，查处了一批大案要案，牢牢掌握发展和安全主动权，以高水平安全为高质量发展保驾护航，有效地守卫北京地区政治安全、经济安全、社会安全、生物安全和生态安全。

（胡瑞春）

山东侦破“1·18”走私大案

“奇怪，怎么这些进口零配件的价格常年不变？”2004年夏，青岛海关下属的黄岛海关通关现场，一位细心的关员正查阅比对着两年来的数据，脑海里升起一个大大的问号。

由此挖出一起跨越4年多、涉案2.86亿元、逃税4500万元的特大走私案。

数据分析牵出走私大案

进口零配件是供应烟台某合资厂的。那两年，市场汇率不断变化，而该厂的报关价格却长年保持不变。

经进一步调阅海关总署的商品价格数据库后，海关发现客户申报的商品在数据库中根本不存在，这在以往工作中很少遇到。海关要求对方提供原始发票和产品说明书，但他们并不配合。

虽疑问重重，但因缺少有力证据，也出于不影响合资厂正常生产、先稳住对方的考虑，对方交了保证金后，就把货放行了。

海关继续深入调查，通过暗查货物单据、企业情况，仔细研究有关资料，初步断定这是一起走私案，并移交给青岛海关缉私局。

2004年11月底，为避免打草惊蛇，缉私警察悄悄来到烟台某合资厂，调取有关资料，很快查出问题：进口零配件的报关价格远远低于该厂的购买价格，并经核实，实际购买价格比报关价格高“少则三倍，多则十倍”。

继续深挖、比对信息后，缉私警察又发现，该厂进口的零配件品名是“汽车用”零配件，而不是报关时用的“泵用”零配件，这也是当初海关关员在海关总署数据库中查不到商品的原因。因二者的进口综合税率相差3.5%，单这一项就可偷税3.5%。

至此，真相大白：这是一起低报价格、伪报品名的走私大案。

综合各方可靠信息，2005年1月18日，缉私局决定立案，即“1·18案”。

“包税”+“洗单”的把戏

时间回到2000年。

北京某公司的经理王某某，经中间人牵线，认识了深圳某公司经理（文中用嫌疑人甲代指）。

中间人对嫌疑人甲说：“王经理有一个大项目想与你合作。”

“我同日本××公司谈了一个大买卖：长年进口汽车用的空调压缩机零配件，然后全部卖给山东烟台某合资厂。我需要有人帮我打理全部的进口事宜。”王经理还进一步提到采用包税的合作方式。

臭味相投的他们很快就达成了合作。

嫌疑人甲精心设计了走私链，在深圳、香港分别成立了一家公司，还在山东、深圳等地找了几家贸易和报关公司处理和海关的业务。他还把日本直达烟台的海上航线，改为日本—香港—青岛，然后再由青岛走陆路运到烟台。这样看似费时又费钱，实则是为了在香港进行“洗单”，另行制作一套假合同、假发票、假装箱单，并使用泵体、泵盖、活塞等品名向海关模糊申报，通过低报价格、伪报品名的方式偷逃税款。

他们还狡猾地与多家公司合作，分散报关，妄图干扰海关的监察。

三部门联合挂牌督办

2004年12月的一天，嫌疑人甲接到了来自北京的长途电话，电话那头是王经理急促的声音：“海关缉私警察已经介入了，我们的合作结束了。你们赶紧跑吧，跑得越远越好。”

嫌疑人甲吓得很快人间蒸发。

而面对来调查的缉私警察，王经理坚称一切都是嫌疑人甲干的，自己并不知情。

该案被最高人民检察院、最高人民法院和海关总署列为联合挂牌督办

的要案，并最终锁定5名主要犯罪嫌疑人，还启用了“上网追逃”。

历时9个多月，青岛海关缉私局先后派出22个工作组、66人次，转战北京、上海、深圳和济南等地，最终在2005年9月7日成功抓获嫌疑人甲的一名同伙，再顺藤摸瓜，于9月14日将嫌疑人甲抓获，其他嫌疑人也相继落网。

涉案货值2.8亿、偷逃税额4500万元的“1·18”走私大案成功告破，这是青岛海关缉私局组建7年来侦破的最大一起涉税个案。

2006年12月8日，青岛市中级人民法院做出一审宣判：5名主犯，2人被判有期徒刑15年，1人被判有期徒刑10年，另2人被判有期徒刑3年、缓期3年执行。

（彭永贵）

天津破获特大豪车走私案

丰田陆地巡洋舰、奥迪 Q7、保时捷卡宴、奔驰等高档越野汽车成了汽车走私团伙眼中的“香饽饽”。

2007 年 9 月 21 日，天津海关缉私局一举打掉以梁某为首的家族式豪车走私团伙，并乘胜追击，成功破获了 4 亿元汽车系列走私大案。

走私家族

2005 年前后，国内对高档进口汽车的需求日益增加，再加上国家提高了大排量汽车消费税，购置进口豪车就出现了巨大价格差。为此，一些不法分子不惜铤而走险。

梁某是天津捷和公司的总经理，长期在天津和广东等地经营汽车进口业务，形成了一套成熟的家族式经营模式。他的亲属占据着财务、销售等重要岗位，因此公司的核心机密牢牢掌握在自己人手里。他还按照供货商的不同，将公司汽车进口业务划分为不同板块，相互独立，互不联系。至于正本单据等走私罪证，则是由梁某亲自保管，统一存放在自己的居所。他有两个包，一个装电脑，一个装单据、印章，随身携带，从不离身。

结成如此严密的家族式、专业化走私团伙，梁某以为万无一失。

但 2006 年 11 月 16 日，梁某大肆走私进口高档越野汽车的消息还是传到了天津海关缉私部门。

天津海关缉私局查获的走私汽车

“放长线钓大鱼”

天津海关缉私局人员判断，这可能是条“大鱼”，于是采取了“放长线钓大鱼”的策略。

捷和公司当时几乎每周都有几辆新车运抵天津。为准确掌握证据，缉私人员迅速在暗中展开外围调查。在抽丝剥茧式的调查过程中，他们发现这是一个天津捷和—供货商—地下钱庄—报关员等多方势力聚集在一起的庞大豪车走私网络。

在本走私案中，梁某得到了两家外商办事处的大力协助。

两家由华人开办的外商办事处，分别隶属于美国和阿联酋。他们为了完成更多的销售业绩，就积极配合梁某，给他伪造合同、发票等通关单据，为天津捷和低报价格、走私逃税提供便利。

对于低报价格产生的差额款，作为供货商的办事处则通过地下钱庄给天津捷和提供非法账户，进行非法付汇，以补齐支付给境外母公司的货款。

另外，一些长期从事汽车进口业务的报关员，利用掌握海关对进口汽车最低限价的便利，将这些内部信息密告给梁某等人，使他们顺利以最低价签约，从而逃避海关税收、监管。而这些不法报关员，可从每辆进口车中获利千元。

“双胞胎”车

在暗中侦查过程中，缉私人员还发现了一奇怪现象：一些走私车是从越南进境，然后经广东，再运抵天津。

原来，每辆进口车要上牌照，进口证明是必备手续。但有些购车人因有“门路”，不需要进口证明也能上牌照，就以不要进口证明为条件，从经销商手里拿到更低的购车价。而这些进口证明则会被经销商转卖给走私者。

梁某就是通过这样的非法渠道，以一辆车 7 万元的价格购得合法进口证明，然后按照进口证明的信息，由同伙从香港购买相同型号、颜色的车，再从越南经广西不设关码头偷运入境。

将车运抵广东后，走私团伙在当地找到合作的汽修厂，将车上原有的车架号和发动机号涂改成与进口证明上一致。

这样，一个“出生证”兜兜转转，在国内就成了一模一样的“双胞胎”。

如此手法进来的车，不仅逃避了所有海关税收，也蒙骗了海关及公安等监管部门。

这样的车存在安全隐患。由于破坏性涂改车架号与发动机号，导致车辆的这些部位极易生锈，有的还会漏油。

经查，利用这种手法，天津捷和从 2006 年 9 月到 2007 年 3 月半年的时间，就走私了 9 辆车。以一辆裸车价 49 万元的奔驰越野车为例，仅逃税就有 40 多万元。

走私“盛宴”

2007 年 9 月 21 日，天津海关缉私警察果断出击，依法逮捕了梁某等人。梁某苦心经营的庞大家族式豪车走私网络轰然倒塌。

经查实，仅 2005 年 3 月至 2007 年 8 月，梁某就走私汽车 226 辆，包括丰田、奔驰、奥迪等高档车，案值1.3亿元，偷逃国家税收750万元。

在当地采用同样手法走私汽车的另外6起案件也被接连侦破，天津海关共抓获18名嫌疑人，涉及走私车600辆，总案值近4亿元，涉嫌偷逃应缴税款1945万元。

（彭永贵）

辽宁破获全国最大战略物资走私案

从公务人员到“走私大鳄”

纪钢是辽宁人，曾是国家公务人员，1994 年全家移居香港。

辽宁是我国菱镁矿主产区，储量占全国的 85%，约占世界已探明藏量的 20%。由于镁制品被广泛应用于建材、汽车、航空、医药及农牧业等领域，镁成了世界各国关注的重要战略物资。

就在纪钢迁居香港的 1994 年，我国开始对镁砂出口实行招标许可证管理，交纳许可证配额招标费和资源保护费，并经商品检验，向海关申报出口。纪钢盯上了这块“肥肉”，在香港注册公司，开始从事镁砂走私生意。

2007 年 6 月 1 日，我国又对部分规格的镁砂开始征收 5% 至 10% 的出口关税，再加上国际市场紧俏，更让镁砂成了走私分子眼中的“香饽饽”。

纪钢犹如嗜血的鳄鱼，开始组建走私集团。2007 年 6 月至 2008 年 5 月，他共走私镁砂 233 次、38 万余吨，逃税 3500 余万元，偷逃镁砂出口许可证招标费和资源保护费约 1.3 亿元。

“假内贸，真走私”的新把戏

纪钢极具头脑，玩了“假内贸，实外贸”的新把戏，在国内港口以内贸运输的名义装运镁砂，然后利用我国海岸线长的情况，在公海海域转换船舶内外贸标识，直接将镁砂偷运到境外港口。

他还对走私集团骨干分子进行了精密分工，每个环节都有专人负责，且衔接得天衣无缝，甚至根据国外港的航程，编造了一个相近航程的国内目的港。通过非法手段，纪钢走私集团先为货船配备国内、国际两套航行手续，然后纪钢负责组织货源，派亲信将货运到港口，专人办理有关手续，货船

以内贸形式离港。因内贸货船不在海关监管范围，他们就逃避了海关监管。

船航行到公海，船上人员涂改船身上的船名，使用提前申请到的国际航行手续，“改头换面”为国际航行船舶后，变更航行路线，驶向国外港口，最后再“改头换面”为内贸船驶回国内。

纪钢还高薪养走私团伙，给予骨干成员高工资、高待遇，形成了精密的业务链、利益链。

一级挂牌督办案件

长期走私成功，让纪钢愈加自信，甚至夸口，如果他负责运输的镁砂被执法部门查扣，将按国内市场价格赔偿走私货主的损失。

2008 年 3 月，大连海关成功打掉了一个走私镁砂小团伙。经审讯，发现团伙头目曾是纪钢公司的副总经理，纪钢走私集团由此浮出水面。

海关总署将此案列为一级挂牌督办案件，这也是最高人民法院、最高人民检察院、海关总署联合督办的案件。

海关总署成立专案领导小组，从 10 多个海关抽调 50 余名缉私警察，协助大连海关缉私局侦办此案。在摸清纪钢的动向和活动规律后，5 月 28 日，120 多名缉私警察布下天罗地网。12 时，兵分三路突然出击，在马路上截住纪钢，一举将其擒获。当天，该走私集团 22 人落网，全国最大镁砂走私案成功告破。

此次行动，警方共抓获 35 名涉案犯罪嫌疑人，扣押 18 台车辆、7 艘走私船舶、170 万元现金，冻结涉案资金人民币 2032 万元、美元 327 万元、欧元 13 万元。

国际镁砂市场价格开始上扬

镁是最轻的金属结构材料，但镁合金的强度比钢还高，且导热导电性能好，易加工易回收，被誉为“21 世纪绿色工程材料”，成为世界各国关注的重要战略物资。

在近一年的时间里，纪钢走私集团向我国台湾地区及韩国、日本走私了镁砂 38 万多吨。

这使得大量低廉价格的镁砂通过非法渠道流出国门，导致国际市场镁砂价格一度不断下滑，并加剧国内镁砂行业“内卷”，一些正规经营企业的境外订单被走私分子低价抢走。

同时，大量走私镁砂，还导致我国镁砂矿资源遭到破坏性开采，使国家和正规经营企业蒙受了巨大损失。

据报道，纪钢走私集团被查办后，辽宁正规渠道镁砂出口量、镁制品企业外贸订单均明显增加，持续走低两年的镁砂出口价格出现恢复性反弹，国际市场镁砂价格也开始上扬。

最终，首犯纪钢被判无期徒刑，剥夺政治权利终身，并处没收个人全部财产；其他犯罪分子也得到了应有惩罚。

（彭永贵）

北京破获红酒走私案

一名走私红酒的“老手”，曾被判刑一次，却仍一条路走到黑，运用自己的专业知识煞费苦心地精心设计走私业务链，避开监察6年，共走私高档进口红酒7.4万余瓶，偷逃税款2000余万元，制造了一红酒走私大案。

浮出水面

2010年5月，北京海关缉私局通过管理平台分析高档进口红酒的数据风险，发现一家公司数据异常，报关价明显低于正常市场价。

5月27日，北京海关缉私局立案侦查这家公司，发现其办公地点共注册了三家公司，都从事红酒进口业务，还是一套人马，且都存在低报、伪报红酒进口价格的问题。

初步调查时，缉私警察发现该公司账册十分规范，没发现什么漏洞。随着调查的深入，警察最终在公司电脑里发现了真实的账册，并从公司邮箱、国内货物代理公司邮箱等渠道截获了进口红酒的真实发票。

统计发现，从2004年1月至2009年12月，这三家公司从法国、英国等地进口红酒80余票，总计涉嫌逃税2000余万元人民币。

“液体黄金”

随着国民收入的增长，国内兴起了一股红酒消费热。特别是高档红酒，在满足一些人“贪洋求贵”心理的同时，还被赋予了投资属性，也因此得名“液体黄金”。

资料显示，进入新世纪后的10年，黄金价格涨了4倍。但2000年产的拉菲红酒，10年间价格涨了9倍。1982年的拉菲，市价更被炒到每瓶5万元。

曾有人爆料，澳洲一瓶市价仅1美元的红酒，在中国市场可卖到250元至400元人民币。高档红酒，愈加成为市场的宠儿，其暴利更是让人瞠目结舌。

按照当时的有关规定，进口红酒需缴纳14%的进口关税、17%的增值税和10%的消费税，意味着进口一瓶红酒要增加近50%的税费成本。

这都刺激着一些不法分子铤而走险。

查获的走私红酒

走私“老手”

早在2002年，孙悉泰就曾因走私葡萄酒被天津市第二中级人民法院判处有期徒刑一年，缓刑一年。

但这并没让他收手，被判刑后仅两个月，他就开始紧锣密鼓筹备，注册了北京佳泰兴业经贸有限责任公司，注册资金50万元。公司最初的经营范围为航空货运业务，没过多久，就转到了进口红酒业务。

根据后来的调查情况，孙悉泰是从2004年1月开始重操走私红酒业务的，甚至比以前更加疯狂。为享受小规模纳税人的税收优惠，且多开发票，2007年8月，孙悉泰又注册了北京诚惠盟商贸有限责任公司。2009年5月，他又注册了丰台基业商贸有限责任公司。

三家公司，一套人马，一样的业务，也一样的套路。

半真半假

为了能在走私这条邪路上“行稳致远”，孙悉泰可谓费尽心思。

他惯用的伎俩是低报价格、伪报品名，再配合以假章、假合同。具体操作时，孙悉泰指挥会计在公司电脑里依照正规模板制作一套销售合同、发票、装箱单等，再把价值高的葡萄酒品名改成价值低的，打印出来交由他盖章。印章也都是从国外提供的真实单据上复制下来的假章。

这样的一套进口报关材料不仅齐全，而且能以假乱真，蒙混了报关代理公司，也蒙混了海关。

孙悉泰还处心积虑地逃避海关的监管和抽查，在细节上拿捏得很到位，能假的就假，不能假的就真。

比如，进口红酒报关的瓶数是真实的，高档红酒中也只是部分伪报成了低档酒，以此降低进口金额，达到少交税的目的。他甚至狡猾地特意将低档酒的价格略微抬高，以此蒙蔽监管。平完账后，他会立即将罪证销毁，避免检查时出现漏洞。

由于查无罪证，最后公诉机关认定的案值，也只是孙悉泰没来得及销毁的部分。

精于算计

2006 年以后，由于利益分配的问题，孙悉泰与此前合作进口红酒的香港公司分道扬镳，但此时的他已经完全具备了独立从法国洽谈并进口葡萄酒的能力，他的走私手段也随之发生了变化。

由于关税的征收针对成本价、运费和保险费三个部分，孙悉泰就将葡萄酒的成本价伪报成为“成本价、运费、保险费”三者的综合，以逃避进口葡萄酒关税以及运费、保险费关税。

为了省钱，他在刚开始走私时不给货物上保险，直到有一次货物意外丢失，让他损失惨重。

在如何上保险这事上，他绞尽脑汁，最终计上心头：在两家不同的保险公司上双份保险，一份按低报的价格投保，应付海关；一份按真实价格投保，来保证货物安全。

一条路走到黑的孙悉泰，算来算去，最终把自己算进了牢狱之中。

（彭永贵）

天津侦破案值 50 亿元冻品走私大案

天津海关缉私局大海捞针，历时 7 个多月，投入近 200 人的缉私力量，足迹遍布我国东南沿海，最终于 2012 年 6 月一举打掉一个案值高达 52.67 亿元的走私案犯罪团伙网络。

海关办案人员正在对查获的冻品进行清点

大海捞针

2012 年年初，海关总署向天津海关缉私局发来线索核查函：香港佳鑫投资有限公司勾连内地不法商人，有合谋通过天津口岸走私进口冻品的可能，要求天津海关缉私局核查。

这引起了天津海关缉私局的高度重视，缉私人员立即展开调查。

虽然香港佳鑫已经明确，但其内地的合谋者还是个谜。

缉私人员调取了 2010 年至 2012 年 3 月间天津口岸进口冻品的所有数据，梳理出近百家目标企业，涉及 3 万多个货柜，进口冻品额 12.3 亿美元。要从中排查出香港佳鑫的合谋者，无异于大海捞针。

缉私人员双管齐下，一方面继续在海量数据中寻找蛛丝马迹；另一方面，派出侦查力量秘密搜集天津口岸有关冻品进口的可疑信息。

一周时间过去了，两个方面几乎同时传来了好消息。

通过海量数据的分析，缉私人员锁定了天津金盛、大飞、阔全达三家企业。在调查期限内，这三家企业进口冻品 7000 多柜，占天津口岸总量的 25%，且它们的业务也呈现进口冻品大多价格较低、申报价格基本不变两个共同特点。

在口岸搜查的人员也了解到，有业务员常常手拿三个公章出入口岸，这三个公章就是天津金盛、大飞和阔全达三家的，它们的供货商正是香港佳鑫。

“5·29” 专案组

2012年5月29日，天津海关缉私局决定成立专案组，代号“5·29”。

在以往查获的冻品走私案中，不法分子通常都是低报货物进口价，以达到少缴关税的目的。近年来，海关运用多种手段基本掌握了不同渠道冻品的进口价，堵住了低报价格走私的漏洞。

在进一步的侦查中，缉私人员也发现天津金盛、大飞和阔全达三家企业的冻品报关单、报检单等单单相符、单证齐全，申报价格也符合海关掌握的限价。缉私人员继续在口岸加强对这三家企业进口冻品布控的同时，对与这三家企业有业务往来的船舶公司、仓储企业、实际货主等进行调查取证，发现了一些有价值的线索。

这时，口岸海关传来了三家企业申报进口20多个货柜冻品的信息。专案组立即召开分析会，为避免打草惊蛇，决定对到港的20多个货柜冻品进行秘密查验。打开货柜门，缉私警察发现靠近货柜门的前两排是较低价的猪筒骨，里面则是价格较高、税率较高的白羽鸡肉和冷冻牛羊肉等。

19个抓捕小组利剑出鞘

佳鑫公司和天津金盛、大飞、阔全达三家公司合谋走私的真相大白。且经过深入侦查，专案组又挖出分布多省、共同参与走私的10余家实际货主，摸清了这个庞杂的走私网络。

经过缜密部署，专案组决定：天津海关缉私局抽调160余名缉私警察，分成19个小组，分赴天津、北京、上海、广州、深圳、哈尔滨、大连等7地，于2012年6月12日同时展开抓捕行动。

香港佳鑫负责人刘广宁被定为整个案件1号人物，能否将其抓捕关乎整个行动的成败。专案组派出了两个小组，一组负责抓捕刘广宁，一组负

责抓捕香港佳鑫的四名核心业务员。

6月11日，借着夜幕的掩护，两个小组的成员潜入深圳，按预定计划到达行动位置。

12日上午10点，19个小组同时收网。

此次收网行动一举抓获30余名犯罪嫌疑人，冻结银行账户资金2600余万元。

6月15日，犯罪嫌疑人被全部押解回津。

偷逃税款13.29亿元

从20世纪50年代开始，冻品因方便、卫生和经济等优点而广受欢迎，甚至在某些国家占到食品产销总量的50%以上。

由于我国大规模养殖业起步较晚，生产成本较高且产量有限，再加上中外饮食习惯存在差异，禽畜的头、骨、爪、翅等在我国大受欢迎，导致进口冻品很有市场，这也被很多走私团伙盯上。

刘广宁苦心经营，编织了一个组织严密、分工明确、手段狡猾的走私犯罪网络。

他在香港注册佳鑫公司，负责国外订货、运输，并在香港完成冻品的“换柜”“封尾”，即把价高、税高的冻品码放在货柜的里面，靠近货柜门口的则是价低的冻品，并伪造全套的原产地证明、发票、合同等，全部申报为价低的冻品，再从天津口岸走私进口。天津金盛、大飞、阔全达三家企业则负责口岸通关、仓储。

在两年多的时间里，他们走私进口的7000多柜冻品占天津口岸进口总柜数的25%，总量6700余吨，案值达52.67亿元，偷逃税款13.29亿元，扰乱了正常的贸易秩序，也给国家造成了重大经济损失。

（彭永贵）

京冀查获走私珍贵动植物制品大案

快件地址简单模糊，邮递物品的价格比运费还低……种种不合常理的现象，引起了北京海关人员的警觉，最终河北、北京两地海关缉私部门联手，侦破了这起从日本寄往河北的象牙制品走私大案。

查获的走私珍贵动植物制品

“瞒天过海”

2016 年 7 月 22 日，北京海关驻邮局的工作人员发现一个来自日本的快件，申报的品名是“工艺品”，寄往河北廊坊，但上面的地址简单模糊，且邮递物品的价格比运费还低。

凭经验，他们认为有走私嫌疑，就现场用 X 光机检查了这些物品，疑似象牙制品。

接下来几天，又来了一些发自日本同一个地址的快件，且都发往河北廊坊，经检查都疑似象牙制品。

前后共 13 个包裹，因收货地在河北，根据海关办案属地管辖的原则，北京海关将有关线索移交给了石家庄海关缉私局。

锁定嫌疑人

接到线索后，石家庄海关迅速组织力量，成立专案组，展开调查。

河北查获的走私珍贵动植物制品

13 个包裹有 10 个收货人姓名、3 个非实名制购买的联系电话。经过反复排查分析，最后锁定了王某、孙某两个嫌疑人。王某 1995 年生人，初中肄业；孙某 1989 年生人，中专毕业，是王某的姐夫。

专案组对涉案邮件进行了严密监控，并精心制定了抓捕方案。

7 月 27 日上午 10 点左右，嫌疑人王某驾车来到邮递点，签收了其中一个邮件，准备离开时，被专案组当场控制住。

随后赶来的孙某则比较狡猾，没有直接进邮递点，而是停在附近观察。见王某迟迟没有出来，似乎感到大事不妙，想要驾车逃离现场。早在周边埋伏好的另一组办案人员迅速将其擒获。

经清查，在涉案的 13 个邮件包裹中，共 604 件走私品，除了整根雕刻的象牙外，还有象牙镂空球、香炉摆件、镂空扇及象牙项链、手镯等。

1639 件象牙制品

随着进一步侦查，专案组获悉，王某、孙某多次合伙，通过网购从日本大量购买象牙制品，然后再通过网络渠道联系、贩卖。

根据线索，专案组人员进一步搜查了他们藏匿走私品的窝点，在王某农村老家一座废弃的老宅子里发现了大量走私品。

大连海关缉私局查获的走私彩绘象牙马

经国家林业局森林公安司法鉴定中心专家鉴定，石家庄海关此次缴获象牙及其制品100多公斤，共1639件，其中不乏单价上百万的精品。另外，还有动物骨头或树脂、塑料制品小件3090件，仿冒象牙程度极高，非专业人员很难识别。

至此，在北京海关配合下，石家庄海关成功侦破这起通过寄递渠道的走私象牙制品大案。

发人深思

此案有许多发人深思的地方。

两名犯罪嫌疑人虽知道自己的行为违法，但没认识到违法后果的严重性。特别是王某，案发时才21岁，他问办案人员，交点罚款是否就可以了事？

我国是《濒危野生动植物种国际贸易公约》缔约国，严厉禁止象牙及其制品购买、运输、出售和进出口活动。从境外邮寄、携带珍贵动物制品入境的价值，达到了法律规定的量刑标准，就触犯了走私濒危珍稀野生动物制品罪。

据国家林业局森林公安司法鉴定中心主任黄群介绍，贩卖价格在10万块钱以下，要判5年以下有期徒刑；非法收购出售的象牙制品价值达到了20万以上，就是特大型的犯罪，要判10年以上有期徒刑。

大连海关缉私局查获的走私“割肉饲鹰”象牙雕

近些年来，随着网购的兴

起，一些不法分子认为找到了隐秘的发财路子。就像王某和孙某，联手网购、走私象牙制品，结果不仅梦断发财路，还一起锒铛入狱，追悔莫及。

（彭永贵）

北京海关破获总案值 2.6 亿元大型走私农产品案

2019 年 7 月 17 日，北京海关成功破获一起总案值约 2.6 亿元人民币的涉嫌走私农产品大案。这是近年来北京海关破获的最大一起涉嫌走私农产品案。

北京海关深入开展“国门利剑 2019”联合专项行动，保持打击农产品走私高压态势。侦查人员在北京某批发市场等地实地走访中发现，有多家销售进口辣椒、孜然等调料作物的商户和公司，声称直接从境外采购进口“一手货源”，但正常向海关申报进口的商品数量却明显与此不符。这些进口的调料作物虽分属不同商户，但装运地却无一例外地指向了广西、云南两地的边境口岸。

经查，2014 年至今，以犯罪嫌疑人孙某东、翟某艳等人为首的走私犯罪团伙，从印度等国家订购农副产品后要求外商将货物发运至越南，再勾结专业走私团伙，采取伪报原产地和伪报贸易性质等方式，利用边民优惠免税政策从越南走私干辣椒、孜然、茴香等农副产品 1000 余柜。

北京海关缉私局五个行动小组，分别在北京、广西玉林、山东青岛等地同时开展“TL2019”专案集中收网抓捕行动。主要犯罪嫌疑人全部到案。办案民警在北京、玉林共查获两个仓库，现场查明涉案货物市场价格估值约 2.6 亿元人民币，涉嫌偷逃税额 4000 万元人民币。

查获的走私农产品

（胡瑞春）

略谈环渤海地区涉海走私态势及综合治理对策

近年来，受巨额利益诱惑，一些不法分子铤而走险，通过海路大肆实施走私活动，严重损害了国家经济利益和市场秩序。针对严峻的犯罪形势，2023 年 8 月，公安部与有关部门密切协作，联合部署，聚焦重点海域、重点物品，坚持海陆一体全链条打击，在全国开展了打击海上走私犯罪专项行动，依法严厉打击母船运输和陆岸接驳团伙，深挖幕后组织者和“保护伞”，延伸打击关联犯罪和衍生犯罪，着力断通道、缴资金、摧网络，强化专案攻坚，向各类海上走私犯罪发起凌厉攻势。

截至 2024 年上半年，全国共侦破各类海上走私犯罪案件 1087 起，抓获犯罪嫌疑人 5846 名，扣押涉案船舶 638 艘，查获冻品 3.5 万吨、成品油 4406 吨、香烟 1.7 亿支、农海产品 3366 吨、矿产原料 31 万吨及酒类 5.4 万件；挂牌督办 31 起重大案件，保持了对涉海走私犯罪严打的高压态势。打击涉海走私取得阶段性明显成效。但同时在办案中也发现，涉海走私犯罪专业化、智能化、国际化特点日趋明显，大要案多发且呈“漂移化”态势，涉案物品由成品油、冻品、食糖扩展到烟酒、电子产品、奢侈品等“热门商品”，打击难度不断增加，偷逃税额大，冲击行业秩序，危害经济社会健康发展。

面对当前严峻复杂的涉海走私态势，全力构建多维度、多层次、智慧化的“打、防、管、控、建”一体化综合治理体系，是破解打击涉海走私难题的有效路径。今天，我们就以环渤海地区为例，聊一聊当前涉海走私态势对环渤海地区的影响，探析一下反走私综合治理工作的对策和路径。

一、环渤海地区打击涉海走私及综合治理基本情况

环渤海地区涉及京津冀、辽东半岛、山东半岛，包括山东、河北、辽

宁和北京、天津三省两（直辖）市，区域内港口多、船舶多、从业人员多、海岸线长、离朝韩日蒙俄五国较近，有“三多一长一近”的特点。近年来，在党中央、国务院的坚强领导下，各级打私办和打私成员单位部门坚持“预防为主、标本兼治”的方针，始终保持对涉海走私活动的严防严控严打态势，取得了一些工作成效，积累了一些好的经验做法。

（一）环渤海地区社会经济自然地理基本情况

渤海是一个近乎封闭的内海，东西宽约 346 公里，南北长约 550 公里，面积约 8 万平方公里，平均深度 18 米。东面以辽东半岛的老铁山岬经庙岛至山东半岛北端的蓬莱岬的连线与黄海分界，其三面环陆，北、西、南三面分别与辽宁、河北、天津和山东三省一市毗邻。渤海海岸线全长约 3800 公里，有非设关地码头和停泊点近 700 个，多为私人杂货码头、渔港码头、填海围堤建设的养殖区及卸货点，私人控制且租赁性质多见，个别码头相关法律手续不完备。受地缘政治、经济结构、消费文化等影响，环渤海地区各省市历来就与日、韩、朝有着广泛的贸易往来。

近 10 年来，日本、韩国较大港口的贸易范围均已完全辐射至距离较近的辽宁、山东沿海，特别是韩国釜山港、仁川港和群山港已经逐渐承揽自香港、台湾等地的货物中转、保税存储等功能，其中潜在的走私风险对我国环渤海地区管控有较大挑战。另据不完全统计，渤海沿海城市人口占全国沿海城市人口的 23.8%，GDP 占全国沿海城市 GDP 的 28.5%。这里是中国人口素质和密度最高、经济和文化教育最发达、科技力量和工业基础最雄厚的地区之一。无论受地理环境还是贸易特点，以及当前国际国内多重因素叠加影响，环渤海地区都将长期面临较大的反走私压力。

（二）环渤海地区打击涉海走私技防物防建设基本情况

环渤海地区各级打私单位和部门充分发挥职能作用，近年来在沿海高标准建成三级监控中心，重点区域建了监控站，同时还进一步整合社会视频监控、沿海监控探头，全面推行“探头站岗、鼠标巡逻”，实现对重点海域的全方位、全时段监控，并综合利用“三网合一”、AIS（船舶定位）、RFID（身份识别）等智能手段，实时对靠港及海上船舶进行动态定位、轨

迹分析和远程监管，全面提升科技管船控港水平。

另外，有关单位和部门通过封堵码头、雷达扫描、AIS搜查比对等方式，对辖区海域、海岸线，全方位跟踪布防，全海域巡航掌控，有效提高了海岸线、海域监管监控水平。

（三）环渤海地区打击涉海走私协同联勤联动基本情况

环渤海地区各级打私办及打私单位、部门，基本建立了反走私联动机制，明确职责分工和协同方法，完善教育联训、信息联通、执法联动、共管联防等工作机制，增强沿海反走私合力。

如山东潍坊推行的涉海问题综合治理“1+5+X”共建机制，“1”指党委政府统一领导，“5”代表5个涉海部门深度联合，“X”代表所有的社会单位和人民群众广泛参与，组织结构科学规范，能达到较好的预期效果。天津市滨海新区寨上街将打击走私工作与全街重点工作同部署、同推动、同检查，构建街—社区（村）—网格的三级网格化打击走私工作体系，打通了基层反走私的“最后一公里”。

海警、海岸警察严格落实定期巡航巡查制度，派出舰艇和人员在辖区海域、海岸线进行巡航巡查，加强对走私热点海域、重点航线、重点港口码头停泊点渔船集中活动区和主要锚地海域进行巡视管控。

二、全国及环渤海地区涉海走私态势

从全国情况看，当前涉海走私规模庞大，各海域之间漂移态势明显，重点海域走私形势依然严峻复杂。粤港澳海上走私从珠江口水域向东西两翼漂移；北部湾海域走私活跃度较高，且存在向广东雷州半岛东移风险；闽浙苏地区涉海走私依然活跃，闽台海域走私也存在向粤东外溢风险。走私“热点商品”由成品油、冻品、食糖扩展到烟酒、电子产品、奢侈品等“热门商品”，涉及监管、查处的行业和环节众多。从涉海走私来源看，中国香港、台湾地区，越南、韩国、朝鲜等国家仍是主要走私源头。

而与朝韩一水之隔的环渤海地区，业已成为新的走私热点区域，走私形势趋于严峻。2024年6月28日，公安部发布的十大典型涉海走私案例，其中环渤海区域就有 4 例；另据不完全统计，自 2018 年以来，环渤海地区查办较大的非设关地走私刑事案件共 300 余起。从办案情况来看，环渤海涉海走私态势突出体现在“大漂移”“大迂回”和走私犯罪隐蔽性强、反侦查意识强等“两大”“两强”方面。

（一）组织结构的隐蔽性

环渤海地区涉海走私的组织结构隐蔽性越来越强，走私活动通常不是由组织者直接招募成员，而是通过亲信负责核心环节，如与外轮对接货物接收等。而参与海上运输的船长、船员多为临时雇佣的人员，岸上接货、车辆接送、盯梢望风等任务则多由雇佣的本地籍人员完成。前期订货、海上过驳、海陆运输、出资打款到装卸销售等各环节被层层分包、相对独立，分别由不同的团伙成员甚至不同团伙分工负责，下游实施人与上游策划人互不见面、互不联通甚至根本不知道对方的存在，形成了一张互不接触的犯罪网络，甚至主要团伙成员不去现场，而是遥控指挥。

（二）海上走私的漂移性

环渤海地区涉海走私具有“漂移性”特点，走私船舶进入渤海湾后，往往伺机寻找可以停泊偷卸的码头或卸货点。比如在大连找不到合适的卸货地点和时机，就可能漂移至烟台海域；烟台不合适，就会向河北、天津等渤海湾内部海域继续漂移，寻找合适的时机。走私团伙为降低被海关布控查验的风险，其海运渠道往往“舍近求远”，以逃避监管。如在香港码头堆场完成集货后，不再直接发往珠三角沿海口岸通关，而是先发往第三方国家或地区后，再向内地其他口岸报关进口。如某某局侦办的案件中发现，走私团伙多次从香港集货后发往新加坡、泰国、印尼等国家，再转口至天津口岸报关进口，通关后通过陆路运输或水路运输迂回运至珠三角地区。

（三）走私方式呈现新特点

环渤海地区涉海走私犯罪的作案方式通常为走私犯罪团伙停靠一艘走私母船在公海或某海域，为了避免整船货物被扣损失惨重的情况，通过过驳的方式完成走私活动，即利用小型船舶或大马力摩托艇，采取少量多次“蚂蚁搬家”的方式运货回国，随后在较为偏僻的非设关地靠岸，利用夜

间、节假日等时机组织装卸，运至各地。近年来，办案中发现，在通关环节，走私团伙为确保走私货柜能在口岸现场顺利通关，指使走私团伙成员不断注册贸易公司，利用新注册的贸易公司逐一进行“试水报关”。若布控查验顺利通过，则继续使用该公司名义从固定口岸报关进口。此外，走私团伙还会定期更换贸易公司名称，有时将名称改为与进口量大的国企相类似的名称，混淆查验人员视线，进一步降低被查验的概率。

（四）反侦查意识强烈

环渤海地区涉海走私活动往往采取团伙作战模式，利益链成员间使用电话、即时通信软件等进行单线联系，货单分离，反侦查能力强。这种高度的反侦查意识使得缉私人员循线侦查难度大，一旦走私活动中的某一环节断开，就很难追查上线货主，难以从源头上彻底根除幕后“老板”。

三、环渤海地区打击涉海走私方面存在的问题和不足

环渤海地区海岸线长、地形复杂，非设关港口、码头、停泊点多，陆路交通便捷，船舶流量大。近年来，海关、公安、海警等单位部门先后破获海上偷运走私白糖、冻品等系列犯罪案件，反映了环渤海地区涉海走私态势虽总体可控，但仍存在较大风险，不能掉以轻心。

（一）沿海地形复杂，港口管理尚不够规范

针对全国及环渤海涉海走私态势，从沿海非设关地管控情况看，环渤海海岸线长近2668公里，有非设关港口、码头、停泊点320余处，部分可停靠千吨级以上船舶，开放区域广，船舶流量大，陆路交通便利，环境复杂，易于私货转移、藏匿，且水域沿岸码头、靠泊点的权属性质及管理模式复杂，部分企业自建码头、停泊点及路口仍存在缺乏监控设备、管理不规范等现象，管控方面也存在薄弱环节。近年来，环渤海地区打私单位部门多次查发海上偷运走私白糖、冻品等案件，该区域走私仍呈活跃态势，走私防控形势不容乐观，应引起高度重视。

（二）走私团伙高度职业化，破网除链难度增大

随着全国沿海涉海走私打击力度加大，涉海走私活动从传统的北部湾、

珠江口、粤东闽南等东南沿海，已扩展至浙东、长江口、黄海、渤海等海域，环渤海地区已成为涉海走私热点区域，近年来山东及周边河北、天津、辽宁等地已连续破获多起涉海走私大要案。根据对近几年侦办的涉海走私案件分析，操纵实施涉海走私的犯罪团伙组织严密、反侦查意识强、走私手法狡猾，幕后“老板”境外扁平化直接遥控指挥，采用单线联系方式雇佣专人负责运输、接货，且多借助近海渔船、货船“掩护身份”，集中分散速度快，交易行为高度隐蔽，不易被发现打击。如某某局侦办的白糖走私案件中，走私团伙采取多团伙协作、单线联系、分工接力等模式，处心积虑把靠泊时间选定在节假日或夜间，实施全链条打击难度较大。

（三）反走私综合治理机制还不够完善，打击涉海走私工作效能还不高

从反走私联动机制来看，有些地区反走私综合治理立法尚未出台。从实体建设方面来看，对打击走私综合治理系统中各自独立、互不隶属的单位和部门，责权还不够明确，互相之间尚未建立态势掌控全面、问题发现及时、事项处理高效的指挥调度体系，单位、部门间数据信息资源汇聚共享不够，打击力量分散，情报信息还不灵敏，降低了环渤海地区打击涉海走私的工作效能。

（四）发挥智能研判预警效能有差距，走私冻品处置方式有待提升

从物防体系建设来看，使用雷达、无人机、高清探头、热感相机等现代化探测装备，运用系统、光电等多元感知系统，应用人脸识别、智能审图等科技手段还不足。从智能研判模型来看，数据汇聚、信息化要素掌控不全、运用大数据模型实现风险隐患预警预防能力有待进一步提升。从走私冻品处置方式看，单一且费用高，处置周期长，移交处置主管部门与机构不一，等等。

四、打击涉海走私综合治理工作的对策

从源头上防控和打击涉海走私，从根本上挤压涉海走私空间，必须充分履行地方政府反走私综合治理主体责任，切实发挥各级打私办统筹协调

作用，始终坚持“打防结合、综合治理、突出重点、坚持不懈”的方针，既要保持对涉海走私活动的严防严打严控态势，又要把减少和防范涉海走私作为反走私综合治理工作的根本出发点和落脚点，强化多维度、多层次、智慧化的“打、防、管、控、建”一体化综合治理体系，努力提升打击涉海走私综合治理工作效益。

（一）健全反走私综合治理体系，进一步推动地方政府落实主体责任

一是继续推动环渤海地区各级地方党委、政府完善反走私综合治理组织体系。推动地方党委、政府牵头完善反走私综合治理有关机制，定期分析形势，互通情况，研究制定针对性举措，提升工作效能。同时推动建立协同协作机制，推动环渤海各省市打私办牵头加强各打私职能部门的联系配合，适时开展跨地区、跨部门、跨行业的打击涉海走私专项联合行动，充分发挥各地区、各单位、各部门、各行业打击涉海走私资源优势，持续保持打击涉海走私高压态势。

二是继续推动明确职责分工。环渤海地区打击涉海走私工作基础在基层，但由于部分市、县（区）、镇（街道）、村等基层组织还不完善、人员机构还未落实，实际成效受到很大制约。应推动建立完善基层反走私综合治理工作机构有关制度出台，进一步落实明确机构建设和各级反走私责任。

三是继续推动健全法律法规。加快推进环渤海地区反走私综合治理条例办法等立法工作，从法律层面上进一步规范各成员单位的职权和任务，压实沿海省、市、县政府反走私主体责任，统筹协调打私成员单位和部门加强协作配合，联合查缉、信息共享、协同作战。

四是继续推动完善考核机制。充分运用《反走私综合治理挂牌整治办法》及平安中国考核机制，完善反走私综合治理责任考核机制，细化评价标准，加强工作督导，强化责任落实。

（二）健全反走私资源共享的防控网络，进一步提升监测预警效能

一是推动构建环渤海地区协同统一的信息指挥联系平台。充分发挥各级打私办牵头作用，依托协调打私成员单位和部门，探索建立省、市、县三级协同统一的反走私指挥体系，实现涉海一线反走私风险“智能发现、实时预警、闭环管控”。

二是推动不断完善沿海技防物防网络，加强打私有关单位和部门监控系统建设；在重点海域部建光电雷达、红外探头、热感相机、高清探头、无人机等现代化技防设施，构建全天候、无缝隙的监控网络；拓展融合光电雷达追踪、陆上卡口识别、空中无人机探测、AIS（船舶自动识别系统）及北斗定位等为一体的智能建模，提升打击涉海走私风险预警能力。

三是大力推动科技资源整合。积极推进信息网络的互联互通、资源共享和各类设备的综合集成，强化信息要素归集，坚持智能化、无感化、动态化相结合，滚动开展基层大排查，搭建智慧化平台采集整理各类涉海数据，实现重点要素管控，全面提升打击涉海走私工作的精准度与智慧化水平。

（三）健全反走私协作配合机制，进一步深入推进综合治理

一是开展专项治理。围绕“中央关注、社会关切，群众关心”的走私热点问题实施重点打击，严防涉海走私活动回潮。加强环渤海地区地方与单位部门协作配合，按照各自职能加大环渤海水域巡查力度，联合查缉、协同作战，提升打私合力。充分发挥国际化视野协同打击涉海打私工作新方式，对走私分子的“卖家”与“买家”一起打击。

二是实施源头打击。坚持“大专联”的思路，针对重点地区、重点部门适时组织联合行动和专项打击，保持打私高压态势。加强重点区域整治，对沿海及内河通道走私案件多发的市、县，建立限期整治专项督办制度，持续清理整顿各类“三无”船舶、非法码头和停泊点、监管盲区和空白带，从源头上消除走私隐患，推动涉海走私源头地治理。

三是推进纵深整治。按照“水上查、岸上堵、市场管”的打击思路，在各级地方党委政府的领导下，密切地方和单位部门的执法协作，形成互融互通、共享共建的打击涉海走私治理体系。各地方、单位、部门根据职责分工，系统推进各渠道打击治理，重点打击收购私货和贩卖私货的行为，堵死私货出路，强化综合监管、行业管理，实现“购、运、储、销”全链条打击。对连续发生涉海走私的非法码头，由地方政府牵头，组织相关执法部门对该水域港口、码头以及靠泊点情况进行摸排清理，予以拆除取缔，

全线封堵该水域涉海走私通道。加强对吊车、运输公司管理，堵塞部分易发涉海走私的非法码头、停泊点道路，阻断运输、装卸私货通道等。

四是健全完善走私冻品等处置工作机制。修订完善相关规范性文件，明确移交处置主管部门与机构，明确职责分工，确保走私冻品处置规范高效、环保经济；优化处置方式，积极探索将采购具备无害化处置服务纳入公共资源交易平台，在安全可控基础上，以经济环保的方式开展无害化处置；缩短处置周期，加强与打击职能部门、审查机关和审判机关的沟通联系，在做好证据固定、样本保留、各环节可控可溯基础上，探索开展走私冻品先行处置。

（四）强化反走私队伍建设，进一步构建全民参与的打击涉海走私防线

一是推动构建环渤海地区打击涉海走私群防群治体系，学习借鉴浙江温州和广东沿海基层反走私综合治理经验做法，积极引导市、县、镇三级努力将反走私群防群治力量与平安建设群防群治力量实现融合，共同做好重点人员排查、重要地段巡防、社会面管控、情报信息收集、基层群众举报等工作，形成反走私群防群治工作的制度化运行、常态化推进。

二是打造环渤海地区基层反走私综合治理示范点。对标广东和浙江高水平示范点建设，培植环渤海国家级基层反走私综合治理示范点，为环渤海地区打击涉海走私综合治理和反走私“五进”宣传，提供可看可学、可推广、可复制的基层样板。

三是广泛发动群众参与，推动设立统一举报电话，出台群众举报奖励办法，营造自觉抵制走私活动的社会氛围，真正做到全民参与、全线设防。

四是加强反走私宣传。树立“宣传也是打私”的理念，创新基层反走私宣传教育。借鉴象山县“六个一”反走私宣传阵地建设、定海区反走私宣传教育基地建设经验，围绕进一步抓深抓实反走私“五进”宣传活动，进一步扩大环渤海地区打击涉海走私网上宣传影响力，推出一批有影响的基层反走私经验做法；建设省、市、县、镇四级反走私宣传矩阵，打造一批反走私线上宣传平台和线下宣传阵地，实现四级反走私宣传常态化推进；

组织开展好系列反走私宣传调研、反走私历史文化研究活动，及海上反走私专题调研、反走私征文绘画大赛等活动，不断提升反走私宣传的影响力和实效性，形成全民打私的良好格局。

（张中涛　济南海关缉私局）

后 记

打击走私违法犯罪是关系高质量发展和高水平安全的重要任务，事关国家安全和社会稳定大局，事关公平正义市场经济秩序，事关人民群众切身利益。

党的二十届三中全会提出，法治是中国式现代化的重要保障，必须弘扬社会主义法治精神，维护社会公平正义；同时又要增强文化自信，发展社会主义先进文化，弘扬革命文化，传承中华优秀传统文化。

我们将反走私普法与历史文化相结合，选取环渤海这一中国历史上最具活力的地区之一，组织开展反走私历史文化研究，将这一成果以老百姓听得懂的语言、喜闻乐见的方式表达出来。

如今《环渤海地区反走私那些事儿》付梓，顿感如释重负。这期间，我们召开研讨会，公开征集稿件，组织专家学者赴北京、天津、河北、辽宁、山东开展实地调研，工作认真而扎实。

课题研究得到了全国打私办、全国反走私综合治理调查研究中心、山东省打私办、济南海关缉私局的精心指导，得到了环渤海地区各省（市）打私办、海关缉私局的鼎力支持，在此表示感谢。

这已经是“反走私那些事儿”系列丛书的第三本，此前济南卷、黄河流域卷得到一些认可，激励我们继续前行。因此作者们在创作时，都秉持谨慎态度，力求最大限度还原历史真实。

编审编辑人员朝乾夕惕、奋楫笃行，勠力同心、和衷共济，只为呈现

更好的作品。但内容难免有疏漏、不当之处，还请方家不吝赐教，批评指正。

坚定文化自信，我们将继续秉持开放包容的心态，坚持守正创新，在更大范围、更深层次上开展反走私历史文化研究。如果您也感兴趣，可以与我们联系，共同携起手来，把这项事业做好。

编　者

2025 年 5 月